www.united-pc.eu

Kawa Karimi

CODAMIN

Inhalt

Ameisen, die mich abgeholt haben 6

Fata Morgana Ankara 14

Durch dunkles Meer...................................... 23

In Europa 30

Objektivierung und Einsamkeit 45

Politik und Familienrolle 52

Nach zehn Jahren Familienbesuch 70

Geburt der Unabhängigkeit 80

Körper, Seele, Selbst 92

Von embryonalem bis moralischem Tod 103

Liebe nach Paarungsmuster 110

Echte Menschen und Strassen 122

Entfremdung 137

KI-Hotline 147

Das disziplinierte Chaos 164

Ameisen, die mich abgeholt haben

Zwischen dickem Vorhang und Fenster des Zimmers, am Fussboden des alten Fensters dieses Zimmers versammeln sich viele tote Fliegen. Von der Art und Grösse her und anscheinend auch Alter sind ganz unterschiedlich. Ich bin in den Gedanken versunken, ob diese toten Fliegen an Temperaturänderungen ums Leben gekommen sind oder an Hunger. Oder vielleicht haben sie in der Folge langzeitiger Schliessung des Fensters Massenselbstmord begeht. Vermutlich an Hunger, denn das Essen für sie in diesem Geheimzimmer ist kaum wie nichts. Sie sind selbst jetzt zu einer grossen Nahrungsquelle der Ameisen geworden, die sie in einer langen Schlange in ihrem Loch auf die Ecke des Fensters transportieren, mit vollem Respekt, ohne sie zu schlachten. Vielleicht nehmen sie vor ihrer Deportierung in tiefem Boden ein offizieller Abschied der Zeremonie. Die Szene ist seit drei Tagen meine einzigen Theater, mein einziger lebendiger Gegenstand im Zimmer tagsüber. Die armen Fliegen fallen eine nach der anderen und ihnen zeige ich fast kein Beileid. Es ist vielleicht ein Zeichen für meine letzte Tage hier.

Ich muss während des Tages das Fensters und die Türe so angeschlossen halten, dass die Ameisen auch kein Mensch in diesem Haus merken. Das Zimmer, in dem ich mich verstecke, ist von einem Freund, der ab morgen früh bis zum Abend spät arbeiten geht. Jetzt bin ich knapp zwei Wochen hier versteckt wegen der Verfolgung iranischer Sicherheitskräfte in meinem Heimatstadt Meriwan, infolge meiner Teilnahme an die Demonstrationen an der Uni. Ohne Natel, ohne

Internetverbindung und wenig informiert über meine Familie. Die Jahreszeit ist Anfang Frühling und seit mehr als einem Monat pendle ich in dunklen Nächten von einem Punkt nach einem anderen, mal hier in der Stadt, mal draussen in einem Dorf in der Nähe.

Ich bin eine unter wenigen, der seit zwei Monaten nicht in der Folge der Demonstrationen festgenommen worden ist. Die Demonstrationen fanden nach maximaler Einschränkung der Zivilorganisationen und brutaler Festnahme der Aktivisten in Kurdistan durch die speziellen Einheiten der Geheimdienste und auch Hinrichtung zweier von Aktivisten, Farzad Kamangar und Ehsan Fatahian, die für ihre kulturelle Werke und humanitäre Aktivitäten bekannt waren. «Die Brutalität dieser Zeit geht sicher mit einem unvergesslichen Gedanken in die Geschichte einher, das Volk lebt!». So gebe ich mir immer positive Gedanken, während ich am Abend mit voller Angst auf meinem Kollegen und das Essen, das er mitbringt, warten muss und er versprechen, dass bei erster Gelegenheit sein Haus verlassen werde. Ein Schamgefühl mit tiefer Angst vor seiner Verlegenheit im Fall meiner Festnahme in seinem Haus.

Jede Sekunde geht mir so langsam wie eine Minute und jede Minute wie eine Stunde. Mit jedem Geräusch muss ich wieder woanders in Haus suchen, in dem ich mich zusätzlich verstecken soll. Meine Konzentration reicht nicht ein neues Buch in der Hand zu nehmen, der hohe Stress zerfresst sie. Wegen meiner Sicherheit soll ich morgen oder übermorgen hier auch wieder verlassen. Mein Kollege soll ein Ort dafür organisiert haben und ich warte, bis er wieder nach Hause kommt. Im Haus ist nichts zu machen. In diesem Sinne fühle ich mich in einem Gefängnis, mit dem Unterschied, dass jede Sekunde kann ich festgenommen und nach offiziellem Gefängnis gebracht werden. Die Haft der grossen Folgen, die Haft der Unendlichkeit. Das Singen ist das einzig machbare kreative Ding für mich und das einzige, die ich damit die schreckliche Angst und Stille einigermassen beherrschen kann, aber so langsam wie flüstern, damit niemand mich hören kann, damit ich die kleinsten Geräusche vor der Tür merken kann. Ich habe immer langsam gesungen, ausser unter Freunde, dass vor Freude zu Rausch gekommen war oder ein wenig Alkohol mich mutiger machte, laut gesungen hatte, auch oft mit den Freunden zusammen. Ich habe auf keinen Fall das Talent des Singens, aber jetzt scheint es die einzige positive Beschäftigung, die Kunst, um mich zu stärken, vor allem mit revolutionären Gesängen und die Lieder Widerstad Kurdistans.

Am Abend kommt mein Kollege zurück, nachdem er mit einem abgemachten Zeichen die Tür klopft und mir den Bescheid über neuen Ort gibt. Ich muss mich beeilen und sogar heute Abend spät sein Haus verlassen. In dem anderen Haus kann ich maximal zwei Tage bleiben und dann entweder die Region und Stadt verlassen, oder nach einem Nachbarland fliehen. Ich werde gesucht, vor allem weil die Sicherheitsabteilung der Universität mich als ein Organisator der Demonstrationen betrachtet. Mein Kollege sagt, er habe mit zwei der Studenten, der festgenommen und heute freigelassen worden sind gesprochen habe, die beide beurteilen einander mein Name als ein Organisator der Demonstrationen gestehen zu haben. Was für ein Pech. Mit dieser Situation und nach dem Gespräch mit paar Kollegen komme ich zum Schluss, nach Autonome Region Kurdistan in heutigen Nordirak zu fliehen. Für die Ausreise soll ich mich entweder für illegale, lange und unsichere Wege entscheiden oder legal riskieren.

Die Nacht geht schneller vorbei. Wir diskutieren viel darüber, ob ich legal oder illegal ausreisen soll. Die Gespräche sind alles anders als ernst, wir fliessen schnell in oberflächlichen Witzen und vergessen alles, kochen etwas gemischtes von allen, was in der Küche vorhanden sind und es schmeckt sogar lecker. Die Lage ist ernst, aber mit grosser Wahrscheinlichkeit bin ich noch nicht offiziell in jedem Punkt gesucht, sondern mobil und durch die Geheimpolizei. Ich bleibe und eine lebensgefährdete Entscheidung. Meine Annahme stimme, so mein Kollege, aber es gab auch solche Fälle, dass am Anfang sicher ausgesehen haben und plötzlich sich in die Falle der Sicherheitsdienste befunden haben. Ich habe nun nur mein Gefühl, ein Gefühl und gegen alle Logik und Fakten, dass ich riskieren soll. Wir lachen der ganze Abend durch laut und trinken viel Tee, schlafen sehr spät ein.

Am morgigen Tag werden wir spät aufgewacht, später als es geplant war, das Haus zu verlassen. Mein Kolleg soll ein Auto für mich organisieren haben, das mich nach neuem Haus holt. Nach einer langen Zeit, was mich Angst verbreitet, kommt er zurück. Es sei wegen meiner Sicherheit, eine halbe Stunde durch die benachbarten Gassen spazieren und alle parkierten Autos checken, um sicher zu sein, dass niemand er verfolge, so mein Kollege. Dann das Auto kommt noch in eine halbe Stunde eine Strasse weiter Richtung Norden, wonach ich zu Fuss soll. Ich habe meine Frisur geändert, damit möglichst nicht erkannt werden. In diesem Quartier bin ich nicht bekannt und es scheint so, dass die Verfolgung bisher nicht sehr intensiv stattfindet. Ich bekomme heute durch meinen Kollegen zusätzlich die Warnung, dass eine sofortige Ausreise empfohlen sei, denn eine andere Festgenommene habe unter dem Verhör alle seine Aktivitäten auf mein Konto überwiesen.

Eigentlich sind alle diese Informationen und Vermutungen der Geheimdienste falsch und totale Verschwörungstheorien, wie auch in dem Fall der Mehrheit ihrer Aktionen. Sie haben mehr Feinde als Freunde und wenig Chance ihre echten Feinde festnehmen zu können. Sie brauchen aber neue Gesichter der Geständnisse, neue Köpfe der Hinrichtung. Die Geständnisse unter Bedrohung und Folter von der nicht gemachten, gemachten produzieren und das ist der Grund, weshalb ich mich nicht in ihren Verhören befinde, ihre Rolle nicht spiele. Andererseits soll ich mich unter einer Hauptfigur ihrer verschwundenen Ziele befinden, dazu entweder mit dem Ganzen Leben oder hohen Kosten bezahlen. Die Kosten, die auf mich getragen worden ist, ist sowieso bisher zu hoch. Die Kosten der Trennung von meiner Familie, von meiner Mutter und meinen Kollegen. Die Kosten des Abbruchs meines Studiums und Verlassen meines Bücherregals, die der nicht Wiederhören der Diskussionen und Spiele der Uni, die der Whisky Sitzungen und der Debatten bei den Freunden von Freunden. Die Zurücklassung der Abende der Strassen und ihre schönen Frauen, die potenziell meine Freundinnen sein könnten und das Verlassen der Zirebar, die magische See meiner Kindheit und jederzeit.

Manche Reise riechen für immer. Eine Ausreise, davor man den Geschmack verliert, eine Reise mit keinem Koffer, ein Gehen ohne Rückblick, als wäre ich nie hier gewesen. Bin ich gegenüber meinem Land, meine

Mutter und mein Freund untreu? Verrate ich die Abende meiner Spaziergänge? Kann ich im Ausland mehr leisten als ich mich hier in der Haft befunden hätte? Würde ich in der Haft auch gestehen, was ich nicht gemacht habe? Würde ich auch meine Freunde für die Organisierung der Demonstrationen mitverantwortlich machen, um mich zu retten? Alle diese Fragen mit einer kaum bisher verbreiteten Angst bringen mein Kopf zum Zerplatzen. Ein Kopfweh, der sich weder mit viel Wassertrinken noch singen mildern lässt.

Die Zeit kommt und ich entscheide mich für legale Ausreise. Also ich bin nicht staatlich verfolgt, vermutlich, sondern heimlich. Ich bringe nicht mehr als eine Hose und eine Jacke in meinem Rucksack mit. Meine Papiere sollen kein Problem darstellen und fast niemand weiss Bescheid, wie ich mich verabschiede. Ein Bach, schmaler als zwei Meter mit einer kleinen Brücke drauf ist die offizielle Grenze der Fussgänger. Davor steht ein Kiosk, in dem man Dokumente abgibt und die Ausreisebetrag bezahlt. Gerade in diesem Moment, der Lebensentscheidend ist für mich und kein Betrag in Frage kommen soll, denke ich an diese sinnlose Bezahlung. Ich muss sie bezahlen, weil ich von ihrer Verfolgung renne. Tatsächlich exportiere ich nichts mit mir, benutze keine einzige Bit Internet von dem Staat und bekomme nichts ausser einem Stempel in meinem Reisepass. Danach muss ich mich beeilen bevor der Stempel sich trocknet. Die Ausreise gelingt und nach zwei Monaten Stress fühle ich mich wieder frei.

Mit dem Sonnenaufgang komme ich in den ersten Checkpoint Autonome Region Kurdistans an. Das gemischte Gefühl von Freude und Stress dominiert immer noch und ich bin aufgeregt, meine Kameraden zu kontaktieren. Die Freude vor Freisein und der Stress der Verlassenheit meiner Mutter, eine Frau, die viel mehr ist als eine Mutter, die sich nie mit dem Haushalt herablassen, isolieren gelassen hat und viel mehr als eine Mutter im Haus und gewissermassen vor meinem Vater geleistet hat. Ohne die Kontrolle und Buchhaltung meiner Mutter war mein Vater kaum in der Lage, sein Geschäft weiterführen zu können. Ich konnte nie zwischen der Emotionalität meiner Mutter und der Liebe meinem Land, meinem Weg klarkommen und weichte mich immer, deren Dilemma konfrontiert zu sein. Die starken Lieben sind immer in der Konkurrenz miteinander wie die Liebe der Mutter und die Liebe des Landes. Und der Ausgleich zwischen der existenziellen Lieben, die von sich aus liebende Liebe, ist schwieriger je man sich mehr mit denen aufgewachsen ist. Die Liebe eines Landes, das immer noch unter Hundertjährigen Spaltung und Besatzung leidet und alle seine geleisteten Kämpfe und Widerstände dafür sind niedergelegt. Meine Jugend wurde durch diese unendlichen Debatten geschmückt. Über der Wiedervereinigung eines Landes, die alles anders als die Realität ausgesehen hat, trotzdem bekam man mit jeder Veränderung die Hoffnung darauf. Diese war meine Lieblingssache der Jugend, die beste Tugend jener Jugend. Andererseits würde ich aber auch ohne die unendlichen Liebe meiner Mutter nicht überleben. Die Mutter des Meisterwerks dieser Jahre, in denen mein Vater auf einmal unzählige Probleme auf der Schulter runtergefallen waren. Ohne solche existenzielle Angst, die um mein Überleben ging, konnte ich mich nicht für einen absoluten Abschied entscheiden.

Ich schliesse mich eine praktisch politische Richtung in der Autonome Region Kurdistan an und entscheide mich nicht für direkte Weiterreise nach Europa. Die Partei ist eine linke mit verschiedenen Untergruppierungen von Sozialdemokraten und Reformisten bis klassische Kommunisten, die sich unter anderem seit mehr als dreissig Jahren nach einem gescheiterten Widerstand gegen iranische Kräfte in damals unter irakischen Kontrolle Kurdistans zurückgezogen hat, scheint jetzt für mich ein revolutionäres Zuhause zu sein. Ein Ort, in dem ich meine Ziele verfolgen kann, in aller Freiheit und mit mehr Konzentration. Im gleichen Tag komme ich in dem Lager der Partei an, eine Sicherheitszone mit begrenzter Fläche, nicht grösser als eine Arena und eine halbe Stunde entfernt von der Stadt Silemani, der Kulturhauptstadt Autonome Region Kurdistans.

Die Nacht geht schnell vorbei und ich befinde mich in einem Haus wegen der Testphase, damit ich mich über meine Entscheidung klarmache. Am morgigen Tag werde ich trotz meiner Erschöpfung und kein genügen Schlaf früh wach. Heute ist mein zweiter Tag im Lager. Hier bleibt man in der Regel für einige Tage insoliert. Die Intensivität der emotionalen Verlassenheit und den familiären Gefühlen sollen sich abkühlen lassen, damit man sein Weg selbstbewusster eingeht. Die Tage gehen sehr langsam vorbei und ich darf mich, wie in der Zeit meines Verstecks vor meiner Flucht, nicht vor dem Fenster blicken lassen. Trotz der Langeweile finde ich schliesslich lange Wartezeit für viele besser ist als schnelle Entscheidung. Ich muss hier mit vielen Schwierigkeiten und Einschränkungen rechnen. Eine solche Räume sind im Grunde genommen keine idealen Orte für mich. Ich habe mich auch in der

Soldatenzeit aus architektengründen psychisch unterdrückt gefühlt und müsste mir immer neue Techniken der Umgang suchen, bis es zu ihrem Ende kam. Eine siebzehn Monaten langer Dienst für tyrannisches Regime Mullahs. Obwohl die Soldatenzeit, ausser ihrer militärischen Seite, die mir nicht beliebt war, ein Dienst für mein Feind galt und jede Sekunde zusätzliche Schwierigkeiten mit sich brachte, konnte ich sie als eine Vorphase der Legitimation für meine Weiterbildung und neue körperliche Herausforderungen annehmen, damit ich das überlebte. Heute ist mehr als zwei Wochen vorbei, dass ich keine Nachricht von meiner Familie habe und sie auch keine von mir. Ich nehme einen kurzen Kontakt mit meiner Nichte und sage ihr Bescheid. Sie soll meine Mutter informieren, dass ich mich in Sicherheit befinde und sie soll keine Sorge um mich machen. Meine Mutter, sei glücklich, dass ich sicher bin und wünsche mir meine Gesundheit so meine Nichte. Ich habe Angst gehabt, dass sie mich verachtet. Sie hat es nicht, sondern mir Gruss gesagt. Ich darf nach eine Woche Isolation mich bei neuen Mitgliedern vorstellen und die zugeordnete Abteilung anschliessen. Meine Abteilung ist die politische Einheit im Personenschutz. Ich muss also unter anderen das politische Niveau des Personenschutzes dienen.

Die Tage gehen hier sehr langsam vorbei. Die Revolution geht langsam voran. In diesem Zimmer habe ich Internet, aber kein Plan und keine konkrete Vorstellung vom Lager und meine zukünftige Rolle und Aufgaben. Mit den Gedanken und Ideen der Partei bin ich seit langem bekannt, auch mit ihren Strategien und Funktionen mehr oder weniger komme ich klar. Mir selbst ist ebenso klar, dass ich hierbleiben werde und mir die Arbeit weitermache, was nicht unter iranische Regierung und an der Uni möglich war. Die Partei heisst Komala, eine unter bisher drei Abteilungen gleicher Name, aber unterschiedlicher Prioritäten. Die Abteilung, die ich mich angestossen habe, ist die Resultat der letzten Debatte und innenparteiliche Dissense; die letzte Version der Sozialismus für Befreiung Kurdistans, die oft jüngere Mitglieder an sich angezogen hat.

Ich muss zugeben, dass meine Vorstellung von der Politik viel anders ist als das, was ich hier unter viele Verhältnisse sehe. Die Politik hat immer Unstimmigkeiten zwischen eine eher moralische und einer eher realistischen Stellung. Realistisch, wie viele nennen, heisst weniger moralisch in Bezug auf Menschen und seine Werte, sei es Loyalität gegenüber theoretischen Abmachungen oder klare Schlussfolgerung wie die Nachhaltigkeit. Genauer, realistisch heisst in diesem Sinne, dass man unmoralische Handlung übersehen kann, solange sie sich um Profite für die Mehrheit handeln. Eine Begründung, dass leicht zu Korruption und Doppelmoralität in der höheren Ebene führt. Eigentlich war mir diese Situation immer klar, denn die Politik selbst ist kein Unterbau der Gesellschaft, sondern das Ergebnis der Wechselwirkung der Infrastrukturen Wirtschaft und Kultur miteinander. So glaube ich zumindest. Das ist mein Verständnis und ich kann dieses Vorbild nicht ändern, nur weil die Mehrheit umgekehrt denkt, sodass unser Dasein unsere Realität bestimmt. Und aus diesem Grund nehme ich an, dass hier auch man viel Geduld und ein langer Atem braucht, bis es sich ein konstruktive Ernsthaft gibt, dass unser Dasein gegenüber der Realität bevorzugt, wenn man also zwischen den realistischen Verhältnissen überleben würde.

Wir sind hier eine Gruppe klassisch ausgerüstete und wenig vorgeschrittene Sicherheitseinheiten namens Peschmerga, die sich als Ritter für die Befreiung Kurdistans gesammelt haben, meistens junge Frauen und Männer zwischen zwanzig und dreissig Jahre alt. Der Begriff Peschmerga ist eine Komposition kurdischer Herkunft, die Folklore gebildet ist und die Kämper Kurdistans entspricht, entstanden von zwei Teilen: ein Präfix Pesch- was Vorne, in der vorderen Reihe bedeutet und der Hauptteil Merga, was Tod bedeutet; zusammen: Jemand, der sich für die Befreiung Kurdistans zum Opfer macht, sei es diese Opfermachung gleich Tod, oder Verletzung im Kampf oder die Widmung der besten Jahre zum Widerstand; ein unentbehrlicher Dienst. Die Formgebung des Begriffs spielt eine zentrale Rolle in alltäglichem Leben junge Frauen und Männer dieser Lager. Der junge Peschmerga habe ihr Jugend, die Familien, die Wünsche und ihr privatem Leben hinter sich gelassen und sich in einer kleinen Fläche eingeschränkt, um körperlich und geistlich anstrengende Übungen zu absolvieren, um für jeden Form Konfrontation mit iranischen Kräften vorbereitet zu sein. Wenn ich das Volumen der Lagerkapazität und seine militärischen Ausrüstungen mit der kleinen Stadt, in dem ich meine Soldatenzeit verbracht habe, vergleiche, ein Polizeistation einer kleinen Stadt, kann mir kaum ein echter Krieg zwischen uns und die iranischen Kräfte vorstellen. Dazu haben wir aber regional und sogar international gesehen eine emotionale Legitimation und Unterstützung unter unserem Volk und alltägliche Empathie von der anderen Teilen Kurdistans. Somit mit all unserer militärischen Schwäche bekommen wir immer das Gefühl, wir seien mehr, wir haben Kraft.

Unter intensiv emotionalen Bedingungen kann man schwer logische Entscheidungen treffen. Der Widerstand hier ist nicht nur gegen islamischen Regierung Iran und sogar ihre Gegner auch, die sich in der Besatzung Kurdistan einigen, vor allem noch nicht direkt, sondern Widerstand gegen sich und viele Fälschungen, gegen vermeidbare, nutzlose Debatten, die seit dreissig Jahre unter drei ähnlichen Lägern in einem Abstand zwischen eins bis fünf Kilometer stattfinden und sie zur Spaltung bringen- Dies bringt die Menschen in Kurdistan nichts ausser Hoffnungslosigkeit und Pessimismus. Der Widerstand hier hat viele Dimensionen. Man darf Alkohol trinken, man kann sich mit Internet anschliessen und viele private Kontakte aufnehmen, man kann sich Kontakte ausser dem Lager verknüpfen und man kann sich in jedem Moment für die Ausreise nach Europa entscheiden. Ich bin immer noch ein treuer Widerstandsfähig mit grosser Neugier nach der Vertiefung in vielseitigem Dasein gegen die islamische Regierung und in meinem Kopf muss noch alltäglich bearbeiten, beziehungsweise neutralisieren, was ich als pessimistisch und widerstandlos annehme.

Unter den Mitgliedern, der meist jungen Peschmerga, bilden sich kleine Gruppen nach ihren Heimatstädten und Regionen, nach einem Gefühl des Transnationalismus, die manchmal auch politisch dominante Effekte hat. Diese Zugehörigkeit, die mir keinerlei die Identität entspricht, nehme ich als eine Oberfläche der gemischten Gefühle entgegen aufgrund des Nichtdaseins eines dynamischen Kampfs einerseits und den leichteren Umgang mit den Menschen gleicher Stadt andererseits. Diese Gruppierungen werden nicht wenig für verfälschte Kampagnen in der Partei und sogar Entpolitisierung ausgenützt. Die meist scheinbaren Identitäten basieren nur noch auf Fehler der politischen Bearbeitungen und weniger nationaler Zugehörigkeit, damit lässt sich die Zugehörigkeit schneller im Hinblick auf der Heimatstadt,

Nach zwei Monaten in vordienstlicher Ausbildung kann ich die Medienabteilung beitreten, eine Abteilung, die ich mir immer wünschte. Hier, meiner Vorstellung nach, kann ich besser meinen Dienst leisten und mich von den untergruppierenden lokalisierten Identifizierungen, befreien, denn die Medienmitarbeitende sind anders eingestellt als die, der Widerstand allerersten bewaffnet interpretieren wollen. Zwar sind die Peschmerga mit weniger Kenntnisse und weniger Gelerntes loyaler in meinen Augen, aber eine meist übertreibende Militarisierung auf ihrer Seite macht mich zurückhaltend, enge Kontakte mit ihnen aufzubauen. Auch für die soziale Umgang wie trinken, Sport und Gespräch über ihre vorige Geliebte, in der Solidarität gemeinsamer Dienstleistungen sind sie allerbesten als die ausgebildeten Kräfte. Die jungen Männer, die weniger gelesen haben und von der PC-Kenntnisse nichts gehört haben, diejenige, die sich am Abend in dem Horn des Berges auf Lager sitzen und mit dem Sonnenuntergang ihre Zigarette anzünden und tief einatmen; die, die dasitzen und singen und für die Wochenende eine Party organisieren, sind sehr widerstandsfähiger in meinen Augen, als die Eliten, die sich hinter Computern stundenlang sitzen und selbst für die Mahlzeiten schwer stehen können.

Es ist schwer hier eine Definition des Widerstands zu allgemeineren. Ich sehe, wie wirksam die Medien, darunter auch unsere Abteilung, der Gesellschaft beeinflussen und Rückmeldungen erhalten. Wir bekommen immer die Resonanz über unsere Sendungen und Publikationen, mal gut mal schlecht, mal belohnend, mal kritisch. Und ich sehe wie arm sich diesen militarisierten Widerstand der Peschmerga, wie ein Querschnittgelähmter Körper auf seine primärste Art und Weise demonstriert. Ich sehe, wie die Leute ausser der Medienabteilung die Medien ausser Acht lassen wollen und unsere Argumente gegen militärische Angriffe als Entmilitarisierung annehmen. Ich befinde mich nach ein paar Monaten Dienst in der Medienabteilung in der Mitte der beiden. Zwar meine besten Kontakte sind die ausser Medienabteilung, aber organisatorisch gehöre ich nicht zu starke paramilitärische Gedanken.

Am komischsten ist für mich der Lebensstil von Peschmerga in diesem Lager zwischen eine klassische Form, eine nostalgische immer sich wiederholende Geschichte von Widerstand in den Anfang neunziger. Die Zeit, dass die Peschmerga viel besser als jetzt ausgerüstet war und eine praktische Chance zum Sieg hatte, was mit dem Ende des achtjährigen Iran-Irak Krieg und totaler Konzentration der Iranischen Armee auf Kurdistan zu einer dramatischen Niederlage kam. Zum anderen unser Dasein neben einem normalisierten und rasant sich zur digitalisierten Entwicklung der Städte und Dörfer des Autonome Region Kurdistans, welche uns nicht immer verstehen, wozu wir genau kämpfen und was unser Widerstand, wenn auch kleine, leistet. Hier habe ich mehrmals bemerkt, dass wir fast kein Plan dafür haben und im

Gegenteil, die iranische Regierung, arbeitet detailliert daran und bombardiert die Gedanken des Menschen in dieser Region mit ihrem soft power, mit ihrem Industrie Tourismus und Cinema, mit ihrem Drogenhandlung und Mafiöse der Umgehung von dem Westen durchgeführte Embargos. Die modernen Ausstattungen, von denen wir sehr wenig haben, dagegen die Peschmerga sehr wenig leistet.

Mit der Zeit fühle ich mich immer noch nicht angepasst an diese Situation, an die tiefe Zweifel der kräftigen, jungen Frauen und Männer der Sicherheit an die Medienmacht und an die Trägheit der Fachleute der Medienabteilung während der Übungen. Ich fühle mich, trotz einer offiziellen Beachtung im Lager, nicht echt in diesem Dasein verbunden und nehme meine Präsenz ein künstlerisches Spiel, ein Spiel, das oft sehr wenig Zuschauer hat. Die Debatten und Sitzungen finde ich seit langem abgelaufen, das Bildungszentrum gar nicht aktuell. Meine Stellungnahme unter den einigen anderen im Lager bringt oft die chaotische Situation in der Medienabteilung zum Kochen. Eine Stellungnahme, die auch oft nichts mitbringt ausser längeren Gesprächen mit winzigen Fortschritten. Mit der Zeit und die Erfahrung in den anderen Abteilungen komme ich zu diesem Schluss, dass dieses Dasein der Lager und der Partei allgemein zwar notwendig ist, aber ich finde meine Bedürfnisse in deren Laufe nicht mehr. Das Dasein des Lagers ist also besser als nichts, wie jedes andere existenzielle Dasein. Ich versuche ein Job in der Stadt Silemani, der Stadt halbe Stunde entfernt von dem Lager zu finden und mich damit beschäftigen.

Meine Kontakte mit meiner Familie läuft seit mehr als einem Jahr nicht normal. Die Technologie reicht es nicht, eine sichere und schnelle Verbindung zu herstellen und das Pendeln für sie nach die Autonome Region Kurdistan ist auch nicht machbar, denn sie werden ständig kontrolliert. Viele Aktivisten in den Nachbarländern von Iran und sogar in den westlichen Ländern rechnen mit psychischen Belastungen und manchmal physische Störungen und Hemmungen aufgrund ihrer Aktivitäten durch die iranischen Sicherheitskräfte. Das ist tatsächlich ein Dilemma für mich und meine Familie, dass uns entweder für die familiäre Beziehung entscheiden und ich rückkehre oder lassen wir uns in Ruhe, weder ich kehre heimlich zurück, um sie zu besuchen, noch verlangen sie regelmässige Kontakte. Denn diese politische, aus der staatlichen Sicht illegalen Identität, die Stellungnahme des Bösen und die gefährlichste Reaktion eines Lebewesens auf seinen vernichtungsversuch, lässt sich schwer in den neutralen, nicht aktiv politischen Gruppen integrieren, sei es diese Gruppe eine tief emotional versammelte Familie, oder eine Gemeinschaft unterschiedlicher Herkünfte. Ich gehe nicht davon aus, dass ich im Fall der Festnahme durch diese barbarische Regierung ein normales Leben überlebe. Das ist weder aus Erfahrung und Kenntnisse des Regimes noch meinen Bestrebungsprinzipien möglich.

Es gibt immer wieder Leute wie ich in der Stadt Silemani, auch in den anderen Städten und Dörfer der Autonome Region Kurdistan, mit ähnlichen Situationen. Man kann nach systematischen Abmachungen und Verläufe immer noch seine Beziehungen mit dem Lager in gewissen Fällen beibehalten und weiter als ein Passivmitglied oder Sympathisant der Partei autonom bleiben. Diese

Autonomie der halben Zugehörigkeit ist sogar oft ein Muss, denn die Papiere zu erreichen und ein Brotberuf zu finden ohne diese systematischen Kontakte ist nicht leicht. Nach einer Nachfrage und nachdem ich persönlich in der telefonischen Jobsuche nichts finde, finde ich ein paar ehemalige Peschmerga, die sich in der Stadt sitzen und teilweise arbeiten. Nur teilweise, denn die Arbeitslosigkeit in der Region Kurdistan ist auch für die hiesigen Bürger nicht niedrig. Ausserdem sind oft die Arbeitsbedingungen hart, deren Arten sind handwerklich anstrengend und besonders Papiere, mit denen man überhaupt nach einem Job suchen kann, seien aufwändig und verschlucken jeder ohne Vitamin B in einer Spirale des mühseligen Papierkriegs. Ich beschliesse also in der Stadt und offiziell den Dienst verabschieden.

Zu diesem Zeitpunkt bin ich etwa drei Jahre im Lager gebracht. Mit jedem Winter der dauerhaft kalten Nächte und die Schichten entlang Zäune der Lager habe ich mich auf einem kommenden Frühling der Freiheit gefreut und die Kälte überlebt. Kaum haben mir die in dem Lager gut einsehbar blickenden Lichte der Türme Stadt Silemani an sich gelockt und davon überzeugt, meine Träume der Freiheit einfach so aufzugeben. Während diese Nächte, die dienste nach der Zeit und Leute verschiebbar von zwei Uhr bis zum sechs Uhr morgens, habe ich viele Ideen neuer Versuche bekommen, die in dem kommenden Tag mir nicht praktische schienen. Dann strichte ich ab und führte wieder normale Gespräche mit den Kameraden. Am morgen habe ich im Lager viel gesungen, viel gewandert, viel Dopamin durch meinen Kopf bemerkt und viel geschrieben. Meine Kameraden würden sagen, dass ich viel in mir und mit meiner Persönlichkeit Zeit verbracht habe. Tatsächlich war es so. Ich habe manchmal am Morgen Lust gehabt, auf dem Horn der Lager wandern gehen, manchmal am Abend. Wenn ich am Morgen wandern wollte, dann ging ich früh, früher als Sonnenaufgang, meistens gerade nach meiner Frühschicht zwischen vier und sechs am Morgen. Am Morgen war die Wanderung ganz anders, man reiste mit jedem Sauerstoffmolekül in seine Lunge, man gab sich jede Sekunde Hoffnung auf einem baldigen Sieg. Am Morgen hörte man die Stimme der Vögel in still schlafende Umgebung und sang damit, man hörte seine Stimme klarer gespiegelt vom Tal. Der Weg war nicht weit, je nach Richtung zwischen etwa eins bis drei zwei Kilometer entfernt. Ich ging manchmal allein, manchmal mit den anderen. Aber allein war etwas, in dem man sich mehr finden konnte. Wenn ich ganz oben war, dann habe ich mir oft gesessen, bei kaltem Wetter Feuer und Schwarztee gemacht, bis die Sonne den Tag begonnen hat und die Lage zurückeroberte. Die Richtung, von der die Sonne aufging, war die Richtung Ostkurdistans, der Ort, der wir dafür Widerstand geleistet haben. Jeder Sonnenaufgang habe ich als ein Gruss wahrgenommen. Die Tage im Lager waren oft sonnig und ich habe mich oft begrüsst gefühlt, der beste Weg für Entgiftung unmoralischer Politik, der besten Weg für die Stärkung der Optimismus. Am Abend war es ganz anders. Oben auf Horn sollte man den Sonnenuntergang schauen gehen, im Gegenteil von morgen und in die Richtung Westen. Mit dem Abend habe ich andere Gefühle gekriegt, andere Wahrnehmungen Der Abend war mi dem Gefühl der Einsamkeit, dem Gefühl der Müdigkeit einhergegangen, aber auch still und schön. Diese Traurigkeit hat mich nie gestört. Man konnte mit dem Schicksal dieses Volks und der schwachen Stellung ihres Hoffnungslagers nie anders sein. Nur wenn man sich mit Literatur und ein wenig Alkohol entgiftete war die Stimme auszuweichen.

Ich bin in der Stadt Silemani. Eine Stadt, die ich trotz all ihrer Verfälle an hervorragenden Aufklärungen in den Achtzigern, mit ganzem Herzen geliebt hatte. Die Stadt hatet früher, vor der grossen Investierung der mächtigsten Islamisierungsgesellschaften, eine bedeutende Rolle in der Individualisierung der Gesellschaft und Verstärkung der neu geborenen Demokratie in Autonomen Region Kurdistan gespielt. Auch in der modernen Geschichte Kurdistans gilt Silemani als Stadt der Angriff und Opfer: eine Stadt, die immer anderen Teile Kurdistans unterstütz hatte und bei deren Befreiung nicht bloss Männer in der ersten Reihe teilgenommen haben, sondern auch viele starke Frauen. Die Stadt selbst und ihre kleineren Städte und Dörfer haben Anfang Neunziger den Kampf gegen irakischen Diktatur Saddam Hussain gewonnen und seine Truppen für immer von Kurdistan weggeworfen. Die ersten Bücher, die mir die Lehre der Widerstand gebracht haben, habe ich in Silemani besorgt, als ich achtzehn Jahre alt und sehr neugierig auf die Geschichte der Stadt war.

Die Stadt hat sich im Laufe letzten Jahren rasant verändert. Die politische Lage der Stadt hat sich zwar stabilisiert aber das unkontrollierte Rechnungswesen hat die Zunahme der Schere zwischen arm und reich verursacht. Man vermag diese Stadt und die Stadt Hewler gewissermassen mit Dubai zu vergleichen, was sich die Hauptparteien der Region darauf freuen und aus meiner Sicht ein falsches, fatales Vorbild ist für die Entwicklung dieser zwei Städte. Die privaten Schulen und neu eintretende Firmen sind so gross geworden, dass ohne deren Vereinbarkeiten die klassischen Feudalen der Stadt und die regierenden Parteien gar keine Kontrolle mehr auf ihren Geschäften haben, die Geschäften, die ihre Politiken bestimmen. Die Firmen bestimmen mehr, wenn nicht parallel zu der, Parteien die Hauptstrategien in einem nicht vereint geregelten Steuersystem. Hier ist alles mit dem immer noch existierenden schwarzen Gold, das Öl, und sein täglicher Wert verbunden. Ohne Ölverkauf ist nichts von der Herstellung und Bauernhof, Industriekleinbetriebe und wissenschaftliche Fortschritte die Rede. Viele Dörfer sind verödet geworden und man sieht eine dramatische Massenauswanderung von klein bis gross, von weit bis nahe Dörfer in der Stadt. Ausser in neu aufgebauten Quartieren riechen die Strassen intensiv nach dem Gasöl der Stromgeneratoren verschiedener Grössen. Die Männer leisten Dienst in Militär und Frauen oft arbeiten nicht. Ich glaube eine langfristige Bleibe, das Leben hier, wäre nicht leichter für mich sein als das im Lager.

Von der Gemeinde zur Stadtpolizei, von der Stadtpolizei zur Jobsuche, von der Jobsuche enttäuscht und wieder nach nächstem Termin der Gemeinde. Ein Zyklus, der nichts bringt ausser Verblüffung. Tage und Woche gehen vorbei und ich habe erst nach zwei Monaten ein Papier, der nur noch auch zwei Monaten Ablaufdatum hat. Ich bin ein gelernter und erfahrener Journalist und soll ein Job in diesem Bereich finden können. Ich melde mich in verschiedene Zeitungen und Nachrichtenagenturen, mit denen mich seit geraumer Zeit gut auskenne. Nach Wochenlangen Suche stosse kaum auf eine praktische Chance. Der Bereich ist seit ein paar Jahren so knapp geworden, dass selbst die absolvierten Studenten von der Stadt kaum stabilen Stellen bekommen können. Viele beschäftigen sich mit anderen Projekten und den temporären Gelegenheiten, andere schlissen sich die Armee und einige auch verlassen das Land. Das Land zu verlassen ist ein populäreres Geschäft, eine beliebte Subkultur. Ich versuche immer noch in der Region ein Job zu finden, statt alle Eier auf einem Korb legen, die Ausreise Richtung Westen zu planen.

In der Stadt bin ich oft zu Fuss unterwegs, in dem ich die Orte nicht übersehe, die Job zu bieten haben können. Jeden Tag lege ich zehnte Kilometer hinter und such jede Gelegenheit. Die Jobagenturen sind hier nicht aktiv und man sucht immer noch oft Jobs klassischerweise, vor allem die Arbeiten, die für die Flüchtlinge geboten werden. Ich übernehme die Arbeit in einer Baustelle, die alles anders ist als eine Arbeit. Die Arbeitsstunden im Laufe der Tag, der Lohn am tiefsten und es ist auch hart wie keine vorige Arbeit, die ich bisher gehabt habe. Für die Übernachtung bietet mir ein Freund ein Bett und ich kann vorläufig dafür nicht bezahlen. Der Freund mit langen Haaren hat sich vor einigen Jahren die gleiche Entscheidung getroffen und lebt von Übersetzung für künstlerische Projekte, eine temporäre Arbeit, die nur besser als nichts ist. Er schläft in seinem engen Zimmer und ich auf dem Sofa in einer winzigen Stube. Die Wohnung ist nicht normal als eine Wohnfläche gebaut, sondern war früher Keller darunter gemietete Geschäfte. Typischerweise übernimmt niemand von der Stadt hier als eine Wohnung, aber für uns ist am Abend eine gemütliche Lobby. Er erklärt von schlimmen Erfahrungen seiner Freunde, die illegal nach Europa ausgereist sind, von denen teilweise die Reise nicht überlebt haben. Er beschloss sich seit langem keine Gedanken darüber zu machen und bleibt in der Region, solange es möglich ist. Ich frage ihn: und wenn es nicht mehr möglich ist? Er lacht und sagt, momentan ist es immer noch möglich.

Ich übersetze ab und zu Texte für paar Zeitschriften und bekomme ein Minimum davon zum Überleben. Der Freund mit den langen Haaren macht auch das gleiche seit Jahren. Er ist zwar unzufrieden mit der Situation aber findet auch kein Ausweg und meint, dass er ein Spiel spiele, das er ihn seit langem verloren habe. Er ist eine der besten Typen, der vor mir, wie wir es nennen, die entpolitisierte Parteisesshaft aufgegeben hat und sich mit dieser schwierigen Situation konfrontiert hat, weil er unabhängig bleiben will. Eine bessere Zukunft als seine kann ich mir nicht vorstellen. Das Laufen durch die Stadt ist mein erstes und einziges Hobby. Am Abend laufe ich nach Zentrum und beobachte Menschen, wie trotz ihrer Müdigkeit und Verwirrung gegenüber so viele soziale und politische Auseinandersetzungen in so einer kleinen Region wie Südkurdistan, sich zusammenschliessen und singen, immer eine Idee für die Zukunft haben und nie aufgeben wollen. Am Abend bin ich oft in der Altstadt und ihr Zentrum, Derki Sera, wo Menschen in grossen Mengen, in der engen Strassen, wo die Hälfte von ihrer Breite durch den lokalen Wagen voller Bioprodukte besetzt sind laufen und laut lachen. Jeder quatsch mit den anderen in Cafés, lokal gesprochen Tschachane, und trinken gemeinsam Schwarztee. Der Spaziergang des Abends in der Altstadt scheint meine einzige Hilfe der Ideensammlung während dieser Tage.

Ein Tag komme ich auf die Idee, mit einem Designer Kontakt aufzunehmen, der früher unsere Zeitschrift der

Jugendabteilung der Partei entwarf. Obwohl ich nicht mit Designprogramme vertraut bin, aber es kann sein, dass er ähnliche Gelegenheiten zur Verfügung hat. Die Person stammt ebenfalls aus Ostkurdistan und arbeitet seit langem hier. Er meint, dass eine Möglichkeit Werbungsvertreter wäre, welche weder Ausbildung noch Kapital und eine Firma für den Anfang brauche. Ich werde also mit einer Werbungsfirma einen Vertrag abschliessen, indem abgemacht worden ist, dass ich die Werbungsmaterialien unter den besuchten Geschäften für sie finde und ich werde von dem Vertrag zwischen den beiden Seiten einen Teil als Lohn bekommen. Unter solchen Bedingungen werde ich keinen Mindestlohn bekommen, sondern bekomme ich erst ein Lohn, wenn der Vertrag abgeschlossen und der Betrag vom Geschäft eingetroffen ist. Es scheint zugleich banal und anstrengend, in einer Stadt, deren Firmen und Arbeitsgeber zum grössten Teil klassische Wege zu ihrer Bekanntmachung bevorzugen, digitalisierte Werbungen zum Gewinn zu bringen. Am blödesten wäre meine Anstrengung um die beiden Firmen aneinanderschliessen und für die weitere Verträge zwischen denen, werde ich weder informiert sein noch ein Cent bekommen. Ich habe also keine andere Wahl und mache mich vertraut mit der Sache.

Die weitere Jobangebote interessieren mich nicht weiter. Ich such nach die grösste Werbungsfirmen und wähle zweier davon, um mich bei ihnen zu melden. Ich soll wissen ob die Verträge fest wären und ob ich garantiert nach der Abschliessung des Vertrags mein Lohn erhalten werde. Die beide Firmen sind mehr oder weniger gleich. Ich melde mich nach einem Tag bei der zweiten Firma, die Werbungen an Buslinien in der Stadt kleben lässt und Videoclips für TV-Sender herstellt. Ab jetzt fühle ich mich trotz alles Unklarheiten und Ängste sicherer als früher und speichere mir mehr Kapazität für Laufzeiten. Die Laufzeiten verlängern sich auf dem ganzen Ablauf der Tage.

Ab jetzt ist jedes Haus ein Geschäft in meinen Augen, jedes Geschäft ein potenziell heranwachsendes, die ihm nur meine Werbetechniken fehlt. Ich muss mich mit solchem Motto mutig machen und an jeder Firma vorbei gehen, ohne Termin, ohne vorige Abmachung, ohne einzige Erfahrung. Wenn sie mich fragen würden, zum Beispiel, mit welchem Programm du uns ein Video machen kannst, Oder welche Montageprogramme würdest du anwenden, um unsere Videos damit herzustellen, oder sogar, wie lange am besten eine TV-Werbung laufen soll, damit sich am wirkungsvollsten lohnen, würde ich keine Ahnung haben, gar keine. Einfach fassungslos antworten, dass ich nur für die Marketing zuständig bin, was weder für mich noch für meine Firma gut wird. Ich mache nebenbei immer solche Gedanken, aber schliesslich gehe ich mit allem Mut und Energie vorbei und gewinne zumindest ihre Konzentration. Dir Kunst der Rede ist am Beginn wichtiger als ihren Inhalt und das habe ich in zwei Wochen bemerkt, gleich wie die Werbung, was mehr um die Kunst der Repräsentation geht als die Qualität der Werbung. Oder die Werbung gut bewerben können.

Tatsächlich habe ich keine Ahnung, welche Firmen potenzieller sind zur Werbung und welche nicht. Mein Akzent kling auch nicht hiesig und sie merken schnell, dass ich aus Ostkurdistan stamme. Hier sind im Bereich der Kunst und Wissenschaft die Leute von Ostkurdistan für ihre Werke bekannt. Davon darf ich etwas ernten.

Zusätzlich kommt zu sehr grossen Unternehmen, die ich lieber nicht vorbeigehe, denn ihre Kommunikationsabteilungen sind auf das Niveau und sind direkt bekannt mit Werbungsfirmen. Das zeigt meine Erfahrung nach in zwei Monaten. Andere mittelgrosse Firmen, die wenig von den Arten der Werbung erfahren sind, sind schwer zu gewinnen. Sie hätten also mehr Lust auf bar als mit der Karte. Ich laufe und frage und laufe weiter und frage weiterhin. Sehr wenige Interesse und in drei Monaten nur zwei Verträge für kleine Werbungen. Mein Motto hat nicht funktioniert.

In dritten Monat meiner Werbungssuche entscheide ich mich für die Ausreise nach der Türkei. Ein Land Mitten in der Krise und Unstabilität, jedoch nicht unstabiler als meine Situation.

Fata Morgana Ankara

Von der Autonome Region Kurdistan gibt es Bus und
Fluge nach der Türkei. Die Flughäfen hier sind nach
meinen Informationen eher kompliziert und es werden
die Passagiere in der Türkei härter kontrolliert, vor
allem die Aktivistinnen. Es gab gewisse Fälle, dass nach
der Landung der Flugzeige die Handys und persönliche
Sachen der ehemaligen Journalistinnen aufgenommen
und stundenlang geprüft worden sind, Verhöre mit

ihnen durchgeführt worden sind. Die Fahrt mit dem Bus dauert zwar versechsfacht länger als ein Flug, aber als die erste Reise durch Nordkurdistan, das Kurdistan unter türkische Besatzung, und zum Durchschauen der wilden Berge und reiner Natur; die Städte, die ich nie gesehen habe, lohnt es sich mit dem Bus zu fahren.

Mein Ziel ist Ankara, die Hauptstadt der Türkei. Meisten Flüchtlinge reisen von hier nach Istanbul, die grösste Stadt der Türkei; denn dort hat man mehr Möglichkeiten und die Stadt liegt teilweise in europäischem Festland, damit hat man mehr Chance das Westeuropa zu erreichen. Es gibt eine Behauptung, dass Istanbul als grösste Stadt der Kurden gilt, ein grosser Teil der Bevölkerung, die seit Jahrhunderten aus Kurdistan dorthin ausgewandert sind, man kann mit ihnen schneller umgehen und sich sicherer fühlen. Ich habe Ankara gewählt, weil ich ein paar Leute da kenne, ehemalige Aktivistinnen, die schon seit langem in dieser Stadt wohnen. Ich verabschiede mich sehr zurückhaltend mit den Freunden und telefonisch mit meiner Familie, als wäre ich nicht sicher über die Erreichung meines Ziels und kehre am morgigen Tag zurück. Aus irgendeinem Grund, mit alle meiner Schwierigkeiten und die Hoffnungslosigkeit in dieser Stadt, traue ich mich nicht ein Blick nach hinten zu werfen. Als hätte ich Angst davor, dass jemand mich ruft; als wären meine Papiere nicht korrekt. Nicht länger stehen bleiben, nur los, einfach fahren, nur vorne schauen.

Die Fahrt beginnt am Mittag mit wenigen Passagieren, meistens junge Männer. Ich weiss nicht wie viele davon Flüchtlinge sind und wie viele aus einem anderen Grund mitreisen, wie Geschäft, medizinische Behandlung oder für eine Ausbildung. Wir sind fast ähnlich bekleidet, mit wenigem Gepäck und schauen schnell unsere Uhr vor der Anfahrt. Ich kenne nur ein Mann unter den Passagieren, der von seiner Familie verabschiedet wird. Wir tauschen einige Blicke aus und sagen uns ein zurückhaltender Gruss, ohne ins Gespräch zu kommen. Die Checkpointe in Kurdistan sind nicht gleich geregelt und vor allem teilen sich zwischen zwei Parteien, die ausgenommen der gemeinsamen Militäreinheiten, ihre eigene Paramilitäreinheiten haben, die KDP (Demokratische Partei Kurdistan) und die PUK (Patriotische Union Kurdistan), die seit ihrem Sieg über irakische Besatzung traditionell gegenüberliegende Stellungen genommen haben. Eine regiert hier in Silemani, wo ich meine letzten vier Jahren gebracht habe und die andere regiert in der Hauptstadt der Region, Provinz Hewler. Daher werden manchmal die Papiere, die in der gegenüberliegenden Zone legitimiert worden sind, in der anderen Zone nicht ganz anerkannt. Seit dem Fall des irakischen Diktators in Frühling 2003, woran das Kurdistan und seine zwei Hauptparteien eine wichtige Rolle gespielt haben, gibt es Versuche, die zwei Zonen ineinander zu integrieren und überall gleiche Regelungen einzuordnen, vor allem der Sicherheit- und Militärdienste, welche bisher nicht gelungen ist und jede Zone hat seine eigene Militärverordnung. Der öffentliche Verkehr zwischen diese zwei grossen Städte Kurdistans werden aufgrund der Nachbarschaft mit der IS (die Islamische Staat) häufig kontrolliert und manchmal streckt sich eine einstündige Fahrt auf eineinhalb Stunden. Somit ein Problem in der Grenze zur Türkei ist möglich.

Wir steigen kurz nach dem Nachmittag eines warmen Tags im Juni in dem Bus ein. Es gibt immer wieder lange Reihen der Militärautos, die im Rahmen grosser Mobilisation gegen IS nach der Frontlinie Richtung Mosul fahren. Kurz nachdem wir die Stadt verlassen haben, ist ein riesiger Lager für die Geflüchtete von der Stadt Schingal, die Stadt der Jeziden, zu sehen. Sie haben vor kurzem nach dem Überleben ihres Völkermords durch die IS nach diesem Lager geflohen. Einiger Tage zuvor, in dem Tag dieses Ereignisses müsste ich live erfahren, wie zehntausende wehrlose Menschen, machtlos und nur weil sie nicht konvertierten, durch die IS massakriert wurden. Es wurden Männer geschossen und junge Frauen als Sklaven zur Geisel genommen und sexuell vergewaltigt. Manche von denen, die Zeit und Füsse der Flucht gehabt haben, konnten ein Berg in der Nähe von Shingal erreichen und sich retten, zugleich aber viele verlorene Kinder und alte, kranke Geflüchtete ums Leben gekommen. Ein Bild, das ich nie vergessen kann, war von einem sechsjährigen Knaben, Names Eziz, der im Chaos von seiner Familie verloren und an Durst blind worden war. Er starb nach zehn Tage im Laufe seiner Behandlung im Spital. Eziz der Schingal.

Die Anzahl der Geflüchtete in dieser Region vergleichbar mit seinem Einwohner ist wie kaum ein anderes Land. Die Region hat selbst weniger als fünf Million Einwohner und dazu sind seit dem Einmarsch der IS durch der Stadt Mosul und andere benachbarte Orten etwa ein Million Geflüchtete hier geflohen. In jedem Dorf, jede Stadt auf dem Weg sieht man, wie die neuen Lager aufgebaut worden sind und noch die neuere am Aufbau sind. Der Schock so vieler Probleme auf einmal für einem noch nicht vereint und in sich instabilen Region durch die benachbarten Länder, die sich immer wieder in ihre innerlichen Beziehungen einmischen und sie noch mehr Probleme machen, hat mir ständig dazu gebracht, dass eine Ausreise nach der Türkei gar nicht schlimmer und hoffnungsloser als meiner jetzigen Situation wird.

Die Sitze im Bus haben Monitore vor sich und ich kann mir gespeicherte Filme anschauen, alles Actionfilms und auf Türkisch. Ich verstehe weder Türkisch noch mag die Aktionsfilme. Aber aus der Langeweile des Wegs beginne ich mit dem Filmeschauen. Am Abend spät und nach einer langer Reihe Staus erreicht unser Bus die Grenze. Der Checkpoint heisst Derwazê Ibrahîm Xelîl. Unser Bus wird besonders kontrolliert, etwas intensiver als privaten Fahrzeuge. Neben Polizisten der Station gibt es eine spezielle Stelle für Bus. Alle Sitze und der Gepäckraum müssen mit Polizeihunden durchkontrolliert werden. Von Passagieren müssen sich zwei Reihen bilden: eine für diejenige, die irakische Pässe haben und die andere für anderen Staatbürger. Ich bin das Einzige, das kein irakischer Pass besitzt und stehe allein da. Die längere Reihe hat Priorität. Alle gehen nacheinander vor einem kleinen Fenster, beantworten paar Fragen und ihre Pässe werden kontrolliert, beziehungsweise bekommen einen Ausreisestempel. Ich habe diesen Stempel schon in Abreiseort, das Migrationsamt von Silemani bekommen. Die Regel sei so, dass ich in zehn Tagen die Autonome Region Kurdistan verlassen, so der Beamte. Bürokratisch sollte ich eigentlich kein Problem haben, aber als ich dastehe, vor dem kleinen Fenster, der Polizist schaut mein Pass an, ohne irgendeine Frage. Ein abgelaufener iranischer Pass, ein neutrales Gesicht. Der Polizist checkt meinen Pass mit voller Aufmerksamkeit und nach einer Weile sagt, dass ich da warten muss. Andere Passagiere des Buses sind fertig mit der Passkontrolle und gegen zum Bus. Die Kontrolle des Buses und von Gepäcke läuft weiter. Der Polizist schliesst das kleine Fenster und geht zu seiner oberen Beamten, welche solche speziellen Fälle kontrolliert. Der Pass sei normal, so der Polizist, aber er muss auch melden, denn offiziell gesehen ist ein abgelaufener Pass, ein seltener Fall. Es handele sich darum, ob ich ein echter Aktivist und mein Pass ein originales Papier sei, so der Beamte. Die Wartezeit wird für Bus lange und ich rechne mit einem Pech, dass sie mich verlassen werden. Nach einer Viertelstunde rufen sie mich nach innen. Ich gehe zum Kommandantenzimmer, ein Mann mittleres Alter aber junggeblieben und schick angezogen. Von Bildern seiner Jugendzeit im Regal aus soll er ein ehemaliger Kämpfer gegen den irakischen Diktator gewesen sein, die Bilder von achtziger Jahren auf Bergen Kurdistans unter Peschmerga Truppen. Er scheint sehr erfahren zu sein und mindestens in meinem Fall nur nach zwei Fragen wissen, ob ich tatsächlich die Person bin, der Pass besitzt und durch iranisches Regime verfolgt ist. Der Checkpoint gilt Augenmerk der lokalen Regierung und bringt fast alles Lebensnotwendige von der Türkei in der Region. Ich habe zwar kein schlechtes Gefühl, ausser dass ich von dem Bus verlassen würde. Als er aufmerksam meinen Pass umdreht und alle seiner Seite herumblättert, schaue ich den Uhr nacheinander und damit zeige mein Stress von der Abreise des Buses. Es scheint so, dass er mit einem Auge mein Pass checkt und mit den anderen mich beobachtet. Vielleicht schauen aber die Richtungen seiner Blicke aufgrund meines Stresses verschieden. Nach einer Drittelstunde lässt er mich ausreisen, ohne ein Wort mit mir geredet zu haben.

Ich springe von der Station raus und schaue, ob der Bus noch da ist. Ich sehe die Passagiere, die teilweise vor dem Bus rauchen und ihre Uhr anschauen. Der Beifahrer ist am Kontrollieren der Reifen und ich vergesse zu fragen, ob sie auf das Ende der Vollkontrolle warten oder auf mich, aber die Vollkontrolle des Buses und mich sind komischerweise gleichzeitig fertig. Wir steigen wieder ein und der Bus fährt auf der Brücke, die offizielle Grenze durch. Auf der anderen Seite, in der offiziellen Türkei und mein Nordkurdistan, müssen wir wieder aussteigen und die Pässe einreisestempeln lassen. Hier werden wir gar nicht gefragt, woher wir kommen, wohin wir fahren. Sie stempeln unsere Pässe schnell und nach diesem Stempel, kann ich drei Monaten legal in der Türkei bleiben. Die Polizeistationen der Türkei, so die Passagiere, die teilweise immer wieder diese Strecke fahren, haben die Umgang mit der eingereiste erleichtert. Früher sei man mehr kontrolliert und gefragt, so sie. Zurzeit sind viele Dörfer und kleine Städte des Nordkurdistans von der türkischen Armee befreit worden oder sie haben sich zurückgezogen, nachdem junge Frauen und Männer in der Folge arabischen Frühling zum Widerstand aufgerufen haben.

Der Bus befindet sich endlich auf der normalen Bahnlinie und fährt mit seiner schnellen Geschwindigkeit nach Ankara. In der Türkei fährt unser Bus mit halbleeren Sitzen und haltet nur kurz zu den Einkäufen. Die ganze Nacht habe ich nichts zu tun außer Aktionsfilme anzuschauen. Die andere sind im Gespräch über ihre Geschäftsreise und ich habe kein Interesse dabei zu diskutieren. Stattdessen klingen mir diese langweilige Aktionsfilme spannender. Der Bus fährt mit voller Geschwindigkeit und es gibt kein weiterer Checkpoint, wie ich oft gehört habe. Ich weiß nicht, ob die türkische Armee sich auf eine übermäßige Invasion vorbereitet oder tatsächlich ihre Niederlage akzeptiert hat. Beide Seiten von Autobahn sind dunkel, ab und zu sieht man kleine Lichte vorbeifahrenden Wägen. Die Straßen sind fast leer und ab und zu fährt ein Lastwagen, oder eine Reihe von Lastwägen vorbei.

Am Morgen werde ich gegen fünf Uhr wach. Der Bus fährt immer noch mit gleicher Geschwindigkeit und es scheint in der Nähe von Ankara zu sein, aber ich weiß nicht wie nah. Die Straßen sind übervoll, als wären alle auf Geschäftsreise nach Ankara. Mit den Filmen bin ich durch und den Rest der Strecke beobachte ich nur die Natur und neuen Gebäuden. Es scheint wie Europa im ersten Blick. Anders als Kurdistan gibt es hier keine Spur von Krieg und wachsen überall Höhe Gebäuden. Die Landwirtschaft ist breit modernisiert und Autos sauber. Trotz meiner vollen Fremdheit, kein konkreter Plan und wenige Kontakte in der Türkei, sehe ich meine Situation nicht so schlecht vor. Ich weiß nicht, ob es von übertriebenem Optimismus, sogar Illusion kommt, oder als Ende der langen Hoffnungslosigkeit in Kurdistan. Denn nach solcher großen Hoffnungslosigkeit, in einem Spiralähnliche Dilemma, kann alles sich als eine Hoffnung zeigen, oder am Ende nur eine Fata Morgana.

Die Stadt Ankara zeigt sich nach und nach. Erst kommen riesige industrielle Gebiete, meist die strategischen, entscheidenden Produktionseinheiten wie Bauinfrastruktur, Militär und berühmte türkische Marken. Dann präsentieren sich die zahlreichen Bilder und Statuen von Kemal Atatürk, der Gründer moderner Türkei, vor dem bewohnten, neu entwickelten

Quartieren in peripheren der Stadt. Die Orte, die weit von dem Stadtzentrum liegen, scheinen günstiger für ärmere Familien und Migranten zu sein. Die Stadt selbst, was man als eine typisch türkische Stadt sehen kann, kommt erst naheliegend bei dem Stadtzentrum. Die Architektur vieler Gebäude bleibt trotz ihrer nicht gut erhaltenen Qualität authentisch und anziehend für neue Gäste. Nach etwa eine halbe Stunde hält der Bus in Hauptbahnhof Ankara und ab hier lösen die Passagiere auf. Die Fahrt war trotz ihrer langen Zeit nicht zu unangenehm. Vielleicht hat dabei meine Freude an meinen Planungen im Kopf und Abenteuer dieser Reise geholfen, dass auch die lange Kontrolle an die Grenze und kritische Militarisierung der Wege des Nordkurdistans mich nicht tief beeinflusste. Nach der Anweisung des Freunds soll ich erst zu ihm und dann ein Bett in einer Pension mieten, was für die erste Orientierung die beste Möglichkeit scheint.

Die Türkei ist bekannt für ihre offene und direkt radikalen Auseinandersetzungen mit Kurden, im Gegenteil zu Iran. In Iran, vor allem in der Hauptstadt Teheran, sind nicht alle Kurden die Bösen, da werden Kurden unter die gute und die bösen Kurden aufgeteilt. Die guten Kurden sind diejenige, die sich auf die Seite der Regierung, oder im Gegenteil die oppositionellen Zentralisten schlagen, die systematisch nur äußere Machtübergabe verfolgen und die Gesamtheit der Karte des Irans wichtiger als die Selbstbestimmung dessen verschiedener Völker einsehen. Hingegen sind die bösen diejenigen, die sich mit Unabhängigkeit ihrer Identität politisieren und die Durchhaltung der jetziger Karte Irans nicht als ihre Priorität betrachten. Wohingegen ist in der Türkei immer noch politisch Kurde zu sein ein Tabu. Der türkische klaren Hass und

Vernichtungspolitik gegen den anderen finde ich besser als die aufteilende, weichere Politik in Iran gegen Kurdistan. Ich werde schnell durch bekannten in Ankara und neue Mitbewohner in der Pension alarmiert, dass mich nicht überall als Kurde identifizieren soll, denn es kann Folgen haben, obwohl selbst mein Name alles aussagt. Ich stehe selbst dabei, meine richtige Identität trotzdem bekannt zu geben, wo ich gefragt werde und ich weiß auch dabei, dass die türkische Kultur auch ein sozial und gesellschaftlich kollegialen Herkunft hat, man wird also schnell nach seiner Stadt und mehr Details mitgeredet.

In dem Wohnheim, wo ich ein Bett bekomme, übernachten vier Gäste und der Mieter, ein junger Iraner. Um Häuser in Ankara zu mieten braucht man den türkischen Ausweis. Und ein türkischer Ausweis bekommen ist viel aufwändig und kostspielig, zumindest für die Flüchtlinge. Von der Geflüchtete, dich ich hier sehe, hat nur eine den türkischen Ausweis. Also außer ein Bett oder höchstens ein Zimmer in einem Wohnheim zu mieten kann ich nicht. Unsicherheit der Situation dieses Lebens hat den Lebensstil der Geflüchtete sehr schwach und schlecht gebildet. Man arbeitet schwarz die Arbeiten, die weder mit Mindestlohn bezahlt werden noch irgendwelche Krankenversicherung haben. Man wird massiv vernachlässigt und diskriminiert. Die Arbeiten, die täglich länger als zehn Stunden dauern und unter gesundheitlich schädlichen Umständen laufen, werden durch Flüchtlinge gemacht. Nach dem gescheiterten arabischen Frühling in Syrien und Beginn des Kriegs zwischen der Regierung und die Revolutionären, die zum Teil durch der Türkei unterstützt werden, sind hunderttausende Flüchtlinge von Syrien in die Türkei gekommen und tragen klaglos diese Sklaverei.

Was hat man zum Verlieren, wenn man sein Haus verloren hat? Was hat man zum Verlieren, wenn man seine Kinder, Verwandte, beste Freunde, Geliebte, Bäume der Straßen und Lieblingsorte verloren hat? Was kann man noch verlieren, wenn man jede Ecke seines Dorfs, seiner Stadt verwüstet sieht? Selbst der Erzählung meiner Geschichte kann gut stundenlang dauern. Weshalb hört man die Geschichte dieser strengen Sklaverei nicht? Die Gefährlichkeit der Lage kann das Leben aller Flüchtlinge, die auch gar keine politischen Erfahrungen und Interessen haben, jahrelang traumatisieren, aber die Syrer, die selbst Zerstörung ihrer Häuser gesehen haben und mit jedem lauten Geräusch der Straßen in Ankara an Schießerei denken müssen, sind ganz anders. Man hat nichts mehr zum Verlieren, man atmet und macht jede Arbeit, die ihm gegeben wird. Man ist jenseits der Traumatisierung, jenseits der Ausnützung.

 Das Wohnheim ist zwar männlich gedacht zu vermieten, aber es kommen ab und zu auch Frauen, meist die iranische Herkunft, um ihre Bürokratie hier zu erledigen. Vor allem der faire Preis spielt eine entscheidende Rolle, ob die Gäste weiter bleiben oder sich woanders suchen. Nach einiger Tage gehe ich zufällig mit einer Frau, die auch sich für ihre Papier der Bleibe registriert. Nach der Registrierung in UNHCR[1] bekomme ich ein Papier mit einem Termindatum und dem Namen einer Stadt. Das Datum meines Interviews ist geplant in vierundeinhalb Jahren und die Stadt ist Cankaya, naheliegend bei Ankara. In dieser Stadt, wo

---

[1] Hoher Flüchtlingskommissar der Vereinten Nationen

die Arbeitsmöglichkeiten sehr weniger als in Ankara selbst sind, soll ich legal bleiben und sogar ein Haus mieten können. Wie viele andere ledige Flüchtlinge melde ich mich erst in der Stadt und zum Leben komme ich zurück, zum Wohnheim in Ankara.

Die Erkundung und Zurechtfindung der Stadt Ankara dauert nicht so lange. Mit einer Verbindung, die etwa zwanzig Minuten dauert, komme ich von dem Stadtzentrum nach Hause. Der Bahn ist am meisten pünktlich und dessen Abteilungen halbleer. Es scheint so, als sich viele für private Fahrzeuge interessieren als den öffentlichen Verkehr. Die gleiche Strecke mit Bus oder Auto dauert länger als eine halbe Stunde. Die Stadt ist im ersten Blick modern. deren Gebäude und die grüne Fläche sind nicht in Einklang, dazu aber die Straßen sind oft breit und durch die Nächte hell. Vor allem ein riesiger Teil des Stadtzentrums gehört der Länderbotschaften mit vielen Sicherheitskräften entlang der Straße. Am Ende der Straße befindet sich ein wichtiger Punkt des Stadtzentrums, wo abends oft Demonstrationen der Parteien und Studentinnen stattfinden. Man merkt, dass außer der U-Bahn, welche im Vergleich zu Iran und vielleicht auch meisten benachbart arabischen Ländern gut funktioniert, die Infrastruktur nicht so weit für ein über achtzig Millionen bewohnten Land entwickelt geworden ist. Die Debatte der Militarisierung des Landes und den Einmärschen in den Nachbarländern ist immer noch eine Große Diskussion unter der Regierung und die oppositionelle; sie sind zum größten Teil nicht einig aber meist aus finanzieller Sicht und nicht, dass die oppositionelle Seite die Einmärsche aus Menschenrechtgründen kritisiere.

Die anderen Flüchtlinge im Wohnheim sind seit Jahren in der Türkei und haben gar keine Hoffnung auf UNHCR. Die Organisation sei eher symbolisch und die Termine nur auf Papier, so sie. Ich erwarte weder durch solche offiziellen Abläufe ein sicherer Ort zu finden noch kann auch mir ein jahrelanger Aufenthalt unter diesen Umständen vorstellen. Ich will ein Job, damit ich finanziell überleben kann, dass ich jede Gelegenheit zur Auswanderung nutzen kann, so wie die andere. Das sei aber in der Tat nicht so einfach, so meinen Mitbewohnern. Sie haben auch monatelang unter schwierigen Umständen gearbeitet, bis es einmal die Leistung nicht weiter mitgemacht hat, oder der Arbeitgeber einfach nicht bezahlt hat, weil die Arbeit in sich illegal ist. Du darfst nicht vergessen, dass du nur in deiner offiziellen Stadt wohnen und gewisse Arbeiten machen könntest, so die Mitbewohner. Aber die Stadt, Cankaya, hat eigentlich keine Arbeit. Man darf offiziell nicht arbeiten und die Arbeit bekommet man durch Bekannten. Cankaya ist ein Exil im Exil.

Im Moment ist eine Auswanderung alles anders als realistisch. Denn alle Seiten der Grenzen machen alle Maßnahmen gegen die Flüchtlinge. Alle meiner Mitbewohner haben zumindest einmal versucht auszuwandern, alle haben daran gescheitert, alle haben ihr Geld verloren und landeten einige Monate in unter Depressionen und müssten von null an neu beginnen Sklaverei zu arbeiten. Es gibt auch gewisse Fälle, dass sie die Schwierigkeit der Lage nicht mehr dulden konnten und sich auf den Rückweg nach Hause gemacht haben. Meine Mitbewohner sind alle Iraner und ich der einzige Kurde; jetzt wissen sie, dass ich kein Haus, keine Wahl hinter mir habe. So oder so, hier ist viel besser für dich, so am besten dulden, bis du ein Ausweg findest, so sie.

Das Wohnheim hat eine Stube und wir sitzen durch die Nächte etwa länger als normal. Vor allem reden wir über das gezwungene Weiterleben in der Türkei und die Fälle, die sie erlebt haben. Alle vier Mitbewohner arbeiten nicht, sie haben bis letzte Monate gearbeitet und wurden immer schlecht bezahlt, strenge Umstände erlebt und jetzt überleben von der Unterstützung ihrer Familien aus Iran. Das Wohnheim gegenüber liegt eine Primarschule. Erste Tage meines Aufenthalts in diesem Heim werde ich mit der Nationalhymne der Schule aufgewacht. Die Hymne wird mehrmals gesungen. Auf die Wand der Schule posiert sich ein großes Bild von bisher beliebtester Figur der Türken, Kemal Atatürk. Auch in Bazar und vor allem der Altstadt sind viele Bilder und Statuen von ihm zu sehen. In Ankara wagt sich niemand diesen Bildern, ihre Menge und Größe zu diskutieren, außer die Kurden. Kurdische Gemeinde hat seine eigenen Symbole und Bilder, aber sie werden nicht erlaubt in der Öffentlichkeit zu demonstrieren. Die Demonstrationen mit dem kurdischen Flaggen und Lieder enden oft mit Auseinandersetzungen, vor allem in Stadtzentrum Kizilay.

Nach ein Monat Suche nach einem Job stoße ich auf eine Arbeit in einem Bar. Die Bedingungen hart, der Lohn nur noch besser als nichts. Aus der Langeweile und das schlechte Gefühl muss ich die Arbeit ausüben. Die Arbeitsstunden sind der ganze Tag, zwölf Stunden. Ob die Arbeit überhaupt bezahlt und dauerhaft gegeben wird, gibt es keine Garantie. Ich habe also keine andere Wahl, als optimistisch zu denken. Der Bar befindet sich im Zentrum der Stadt, bietet außer Chai und Kaffee eine leichte Mahlzeit namens Menemen, die sich schnell vorbereitet lässt und sehr günstig serviert wird. Ich bin unter anderem zuständig für die Vorbereitung dieses Essens. Am abends gerade vor dem Eingang des Bars befinden sich viele Versammlungen. Diese Ecke der Altstadt, die älter und ärmer ist als den anderen Ecken, gehört der Linke. Die Linke sind unter sich vielseitig und jeder Abend gehört die Bühne eine von denen. Die Republikanische Volkspartei (CHP) ist der wohlbekannteste sogenannte Linkpartei der Türkei und auch der Stadt Ankara. Sie besitzen am meisten das Quartier und danach folgen die kurdisch Demokratische Partei der Völker (HDP), die durch ihre Märkte unterstützt werden. Die größten Auseinandersetzungen am abends befinden sich zwischen den Islamisten, die von anderen Quartieren hierherkommen und die linken angreifen. Dann die Kurden finden etwas Luft und mobilisieren sich schnell auf eine andere Ecke des Platzes. Am Abend ist mir dies Szene ein spannendes OpenAir. ich mache oft dann eine kurze Pause, hole mir ein Chai und schaue die Schlacht auf den Balkon der Bar, welche im ersten Stock eines alten Gebäudes liegt.

Ankara ist der erste Ort voller gemischter Gefühle für mich. Der Ort meines Überlebens, für die Kurden der Hauptschlachtfeld, für die machthabende Islamiten ihr Stützpunkt, für Feministen und die oppositionelle liberalen, für diejenige, die sich Gedanken über nächsten Putsch machen, die Front ihrer Realität. Ankara ist ein Ort, in dem ich überleben muss, das sage ich mir jeder Abend, nachdem ich mein Tagesgeld bekomme und in zwölf Stunden wieder da sein muss. Es ist zwar gut, dass man sich die geografischen Grenzen immer mit moralischen Gefühlen so verbindet, dass der Beginn eines mit dem Ende des anderen nur unter Sinnmachung akzeptieren kann; dass nur Erfüllung eines vorhin weitstehenden Ziels die theoretische Überquerung der konkreten Grenzen ermöglichen kann. Die Grenzen, die früher oder später überquert werden sollen. Mit den komischen Gefühlen lernt man über Sachen lachen, die ganz banal und nicht lustig sind. Man zeichnet, wie Kinder, komische Zeichnungen, um sich kreativ zu fühlen. Man lügt und man weiß, dass die Lüge nicht gutes bringt, und nennt ihn eine weiße Lüge. So überlebt man, so kindisch und banal. In sehr ernste Situationen kann man im Spiegel grimassieren oder mit sich Fußball spielen, jeden Tag das Monatsende näher fühlen. Man kann sich die Arbeitsstunden auf vieren, dreien Einheiten einklappen, deren Ende die Lieblingsfrüchte vorstellen und so sich retten, so einfach.

Ich muss mein Wohnheim wechseln. Es kommt zu Veränderungen bei der Miete und ich finde ein günstiger Ort. Ich habe keine feste Beziehung zu den temporären Orten, dabei ist es auch nicht sehr wichtig, ob ein Heim zehn Minuten weiter liegt oder näher. Den Menschen, die Mitbewohnern werde ich eher vermissen, auch würde ich fehlen bei ihnen. In temporären Orten sind Menschen oft nett miteinander, sie haben ein entscheidendes Merkmal miteinander: alle gehören dem Ort nicht, ihr Dasein, ihr Gefühl der Ungeborgenheit verbindet sie so fest, dass sie viele vorige Vorstellungen voneinander vergessen. Trotz dieses starken Gefühls sieht man manchmal auch Auseinandersetzungen, vor allem wenn um Existenzangst geht. An der Grenze habe ich zum Beispiel nicht starken Mitgefühl und Empathie bei anderen Passagieren gemerkt, als ich nahe bei Verlust des Buses war und zurück nach meiner Abfahrt geschickt könnte. Ich wurde sogar mit abneigender Blicke beobachtet und mich für die lange Kontrolle des Checkpoints Mitschuld gefühlt. In solchen Situationen rettet man eher selbst und denkt eher weniger an Angelegenheit der anderen. Es ist auch evolutionär bewiesen worden, dass Infantizid[2] – Kindstötung- eine zentrale Rolle in menschliche Evolution, schon bei Homo Sapiens, gespielt hat. Menschen sind von Natur aus Opportunist und all unsere Verhalten, von neutral bis sehr nett und loyal, werden gemacht, weil sie uns gutes Gefühl geben, oder weil wir von deren gesellschaftlichen Folgen Angst haben. Opportunismus bedeutet ursprünglich chemischer, hormoneller Ausgleich im Körper, jenseits der Wertschöpfungen und Heilwirkungen. Der Trick also besteht darin, aus Unfähigkeiten und Ängste, aus Unbeschreiblichkeiten und Unberechenbarkeiten Kunst zu herstellen. Die Kunst selbst besteht aus einer Harmonie der schönsten gescheiterten Pläne und zerplatzten Träume, die in einer anderen Form der Nichtaggressivität dargestellt ins Leben gerufen ist. Meine Kunst des jetzigen Lebens ist ein solcher Tanz. Ein Tänzer tanzt, ob in Frontlinie gegen eine Großmacht, oder in Allerruhe seines Abends, unter einem Baum und nur weil das Wetter schön ist und die Schönheit des Wetters für ihn genug Sauerstoff in der Luft bedeutet. Der Tänzer feiert diese einfache Gelegenheit mit seinen Lungen. Ich bin ein Flüchtling, der immerhin zwei Grenzen bis hier

---

[2] Mit dem Infantizid ist Tötung eines geborenen Kinds. *Mehr dazu:* Scrimshaw, S. C. M. (1984). "Infanticide in human populations: societal and individual concerns," in Infanticide: Comparative and Evolutionary Perspectives, eds S. B. Hrdy, and G. Hausfater (New York, NY: Aldine Publishing Company), 439–462.

überqueren hat, sogar zwei tödliche, zwei massive Grenzen, in denen Tag und Nacht Menschen spurlos verschwunden werden. Eine die iran-irakische Grenze nahe bei meiner Heimatstadt und die andere türkisch-irakische Grenze, wo ich keinem zusätzlichen Buchstaben aussprechen müsste, damit keine weiteren Sekunden getötet worden wären und ich rechtzeitig mein Bus erreichte. Diese Ereignisse waren bisher die schönsten Momente meines Tanzes, der Tanz des Überlebens.

Die Arbeit wird trotz meiner künstlerischen Verhalten immer schwieriger. Ich nehme an, dass es mit der Nichtvereinbarung der Kunst und Ausnutzung zu tun hat. Kunst, glaube ich, kann in der innerlichen Definition des Charakters zwar meine Schwäche versteinern, austrocknen und funktionsuntüchtig machen, aber mit massiv äußeren Störungen kann auch die Quelle, die Statik der Kunst zerstört werden. Ich mach mir aus der Ausweglosigkeit bewusst, dass es keine freie Gesellschaft für mich ist, ein nicht ganz Gefängnis und nicht ganze Freiheit, eine lange, sehr lange Wartezeit. Wie lange es noch wird und wie tief die Ausnutzung meiner Seele auswirken kann, ist nicht klar. Klar ist nur, dass diese einschläfernde Wartezeit die letzte Station der Reise werden soll. Ich muss mich jede Stunde mehrmals bewusst machen, dass ich weder gefangen noch frei bin. Und diese Stadt und ihre Funktionen sind mir gegenüber nicht realer als ein Fata Morgana.

Das neue Wohnheim ist ruhiger, das Zimmer kleiner und Quartier eine Station weiter von dem Stadtzentrum entfernt. Ich stoße auf eine Affäre, die nach der Liebe auszieht und mir nach einer kurzen Zeit ihren ebenso Fata Morgana ähnliche, falsche nach der

Liebe aussehende Gesicht zeigt. Die Affäre beginne ich von ferner Distanz, sehr oberflächlich; als schien es ein Heilmittel gegen schmerzhaftende Scheiter meines politischen Engagements zu sein. Die Entscheidung, meine gescheiterte politische Rolle mit einer Liebesaffäre zu mildern war gar keine gute Idee. In der jüngeren Zeit habe ich den Begriff der Kunst und die Transformation des Leides zu Gedichten, Gesang und Gemälde nicht entdeckt. Diese Transformation soll man erst entdeckt und sogar ausgeübt haben, damit in seelisch kritische Situationen davon profitieren kann. Meine Affäre war eher eine Oberflächlichkeit unter vielen anderen, als wäre es eine Rache an Schicksal, als wäre es ein starkes Dopamin, ein Weitergehen statt für eine Weile still bleiben. Ich hätte still bleiben sollen, aber die Fata Morgana Affäre ist sehr stark für unerfahrene. Mit diesem Ereignis wird meine Szene von Grund aus unharmonischer, schwer tragbarer, aber der Tanz schneller. Zu meinem Glück verliere ich mit tiefer Verwirrung die Tendenz des Tanzes nicht. Ich tanze sogar mit geschlossenen Augen rund um dieses Feuer; ein Feuer, das mich verbrennen konnte. In Kurdistan tanzt man am Beginn des kurdischen Neujahrs, der Newroz, rund um ein Feuer, das größte Feuer des Jahres. Dieses Feuer und deren Tanz rundumher macht man seit Jahrtausenden und ist das Zeichen für Ende der Kälte der Natur und menschlichen Distanzen. Kurdischer Tanz ist nicht individuell, sondern man tanz beisammen, man nimmt die Hand der nebenstehenden tanzenden, egal wer sie sind, egal ob sie Frau, Mann oder Trans sind.

Ich tanze gestresst und merke, wie gut auch Stress wirken kann, denn der Überlebte voller Stress hat keine Angst mehr, von anderen beurteilt zu werden.

Was bleibt ist ein Körper, der sich noch bewegt, in einem rauschähnlichen Zustand, ohne irgendein Dopamin und Alkohol. Den Stress kann man ebenso ausnutzen, ihn kann man auch täuschen, wie viele Menschenrechtorganisationen, die Menschen nach ihren Managementmustern täuschen und sie eine Fata Morgana ähnliche Zukunft zeigen.

Ich tanze bewusst gestresst, mit maximaler Tendenz. Aus Stress wird manchmal Tanz sogar schöner, Gemälde historisch und Filme aussagekräftiger. Ich tanze, denn ich weiß, wenn zwischen zwei Menschen keine Liebe besteht, sogar null Liebe, und sie ein Theater spielen, ohne sich auch an ihre Rollen glauben zu können, nur Kunst kann sie retten, nur die Schönheit der Kunst und Gesang und Lieder kann man von der tiefe dieser Spirale befreien. Die Liebe ist für mich nicht nur eine biologische Funktion, sondern eine übermenschliche[3] Übermittlung, die sich täglich wiederholen soll, sonst besteht eine Beziehung aus rein menschlicher, natürlicher Angst. Wenn Menschen sich als ihre Übermenschen ansehen, dann wird die biologische Funktion ohne Wenn und Aber satt und zufrieden.

Täglich, also für zwölf Stunden Arbeit, verdiene ich so viel wie das Gehalt eines halben Tags gleicher Arbeit der türkischen Mitarbeiter. Das Geschäft läuft für

---

[3] Übermensch (lateinisch homo superior) ist ein Begriff des philosophischen Denkens. Als Übermensch wird ein „Idealmensch" bezeichnet, der über das gewöhnliche Leben eines als normal und meist negativ bewerteten Menschen hinausgewachsen ist oder hinausstrebt. Die weitaus bekannteste Übermensch-Konzeption stammt von Friedrich Nietzsche.

Arbeitgeber ideal. Vor allem am Morgen haben wir so viele Gäste, dass ich bis am Mittag am Aufräumen der Tische bin. Die zentrale Lage des Bars, die günstige Arbeiter und keine Konkurrenz in der Nähe macht ihn jeden Tag satter und wir schwächer. Zwischen diesen körperlichen Schwachsein und seelische Hoffnung auf der Weiterreise bin ich täglich hundertmal hin und her unterwegs. Ich frage nach anderen Flüchtlingen in der Stadt, ob sie sich auf den Weg machen wollen, ob sie Freude dabeihaben, eine Gruppe zu bilden und sich abenteuerlich, also ohne Schmuggler, ein Weg nach Griechenland zu finden. In Griechenland wäre die Situation viel besser, so meine vorigen Kolleginnen der Partei, die sich zum Teil in dem Westeuropa befinden.

Ein paar ehemalige Aktivisten kommen unregelmäßig im Bar. Sie stammen ebenfalls aus Kurdistan und alle machen sich Gedanken darüber, sich bald von dieser Situation zu befreien. Nach der letzten Wahl in Griechenland ist eine Link-Kommunistische Partei auf die Macht gekommen. Die Partei Syriza. Seit paar Wochen sollen sie ihre Grenze zur Türkei, ohne eines bilateralen Abkommen geöffnet haben und das macht uns den Weg sehr leichter. Praktisch bedeutet, dass jeder Flüchtling sich nach der Befreiung von türkischen Grenzen keine Angst über die griechische Polizei machen soll. Sie seien also solidarisch. Unsere Gruppe bildet sich sehr schneller als was ich gedacht habe. Für die Planung sollen wir ein Minischlauchboot kaufen und dafür soll jede seinen Beitrag leisten.

Das Abenteuer kann die letzte Phase unseres Lebens sein, aber es kann auch uns retten. Normallerweise machen die Flüchtlinge die gleiche Reise in größeren Gruppen. Sie lassen sich auf die Schmuggler ein. Wir denken dabei, dass wenn wir die griechischen Grenzen von dem türkischen Ufer sehen und die Kapitäne, die uns fahren würden, eigentlich auch ungelernte Menschen wie uns wären, weshalb machen wir das gleiche selbst nicht. Das soll uns viel Geld sparen und weil sonst die Schlauchboote viel mehr als ihre Kapazität tragen, hätten wir in unserem selbstständigen Abenteuer mehr Chance, die Griechenland zu erreichen.

Der Druck meiner Arbeit einerseits und die Hoffnung der Rettung andererseits zwingen mich, mir auf jeden Fall an die Gruppe anzuschließen. Wir machen eine primäre Planung, nach der wir in zwei Wochen die Arbeiten und Wohnungen abgegeben haben, unsere Gelder sammeln und die Sicherheitsmaßnahmen treffen, etwa wie Organisation der Schwimmwesten und ein Ort, vor dort am besten eine griechische Insel erreichbar ist.

Die Gruppe kennen uns nicht gut. Außer, dass alle Flüchtlinge sind, alle im gleichen Boot sitzen, alle müde und ohne Rückweg sind. Die Entscheidung ist so stressig, dass ich niemanden darüber informieren will. Fast jede Woche ertrinkt ein Boot in diesem Meer und fast alle sterben darauf, die in Boot noch Griechenland gesehen haben. Man sagt, manche seien vor Angst gestorben, so groß ist die Panik der Schreie. Wir hören immer wieder, dass sich diese Situation bald ändern kann und jeder Tag der letzte Tag der Öffnung griechischer Grenze sein kann. Wir müssen uns beeilen und in kürzer als ein Monat alles organisieren.

Zwei junge Männer unserer Gruppe kommen von anderen Städten der Türkei und stoßen spontan in den letzten Tagen vor der Abreise auf die Gruppe. Egal welche Alter und welcher Ursprung, wie akzeptieren jede Bewerbung bei der Abfahrt. Wir müssen nach Izmir, ein touristischen Stadt Südwest Türkei und dort ein Boor mit Motor kaufen, eventuell uns kurz damit auskennen und in einer ruhigen Nacht den Boot ins Wasser werfen und losfahren. Keine von uns hat bisher einmal Meerreise erlebt. Wir schwimmen alle auch nicht so gut, vor allem in einem Meer in der dunklen Nacht. Der Tanz erhitzt sich und wir tanzen mit.

Durch dunkles Meer

Es ist harte Arbeit, den Albtraum dieser Nacht zum Abschluss zu bringen, in der nach zweitem Versuch, Unser Schlauchboot Mitten des Meers außer Betrieb gelegt wurde. Keine Dunkelheit ist tiefer als dieses Meer. Ich finde mich in Insel Kos, wo meine Füsse wieder die Festigkeit der Erde fühlen, wie ein Neugeborene.

Sich in einem Meer zu einlassen, der man nie begegnet hat, der man sich nur imaginär vorgestellt hat, nur in Filmen und Geschichten gesehen hat ist Albtraum. Eine Reise, von deren Ausrüstung, deren Sicherheit nichts besteht, sondern eine grosse Hoffnung in die Richtung Illusion, ist ein unbewusster Selbstmord. Hier mitten dieses Meers wird werde Kunst noch der Glaube etwas zu sagen haben. In die Tiefe der Mitte des Meers kann man sich nur illustrieren und all dieser Bilder aufnehmen. Die Kunst hier besteht darin, nicht zu schreien. Der Glaube hier besteht darin, mit sich zu wiederholen, «Iss auf! Dann gibt's morgen gutes

Wetter». Ich habe mir mehrmals gefragt, ob ich diese Gefahr umgehen sollte, ob ich so wehrlos mein ganzes Leben auf einem flüchtigen Korb lege. Die Frage war klar, doch die Antwort nicht. Unter der Sklaverei darf man sich nicht ständig fragen, sondern nur an die Freiheit glauben. Die Fragen und ihre Antworte bilden sich im Laufe der Befreiung. Je schneller wird man frei, desto künstlerischer, logischer geben sich die Antworten. Von der Qualität her habe ich ähnliche Momente bereit hinter mir, mit dem Unterschied des Bestehens des Meers mitten dieses Wegs. Es gibt Momente, die alle Begriffe umdrehen können. Die Befreiung vor Existenzangst, vor der Sklaverei sind solche Momente, die keine Angst kennen, die kaum mit den Folgen rechnen.

Chios ist eine griechische Insel weniger als zehn Kilometer Luftweg westlich von türkischen Izmir. Als wir noch in der Türkei waren, haben wir die Stadt Izmir gewählt, um von dort aus unser Schlauchboot ins Wasser werfen und Richtung Westen zu fliehen. Weil die Stadt ständig von türkischer Polizei kontrolliert wurde und wir kein Papier hatten, müssten wir uns auf zwei Gruppen teilen. Die erste Gruppe sollte das Schlauchboot kaufen und in der Küste auf uns warten. Als sie mit dem Schlauchboot auf den Weg waren, wurde ihr Auto durch die Polizei gehalten und das gekaufte Boot inklusive eines Schnellmotors dabei in Beschlag genommen. Dies hatte eine grosse Rechnung für uns gekostet und wir müssten uns damit zufriedengeben, dass sie selbst frei gelassen wurden.

Von hier hat unsere Reise eine andere Dimension genommen. Es war eigentlich keine gute Idee, wird sind jetzt darüber einig. Wir waren ganz Amateure Reisende, die nicht früher einmal uns in diesem Gebiet befundeten. Unser Türkisch war nicht gut, haben kein gültiger Ausweis gehabt und mit knappem Geld noch solche Abenteuer machen war keine reife Entscheidung. Aber der Preis im Vergleich mit anderem üblichem Weg war so niedrig, dass jeder verlocken könnte. Wir müssten entweder aufgeben und nach unserem Anfangspunkt zurückkehren, oder uns Mut erfassen und mit dem übrigen Geld weiterfahren. Natürlich kam die Rückkehr für niemanden in Frage. Die Wunden und die Machtlosigkeit unseres Aufenthalts in der Türkei waren so tief, dass uns trotz aller Risiken für Weitermachen mutig gemacht haben.

Izmir ist übervoll mit Polizisten. Der Stadt ist seit langem für viele geflüchtete locker geworden, weil sie viele Möglichkeiten hat und man in der sich über einer längeren Zeit verstecken kann. Aber jetzt ist für uns weder sicher noch günstig. Im Fall einer zweiten Festnahme, werden die vorhin festgenommene Mitreisende nach ihren offiziellen Städten der Türkei zurückgebracht. Wir beschlossen uns also Richtung Norden zu fahren und dort von der Stadt Bodrum weg zu segeln.

Der Fahrt von Izmir nach Bodrum dauert etwa drei Stunden. Wir vereinbaren einen Termin mit Baba Ali. Er ist eine unter zehnte Schmuggler in dieser Stadt. Ein Mann in sein mittleres Alter, von Sonne Hautgebrannt, zu viel nervös, aber auch sehr empathisch und so weit ehrlich. Wir werden gegen einen sonnigen Mittag von Baba Ali in Bahnhof Bodrum abgeholt. Er hat wie die anderen Schmuggler ihrer Lieblingstreffpunkt, ein Restaurant nahe Bahnhof. Wir essen Mittagessen und danach müssen uns in einem Ort verstecken. Das Ufer und der Zeitpunkt der Abfahrt wissen wir nicht. Selbst Baba Ali weiss es auch nicht. Dies komme auf Anzahl der Polizisten am Ofer nachtsüber und Ruhe des Meers rauf, so Baba Ali. Wir müssen einfach still bleiben und warten. Es kann sein, dass man mehrmals versucht und scheitert. Ob das Meer plötzlich wild wird oder mehrerer Polizeiautos ganz spontan ankommen und wir alle festgenommen werden, oder wir Glück haben und rechtzeitig nach Stadt zurückkehren können ist unklar wie die Vorhersage des Wetters dieser Nacht in einem Jahr. Ob der Kapitän, der eigentlich kein Kapitän ist und den Boot übernimmt, nur weil er so nichts bezahlt, plötzlich den Mut verliert und fassungslos da stehen wird und, ob in diesem Moment wir Glück haben und jemand anders den Boot übernimmt, ob dieses Mal überhaupt mit allen Versuchen nicht klappen wird und die Aufenthaltskosten für Baba Ali sehr teuer wird und er bricht den (mündlichen) Vertrag zwischen uns und wir nach unsere vorherige Sklaverei in die türkischen Grossstädte zurückkehren müssen, sind alle offen. Mit all denen sind wir trotzdem hoffnungsvoll und glauben an unserer Entscheidung. Mit all denen kommen wir manchmal draussen und spazieren durch die Stadt.

Der Stadt ist eine der beliebtesten touristischen Orte, vor allem das Ziel der Touristen von Griechenland. Der Kos, die Insel wonach wir reisen werden, sieht man von Bodrum gut. Ich mach mir immer Gedanken, weshalb wir als erstes nicht hier gewählt haben. In der Nacht sieht man Insel Kos viel besser. Die Insel hat eine grosse blickende Seelaterne am Ufer zu Bodrum und seiht nicht weiter als Insel Chios aus. Die Blicke dieser Laterne gibt mir Hoffnung. Nur noch ein paar Stunde Seeweg, Trotzdem werden jede Woche mehrere geflüchtete mit ihren Träumen durch diese kleinen

Distanzen für immer geschluckt, einige nie wieder aufgetaucht.

Unser Aufenthalt lässt sich nicht über eine Woche strecken, dass die Nacht der Abfahrt kommt. In einer ruhigen, himmelsternenvollen Nacht müssen wir unsere Sachen einpacken und in einem Augenblick ins Wagen zusammensetzen, der vor dem Haus steht. Die Frage nach Anzahl Personen, mit denen wir zusammensegeln und die Grösse des Boots bleiben offen. Das variiere nach dem Glück, das wir hoffentlich haben werden, so Baba Ali. Eigentlich wir haben von hier null Prozent Kraft und Selbstbestimmungsrecht. Wir haben ihn vertraut und die Gelder auch gegeben, alles bar, ohne irgendeine Handschrift oder Zeuge. Illegalität auf höchstes Niveau. Wir haben absichtlich unsere innere Logik gelockt. Wir träumen nur. Wir glauben nur. In Traum hat niemand Kraft was zu ändern und das ist uns bewusst. Von hier an bewegen wir uns nur. Uns ist bewusst, dass wir im Fall eines Rückkehrs auch keine Logik finden werden. Das wäre, in tragischem Fall, ein sinnvolles Ende. Der unlogischste Tod.

Das Auto ist ein weisses Van, ein bisschen jünger als der Stadt, ideal für die Sache. Auf jede Ecke spürt man Rosten und es ist übervoll mit geflüchtete. Meistens aus Syrien. Van hat so viele Löcher, dass wir trotz übervoller Passagiere genug Luft zum Atmen bekommen. Der Fahrer und andere Mitfahrende sehen wir nicht, ihre Gesichter haben sie verschleiert. Die Distanz zwischen unserem Treffpunkt und der Ufer ist weniger als eine halbe Stunde fahrt. Das Van gibt mit voller Geschwindigkeit Gas. Gegen Ende dieser Stück, bis Ufer bekommt der Fahrer ein Anruf. Er verlangsamt die Geschwindigkeit und plötzlich kehrt das Van nach der Stadt zurück. Wir fahren zu einem anderen Ziel aber nicht in der Stadt. Der Fahrer sagt, dass die Polizisten nun die Ufer kontrollieren und müssen wir warten.

Der Ort, wohin wir angekommen sind, ist ein verlassenes Haus am Rande der Stadt. Ein riesiges Haus. Von draussen sieht und hört man nichts. Wir müssen uns stillhalten und schleichen. Als wir ins Haus ankommen, sehen wir innen des Hauses sich über hundert Menschen wie wir wartend und stillsitzen. Kleinkinder, alte Frauen, junge Mädchen und Männer von Afghanistan bis Äthiopien, von Sri Lanka bis Kurdistan. Wir müssen nun auf Bescheid der Männer warten, die die Ufer beobachten und wenn die Stille des Meers mitspielt, fahren wir zur Lüftung der Schlauboots.

Hier könnte man auch schlafen. Wegen der Stillhaltung ist sogar besser als wach zu sein und in Dunkel nur einander schauen und leise mit den Nebensitzenden flüstern. Kaum jemand wagt das das zu tun. Jeder sorgt in voller Aufmerksamkeit für seine wichtige Dokumenten und kontrolliert, ob sein Handy und sein Geld gut wasserdicht eingepackt sind. Trotz guter Stillen sind die Männer von Schmuggler da und bitten um tiefere Stille, denn solche Häuser werden ständig durch Polizei beobachtet und ab und zu gecheckt. Eine Massenfestnahme hier hätte fatale Folgen für all von uns und die Seemänner haben.

Das Uhr zeigt gegen zwei Uhr morgens und ich mache mir Gedanken, ob es besser wäre, meine Mutter über die spontane Abreise zu informieren. Wenn ich ihr informierte, dann könnte sie sicher nicht weniger gestresst sein als ich. Obwohl der Ted mir näher konfrontiert, als das Überleben, aber wegen der nebenwirkenden Probleme für ihre Gesundheit, wäre sicher besser ihr in Griechenland, wenn überhaupt, zu informieren. Ich bin gleich so aufgeregt, wie ein Tod ohne Abschied für sie wäre. Nie merkt man sich näher zum Tod als in einer solchen Situation. Ich sage mir schliesslich, dass auf jeden Fall jetzt zu spät ist. Mein Handy ist ausgeschaltet und eingepackt in drei wasserdichte Plastiktüte.

Mitten in den Gedanken kommt ein junger Mann und sagt, dass jeder maximal ein Rucksack dabeihaben darf, und zwar nicht mal schwerer als fünf bis sechs Kilogramm. Ansonsten wäre für Boot zu schwer und werden wir ertrinken. Mein Rucksack ist sogar leichter. Ausser ein paar Stück Kleider und zwei eingemachte Konserve, die mitsamt nicht mal drei Kilogramm wiegt. Die meisten Familien haben sogar Koffer eingepackt, oder riesige Rucksäcke. Sie entleeren vieles und hinterlassen viel Kleider und Essen hier. Ich frag mich, ob sie schon früher, vor der Einreise von jeweiligen Heimorten uns informieren könnten, damit viele sich nicht so dick ausgerüsteten.

Die Autos sind im Garten des Hauses. Insgesamt sind es vier Vans unterschiedliche Farben und Grösse. Wir steigen wieder in weissen Van, das alte. Ich sage mir, dass ich mich für das schlimmste Fall vorbereiten muss, bevor das Boot ins Wasser geworfen wird. Mit vollem Gas gehen die Autos von verschiedene Wege Richtung Meer. Nach etwa dreissig Minuten erreichen wir das Ziel. Das Meer ist still und die Küste glänzt vor Mondlicht. Wir müssen uns weiter hinter den Bäumen verstecken bis unser sogenannter Kapitän und sein Team das Boot lüften und wir mit ihrem Zeichen rufen. Nicht lange danach bekommen wir das Zeichen. Alle rennen. Frauen und ältere können nicht so schnell. Alle haben Angst, dass unter diesem Licht entdeckt werden. Hier kommt kein anderes Wort ins Gedächtnis wie das Wort Polizei. Hier und in diesem Moment kommt kein anderes Wort im Gedächtnis wie das Wort Polizei und ihre Wägen. Die Polizei, die festnehmen und zurückbringen. Kaum ein Ohr staunt sich hier von den weinenden Kindern, die mit Schrei ihren Müttern noch mehr schockieren. Niemand staunt sich, wie die alten Männer, die für eine kurze Weile keine Füsse zum Laufen haben, wie die Jungen zum Boots rennen. Blicke voller Angst und Geräusche jenseits lauten, nicht mehr durchhaltenden Schreies. Ein Kind gerade am Einstieg, wo das Meer noch ein Meter tief ist, ist ins Wasser geworfen und seine Mutter springt im Augenblick ins Wasser. Wie ein Fisch, der kein Angst vor Wasser hast. Kurz danach sind wir in der richtigen Tiefe Meers. Das Kind weint weiter und die Mutter blickt weiter die ein Meter tiefen Ufer zurück.

Unser Kapitän, ein junger Mann Anfang dreissig, bittet allen um Ruhe und schaltet den Motor ein. Wir beginnen unsere Schicksalsreise. Das Boot ist etwa acht Meter lang und zweieinhalb Meter breit, in der Regel für maximal zwölf Personen. Aber ich habe vier und dreissig Personen gezählt. Alle andere drei Schlauchboote tragen etwa gleiche Anzahl geflüchtete. Jetzt sind wir und ein Meer von meterhöhen Wellen, ein Meer viel tiefer als Grösse aller Mitreisende dieses Boots. Wie viele Träume sind hier, mitten diesen Wellen, die standardmässig weniger als eine halbe Stunde dauern sollte, zerplatzt worden weiss niemand. Unzählbar bestimmt.

Wir sind gegen drei Uhr morgens losgefahren und jetzt ist knapp vier Uhr. Nach eine Stunde haben wir noch die Mitte des Wegs nicht erreicht. Es kommen gegen uns oft Wellen, die stärker als der Bootsmotor sind und uns hemmen, den Boot im Zickzack bringen. Ich messe emotional unsere Distanz zur Laterne der Insel Kos, die mit jeder Sekunde blinkt. Ab hier, denke ich, dass wir die Grenze überschritten haben und eine Festnehme und Abschiebung nach der Türkei nicht mehr uns droht. Ich denke darüber nach, dass ich mit Sonnenaufgang meine Mutter mit einer Kurznachricht überrasche und stelle mir vor, wie sie damit glücklich wird. Alle singen und teilweise habe ihre Handys weg von Taschen und filmen. Plötzlich schaltet der Motor des Bootes aus. Der junge Kapitän versucht ihn wieder einzuschalten, aber ihn geht, in meinen Augen, machtlos und geistig beeinflusst von so viel Erwartung und Schrei zu sein. Rechtzeitig versucht ein anderer Junge das gleiche, der sich daneben sitzt. Der neue Kapitän übernimmt das Ruder.

Das Meer ist wieder ruhig geworden und der Himmel wird langsam hell. Wir nähern die Insel Kos. Mit jedem Schritt zeigt sich uns wie der Gipfel eines Berges, ein sehr steil, unglaublich hoher Berg. Ein kleines Fischerboot nähert uns. Ein mittelalter Man mit Zigarette und Baskenmütze. Er sieht unaufgeregt und ruhig, ein erfahrener Fischer aus. Ich weiss nicht, ob er schon sein Netz geworfen oder gesammelt hat. Damit wir schneller in die Küste ankommen gibt er eine von uns, der sich vorne sitz, eine Schnur und dadurch zieht uns hinter sich. Wir grüssen seinen Willkommen und er kann den Motor unseres fast zerstörten Schlauchboots haben. Völlig in Ordnung für uns. Mit Beginn des offiziellen Arbeitstages kommen wir in der griechischen Kos an.

Manche im Boot weinen vor Freude, von unserem Überleben, die andere fotografieren und filmen sich. Manche rufen gerade ihre Verwandte an. Ich bin nie mit so verschiedenen Reaktionen und Erregungen betroffen worden. Nie war ich so tief mit Kampf zwischen Leben und dem Tod konfrontiert. Der Moment, in dem ich von Boot aussteige, blicke ich unbewusst nach hinten, die Türkei, und ihre letzte gegenüberliegende, noch blickende Laterne und sage mir selbst: ich bin neu geboren. Ich bin in diesem Moment so betäubend schockiert, dass ich mich weder froh noch traurig fühle.

Wir sind jetzt frei. Keine Polizei, keine Grenzwache. Die meisten Mitfahrenden trennen sich hier. Nach Regeln müssen wir eine Nacht in Kos übernachten und am morgigen Tag dürfen wir mit einem Papier Schiff-Ticket nach Athen besorgen. Das im Dorf kleinen Cafés sind offen. Meisten ihre Kunden sind ältere Männer, Pensionierte oder Touristen, die uns ab und zu Blicken gemischter Gefühle werfen. Wir sind geistig wie auch körperlich erschöpft. Ich habe seit zwei Tagen nicht genug gegessen, aber trotzdem habe kein Hunger. Hier kann man alles kaufen. Bevor wir uns bei Aufnahmestelle melden, kaufen wir uns Frühstuck und sitzen am Fuss eines Baumes. Trotz Müdigkeit und Misskommunikationen sind wir gut gelaunt und betrachten der Rest der weiterkommenden Grenzen nicht schwierig. Das Dorf ist übervoll von geflüchteten. Man merkt schon, dass trotz Unwilligkeit des Dorfes, die geflüchtete immer weiter begrüss und willkommen geheisst werden. Ich nehme an, dass es zu einem Flüchtlingstourismus geworden ist und dies heisst für die Streckenorte eine wirtschaftliche Gelegenheit. Gerade in dieser Zeit, die täglich hunderte geflüchtete von Syrien in der Insel ankommen, ist diese Reise für meisten von ihnen die erste Überseereise. Eine Reise der Gefühlen Angst vor Tod, die sich gleichzeitig mit abenteuerlichen Momenten mischt und wenn man sie überlebt, wird es zu tief emotionalstem Ereignis seines Lebens. Ich merke wie sich die meisten Familien grosszügig verhalten und in diesem kleinen Dorf, wo nur paar Cafés, eine Kirche und zwei winzige Märkte hat, Kleider und Spielzeige für ihre Kinder suchen. Trotzdem nutzen die Mitbewohner des Dorfes diesen Verhalten nicht aus und empfehlen sie Geduld und wenn überhaupt, die erste Prioritäten in Athen von den Organisationen verlangen, die offiziell für Flüchtlinge verantwortlich sind.

Der erste Aufnahmeort ist neben dem Dorf. Ein Bus fährt uns danach. Der Bus gehört dem Camp und nachdem von Mitbewohner angerufen wurde, kommt mehrmals ins Dorf, um uns nach dem Camp zu bringen. Die Distanz streckt such um paar Kilometern. Als wir aussteigen, sehen wir eine lange Reihe von Geflüchteten, viel mehr als vier Boots. Die Zahl kann man schwer einschätzen, aber sicher mehr als zwei hundert. Die meisten sind Familien. Es gibt hier Leute, die sich am morgen früh angemeldet haben, darunter einigen mit falschen Namen, damit die Papiere an diejenigen verkaufen können, die früher nach Athen fahren wollen. Jedes Papier kostet hundert Euro für die heutigen Fahrt, also ohne irgendeinen Halt in diesem Ort und auch in der Insel. Mit fünfzig Euro kann man ihn für morgenfrüh besorgen, das heisst ohne Wartezeit in diesem Ort aber mit einer Übernachtung in Dorf. Ich frage mich, weshalb Leute nicht hier übernachten wollen. Das Camp ist sehr klein für so viele Leute, es gibt keine Küche, keine sauberen

Zimmer oder sogar Toilette. Draussen sieht man, dass manche Familie Zelt aufgebaut haben. Sie wussten wahrscheinlich im Voraus, dass das Camp zu klein und schmutzig ist. Wir müssen sparsam weiterfahren und somit kommt für uns nicht in Frage. Ausserdem habe ich moralisches Problem mit solchem Geschäft. Diese Menschen, die ins Camp übernachten werden, sind die Mehrheit und wir gehören dazu. Wir haben kein Zelt und legen stattdessen viel Wert also auf sogenannten Hotel Karton. Mit Hotel Karton ist Übernachtung auf Karton gemeint. Ich habe gegoogelt, um zu sehen, ob ein Hotel mit diesem Namen existiert. Es gibt tatsächlich, und zwar in Istanbul. Nicht mal so günstig, wie sein Name aussagt, wie das unsere. Hotel Karton ist zwar gratis, aber es kann auch viel kosten. Kälte am frühen Morgen, oder wenn die Strassenhunde uns als Barrikade sehen und irgendwo auf der geschlafene pinkeln. Mit dem Hotel Karton soll man auch mit dem Taschendiebstal rechnen, was aber hier nicht passieren soll. Dafür wurde ich empfohlen, immer ausgerüstet in Hotel Karton zu übernachten. Hoch sensibilisiert und lieber auch Messer und Feuerzeug dabeihaben. Ab hier beschlossen wir uns, bis zum weiteren sicheren westeuropäischen Ziel zusammen zu fahren und uns Hotel Karton zu bedienen, soweit möglich.

Heute ist knapp eine Woche nach unserer Abfahrt. Im Camp spielen viele Kinder rundherum. Die Nacht ist still und zahlreiche Sterne strahlen im Himmel dieser Insel unserer Hoffnung. Das Camp ist halt isoliert und es sieht wie eine frühere Militärbasis aus. Aber vielleicht war es auch immer ein Flüchtlingslager. Wieso kommt es mir immer solche Orte als eine frühere Militärbasis in den Sinn? Wie ein Ort, der sich bekannt zeigt, obwohl man nie einmal da gewesen ist.

Ich nehme an, dass es mit der Architektur vieler Gemeinschaften in Kurdistan zu tun hat. Viele kulturelle Orte wie Schulen und Sportsvereine in Kurdistan haben ihr Sitz in früheren Militärbasen. Das zeigt, aus Sicht der Islamischen Republik Iran, eine zweitrangige Priorität des Sports und die der Bildung im Vergleich zur Bewahrung ihrer heiligen Revolutionsorte, was sie als Sicherheitsinfrastruktur nennen. Diese Raumnutzung ist streng militarisiert, vor allem in Kurdistan, wie jeder kolonialistischen Macht in seinen eroberten Gebieten. Ich bekomme unabsichtlich manchmal Angst vor Spiel dieser Kinder rundherum des Camps. Vor allem wegen dessen Architektur habe ich manchmal den Eindruck, dass man sie vor ein zufälliges Verschwinden warnen soll. Verlorene Kinder und Explosionen in benachbarten Geländen von den Schulen und Sporthallen in Ostkurdistans Dörfer sind sich eine der immer wiederholenden Erinnerungen. Eine der beliebtesten Spielzeuge meiner Kindheit war eine zerstörte, zurückgelassene Kanone in unserem Quartier. Die Kanone hat überall Rosten und so schwer, dass nur mit grossem Lastwagen bewegbar war. Aus diesem Grund und die hohen Kosten seines Transports bleib es jahrelang da in einer Ecke, womit wir seine Innere als Haus und das Ganze als Waffenspielzeug benutzten. In einer Zeit, dass die Psyche noch nicht eine Frage war unter uns und wir nicht wussten, wie kostspielig dessen Belastung wird, spielte man gratis mit solchen rostigen, nicht immer ungefährlichen von Krieg gebliebenen Eisenstücken. Mit all seiner Gefährlichkeit könnte unser Spiel auch zu Kreativität führen, zu Gleichberechtigung zum Beispiel, denn innen der Kanone haben wir alle Mädchen und die Junge zusammengespielt. Gerade in diesem Quartier, wo ein

Vorbild für der Rest der Stadt war, ein Symbol der Widerstand gegen Besatzung, mit einem kleinen Kriegsmuseum in ihrer Mitte, das Kriegsmuseum dieser Eisenstücke. Unser Quartier war im Laufe der fast zehnjährigen Krieg zwischen Kurdistans Kämpfer, die Peschmerga und die Iranischen Armee und ihren Revolutionsgarden eine der gefährlichsten für iranischen Truppen. Aus diesem Grund haben sie drei Stellungen für intensive Beobachtung rund um das Quartier gebaut. Eine davon war diese Gelände, bewaffnet mit der Kanone. Wie oft hat die Kanone, unsere Lieblingsspielzeug, auf Häuser und Berge geschossen. Wie viele Kinder wurden mit ihren Schiessereien für immer verlorengegangen? Wie viele konnten fliehen und wie viele halten ihr Mund Still, weil es um die Sicherheit des Landes ginge. Wie viele Szene sich historisch fotografieren liessen, wenn man damals Smarthandy dabeihätte. In diesem Camp denke ich darüber nach, wie viele von diesen jungen Menschen aus Syrien, wo gerade Tag und Nacht bombardiert wird, sich ähnliche Gedanken machen. Oder sind sie, wie meine erste Fluchterfahrung in Autonome-Region Kurdistan noch narkotisiert. Unter Narkose meine ich, dass der Körper übervoll mit der Hormonalen Auslösung der Hoffnungen und neue Situationen eher vorne schaut, statt hinten, so dass kein Schmerz auf den Körper auswirkt und das Dopamin-Happyend stört. Das Dopamin-Happyend wird mit der Auslösung Adrenalins gefeiert. Mit dem Adrenalin ist zu verstehen: «In bedrohlichen Situationen kann Adrenalin das Überleben sichern, indem es den Körper auf „Kampf" oder „Flucht" einstellt.» Ich frage mich, ob man gleichzeitig mit Leiden der Besatzung, des Kriegs seines Landes und seiner Flucht, diese tiefe Narkose der Flucht und des schmerzhaften Bewusstseins seines Volkes einfach umgehen könnte.

Es ist gegen acht Uhr Abend. Die Kinder sind still und zum Teil erschöpft von Spiel, vor Freude dieses Vorschritts. Wir bekommen etwas zum Essen vom Camp und werden morgen unsere Papiere nach Athen bekommen. In diesem isolierten Lager sind Sterne sehr heller als woanders.

Es ist morgen früh und wir wachen je nach der andere auf. Eine lange Schlange ist sich von fünf Uhr morgen eingerichtet. Ganz vorne haben Frauen mit ihre Kinder Vorrang. Frauen werden schneller aufgenommen. Es gibt keine Garantie, dass alle von uns heute unsere Papiere bekommen werden. Die Angestellte hier fragen teilweise die Flüchtlinge und manchmal machen sie auch Pause. Sie sind meisten jung und von verschiedenen europäischen Ländern. Sie sehen etwa geschöpft und belastet aus. Ich weiss nicht, ob dies wegen sehr trauriger Hintergründe der Flüchtlinge ist oder eine enorme Menge an Menschen mit vielen Kinder. Wahrscheinlich sind sie überfordert. Wir deponieren die Kartone aus Gefahr einer anderen Übernachtung. Hier findet man nicht schöne brauchbare Kartone. Meistens sind sehr alt und schmutzig. Ausserdem gibt es wenig Kartone grosser Massen, die genug lang sind als Bett benutzt zu werden. Wir haben alle mindestens zwei getrennte Kartone gehabt. Die Übernachtung und unsere erste europäische zuhause, der Hotel Karton waren gut und der Ort leise.

Die Schlange geht unerwartet schnell voran und wir finden uns gegen Mittag vor dem Office des Camps. Vorne sind eine grosse Familie und ihre Papiere braucht nur die Eltern. Sie sind meistens traditionelle Familien, oder eine Gruppe der verwandten zusammen, die ihre grossen Reisen, wie Urlaub und meistens auch Geschäftsreisen in Dörfer eher zusammen machen. Und jetzt auch die Flucht. Ich bin auch in einer traditionellen Familie aufgewachsen. Eine vielköpfige Familie, dass fast immer einen grossen Plan gehabt hat. Sei es Umbau des Hauses wegen dem Zuwachs der Familie, oder die wirtschaftlichen Abenteuer meiner Brüder. Eigentlich gab es in unserem Quartier fast keine Familie, die einen modernen Still hatte, oder sich nicht für abenteuerliche Wirtschaftspläne interessierte. Vor allem meine Stadt, Meriwan, die wegen seiner Lage auf die uralten Seilstrasse liegt und ein neuer Knopfpunkt zwischen zwei wichtigen Regionen Süd- und Ost-Kurdistan, die Städte Sne und Silemani ist, ist immer noch wichtig für geschäftliche Abenteuer. Das Problem in Fall unserer Familie war es, dass wir nicht zu der Regierung gehörten und damit die Chance des Gewinns jedes Abenteuers sehr niedrig war. Denn da spielte das Kapital und Wissen weniger Rolle als die Zusammenarbeit mit der Regierung. In der Schlange der Papiere haben die Familie vor uns gleich so viele Kinder als meine Familie während meiner Kindheit. Es ist schön und gleichzeitig traurig, diese Kinder ab jetzt heimatlos zu machen. Was soll man eigentlich unter Heimatlos verstehe? Ich bin bereit seit meiner Geburt, wie alle anderen von Kurdistan, heimatlos. Wahrscheinlich aus diesem Grund spüre ich ihre Gefühle, ihre unabsichtliche gelegentliche Rückblicke nach hinten, nach Osten.

Kurz vor Mittag werden wir unsere Papiere bekommen. Darauf steht, dass wir innert vier und zwanzig Stunden die Insel Kos verlassen sollen. Ohne Zeitverschwendung machen wir uns Richtung anderen Teil der Insel, die touristische Ufer auf den Weg. Das Wetter ist sehr heiss und die Insel unvergesslich schön. Überall der anderen Seite der Insel sind Hotels, Bars, Cafés, touristische Dienste und kleine Bootswerft zu sehen.

Gegen vier Uhr nachmittags kommt unser Schiff an die Küste an. Ein riesiges blaues Schiff mit griechischer Flagge. Das Schiff transportiert hunderte Passagiere und tausende Tonen Materialen. Das ist mein erstes Mal, dass ich mit solchem Schiff fahre. Zum Teil lustig, zum Teil tragisch. Tragisch, weil man so hoch riskieren muss, damit man berechtigt wird, damit man Wert wird, in solchem Schiff einsteigen zu dürfen. Ich weiss nicht, ob ich diesem Moment mit «No pain, No gain» feiern kann, ihn ein Sieg nennen kann, oder eher gefühllos gegenüberstehen, kein Kommentar. Aber wie kann man so einfach sein Schicksal ohne Kommentar gegenüberstehen.

In Europa

Am Abend gegen neun Uhr erreicht unser Schiff die Ufer Athens. In Athen werden Flüchtlinge immer noch politisch zurückhaltend aufgenommen, trotzdem fühlt man sich willkommen. Diese Zeit steht Griechenland selbst in tiefer Krise. Es scheint so, als die Stadt seit einiger Zeit sich pausiert hat, kaum wie eine europäische Hauptstadt. Auch am Mittag sind viele Strassen ruhig und leergefegt. Nichts ähnliches von ihren Jahrtausenden philosophischen und wissenschaftlichen Geschichte, von ihrer Lebendigkeit ist zu sehen. Die Stadt steht still und überall sind Flüchtlinge mit ihren Rucksäcken zu sehen. Nur Flüchtlinge können das stille Athen geniessen. Die Rucksäcke sind grösser und die Klamotte akzessorischer als die in der Türkei geworden. Oft machen Flüchtlinge in Athen Kleider, um sich schon seit langem bewohnt im Ort zeigen, um die Kontrolle zu vermeiden. Die Rucksäcke sind die meist charakteristische Kennzeichen der Flüchtlinge in Athen. Ich vergleiche die Grössen und aufgehängte Flaggen, die Farben und die Ausrüstung der Rucksäcke und mache mir Gedanken, wie Menschen nach ihren Rucksäcken ähneln können. Vergleichsweise mit Hunden und Autos, Innendekoration und Bücherregal, die auch dem Aussehen der Menschen ähneln, sind die Rucksäcke den Menschen viel ähnlicher. Man nimmt sie mit, vertraut sie halt und stellt ihn vorsichtig die ganze Zeit ein, trotz seiner Schwere, sogar angenehmer als Huckepack seines Kindes. Wie ein vertraulicher Freund, vor dem kein Angst der Verlust seiner Papiere hat. Versteckt man dahinter oder gibt man der Rucksack eher ein Sicherheitsgefühl? Wie steht der Rucksack unserem Aussehen gegenüber? Wieso lässt niemand sein Bild auf seinen Rucksack hängen? Wie auch sein Bild nicht in Spiegel des Innenspiegels seines Autos hängt. Wenn unsere Sachen uns ähneln, unsere Autos, Hunde und Rucksäcke, wonach ähneln wir selbst? Wonach sollen so viele Gesichte und Träume der Flüchtlinge in Athen ähneln, wie unsere Rucksäcke uns ähneln?

Am Abend ist die Stadt kühl geworden und die Gassen riechen nach Rosen und Kaffee. Die griechische Musik wird auf die Strassen offen gespielt und man sieht trotz Krise eine starke Präsenz der Liebe. Hat die Liebe etwas mit der Armut und Angst davor zu tun? Geht es Begehren gar ohne Geld? Was verbindet diese zwei grossen Motive und Erfindungen so fest zusammen? Entweder ist die Liebe mit Geld stärker oder schwächer. Es kann nicht sein, dass sie sich nicht stark beeinflussen, denn beide sind die Absolute Werte unseres Daseins. Sie sind nicht wie zum Beispiel Licht und Vakuum, Geschmackssinn und Redlichkeit. Manche würden sagen, wenn ihnen finanziell schlecht geht, dann sind für sie das Geld und die Liebe schwach miteinander verbunden, sogar wird die Liebe ohne Geld und finanzielle Interesse perfekt, und das stimmt. Andere, vielleicht auch dieselbe Menschen, sagen, wenn ihnen finanziell viel besser geht und die Existenzangst nicht mehr da wäre, dann ist das Geld für die Liebe viel mehr als Geschmacksache, gar nicht ein Luxus, sondern Muss. Sie würden sagen, dass die Liebe ohne Geld gar nicht geht. Und dass stimmt auch. Und so passen manchmal die Liebvolle Menschen nicht zusammen, wenn auch sich anscheinend nie stören. Mitten in Athen, an diesem Abend, hier in diesem Land der Fragezeichen der Flüchtlinge, vergesse ich meine Träume der Vergangenheit und der Zukunft und fühle die ich Liebe nackter als all meiner Erfahrungen damit. Ich sehe genauso viele liebvolle Frauen und Männer auf den Strassen, in Terrassen, die sich sensationell küssen und sie bezahlen, zumindest vor meinen Augen, auch nicht dafür.

Wir sind auf der Suche nach einem Ort zur Übernachtung auf einen Schmuggler gestossen, der selbst auch aus Kurdistan stammt und jahrelang hier lebt. Er begleitet uns nach einem Haus und wir machen einen mündlichen Vertrag mit ihm, indem seine Männer uns nach Belgrad begleiten werden. Das Haus sieht so aus, als wäre es für temporäre Übernachtung der Flüchtlinge eingerichtet. Eine Wohnung mit allen Notwendigkeiten, ohne Luxus. Der Preis scheint verglichen mit anderen Schmugglern locker. Er nennt uns, nach paar Stunde, Freunde und als Begrüssung bekommen wir zusätzlich Rabatt. Wir nehmen an, dass er nach seinem Heimweh uns Freunde nennen will oder noch kluger, als eine Werbung für sich. Nach unseren Übernachtungen auf Kartons, in Hotel Kartons, ist uns diese Wohnung mehr als Luxus. Diese Nacht geht sehr schnell vorbei, wie die Nächte, in denen man jemanden besonders kennenlernt, in denen ihn die Zeit sehr zügig vergeht, wie die Übernachtungen in Flughafen auf verspätete Abflüge, die man nicht gerne fliegt. Die Nächte, in denen man nicht träumt. Am morgigen Tag werden wir nach Grenzen an Nordmazedonien abgeholt.

Morgen werde ich früher aufgewacht. Eigentlich gar nicht so tief eingeschlafen. Ich bin sehr aufgeregt und kann mir schwer vorstellen, dass wir so legal die Grenzen zu dem Balkan überqueren werden. Vielleicht ist mir aus diesem utopischen Ereignis die griechischen Küsse sehr auffallender waren als die türkischen, die jeder Abend auf den Strassen von Ankara gesehen habe. Die Grenzen sind einfach keine Grenzen mehr. Man habe sie wegen der syrischen Fluchtwelle öffnen lassen. Die Situation der halboffenen Türen Griechenlands läuft seit etwa zwei Monaten und demzufolge ist die Schere zwischen Linken und Rechtextremisten in Athen zugenommen. Auch staatlich ist es bemerkbar, manche Polizisten versuchen mehr die Flüchtlinge unterstützen als die andere.

Hier, in diesem entscheidenden Vormittag, stehen wir vor der zentraleuropäischen Tür. Mit maximaler Hoffnung und wenigem Material. Mit wenigen Informationen und eine kopfwehende Verwirrung zwischen sieben Länder zum Wählen. Eine Wahl, die nur imstande kommt, wenn man nicht davor festgenommen wird. Seit langem hört man sehr tragische Schicksale der Flüchtlinge in Griechenland. Besonders seit dritten Angriff Iraks durch Amerika, woraufhin hunderttausende Zivilisten, ausgenommen Kurdistan im Norden, ihr Land verlassen müssten. Viele von diesen Menschen müssten mehrmals versuchen, manche mehrmals gleiche Betrag ausgeben, weil sie direkt bedroht oder sogar gefoltert worden waren. Die Schmuggler, womit man den mündlichen Vertrag abgeschlossen hatte, war plötzlich nicht mehr erreichbar. Die Leute, die ihn kannten, ebenfalls nicht oder haben keine Mitverantwortung getragen. Wir haben Angst gehabt, dass wir auch so ein Schicksal erleben werden. Der Punkt, der uns und auch anderen hoffnungsvoller macht, ist, dass die Grenzen immer noch halboffen sind und wir sind nicht fest und allein in Händen der Schmuggler.

Kurz vor Mittag dieses Tages geht es los. Wir packen unsere kleinen Rucksäcke und sitzen uns in zwei Autos Richtung Nordmazedonien. Ich erwarte eine zufällige Kontrolle oder irgendeinen abnormalen Halt, denn die Stimme Richtung Norden ändert sich und die Grenzen bleiben nicht wie die zu der Türkei nur symbolische

Grenze. Ich habe nach viele unglückliche Situation, die ausser aller Erwartungen waren, mich beschlossen, dass immer in glücklichen Situationen auf ein Pech warten. Immer etwa Lachen und Optimismus sparen. Ein Minimum im Auge haben, dass etwas nicht stimmen wird. Dann wird man weniger überrascht, weniger enttäuscht. Vielleicht wenn auch man kluger ist, lernt man davon und wird weniger überrascht.

Unsere Autos halten nahe bei nordmazedonischer Grenze gegen Abend dieses Tag. Ein kleines Dorf, übervoll mit Flüchtlingen. Die Stimme gibt trotz viel Laut und Aufregung etwas Sicherheit. Es gibt paar kleine Märkte im Dorf, wo man Waren einkaufen kann. Als wir zum Einkaufen gehen, sehen wir, dass ihre Regale fast leer sind. Anscheinend hat man nicht genau einschätzen können so viele Gäste im Dorf überfallen. Die Regale sind fast leer und wir könne mit Mühe einiges Eingemachtes finden.

Von hier, nach unserem mündlichen Vertrag mit dem befreundeten Schmuggler, sollen wir in guten Händen seines Teams weiterhin bis Belgrad weiterfahren können. Unser Begleiter ist ein dünner Mann, Mitte dreissig und soll den Braten riechen, jede Spur der Grenzwache schnell erkennen. Wir haben uns schon in Thessaloniki, nordgriechische Stadt, kennengelernt. Im Gegenteil zu der Vorstellung unserer befreundeten Schmuggler ist unserer Leiter schwer im Umgang. Man kann keine Minute mit ihm reden und zeigt uns auch gar keine Empathie. Aber tatsächlich haben wir keine andere Wahl. Wir müssten so schnell wie möglich los und uns den befreundeten Schmuggler vertrauen. Von diesem Dorf ist er unser Auge.

Auf der anderen Seite der Grenze und genau benachbart mit diesem griechischen Dorf gibt es ein anderes Dorf in Nordmazedonien. Wirtschaftlich beginnt schon das nordmazedonische Dorf mit der ersten Station des Zuges. Nach einem normalen Spaziergang verlassen wir Griechenland und kommen in dieser Station an. Wir haben eine weitere Grenze überquert und sind jetzt in Nordmazedonien. Der Mann unseres befreundeten Schmugglers hat uns nur den Zug gezeigt. Für was haben wir ihn eigentlich gebraucht? Fragen wir uns, dabei ist es aber auch bekannt, dass der Weg weiterhin anstrengender wird und ohne Papiere kann kaum jemand die Grenzen durchkommen. Hier ist die Letzte Station des Zuges, nur eine Schiene, und der Zug ist noch nicht da. Anscheinend haben wir die letzte Abfahrt am Nachmittag verpasst. Nun sollen wir warten, bis der nächste kommt. Der Mann unseres befreundeten Schmugglers ist viel am Telefon. Wir verstehen kein Wort von ihm. Ich weiss nicht, ob er griechisch oder kosovarisch oder sonst was spricht. Er kann auch kaum Englisch und hat keine Lust auf Austausch mit uns. Ich sage mir, dass er vielleicht wegen der tragischen Fälle, die früher öfter in diesem Weg erlebt hatte, irgendwie traumatisiert worden ist. Unser befreundeter Schmuggler hat gesagt, dass wir uns nicht Angst machen müssen, wenn sein Mann, nicht so spassig sein wird. Neben meinem Optimismus habe ich immer ein Auge auf seine Hände, dass er nicht regelmässig Droge annimmt. Wobei ich weiss auch nicht, was in diesem Fall zu machen wäre.

Unser Team ist wieder etwas gespannt. Alle sind müde und sensibilisiert worden. Haben wir uns beeilt, uns mit diesem Schmuggler befreunden zu lassen? Wir versuchen weiter optimistisch bleiben. Der Zug kommt endlich. Es ist dunkel geworden und der Zug wird von Fenster und Türen beladen. Die Polizisten schauen nur zu. Sie haben weder Macht noch, anscheinend, Befehl zu kontrollieren. Sie wissen schon, dass niemand ein Papier dabeihat, das hier in Nordmazedonien gültig ist. Sie schauen nur zu, einige zeihen Empathie, andere auslachen. Es ist traurig, als man so brutal nach vorne zwingen und gezwungen werden muss, um Weg zum Einsteigen zu finden. Wir bleiben in der Reihe und verfolgen der Mann unseres befreundeten Schmugglers. Wir steigen endlich ein. Es gibt kein Platz mehr auch zum Stehen, als der Zug abfährt und einige Familien in Station auf der nächsten Abfahrt warten müssen.

Der Zug ist sehr alt, fährt langsam und man hat kein Platz, sich zu bewegen. Wir haben teilweise Sitzplätze gefunden. Der Fahrt endet nach etwa zwei Stunden und wir steigen an der serbischen Grenze aus. Bei dem Ausstieg sind die Mitfahrende stiller, achtsamer. Kaum jemand beeilt sich. In weniger bekannten Orten, in fremden Gebieten bleibt man eher zurückhaltender. Ein Schritt weiter haben wir die dritte entscheidende Grenze vor uns. Kaum ein Kind weint oder spricht laut, obwohl sie oft Hunger haben und müde sind. Oft sind die Kinder mitten ihrer grossen Familien oder angestossen mit zufälligen Gruppen wie wir. Ab hier müssen wir uns mehr auf unserem Mann des befreundeten Schmugglers einlassen. Regelmässig schauen wir die Google Karte an, um unsere Situation mehr zu entdecken. Unsere Versuche, der Mann unseres befreundeten Schmugglers anzusprechen, scheitert eine nach anderem. Er ist hochsensibilisiert auf die Umgebung, auf alles ausser uns. Er wurde mehrmals in diesem Weg mit Flüchtlingsgruppen festgenommen. Er ist eine der meist gesuchten durch Polizei, so unser befreundeter Schmuggler.

Nach einem kleinen Stuck sammelt er uns und schreibt mit dem Google Translator, dass wir uns still behalten müssen und ihn genau auf Spur verfolgen. Wir werden keine zu lange Strecke zu Fuss in Serbien haben. Dass Serbien sich nicht für eine Öffnung der Grenzen mir Nordmazedonien interessiert und dabei sich solidarisch zeigt, überrascht mich nicht. Ich glaube nicht, dass Serbien hundert Prozent auf der rechten Politik steht und gesellschaftlich die Flüchtlinge hasst. Denn Serbien ist selbst auch eine grosse gruppe der Auswanderer gewesen während des Balkankriegs. Viel wahrscheinlicher ist, dass Serbien auch wie viele andere Länder sich Argumente sucht, damit sie ein Plan der Benachbarten als Gefahr interpretieren kann und bewilligen, sich dagegenzusetzen. Im Nahen-Osten ist diese Methode ein üblicher Ausweg für Regierungen geworden, die ihr Innenpolitik je nach der anderen scheitert, dann machen sie oft die Benachbarten Länder dafür verantwortlich und es kommt zu Auseinandersetzungen. Auf allen Fällen sind die Flüchtlinge und heimatlose in der ersten Reihe der Opfer. Wenn es keine grosse Gruppe der Auswanderer gibt, dann wird binnen weniger Wochen hunderttausende lokale Heimlose gezielt entstanden, die ihre Häuser aufgrund des Kriegs verlassen mussten. Acht Jahre Krieg zwischen Irak und Iran, die Angriffe von Griechenland, Zypern und Rojava des Kurdistans durch der Türkei sind die sich immer wiederholende Kenntnisse des Flüchtlingswesens der Grossmächte dieser Region, um ihr Ausgleich beizubehalten. Nur wenige Länder verhalten sich tatsächlich dagegen, die

Fremdfeindlichkeit zu systematisieren, sei es gegen den Nachbarn oder den Flüchtlingen. Eine Mittelstrategie, das heisst ein Land, ein Volk, die Auswandere auf einmal hassen und mögen, mit denen austauschen und zugleich blockieren geht es nicht. Deswegen überrascht es mich nicht, wenn auch hier immer noch die Spannungen und Feindfeindlichkeit gegeneinander und gegen die Flüchtlinge einhergehen, so klar zu spüren ist.

Das ist Ende Juli. Die Region ist gebirgig und das Wetter sehr angenehm. Der Mann unseres befreundeten Schmugglers ist immer noch am Telefon. Ich frage mich, ob er in all dieser Region durchgesucht wird. Denn dieses Verhalten herrsch schon von Griechenland auf ihn und scheint eher illusorisch als real. Eine weniger tiefe Angst auch von uns macht die Situation langsam unverträglich und damit herrsche ein Gefühl der Unsicherheit und kompliziert zu der Besprechung. Wir haben beide Seite Ängste voreinander, wir von seinen ständigen Telefonaten und er anscheinend davor, dass wie mehr sind und eine fremde Sprache sprechen. Das wissen wir auch alle. Wir haben keine Wahl und müssen ihn weiter vertrauen und seine dauerhaften Anrufe womöglich ignorieren.

Dieser Berg, hinauf wir steigen, ein steiler Berg ist der Vierte Berg, der wir hinter uns legen. Es scheint trotzdem keine lange Strecke zu Fuss zu sein für eine Flucht nach Westeuropa. Gegen Mitte Nacht kommen wir in einem verlassenen Haus auf einem Berg. Es scheint ein Haus genau für Fluchtgruppe restauriert zu sein. Von aussen sieht es wie ein verödetes, seit langem nicht mehr benutzbares Haus. Innen hat man Wasserhahn, ein paar Geschirre und Deckel zum

Schlafen. Wir sind so müde, dass bevor irgendeinem Gespräch tief einschlafen.

Morgen werde ich nach paar anderen Mitreisenden aufgewacht. Sie sitzen sich in einer Seite und kochen Tee. Der seltsame Mann unseres befreundeten Schmugglers ist immer mit seinem Handy beschäftigt und hat mehr Anrufe. Nachdem wir etwas Brot und Butter essen, gibt er uns den Befehl und wir machen uns auf den Weg weiter Richtung Belgrad. Diesmal laufen wir den Bergweg hinab und nach etwa eine Stunde Laufweg erreichen wir ein grosses Dorf am Fuss des Berges. Im Dorf gewinnt man keine Aufmerksamkeit, gut für uns. Anscheinend kommen viele Flüchtlinge im Dorf und nach einem Aufenthalt laufen weiter. Wir kommen in einem grossen Haus an, voller Fluchtlinge anderer Gruppen. Wir kennen kein einziger Mensch von denen. Es ist schön, von so vielen gemischten Gefühle Freude abzuleiten. Davon, dass niemand traurig ist, niemand bisher sein Familienmitglied oder Freundin verloren hat. Alle sitzen in diesem grossen Haus uns essen zusammen. Wir sind von unterschiedlichen Inseln Griechenlands unser Abenteuer begonnen und das Dorf erreicht, dieser Ort nach den stillen Momenten und strengen Schritten durch die serbische Grenze. Die Gruppenleiter treffen sich in einem anderen Zimmer. Nach dem Essen fahren wir weiter weniger angespannt Richtung Belgrad.

Unsere Autos geben Vollgas. Der Fahrer ist weiter viel mit Telefon beschäftigt und bekommt viele Anrufe. Nach dem Gespräch mit paar Mitreisende im ersten Dorf Serbiens habe ich bekommen, dass eine Festnahme Richtung Belgrad sehr wahrscheinlich ist. Sie haben Verwandte in westeuropäische Länder, die zuletzt gerade Strecke gelaufen sind und ihre Informationen scheinen am genauesten. Die einzige Gefahr, ausser einer Festnahme durch die serbische Polizei, wäre die Ablenkung unserer Autos und die Geiselnahme durch die Männer unseres befreundeten Schmugglers für mehr Geld. Solche Ereignisse habe ich mehrmals gehört und wir haben uns mental dafür vorbereitet. Mehr als das können wir gar nicht. Wir haben keine andere Wahl und müssen uns auf Männer unseres befreundeten Schmugglers einlassen.

Der Weg dauert aufgrund der ständigen Telefonate und dauerhaften Misskommunikation unter diesen Männern und uns sehr lange. Wir machen uns Gedanken darüber, ob eine Weiterreise nach Budapest unter diesen Umständen möglich wäre. Eigentlich nicht. In einer solchen Situation, in der man mit dem Stress übervoll wird und seelisch wie nie belastet, wird jeder Fehler übermässig die Gruppe beeinflussen. Nach unserer Abmachung mit dem Schmuggler, sollen seine Männer uns bis Budapest begleiten. Ab Budapest wäre der Weg, nach der Informationen von den Familien, die wir in Insel Kos gesehen haben, sicher und damit man würde keinen Schmuggler mehr brauchen. Um Budapest zu erreichen haben wir noch eine Grenze vor uns, und zwar die strengste, und zugleich hätten gerne uns anderen Gruppenleiter des befreundeten Schmugglers wenden. Wir werden weiter ein recht riskantes Abenteuer haben.

Das Auto nähert sich Belgrad und wir kommen bald in der Stadt an. Ich bin gespannt diese alte Stadt zu sehen. Ihre noch merkbaren Spuren von Krieg, die Brücken, die Lieblingsorte der Abende. Belgrad ist während der Kriege eine entscheidende Stadt gewesen. Eine Besonderheit der Stadt ist der Fluss

Donau, der Grund des Daseins dieser Stadt. Der Donau galt also bis zu dem zweiten Weltkrieg der wichtigste Transportweg von West- zu Osteuropa und daher ein lebendiges Augenmerk des Westens, das erste natürliche Museum Europas für mich. Gegen Mittag erreichen wir Belgrad. Wir müssen, nach Google Translation, von dem dünnen Mann unseres befreundeten Schmugglers in einem Park nahe Bahnhof von Belgrad warten, bis er zurückkommt. Wir sitzen uns in einer Ecke dieses Parks und sitzen auf ihn wartend.

Ich fühle mich, trotz Unsicherheit und ein komisches Gefühl von aller Umgebung, meine Mitreisende und die letzten Blicke des Manns unseres befreundeten Schmugglers, sicher und in Europa. Im Herzen Europas. Vielleicht bekomme ich dieses Gefühl von Donau, dieser blutige Fluss. Ein Fluss mit Jahrhunderten Erinnerung an der Fischerei, an Kulturaustausch, an Kampf, an Verlust und an Auswanderung. Die Bewohner der Stadt Belgrad sind in meinen Augen weder glücklich noch traurig. Die Stadt ist anders als Athen und Thessaloniki, die ersten europäischen Städte unseres Abenteuers. Ich kann Belgrad nicht gut beschreiben, wie sie von Fluchtwelle beeindruckt ist. Die Stadt ist zwar langsam, aber der Verkehr bewegt sich schneller als in Athen. Wahrscheinlich hat auch die Abstandhaltung der Bewohner Belgrads mit den Flüchtlingen mit der unendlichen Geschichte des Kriegs und Spannung zu tun zwischen Nachbarn, die sich immer wiederholenden Geschichte. Und jetzt ist auch eine finanzielle Krise dazugekommen, anscheinend, mit extra komplizierter Korruption und Probleme der Scheindemokratie der Regierung. Die heimsuchenden

Menschen sind oft eine Mitschuld der verursachte Schaden und kaum die Opfer davon.

Über seine lange Brücke spaziere ich über den Donau. Für einige Momente mischt sich die Schönheit der Stadt mit Schreien der Menschen in meinem Ohr, die auf dieser Brücke vor Bombardement gerannt sind, die sich dahinter versteckt haben. Jedes alte Gebäude, das ich sehe, katapultiert mich mittendrin dieser Zeit. Weshalb habe ich so starkes Gefühl den alten Gebäuden entgegen, die entlang Donau liegen, weshalb dies die Schönheit der Stadt vor meinen Augen abdeckt, ist möglicherweise mit der Tragödie des Balkankriegs und eine ähnliche Situation dessen Jugoslawien verbunden. Die Stadt bewegt sich trotz aller Schwierigkeiten und ich bekomme davon Hoffnung. Die Sonne scheint nicht mehr so stark und es ist gegen Abend. Ich muss wieder zu dem Park auf der anderen Seite des Flusses zu meiner Gruppe.

Wir sammeln uns wieder im Park und gehen davon aus, dass unser Gruppenleiter am Abend zurückkommt. Unsere Gruppe ist eine zufällige, unerwartete Gruppe von Menschen mit weit voneinander gespalteten Ideen des Abenteuers. Jeder hat seine individuelle Erregbarkeit und Sehnsucht nach seiner Stadt, ein anderer Blick auf die Zukunft und seine Erwartung von der Gefährlichkeit dieser Reise. Nie vor der Gründung dieser Gruppe konnte ich mich vorübergehend so schnell auf eine spontane Idee einlassen, nie so entscheidend. Während wir manchmal gute Diskussionen zusammen haben, frage ich mich, ob immer die Zielstrebung einer Reise wichtiger als seine Wahrscheinlichkeit der Ausdauer wäre. Ich frage mich, wie wir in Fall einer lebensbedrohlichen Situation einer von uns reagieren werden. Wie tatsächlich uns unterstützen werden. Wir wissen, weshalb wir da sind und anscheinend auch bis wann. Wir sind auf jeden Fall uns gegenüber hilfsbereit und machen alles füreinander, was machbar ist. Und dies reicht in unseren Augen genügend und angenehm für eine lebensentscheidende Reise. Ich weiss immer noch nicht, ob das stimmt.

In der Dunkelheit machen wir uns Sorge über keine Rückkehr unseres Teamleiters. Wir habe eine Nummer von ihm, aber uns fehlt eine gemeinsame Sprache, womit wir uns verstehen können. Wir versuchen trotzdem ihn zu erreichen, er ist nicht erreichbar. Es scheint so aus, als ob sein Handy ausgeschaltet ist. Wir senden englische Kurznachrichten und hoffen, dass er sich meldet. Keine Chance. Wir spazieren herum, ziellos, sinnlos. Vom Park zum Bahnhof, zum Bahnhof zurück zum Park, mitten in der Stadt Belgrad. Wir versuchen unseren befreundeten Schmuggler in Athen zu erreichen. Und tatsächlich ist er auch nicht erreichbar. Jeder Versuch bringt nichts ausser Enttäuschung und Nervosität. Unter so hoch gespannten Situationen wurde ich einmal von einem alten Mann empfohlen, mich zu beruhigen, als könnte es viel schlimmer sein. Ich war einmal von der Uni nach Hause unterwegs. Eine lange Strecke. Der Uni befand sich ausser der Stadt, etwa fünf Kilometer. Vor einigen Jahren nach diesem Tag, an einem schönen Frühlingstag, in dem die Natur blühte, der Anfang kurdisches Neujahr (Newroz), war ich wegen gescheiterter politischer Organisierungen enttäuscht zu Fuss unterwegs mit viel Suche nach dem Fehler im Kopf. Meine Enttäuschung war aufgrund gescheitert studentischer Aktivitäten durch eine Sicherheitsabteilung an der Uni. Die Abteilung von iranisch-islamischen ideologischen Beobachtungen an der Uni, die auf Persisch Harasat heisst, welcher Schutz bedeutet, und ihre Bedrohungen gegenüber unsere Studentenorganisation unseren monatelangen Planungen neutralisiert hatte. Sie haben uns nach einem Jahr Versuch für Gründung einer Organisation der kulturellen Aktivitäten mitgeteilt, es bestehe keine Notwendigkeit, solche Organisation zu gründen. Alternativ haben sie an der Uni und sogar ab der Sekundarstufe ihre ideologische Studentenabteilung namens Basidsch und damit verlocken sie die Jugendliche mit der staatlichen Unterstützung während des Studiums und Arbeitssuche einerseits und gegen die unabhängigen Organisationen, wie unsere, andererseits. Wir wurden signalisiert, dass unsere Versuche gegenüber dieser Organisation und ihre Werte steht, und es war ein klares Zeichen dafür, dass all unserer Versuche abgelehnt waren. An diesem Tag, der letzte Tag, dass ich ganz enttäuscht von Sekretariat rauskam, müsste ich hören, mir fehle nur eine Waffe. Dies bedeutet, dass die Person sich ausser islamischen Bürgerpflichte befindet und nur dies genügt, die Person festzunehmen, weil sie unter dokumentierten Berichten für die Sicherheit des Landes gefährlich wäre, binnen wenigen Minuten in revolutionärem Gericht beurteilen. Es gibt seit über vierzig Jahren, seit Geburt der islamischen Regierung im Iran, tausende solcher Fälle, die zur Hinrichtung der Studenten und Aktivsten geführt haben. Mit diesem Signal erfahre ich, dass dieser Versuch hundert Prozent gescheitert ist, und ich muss mit den Aktivitäten an der Uni Schluss machen. In diesem Moment habe ich keine Lust gehabt, mit jemandem abzumachen. Ich habe kein Interesse und Laune gehabt, was mir jetzt passiert ist und gehört habe, auch zu kommunizieren. Auf dem

Weg nach Hause, nach nicht einer langen Strecke ausser der Stadt und versunken in Gedanken, ob ich so weiterstudieren will, ob ich fliehen soll, ob ich alles aufgeben werde und so weiter, begegnet mir ein alter erfahrenen Mann. Über siebzig, Bart rasiert, schick in kurdische Kleidung angezogen und lebendig wie in meinem Alter und staunt sich, wie ich unglücklich bin. Ich war zu dieser Zeit vier und zwanzig. Er hat mich gestoppt und brachte mich für einen Moment raus aus alles, was durch meinen Kopf gegangen ist. Der alte Mann fühlte meine Mühe und Qual. Er sagte mir: «Das Leben sei sehr grösser als die ganze Welt. Man darf nicht sich mit einer Enttäuschung oder Schwierigkeit so zerstören lassen. Sei stärker, Kopf hoch!». Und ging er. Der alte Mann habe ich vorhin nie gesehen, nachher auch nie wieder. Aber seine kurzen Sätze hat mir gereizt, statt Ausdruck einer enttäuschten Figur mich weitere Möglichkeiten zu suchen, wieder aufzustehen. Und dass ich dabei nur mich habe und nur auf mich zählen kann. Und nun soll ich eine möglichst schwierigere, gescheiterter Situation vorzustellen und die Mitredenden mitzuteilen, dass es auch möglich war. Es war möglich, dass wir in Ägäisches Meer ertrunken würden. Es war möglich, dass wir dieses Glück nicht gehabt hätten und alle in Griechenland festgenommen und nach der Türkei zurückgeschickt würden. Ich sage mir, in so einer gespannten Situation auch eine Verschwörungstheorie erlaubt ist. Denn es geht ums Überleben. Schlussendlich müssen wir unser Mut, unsere Hoffnung nicht verlieren. Ich nenne das Verschwörungstherapie. Mit diesem Gedanken, dass diese Personen, unser befreundeter Schmuggler und sein Mann, verfolgt geworden sind und damit natürlich die Handys ausgeschaltet haben, was theoretisch auch möglich ist, suchen wir Kartons für Übernachtung in diesem Park. Das erste Hotel Karton in Belgrad.

Der Park ist übervoll mit Flüchtlingen, alle gelockt hinter Hindernisse. Wir hinken mit eine unbestimmte Verspätung nach. Unsere Gruppe ist hochgespannt und wir haben trotz eines gewisses Gefühls von Sicherheit, mehr Angst als Hoffnung. Angst davor, dass unser befreundeter Schmuggler uns über die Ohren haut und wir keine Unterstützung bei dem Rest des Wegs von ihm bekommen werden. Wir haben keine andere Wahl ausser uns mit dem Hotel Karton befrieden zu geben. Ausser uns Hoffnung zu geben, dass sie nur kein Akku mehr gehabt haben und morgen früh uns kontaktieren werden.

Die Nacht ist kühl und der Rasen etwas nass. Viele Flüchtlinge schlafen sehr spät ein oder bewahren keine Ruhe. Wie kann man Menschen auf der Strasse um Ruhe bitten? Es ist mitten in der Stadt und der Verkehr läuft wie viele grosse Städte. Wir sprechen untereinander und versuchen das Thema, unsere Krise, in deren Sog wir uns in Stich gelassen fühlen, zu wechseln. Der Umgang unter den Menschen rund herum und die gesellschaftlichen Blicke sind sehr angespannt und viel abnormaler, tragischer als wir uns vorgestellt haben. Es gibt Familien, die sich nur mit Brot ernähren, darunter sind auch Kinder, sehr kleine Kinder zu sehen. Es gibt Gesichte, die so tief in der Traurigkeit versunken sind, die man auch unter diesen Umständen, unter der eigenen Qual sie nicht übersehen kann, die ich seit Jahren nicht mehr gesehen habe. Die Kinder essen das Brot so, als wäre es nur Brot zum Essen. Ich nehme an, dass sie seit langem nur Brot als Ernährung zur Verfügung haben. Immer Brot in den Rucksäcken haben. Solcher tragische Moment hilft uns, den Stress leichter zu tragen. Die angespannteste Situation ist es, dass wir zwischen diesen Ereignissen, diesen Wahrheiten unsere Flucht bearbeiten müssen, uns tragbarer nachwachsen lassen. Unsere Wahrheit als eine zufällige Gruppe mit unterschiedlichem Ziele und Kapazitäten für Schwierigkeiten. Rein zufällig wie jede andere Gruppe. Wenn wir dabei die Kunst haben, Gemeinsam Schicksal zu bewältigen, und nicht nur aus der Existenzangst dabei sein, unter dem gemeinsamen Schicksal zu leiden. Wir spielen viel und zum Teil gut vor und das machen wir auch bewusst. Wir sind uns bewusst, dass wir trotz aller Sinnlosigkeiten und Gefährlichkeit dieser Flucht eine kluge Entscheidung getroffen haben, dass wir die Gruppe ins Leben gerufen haben. Denn eine solche Reise allein oder in kleinere Gruppierung wäre angreifbarer gewesen.

Irgendwann morgen stehen wir von dem Laut des Parks auf. Es ist morgen geworden, gegen sieben, und die meisten Familien und Gruppen weggegangen. Wir checken unsere Handys. Kein Anruf, keine Nachricht. Wir haben alle leere oder fast leere Akkus und müssen die Handys aufladen lassen. Das Problem ist es aber, dass entweder alle freie Steckdose in der Nähe mit den Flüchtlingen voll besucht sind oder sind durch die Läden ausser Betrieb gesetzt. Selbst einige öffentliche Toilette und Cafés sind komplett mit dem Absperrungsband geschlossen. Die Geschäftsleute rund um den Park und in der Strasse Richtung Bahnhof halten Abstand von uns. Ich habe das Gefühl, dass viele Flüchtlinge die Service gebraucht haben und nach dem Gebrauch Chaos errichtet worden ist. Vermutlich spielt auch die religiösen Unterschiede zwischen ihnen und die meisten geflüchtete eine Rolle. Unsere Gruppe ist eine konfessionslose, befreit von symbolischen Kennzeichen. Trotzdem finden wir keine freie Steckdose in der Öffentlichkeit. Das Thema der Abstandhaltung diskutieren wir nicht tief und machen wir oft Gedanken über unseren verschwundenen befreundeten Schmuggler. Ich habe auch kein Interesse detailliert informiert sein von den Hauptgründen der Flucht meiner Mitreisenden. Hauptsache, dass wir uns ein gemeinsames Ziel und Weg ausgewählt haben und bleiben, soweit, miteinander.

Nach etwa eine halbe Stunde Durchsuchung finden wir ein Café, in dem wir freie Steckdose gesehen haben. Ich habe das Gefühl, dass der Serviceangestellte von Anfang an fragen will, ob wir nur die Handys aufladen werden oder etwas bestellen möchten. Im Sinne von «Nicht anfassen, wenn Sie nicht kaufen!». Wir haben die Blicke rechtzeitig vorgelesen und haben uns Kaffee bestellt. Mit Kaffee trinken beginnen wir je nach den anderen anzurufen. Anrufen und trinken. Keine Antwort. Das Signal ist das gleiche von gestern Abend. Unser befreundeter Schmuggler und sein Mann sind höchstwahrscheinlich festgenommen oder sind wir in die Falle gegangen. So oder so müssen wir den Rest selbst weiterfahren.

Nachdem unsere Handys etwa halbvoll geworden sind, machen wir uns wieder auf den Weg Richtung Park des Zentrums. Ein weiterer Versuch, den Schmuggler anzurufen, sparen wir. Wir suchen Leute, die weiter nach ungarischer Grenze fahren. Als wir in dem Park ankommen, sehen wir, dass der Park fast leer geworden ist und nur noch einige Kartons von gestern Abend übriggeblieben sind. Ich weiss nicht, ob einmal Polizei zur Kontrolle gekommen ist und deswegen sind so viele Leute in einer Stunde weggegangen sind oder alle ausser wir alles vorbereitet haben und ihre befreundeten Schmuggler sie nicht in Stich gelassen haben. Wohin sind sie gegangen? Bestimmt in den anderen Richtungen ausser zum Bahnhof. Obwohl wir, die Papierlose, gar nicht erlaubt sind uns Tickets einzukaufen und nur mit dem Auto, und zwar schwarz, Richtung Ungarn fahren können. Alle Medien berichten über extreme Schwierigkeit der Überquerung ungarischer Grenzen. Selbst in Ungarn werden Menschen ständig in Bahnhöfe kontrolliert. Wir sehen zufällig einige Familien, die den Weg besser auskennen und bekommen mehr Informationen. Von der Karte her sehen wir ungefähr, wohin wir fahren müssen. Nach Subotica, eine Stadt im Norden Serbiens. Wir wissen gar nicht, was nachher auf uns wartet und wollen auch ein anderes Mal um schmuggeln wetten.

Wir sehen oft die Polizisten, aber sie verzichten uns festzunehmen oder kontrollieren. Mittlerweile merkt man aber, dass die Situation ausser dem Zentrum nicht so sicher bleiben wird. So wurden wir gestern Abend von den benachbarten Gruppen erfahren. Alle kennen unser Thema und dazu werden wir auf Autos stossen, die sich grosse Beträge wünschen, etwas mehr als unsere Kraft. Wir laufen und fragen, fragen und weitersuchen. Anscheinend mehr als logisch gesucht. Wir sind erschöpft und die Zeit geht schnell vorbei. Wir kehren uns vor Angst der Mafiöse oder sonst Richtung Stadtzentrum und wenden wir uns wieder auf Hotel Karton. Eine Weitersuche in der Nacht kommt auf keinen Fall in Frage und somit lieber wieder ein wenig Verschwörungstherapie der Wahrscheinlichkeit der Rückmeldung von unserem befreundeten Schmuggler.

Der Park ist wieder übervoll von Flüchtlingen, neue Gesichter, neue Gruppen. Wir sind heim. Nach dem Essen machen wir eine Runde mit Leuten, die sich rund herum gesammelt haben. Der Stadt Subotica, wo wir auf die Karte erahnt haben, ist das richtige. Unser Problem haben auch die andere. Man kann alle Autos hier nicht trauen und viele haben auch, wie wir, gar nicht ihre erwünschten Beträge auszugeben. Wir planen für morgen, dass unsere Richtung für die Weitersuche zu ändern und statt Norden, in die Richtung Osten der Stadt zu suchen. Auf Gefahr eines Verschwindens oder einer Festnahme werden wir uns nicht trennen.

Diese Nacht ist stiller, sowohl der Autoverkehr als auch der Park selbst. Oder ich merke nur so und habe mit der Zeit mich daran gewohnt. Wir haben heute viel Kilometer hinter uns gelegt. Zehn, fünfzehn, zwanzig… weiss ich gar nicht. Ich weiss nur, dass ich seit langem nicht auf einmal so viel gelaufen bin wie heute und jetzt merke ich der nasse Rasen nicht mehr. Sehr früh kann ich die Gespräche in meiner Gruppe nicht mehr folgen und im Augenblick schlafe ich tief ein. Ich bin immer noch in tiefem Schlaf, dass ich von Tröpfen des Wassers auf mein Gesicht aufgewacht werde. Das Wetter ist viel kälter als gestern und noch dunkel, gegen um fünf Uhr morgens. Das Wasser ist von Rasensprenger. Wir packen uns an und suchen ein Dach, ein geschlossener Raum, in dem wir uns trocknen lassen. Wir beginnen wieder zu laufen und weil es kalt ist, laufen und laufen, bis es hell wird. Mit dem Sonnenaufgang wechseln wir unsere Richtung der Suche nach Osten. Nach nicht zu lange suchen können wir zwei kleine Autos finden, die uns nach Subotica fahren werden. Die Kerle scheinen normal aus und die Preise nicht wahnsinnig viel.

Wir steigen ein und es geh los. Die Fahrer haben komischerweise Mitfahrer dabei. Wir sind so aufgeregt, dass ich erst das merke, nachdem wir uns in Autobahn befinden. Es sei wegen ihrer Sicherheit, so die Beifahrerin. Es sollte gemäss diesem Verhalten, sich auch teilweise extreme Angrenzungen, Betrügerei und Auseinandersetzungen mit den Flüchtlingen gegeben haben. Obwohl wir keine davon gesehen haben. Von dem, was ich gesehen habe, von der Insel Kos bis Athen und die strengen Wege der Bergen, kann mir keine Gewalttat durch Flüchtlinge vorstellen. Die Flüchtlinge sind, zumindest auf diesem Weg, alles anders als aggressiv. Die Mutter mit Kinder, die Männer voller Sorge ihrer Familie. Die allein reisende, sich spontan an den Gruppen angeschlossene Frauen und Männer suchen sich erst ein Dach überall und alles anders als ein Gefängnis. Die Augen lügen nicht. Die Augen der Menschen, mi denen wir im Schlauchboot waren, haben alles anders ausgestrahlt als der Hass. Zumindest in meinen Augen. Ich glaube, dass es biologisch auch wahr ist: Menschen in so risikovolle, angespannte Situation, die um ihrem Überleben kämpfen, freuen sich über ein schnelles Ende. Niemand such sich ein noch komplizierter Zustand. Es gibt zwar aggressive Verhalten, aber nur unter kleine Gruppierungen. Zwischen Eltern und Kinder, die um mehr als erlaubt herumspielen und rennen, um still bleiben und um das Verständnis der Kinder geht. Aber ein Angriff gegen den Bewohner ist nicht zu merken, noch vorzustellen. Es kann aber auch sein, dass unsere Fahrer wegen ihrer Verschwörungstheorien und Ängste vor dieser übermässig grossen Welle der

Flüchtlinge ihre Massnahmen getroffen haben und zu zweit die Reisende beibringen. Auf jeden Fall fahren wir weiter und es kann kaum schlimmer als sinnlose Herumsuchungen und Übernachtung in Zentralstadt Belgrad werden.

Unsere Fahrer und seine Beifahrerin, beide Anfang dreissig, sprechen viel Serbisch miteinander und wir verstehen kein Wort. Es geht aber um uns. Wir sprechen auch unter uns Kurdisch und sie verstehen kein Wort. Vielleicht sprechen sie über unsere Gespräche und haben Angst, dass wir etwas Gefährliches planen. Ich frage sie auf Englisch, um ihre Streckung abzubauen und uns mehr vorzustellen. Sie geben mir nur kurze Antworten. Es scheint kein Interesse von ihrer Seite. Sie sprechen zwar Englisch viel besser und scheinen kein Schmuggler, sondern normale Bürger zu sein. Die Beifahrerin ist oft am Telefon. Ausser warten und Optimismus können wir nicht mehr machen. Statt mich mehr damit zu beschäftige, schaue ich mir draussen und diesen Bildern, die ich zumindest für Jahren nicht mehr wieder sehe.

Unser Auto fährt schneller. Sie merken, dass das andere Auto von uns getrennt wurde und jetzt kommt noch ein anderer Gedanke. Keiner von uns hat Internet. Die einzige App, was wir benutzen können, ist der Google Karte, was ohne Verbindung auch funktioniert. Der beste Schmuggler. Das serbische Gespräch zwischen unsere Vorsitzende wird schneller und wir bekommen nur ihre Angst. Ist die Angst von uns oder von der Polizei? Denken sie, dass wir selbst Polizisten sind? Oder sind sie selbst Polizisten? Wir versuchen wieder mit ihnen zu sprechen. Sie fallen in Panik, als ob wir etwas planen würden. Wir zeigen uns ebenfalls verwirrend. Sie kehren zurück und wir gehen wieder zur Hauptstrasse, die vor kurzem davon abgefahren sind. Sie telefonieren wieder und schliesslich finden ihre Kollegen, das andere Auto. Wir sind jetzt fast sicher geworden, dass sie auch normale, sichere Menschen sind.

Wie nähern uns die Stadt Subotica, die nicht weit weg von der Grenze zu Ungarn liegt. Danach müssen wir bis zum Abend warten und nach einer weiteren kurzen Strecke, stundenlang zu Fuss laufen. Dieses Mal illegal, verstossend bis gefährlich. Wir wissen, dass diese Grenze nicht wie die Grenzen, die Kurdistan aufgeteilt haben, voller Meine sind. Auch, dass trotz Ärgers und der Aggression der ungarischen Grenzwache werden sie uns nicht schiessen. Zumindest auf Kopf werden wir nicht geschossen werden, was Tag und Nacht für die Arbeitslose in Kurdistans Grenzen passiert, wenn sie die Grenzen für die Lieferung ihrer Wahren überqueren und damit um das Überleben bezahlen können. Ein teures Überleben. Diese Grenzen sind für uns mit aller anstossenden Kraft in sich, mit aller giftigen Blicke der Grenzwache und Empfehlungen zur Rückkehr nach unserem Ursprung, offen, immer noch menschlich. Die Grenze hingegen, die Kurdistan aufgeteilt haben, sind sehr hart und blutig, man wird geschossen, weil man seine Miete bezahlen will. Die Grenze, die Tag und Nacht das Leben der Arbeitslosen nehmen. Diese Grenze mit alle ihrer Härte ist für uns ein Spiel, das kaum zu unserem Tod führen kann, unserem physikalischen, biologischen Tod.

Wir sind am Rande der Stadt Subotica. Weiter nehmen wir ein Auto und nach einer Viertelstunde kommen wir in einem kleinen Dorf am Rand der Stadt an. Hier sind Flüchtlinge mehr zurückhaltend. Die Gefahr einer

Festnahme an der anderen Seite der Grenze ist am grössten. Diese Grenze ist der Letzte Mauer vor uns. Das letzte Physikalische Hindernis. Es gibt kaum grosse Gruppierungen zu sehen. Von hier aus muss man sehr achtsamer, teamfreudiger werden. Auch die serbische Grenzwache ist im Einsatz, im Gegenteil zu südlicher Grenze. Hier scheint die letzte Station vor uns, die im Vergleich mit der Grenze, womit wir aufgewachsen sind, sehr leichter zu Überqueren ausschaut. Sind die Ohren und Augen, die an die Sterblichkeit der physisch strengeren Grenzen gewohnt sind, auch stark gegen Sterblichkeit der seelischen Sterblichkeit der weniger strengen Grenzen? Wie sieht man aus mit lebendem Körper und gestorbenen Seele?

Die ungarischen Polizisten sind auf höchstes Niveau vorbereitet, die Flüchtlinge zu verhindern, den Ungarn eintreten wollen, wenn wir nicht festzunehmen. Nach den Festnahmen geschieht oft individuell tragische Geschichten, die nicht immer und rechtzeitig mitzuteilen sind. Die Überquerung der Grenze gibt man immer ein Gefühl der Emanzipation, auch in Europa. Vor allem ist dieses Gefühl für die Flüchtlinge allein und einzig, wenn wir für das erste Mal uns zwar illegal aber auch ohne die Angst des Lebensverlusts in einem anderen Land befinden, löst das Gehirn über eine längere Zeit, meiner Meinung nach, Dopamin, was dem Körper der Nachricht des neuen Lebens schickt. Unsere Körper fühlt sich frei, neugeboren. Nicht lange danach aber wird die Seele sich begrenz mitten strengen, kalten Grenzen, die menschlichen Grenzen, kalt befinden und sie stirbt langsam ab. Unsere Ausdauer der Überquerung der Grenzen ist nur noch halb so gut.

Die ungarische Grenzwache haben zahlreiche Schäferhunde und versammeln sich in jeder etwa fünf hundert Meter in kleinen Truppen. Diese Architektur der Grenzwache habe ich noch nie gesehen. So dicht und massiv ausgerüstet und im Laufe der Nächte jeder Meter unter Kontrolle. Meisten von Flüchtlingen haben keine Erfahrung mit Grenzüberquerung und befinden sich jetzt in einer tiefen Panik. Die schreienden Kinder und die bellenden Hunde schreien und bellen vor Angst gegenseitig ungeheuer schrecklich und lassen die Grenze keine Sekunde still. Da wir keine Kinder dabeihaben, habe mehr Gelegenheit, uns einen Ausweg zu finden. Wir wissen etwa, dass der Schrei der Polizisten und ihre Hunde oft nur zur Panikmachung ist.

Was soll man mitbringen bei den Grenzüberquerungen, ausser der Ruhebewahren und nicht in Panik geraten? Was bringt Wasser zu seinem Siedepunkt mit? Wasser steht da und beim Kochen wird nicht anders werden. Das Wasser wird sogar ohne Kochen nicht mehr existieren. Die Flucht, die Auswanderung ist menschlich, wie das Kochen des Wassers. Würden Menschen sich immer noch über die ausgewanderten, geflüchteten staunen, wenn sie nicht so dichte Grenzen gehabt hätten? Die Grenzen könnten etwa näher liegen, etwa weiter. Sie könnten auch gar nicht existieren. Ohne die Grenzen würde man auch überleben, sogar leben können. Ein sich mit jedem Atemzug auf seine Grenze stolzer Mensch ist wie ein Wassermolekül, das ein nebenstehendes, schlammiges Wassermolekül vollkommen mit seiner Farbe charakterisiert, sie darüber verantwortlich macht.

Meine Stadt, Meriwan, eine wichtige Grenzstadt Westen von Iran, gilt als ein finanzielles Augenmerk der beiden Seiten. Eine Stadt, die immer am Kochen ist.

97

Gesellschaftlich sind die beide Seiten Kurden, kulturell und geschichtlich ein Volk, aber offiziell unter zwei Regierungen. Die Grenze gilt mit einer Jahrhunderten Geschichte, die immer noch gesellschaftlich nicht anerkannt wird. Mittlerweile hat das systematische Schmuggeln der verstaatlichen Mafiösen der iranischen Regierung und ihre Abhängigkeit von der Grenze dazu geführt, dass das gespaltete Volk zwischen zwei Seiten sich weniger übereinander staunen, sich mehr miteinander integrieren. Eine Grenze existiert auf der Karte, aber gesellschaftlich wird sie gründlich annulliert. Menschen unter den künstlichen Aufteilungen, etwa wie Kurdistan, entweder akzeptieren die künstlich gezeichneten Grenzen nicht und bezahlen dafür, oder sie akzeptieren und dabei werden selbst auch künstlich, nicht mehr authentisch. Man bezahlt dafür mit der Arbeitslosigkeit, mit der Armut, mit der Flucht. Meine Stadt ist trotz ihrer touristischen Attraktivität gezwungen, sich mit der künstlichen Grenze zu identifizieren, damit sie nicht mehr fliehen muss. Die Stadt wehrt sich und von diesem Widerstand ist eine besondere Art der Arbeit entstanden worden, die Arbeit des Lastträgers in den Bergen. Auf Kurdisch heisst dieser schwarzweisse Job «Kolbar». Schwarz, weil der Kolbar, der Lastträger, in jedem Moment der dunklen Nacht mit einer Kugel der Grenzwache beschossen sein und ums Leben kommen kann. Und weiss, weil der Kolbar sich wehrt, sich für die gesellschaftlich anerkannten Grenze entschieden hat und gegen die künstliche Grenze. In dieser Stadt zieht an sich die Grenze, da wo Menschen überleben können. Da, wo das Aufgeben ist die Armut, der Flucht ein «kann sein», und nicht ein Schamgefühl. Da, wo man weniger hat, aber ist man (bewusst).

Die inoffiziellen Wege des Kolbars hat keine Strasse. Alle steilen, schmalen Bergwege. Die Wege sind lebensgefährlich und wegen der direkten Schiesserei auf Kopf werden sie ständig gewechselt. Von einem Berg zu einem Tal, von einer Strasse zu einem neuen Berg. Ihre Strategien der Änderung der Wege sind radikal lebensentscheidend. Als ich Anfang zwanzig war und die zahllose Jugendliche und Männer meiner Stadt beobachtete, wie sie Mitte Nacht die Grenze überqueren und unter dieser schweren Last leiden müssen, habe ich mich entscheiden den Job auszuprobieren. Ich war zwei Mals dabei gewesen. Während der ersten Erfahrung war ich mehr von dem Wege begeistert als von den Lastträgerinnen. Anscheinend verhaltet der unerfahrene Mensch in der Regel bei den ersten Erfahrungen und Versuche das gleiche. Man wird bei seiner Immatrikulation an der Uni erst von dem Gebäude der Uni begeistert, bei der Besichtigung einer Stadt erst an deren Bahnhof und Brücken interessiert als an den Menschen. Bei meinem ersten Versuch habe ich eine industrielle Bestellung, schwer für mich, getragen. Der Weg über zwanzig Kilometer und mein Gefühl positiv. Ich war zufrieden, dass ich einmal erleben konnte, was dieser Leid bedeutet und wie tödlich so viele Menschen sich ernähren müssen. Das zweite und mein letztes Mal befanden wir gegen den Schluss des Wegs mitten im Hinterhalt. Ich war erschöpft von schwerer Last und langem Laufen. Wir müssten eine lange Strecke zurückrennen. So schnell bin ich kaum in meinem Leben gerannt. Trotz aller Mühe habe ich die Last behalten. Manchmal wirft man sie, um nicht festgenommen zu werden, obwohl die Lastträgerinnen manchmal die geworfene Last rückvergüten müssten. Ausserdem müsste man mit einigen besonderen

Stresse dieser Arbeit rechnen, etwa wie zufälligen Falls und Zerbrechens oder Verlust einer Last unter chaotischen Pausen. Diese Wege waren und bleiben unbeschreiblich gefährlich, aber der Hunger ist gefährlicher. Hunger macht alles mit Menschen. Hunger an Nahrung, Hunger an Reife, Hunger an Ruhm. Der Hunger an Nahrung ist am logischste, am legitimste einige Unlogische zu tun, zum Beispiel schmuggeln unter einer mafiösen Regierung.

Die Situation dieser Grenze, der serbisch-ungarische Grenze, ist sehr unterschiedlich. Ich habe mich und meiner Last in den Bergen Kurdistans unter Schiesserei gerettet und hier ist flach, ohne Schiesserei und ohne schwere Last. Wir versuchen uns, gemäss der Google Karte, möglichst genau zu orientieren. Allmählich und als wir die ungarischen Checkpointe nähren, befinden wir uns hinter einer grossen Familie, syrischer Herkunft, mit einem Gruppenleiter vor sich und am Telefon. Die Zeit ist bald elf Uhr Abend und wir folgen die Gruppe, ohne dass sie merken, als wären wir uns bewusst über den Weg. Wir sind seit einer Woche nicht gut geschlafen, nicht richtig gegessen und übervoll durch noch nie erlebte Anspannungen. Ich bin mir bewusst, aus den Erfahrungen meiner Peschmerga Zeit, wie nachher diese Tage und Nächte unsere Psyche verheerend belastet werden. Zumindest für eine Weile. Die Psyche, die momentan betäubt ist mit der Freude der Emanzipation der Grenzüberquerung, berauscht ist durch die Überdosis des Dopamins.

Hier gibt es kein Wegweiser, kein Schild und weit entfernt von offiziellem Weg. Die Familiengruppe, die vor uns laufen, haben viele Kinder dabei und zu Laut vor Überquerung solcher Grenze. Da braucht man Ruhe, Geduld und eine gute Zusammenarbeit, wenige

Gepäcke und gute Schuhe zum Rennen. Wohin sie genau laufen und inwieweit sie informiert sind, haben wir keine Ahnung. Was wir wissen, dass sie ständige Telefonate auf Arabisch haben und es scheint so, dass sie von ihrem erfahrenen Freunde Anweisungen bekommen. Der Gruppenleiter spricht laut und gleich mit dem Gespräch posiert die Richtungen, die ihm sein Gesprächskontakt gibt, obwohl sein Gesprächskontakt nur telefonisch dabei ist – Das macht man eigentlich in aller Ruhe auch und hinter seinem Schreibtisch, als ob man sich selbst von den Anweisungen überzeigen versucht. Wir laufen mit einem idealen Abstand hinter dieser Gruppe, sodass wir weder sie verlieren noch sie uns hinter sich merken. Wir haben Angst, dass unsere Bekanntgabe oder eine plötzliche Entdeckung sie zusätzlich in Panik geratet. Nach einer etwa halbe Stunde Laufweg kehren sie zurück. Die Telefonate und die Wegweisung jungen Mannes sind ohne Halt dabei und wir hoffen, dass seine Kontaktperson uns die richtige Richtung zeigt. Wir verstecken uns hinter einem Schutzdamm, bis sie vorbeigehen. Bevor wir wieder hinter sie zu laufen beginnen sehen wir zwei Autos, die die Gruppe nähern. Von der Stille der Näherung und mit der Stille des Mannes mit dem Telefonat her soll es sich um Grenzwache händeln. Die serbische Grenzwache. Das Gespräche können wir nicht folgen, aber es kommt auf keine Auseinandersetzung. Nach ein paar Minuten kehren die Autos zurück ihren Weg und die Gruppe läuft in eine andere Richtung. Ich weiss nicht, ob diese Richtung von der Kontaktperson am Telefon gesagt wurde oder von dieser Grenzwache. Der Weg führt zu einem Wald, durch eine alte, nicht mehr benutzbare Eisenbahnstrecke. Der Weg scheint nicht so üblich genutzt worden zu sein zur Überquerung der ungarischen Grenze. Hier sind aber paar andere Gruppen auch unterwegs. Familien mit Kindern und somit sehr langsam. Wir wissen den Weg immer noch nicht genau, aber es ist klar geworden, dass dieser Bahnstrecke zur Grenze führt. Wir gehen voran und mit einem Abstand von der bevorstehenden Gruppe suchen wir den Maschendrahtzaun. Ende des Waldes zeigt sich endlich der Checkpoint. Auf der ungarischen Seite, die mit zwei dicken Zäunen, höher als zwei Meter hoch und sehr stabil blockiert ist, hört man grausame Bellen der Hunde der Grenzwache. Oben haben sie Stacheldraht an die Zäune festgehalten. Um ihn zu brechen braucht man starke Werkzeuge. Wir haben kein Werkzeug dabei. Ich mache mir gerade Gedanken, wie auf der ungarischen Seite unseren Weg nach Budapest suchen können, denn bald haben wir kein Akku mehr und wir sind auch nicht erfahren, mittels Mondes und Sterne uns zu orientieren. Die Hunde sind sensibler gegenüber grösseren Gruppen, die sich wegen Kinder langsamer bewegen können. Wahrscheinlich riechen auch die Kinder intensiver, die Hunde mehr an sich anziehen. Wir trennen uns in einer nicht zu langen Strecke von der Familie vor uns und gehen je nach der anderem mit der Aufhebung des Fusses der Zäune, welche am Boden nicht befestigt ist, in Ungarn. Die Zeit ist drei Uhr morgens und wir sind in Ungarn. Von hier muss man rennen, so schnell wie möglich. Kein Rückblick auf irgendeinem fremden Geräusch oder Befehl. Wir rennen, bis wir uns in einer riesigen Wiese der Maisbauernhöfe befinden. Wir trauen uns nicht einzige Minute Pause zu machen, nicht ein Schluck Wasser haben wir mehr dabei. Vor Angst der Wildschweine laufen wir in einer Reihe neben den Maisen und die Strasse, was theoretisch nicht weniger gefährlich ist. Denn in jedem Moment könnte die Polizei uns entdecken, festnehmen und nach Serbien zurückschicken. Wir sind so erschöpft, dass wir nicht genau wissen, was besser zu machen ist. Gegen sieben Uhr morgens, mit halb zerrissenen Schuhen und dreckiger Kleidung gehen wir auf die Hauptstrasse. Wir haben keine Kraft mehr zum Weiterlaufen und mit der Strecke, die wir hinter uns gelegt haben, gehen wir von einer gewissen Sicherheit vor.

Nach einem nicht zu langen Fussweg haltet ein Auto vor uns. Der Fahrer, ein junger Mann, der uns mit mitleidendem Blick beobachtet und all unseres Leid damit mitträgt, bringt uns nach Budapest. Er ist der beste Fahrer, der ich je in meinem Leben gesehen habe. Sein Auto das schönste, bequemste Auto, je ich mitgefahren habe. Er macht uns ungarischen Musik, spricht über die korrupte, unmenschliche Moral der Regierung und gibt uns paar Empfehlungen, wie wir uns am besten in Budapest schützen können. Ich weiss nicht, ob ich auch in einem normalen Zustand und ohne so grosse Angst ihn immer noch gemocht hätte und ihn noch einmal gesehen wollte. Die Fahrer in Kurdistan sind besonderen Charakteren. Sie fahren nicht nur ihre Passagiere, sondern begleiten sie tatsächlich, möchten sie kennenlernen. Sie sind voller Geschichte, die lebendige, allwissende traditionelle Wikipedia der Stadt, der Politik, der Gesellschaft und aktuell informiert über die letzte Lage der Bewegungen. Jede Architektin, jede Stadtplanerin, Politikerin, Deprimierte, Investorin, Arbeitslose, Fremde oder Einsame findet sich bei Taxis in Kurdistan zuhause. Sie machen dich dein Lieblingsmusik auf deine gewünschte Laute. Sie zeigen dir, besser als jeder Reiseführer, die Stadt und ihre Sehenswürdigkeiten.

Ich fand mich manchmal mit so viele detaillierte Erklärungen, die teilweise zu dem Privatleben führten, überfordert. Die gleiche gilt auch für Coiffeure. Diese zwei Arbeiten, die viel mit Menschen zu tun haben, die Arbeit der Labung der Köpfe und die Erleichterung der Füsse der Menschen, sind die besten Gelegenheiten der Integration. Unser Fahrer, der keine professionelle Taxifahrer scheint, und davon ich auch nicht wissen will, hilft uns und fragt nicht, von wo wir stammen. Er fragt nicht, wieso wir nicht in unseren Ländern geblieben sind und unsere Verwandte, die Freunde verlassen haben. Eine der dynamischsten, informativsten, respektvollsten Taxidialoge meines Lebens.

Wir kommen gegen Mittag in Budapest an. Der Fahrer empfiehlt, statt in der Stadt herumzulaufen, uns in einem Café nahe bei Bahnhof, in der Stadtpark zu sitzen und uns Kleider zu machen. Hier ist Városliget, der Stadtpark von Budapest, eine der ältesten Parks. Seine riesigen Bäume sind uralt, gewachsen im Herzen einer riesigen Wiese. So ein harmonisiertes Bild von einem Park und einer Wiese habe ich nie gesehen. Ich habe immer riesige Bäume geliebt. Mensch findet sein bestes Gleichgewicht zur Natur hier, leise, kein Fahrweg drin. So leise, dass man sich den Bäumen aufs Ohr legen und dem antiken Liede hören kann. Die Lieder, die Liebende vor Jahrhunderten hier für sich gesunden haben.

Wir wechseln uns und ziehen unsere besten Kleidungen, die wir von der Abreise organisiert haben. Wir machen uns Gedanken, ob eine Fahrt am Abend Richtung Osterreich sicherer wäre, und beschlossen wir uns dann wegen der Kontrolle, gegen Abend abzufahren. Mittlerweile denke ich dagegen und gehen ich davon aus, dass die Kontrolle oft am Abend stattfinden. Aber weil ich vor allem diesen Park sehr mag, hätte ich Lust paar Stunden länger dableiben. Ausserdem kaufen wir uns die Tickets der erste Klasse. Wir nehmen an, dass so die Wahrscheinlichkeit der Kontrolle und einer Festnahme durch die Grenzwache weniger ist. Am Nachmittag fahren wir Richtung Wien und die Fahrt läuft reibungslos. Wir werden nicht kontrolliert Abend spät kommen wir in Wien an. Die erste Nacht in Westeuropa, in Wien, geht sehr schnell vorbei. Es gibt viele Möglichkeiten, die Handys aufzuladen. Unsere Gruppe löst sich auf und zwei Personen gehen Richtung Schweden weiter. Wir müssen wieder Tickets nach Zürich kaufen, damit mit erstem Zug Wien verlassen können. Ich habe paar Kontakte und will erst in Zürich entscheiden, ob ich weiterfahren will, oder in der Schweiz bleiben werde.

Am morgigen Tag besorgen wir Tickets nach Zürich. Der Zug fährt gegen die Mitternacht. Bis dahin sollen wir uns in der Stadt Wien beschäftigen. Ein langer Tag soll es sein. Unsere Reise verliert an Spontanität und entspannt sich. Die Gefahren verändern ihr Gesicht. Unsere Existenz wird plötzlich legal, zumindest als lebendige Menschen, die Recht der Wahl hat. Selbst die Wahl des Landes, in dem man seinen Asylantrag stellt, ist ein schwieriger Fall. Man wird damit der Rest seines Lebens auseinandergesetzt. Ob sein Aufenthalt langweilig oder kurzweilig wird, ob man vor Freude Tag und Nacht sich von einer früheren Einreise in neuem Zuhause wünscht oder sich deswegen beurteilt. Was wird aus dieser Abnormalität, dieser grosse Sprung von täglicher Überdosis von Adrenalin- und Dopaminauslösung zu der Entspannung und mit meinem Körper machen? Wie lassen sich die Wünsche und Lieben normalisieren? Eine Vermutung, was in diesem Abend mit uns geschehen wird und wie die Pauschalisierung der «Überall ist besser als Heimatlosigkeit» meine Weiterreise begleitet, kann ich nicht äussern. Wir haben mit all dieser Verwirrungen, keine Wahl als das Weiterfahren. Die Gefühle sollen sich mit der Zeit heilen.

Es ist morgen früh eines normalen Tages im August. Der Zug fährt durch den Bergen und Wälder Nordost Schweiz. Diese Menge an grünen Bergen habe ich noch nie gesehen. Nie so viele grünen Farben auf einmal. Verschiedene grünen der Bäume, ein tiefblauer Himmel und die goldgelbe Strahlung der Sonne. Nie ausser Natur konnte ich so warm umarmt werden. Ich habe gerade beschlossen, dass dieser Sonnenaufgang in jeder Form meiner Erinnerungen erscheinen soll.

Wir sind eine Reihe geflüchteter Menschen von Ostkurdistan, offiziell benennt als West-Iran. Hauptsächlich ist es auch der Hintergrund unserer Flucht, eine hundertjährige Nichtanerkennung eines Landes. Ich bin wach und voll von gemischten Gefühlen, begeistert von dieser Schönheit und übervoll an Träumen. Andere schlafen noch. Wir haben so stressige Tage und Nächte, Momente und Situationen, Streite und Enttäuschungen während dieser Reise gehabt, die man nie vergessen kann, die man so schnell wie möglich vergessen will. Ausser in einer lebensbedrohlichen Situation, können die Gefühle sich nicht so schnell ineinander mischen und gleichzeitig, kurzfristig verschwinden lassen. In einem Tag müssten wir mehrmals erhofft und mehr als das enttäuscht werden. Jetzt ist es vorbei, gefühlsmässig vorübergehend. Andere schlafen noch und ich, nicht mal geleert von so viele Gefühle, bin umarmt von dieser Schönheit und die Überquerung der Österreichisch-Schweizerische Grenze. Eine der letzten Emanzipationen, geo-politischen Erektionen.

Andere werden nacheinander wach. Jeder hat seine Motivation und irgendwie anders Gefühle im Griff oder nicht im Griff. Jetzt, Mitten eines unbekannten Wegs, wenn ich zurückblicke, sehe ich weshalb so schwer war, die Ziele und Gefahren zusammen besprechen zu können. Wir haben uns auf den Weg, in der Türkei, kennengelernt und diese Bekanntschaft als einen Meilenstein markiert, um die Reise hemmungsloser beenden zu können. Das war auch tatsächlich so. Wahrscheinlich ist das ein Grund der tiefen Freundschaften in Kurdistan, dass Menschen sich immer Mitten in Kriese befinden. Eine ausser Kriese Situation gibt es kaum. Menschen kommen Mitten in Kriese auf die Welt und leben Mitten in Kriese über. Man flieht jeden Tag, vor sich, vor Feinde, vor Krieg und Angst. Oft eine allein, einsame Reise.

Angst in sich ist nicht vor etwas, Angst ist, naturgemessen, eine Eigenschaft des Lebens. Man muss ihn schrittweise nähern. Ich habe in diesem Moment auch in den Augen Angst gehabt, dass wir nicht gute Freunde werden, die Freude mit gemeinsamen Zielen. Unsere Motivationen und Charakteren sind eher weit voneinander, sodass man nur davon lernen kann, nicht mehr, sodass man kaum sich weitere hundert Kilometer Zusammenreise, vor allem in den sicheren Situationen vorstellen kann. Sie sind auch genauso wie ich begeistert von diesem unvergesslichen Morgen. Augenblicklich wie die Besucher von Alaska in Sahara.

Ich habe kein bestimmtes Ziel, kein Land in diesem Sinne. Ab hier nenne ich diese Schönheit und ihre Berge ein weiterer Meilenstein. Ich bin davon überzeugt, dass die Schönheit eine ganz flüchtige Definition hat. Sie verliert mit der Zeit an Relevanz, wenn sie sich keine Abwechslungen widmet. Wie die Vögel, die jede Jahreszeit grenzenlos bis zur Erschöpfung fliegen und fallen. Wie Tanz und sein Lied, wie rechtzeitige Antwort auf Bedürfnisse. Die Spontanität der Schönheit ist der Kern ihrer Disziplin. Was für ein streng Religiöser Mensch schön ist, kann ganz hässlich für eine Atheistin aussehen. Was vor hundert Jahren eine typisch unglaublich schöne Figur des Menschen war, ist heute nur noch ein halbschönes Bild der figurativen Schönheit. Und eben auch die Kombination der Farben sind im Einklang mit der Geschichte der Menschen nicht immer schön. Vor einer Revolution ist Rot einzig und allein die schönste, die Farbe der Sieg, nach der Revolution ist eher Gedanke an Opfer, der Tragödie sogar. Die Farbe Braun etwa ist gesellschaftlich weder gleich schön noch hässlich. Die Farbe braun bedeutet für ein hungriger Mensch Brot und für ein satter Mensch Karamell. Kaum ein satter, Karamell süchtiger Mensch vermisst seiner Schönheit der Hungerzeit, die Zeit der Brotmangel, die Zeit, die ihm auf keinen Fall mehr schön ist. Die Farbe Braun wird schnell langweilig für ein satter Mensch, was immer noch schön und karamellriechend wirkt für ein Brotmangelnder. Ein Brotmangelnder, wenn nicht durch Brotmangel beeinträchtigt, hat mehr schöne Träume.

Ich bin mit dreissig in diesem neuen unvorstellbaren Schicksal katapultiert worden. Ich habe keine Ahnung, welche Gefahren und Freude, welche Situationen und weiteren Meilensteinen mir erwarten. Viel wichtiger ist, dieser Meilenstein rechtzeitig zu erkennen, zu überqueren, und die Schönheit so schnell wie möglich im Kopf neudefinieren zu lassen. Ich denke dabei, dass dreissig eine spät, aber gute Zeit ist für die Flucht. Dreissig ist etwa eine Generation, vor hunderten Jahren eine Lebenserwartung. Mit dreissig erlebt Mensch, oder es soll erlebt haben, worum das Leben geht und etwa, was die ersten und letzten Meilensteine seines Lebens waren. Mensch kennt viele seiner Schwachstellen oder soll mal von denen gehört haben, ausser man viel vor denen Angst, vor denen sogar flieht. Tief in diesen Gedanken vereinbaren sich diese Bergen und Wälder mit meiner Vorstellung der Schönheit, die rechtzeitig schönste Bilder, schönste Antworten darauf. Die Zugabteilung ist die erste Klasse und wir sind allein hier. Keine Passagiere, keine weitere geflüchtete. Wir entschieden uns, diesen noch gefährlichen Stuck unserer Reise mit der ersten Klasse zu fahren, weil es wahrscheinlich weniger kontrolliert wird. Es wurden auch nicht kontrolliert und ich weiss nicht, ob die anderen Zugabteilungen durchkontrolliert geworden sind, ob eine geflüchtete im Zug festgenommen worden ist. Wir sehen alles anders als Flüchtlinge aus. Wir sind alle schick gekleidet und versorgt. Niemand ahnt, dass wir drei Wochen lang draussen geschlafen haben und die Essen so sparsam wie nichts geteilt haben. Wir sehen gar nicht auch so aus, gestresst von einer Festnahme zu sein. Die Flucht ist wahrscheinlich ein Prozess, eine Reise, die von Innenorganen beginnt und schliesslich alle Körper beherrscht. Die Organe fliehen vor Hunger und täuschen sich, das Gehirn, die Augen fliehen vor Angst und sehen nicht so müde aus. Im Gegenteil, was du in denen siehst, ist aller Hoffnung und Optimismus, besser gesagt, Illusion. Ich gehe davon aus, dass nur so tatsächlich möglich ist, die intensivsten Ängste und Gefahren in abnormalen Gesellschaften wie Kurdistan normalisiert worden sind und Regierungen und ihre Männer immer noch herrschen. Da wo die Normalität abnormal und die Abnormalität normal ist.

Unser Zug fährt nach Zürich, wo ich bisher niemanden persönlich kenne. Andere haben mehr oder weniger einigen Kontakte und auch mehr Informationen. Vielmehr habe ich Träume. Altersbezogen haben wir nicht so grosse Unterschiede, aber auch kaum gemeinsam vereinbarte Schnittstellen, Träume zusammen. Für mich sind viele Gefühle dieser Flucht in sich bekannt, denn es ist meine dritte Flucht, mein dritter Versuch, meine innerliche Harmonie zwischen einer chaotischen Kunst der Beziehungen und disziplinären Überleben in Einklang zu bringen. Drei Versuche, die mich nicht umgebracht haben, an denen mich gut erinnern kann.

Mit dreissig bin ich voller Träume und erschöpft, gefallen wie ein langfliegender Vogel, gegenüber einer langjährigen Fassungslosigkeit meiner zerplatzten revolutionären Ideen und Sorgen, mit einem Rucksack voller neuen Wanderungswünsche in die Schweiz angekommen. Wer kann man helfen? Ein guter Flüchtling? Jemand, der viel geflogen ist und von oben mehrmals die Absurdität der Grenzen beobachtet hat oder jemand, der viel geflohen ist und die grenzüberquerende Emanzipation, die seelische Erektion mehrmals erlebt hat? Ich kenne zwar einigen von weitem. Nichtsdestotrotz wende ich mich an den Zufall, das natürliche Vorkommen, wie die Wanderung durch die Strassen mich bis hierhin geführt hat.

Objektivierung und Einsamkeit

Objektivierung und Einsamkeit sind in einem wechselwerkenden Spiel miteinander. Ein Objekt ist Wert, solange sein Dasein den Menschen Gewinn bringt. Wir tauschen unsere Handys, Autos und alles Kaufbares, solange sie uns kein Gewinn, kein Spass mehr bringen. Wir verlassen unser soziales Umfeld, Häuser und Freunde, wenn wir uns da einsam fühlen, keine Beziehung mehr unsere Seele entgegenkommt. Menschen fühlen sich einsam, umso sie, unter anderem, als Objekte wahrgenommen werden. Es ist nicht wichtig, dass sie selbst ihre Einsamkeit als Alleinsein oder privater Lebensstil nennen oder sie überhaupt merken, dass sie einsam geworden sind. Menschen können an ihre Einsamkeit gewöhnen, können sich ideal austauschen und gute Beziehungen miteinander haben, ohne sich einsam zu nennen, denn ihre soziale Kapazität wird sich künstlich ernähren und man merkt dabei seine Seele satt, obwohl sie an Unterernährung leidet. Ebenso kann man auch sein

Alleinsein geniessen, allein bleiben und sich die einsamen sozialen Netzwerke vermeiden. Vor allem ist es entscheidend, wenn Menschen sich in den sozialen Umgebungen diskriminiert fühlen. Wenn Menschen konkret fühlen, wie sie als ein Objekt betrachtet werden. In so einem Fall, unter Minderheiten vor allem, entweder akzeptiert man den Prozess seiner Objektivierung und macht mit, was die Mehrheit und deren System von ihn verlangt, oder weigert sich und findet eine Form des Überlebens. Das überlebende Leben gegen Objektivierung ist der Anfang des wahren Lebens.

Die objektivierte Wahrnehmung kann entweder systematisch sein oder individuell unter bestimmte Gruppierungen und gezielt an besondere Menschen eingerichtet sein. Eine massive Objektivierung kann aber auch von beiden Seiten durchgeführt werden. In einer kulturellen Objektivierung werden Menschen unter Minderheiten von beiden Seiten vereinsamt. Diese Extremität leert Menschen von Grund aus und versucht ihnen eine neue Identität zu geben, welche sie, falls überhaupt, für immer entfremdet. Wenn eine Objektivierung gegen Menschen der anderen Identitäten, etwa wie andere Geschlechter, Flüchtlinge, Ausländer und Migranten angerichtet ist, finden sie sich massiver betroffen als gegen die politischen und klassischen Minderheiten, denn sie haben keinem Kanale sich damit wehren zu können. Auschwitz und Gulag (Arbeitslagern und Repressionssystem der Sowjetunion) sind beide objektivierende Versuchen der oppositionellen Aktivisten und Minderheiten, die die Juden und Intellektuelle entweder zur Assimilation und Zusammenarbeit gestehen versuchten oder vernichteten sie. Beide Zwangssysteme, die hart und mit aller Kraft ihre Modelle totalisiert haben, haben kurze danach, dass sie die Spitze ihrer Panik erreicht haben, wurden ebenfalls vernichtet. Die übrigen objektivierten Systeme, vor allem, was von Gulag in Russland geblieben ist, und deren digitalisierte, nachmachende Form der islamischen Republik Iran haben etwas von dieser Geschichte gelernt nämlich, dass sie durch wirtschaftliche und künstliche Spielerei den Siedepunkt der Gesellschaft, die Spitze der Panik täglich abkühlen und ihre Brutalität auf eine neue Art der Software durchführen.

Inwieweit haben die weniger unmoralischen Politiker praktisch von dieser Geschichte gelernt? Und wie funktioniert noch dessen Repressionssystem unter anderen Namen, mit anderen Methoden? Wie unmoralisch die Wissenschaft in diesem Zusammenhang geworden ist und wie spielerisch die Intellektuellen um den heissen Brei reden? Die Fragen, nur als Fragestellung, sind nicht leicht anzunehmen, wenn man niemals eine Minderheit gehörte, entweder selbst unter individualisierten Ideen oder als Mitglied einer anderen Gruppe diskriminiert worden ist. Man soll Frau sein, oder mit dem Feminismus klarkommen kann, damit die Gleichberechtigung der Geschlechter nicht als Folge der Demokratie, sondern als ihre Bedingung nachempfinden kann. Sich in eine Lage hineinversetzen ist nicht leicht, was ohne dem eine natürliche Wahrnehmung einer Drittperson gar nicht möglich ist. Das geschieht tatsächlich nicht nur damit, die Rolle der Empathie übernehmen zu können, sondern die Rolle bewusst spielen zu können. Was entsteht aus zwei künstlich gespielten Rollen, die eigene persönliche Rolle und die gesellschaftlich, empathische Rolle? Bleibt vom Mensch Authentizität?

In tief unecht, gespiegelter Situation der Massenverteilung der Begriffe werden die Mehrheit, die ihre Rolle in Bezug auf ihrer Existenz übernehmen, kämpfen ausschliesslich kaum um die Kreativität, sondern die Nachmachung, die Verfolgung der massverteilten Muster. Wenn man jetzt den dauerhaften Teufelskreis des politischen Islam in Iran und der Türkei betrachte, was mich unter anderen vertrieben hat, sieht man diese erfolgreich verstaatliche Massenverteilung, grundlegende Ausweichung der Massen, der Aktivistinnen und Frauen, der Freiheitskämpfer und sogar der Künstler von ihrer Verantwortung der Authentizität. Sich auszuweichen und sich sehr weich und leise gegenüber die Neuislamisierung der verstatlichen Kriminalität einzustellen ist zur Kunst geworden. Ein hässlicher, unharmonischer, vulgärer Zustand, der von Kunst nur ihre Echtheit hat, deren banalen Echtheit, kaum Freiheit. Die Seuche der giftigen Kunst. Eine banale Oberflächlichkeit der Gesellschaft, die nichts mit dem existenzielle Werte Lebens, wie Selbstsein zu tun hat. Noch komplizierter ist nun mittels Digitalisierung geworden. Kaum wird die Oberflächlichkeit so normalisiert.

Ich sei zu viel ernst. Man hätte sich das Leben leichter machen müssen. Ähnliche Sätze habe ich von den Menschen gehört, mit denen ich gearbeitet habe. Oft höre ich solcher Beurteilungen während einem kurzen Zeit Kennenlernens. Gemeint ist, dass ich mich mehr als genug mit diesen entscheidenden Fragen auseinandergesetzt habe, mit dem Thema, das mich unter anderen vertrieben hat, das mich geprägt hat. Ich bin nicht immer, so wie ich einmal von einer Psychologin bei ihrem Besuch gehört habe, zu politisch gewesen. Ich habe auch Freunde und Kontakte in Kurdistan gehabt, die ich am Anfang biologisch nötig fand und schliesslich, persönlich unnötig. Wenn ich jetzt dynamischer betrachte, sehe ich wie diese Beurteilung umgekehrt ist, obwohl ich sie oder wer sonst nie oberflächlich beurteilen würde. Umgekehrt heisst, dass ich sonst eine Rolle ausser meiner Authentizität spielen würde, damit sie mich gut beurteilt hätte. In Kurdistan ist in aller Munde, dass traditionelle Familien ihre besten Geschirre, das schönste Zimmer und Kleider benutzen und anziehen, wenn sie Gäste bekommen. Ich habe mir oft als Kind gefragt, weshalb die Gäste, die ganz wenig zu uns kommen, dürfen in der schönsten, teuersten Geschirre essen und wir selbst kaum? Weshalb behaltet man immer ein Zimmer für Gäste mit den schönsten Innendekorationsideen und sitzt sich selbst in diesem Zimmer nicht? Es ist in aller Munde, dass Menschen in Kurdistan gastfreundlich sind, sehr gastfreundlich. Sie sind so gastfreundlich, dass die Besatzer auch sich oft zuhause gefühlt haben. In Kurdistan sind viele Dörfer und Flüsse mit den fremden Namen benannt, als ob in deren Laufe die Kurden selbst ihre gastfreundliche Rolle integriert haben, zu den lokalen Einwohner metamorphosiert sind.

Ich bin auf der Such nach der Wahrnehmung ausgewandert. Ich bin ein Flüchtling, dem ausser einem Dach, die soziale, wissenschaftliche und politische Wahrnehmung wichtig ist, wichtig wie Brot, wichtig wie Papier. Wenn eine Erreichung dieser Werte, auch ein Minimum davon unter sicheren Umständen in Kurdistan möglich wäre, würde ich die Auswanderung vermeiden. Es ist nicht möglich jemanden, der an diese Werte glaubt, zu überzeugen sich mit einem Dach und Brot zufriedenzugeben, die Werte aufzugeben. Meine halt Programmierung, an der ich glaube, sagt mir, dass der Kern der Menschheit nicht anders als die Wahrnehmung ist. Die Wahrnehmung ist gegen die Objektivierung. Wenn Mensch als ein Objekt betrachtet und in einer emotionalen Schublade sortiert wird, wird er in der ersten Reihe objektiviert, versteinert. Wie alle anderen Objekte, sein Wert wird durch seine Leistung bestimmt, mit möglichst weniger Wert als ein Mensch. Er wird zwar berechtigt zu haben, wie ein Recht zu bleiben, Recht zu schreiben und essen, aber nicht zu sein. Zu sein bedeutet, seine eigene Selbst, frei zu wählen ohne Wenn und Aber, selbstverständlich wie das Recht auf Nahrung und Papier.

Ich war nie informiert, wie lange ich unter einer Unterstützung vom Staat studieren kann, wie oft ich mit mein Geld Geschenke für die anderen kaufen kann und nicht. Für die andere, die nicht anders waren als ich. Für die Geschenke, die mir kaum weniger wichtig waren als Bücher. Und auch nicht, dass meine Geschenke an den anderen die Integrationsexperten ärgern würde. «Es sei politisch» war die einzige Information, die ich im Laufe meiner finanziellen Abhängigkeit erhielt, als ich nach der Menge und Zeit der Unterstützung gefragt habe. Wie soll man sich nicht ein Objekt fühlen? Ein Objekt ohne klare Rechte und Grenze. Eine Integration unter unklare Grenze (in der Mathematik) gibt es gar nicht. Ein Wert, beziehungsweise eine Funktion wird integriert, wenn sie entweder Grenze hat oder nicht. Eine flüchtige Funktion gibt es nicht, ausser dass dieser Wert gar keine Funktion ist. Davon kann ich nicht anders als eine Objektivierung reden. Was wird im Laufe dieser

Verhandlung des Seins und Nichtsein mit der Zeit ausser Einsamkeit erzielt?

Obwohl ich tatsächlich ab meinem Eintritt und gerade nach der Beantwortung der ersten Frage, ob ich in der Schweiz bleiben will oder woandershin möchte, was gut subjektiv war, mit dem Prozess der Objektivierung betroffen bin, muss ich sagen, dass der Begriff der Objektivierung nicht nur wir Flüchtlinge diskriminiert, sondern mehr oder weniger allen, aber unsere Betroffenheit ist am härtesten. Unter Flüchtlinge ist sehr schwer, sich gegen die Objektivierung, sein eigener Metamorphismus zu wehren. Der Prozess läuft detailliert und systematisch. Denn der Flüchtling ist das billigste System von Fleisch und Nerven zu testen. Ob er zu der Integration in Frage kommen wird oder nicht, zeigt seine Reaktionen. Dann werden seine Grenzen, ohne ihn zu informieren bestimmt und der Gang beginnt zu laufen. Wir Flüchtlinge sind am einfachsten zu schauen, wie ein Mensch sich als ein Nichtmensch fühlen kann. Wir sind die besten Beispiele und Objekte, wie die vorherige Werte sich mit der Auswanderung variieren und wie sich die Transnationalismus, auf verschiedene ausgewanderte Volksgruppen, individualisieren, ja sogar ersetzen lässt. Wir Flüchtlinge aus Kurdistan sind ein klares Zeichen, wie uns statt fundamentaler Einwirkung, die Strassen und Bewilligung der demonstrieren suchen, um zu zeigen, dass die Kurden noch leben -die Nationalhymne Kurdistan beginnt tatsächlich mit dem Satz: Feind! Die Kurden und ihre Sprache leben immer noch! Und am morgigen Tag nach der Demo gehen wir unsere Vereinsamungsprozess einher wieder.

Ein Haus in einem ruhigen, luxuriösen Dorf, oder in einem schicken, sauberen Quartier; ein Minimum an

Taschengeld und eine Internetverbindung reicht, eine gefangene jahrelang süchtig und ruhig behalten so man will. Die ungesättigten biologischen Bedürfnisse sind so tief in menschliches Dasein verwurzelt, dass, meiner Meinung nach, dass jahrelang dauet, bis sie wieder ihren Ausgleich zurückbekommen und sich ohne Ansteckung an irgendeine Vergiftung oder schwere Erkrankung von den biologischen Wünschen gegenüber Verlust ihres Werts befreien. Eine Vergiftung oder schwere Erkrankung kann viele alte Erinnerungen intensiv ins Gedächtnis rufen, dass der Flüchtling sein Wert der Vergangenheit mit seinem jetzigen Wert vergleicht und sich die vernichtete Situation wehrt. Kommt man nicht auf diesem Verständnis, geniesst man den Rest seines Lebens mit der Süssigkeit, die ihn süchtig gemacht hat, gegenüber seinem billigen Wert. Zwar wird er höchstens seine Billigkeit bewusst, aber vergleicht er, aus der biologischen Existenzangst, mit dem politisch billigen Wert der Ursprungsort, woraus er stammt, und somit gibt er sich weiter zufrieden. Eine logisch, aber wertlose Mechanismus des Belohnungssystems des Gehirns. Mensch ist somit da am billigsten, am objektivierten sich gegenüber und am gefährlichsten für Kommunikation.

Was sollte man sich fühlen, wenn man auch unter offensten, liberalsten linkorientierten Gruppierungen sehr wenige kontaktfreudige Menschen findet? Wenn die Flüchtlinge im sozialen Umfeld der Linken ausgelacht werden, weil sie nicht gut tanzen können und nur Hände in die Luft bewegen, mit ihren Füssen springen, als wären sie auf eine besetzte Toilette warten. Was mache ich da mitten so viele froh aussehende Menschen mit ab und zu spöttischer Blicke auf uns, die Flüchtlinge? Wie sollte man die praktischen Aktivisten über eine echte Integration erklären, wenn sie sich gar nicht für Gespräch mit den Flüchtlingen interessieren und sie als hungrige Objekte betrachte, die eine Weile dauern wird, bis sich gesättigt fühlen sich für alles gegebenen herzlich zu bedanken? Nach einigen Erfahrung solcher Momente und nachdem ich bekomme, dass die Arbeit die einzige soziale Interpretation der Integration ist, ziehe ich mich zurück von diesen Umgebungen und wandere in Büchern aus, in die Internet.

Mit der Zeit merke ich, dass die Auswanderung nach Internet und den isolierten Umgang der Bücher auch zu einem individuellen Entfremdung führt, wenn man dies kaum austauscht. Selbst im Internet verknüpfe ich, wie üblich, Kontakte mit den anderen Flüchtlingen. Einige von Flüchtlingen merken die Funktion der Entfremdung, die andere sind tief berauscht und betäubt, schwer zu erreichen. Einige versuchen von ihrem Dasein zu rennen, sich sogar selbst zu assimilieren, weil es so besser wäre für ihre Zukunft, ihre Kinder, weil die Kinder nicht wie sie selbst zu dem Opfer der Isolation werden. Andere verhalten sich wie vor fünfzig Jahren in kleinen ideologischen Rahmen und sind alles anders als attraktiv, sie geben sich mühelos zufrieden. Ein gemeinsamer Nenner mit ihnen zu finden ist schwer, denn sie wollen dich haben, dich als ein Objekt. Scharfe Diskriminierung, harte Asozialität und systematische Isolation als Kosten des Selbsteins werden genau so scharf, hart und systematisch bemerkt, erst wenn man seine Dimensionen als ein Mensch in Einklang bringt, und nicht, dass die Sättigung ihn in so tiefem Schlaf.

Wenn ich den Ursprung der Objektivierung betrachte, sehe ich, dass sie so alt wie die Geschichte der Arbeit ist. Sie ist, meiner Ansicht nach, das erste Element der Besetzung von Menschen und die Aufnahme seiner Freiheit. Was aber auch nicht möglich ist, ist eine Welt ohne Arbeit. Ich habe immer als Kind bemerkt, dass die Arbeit mich eine harmonische Wechselwirkung zwischen meiner Kraft und meine Wirkung, die Belohnung, mitbringt. Die Arbeit, die ich neben meinem Vater geleistet habe, war qualitativ gesehen immer leichte Arbeit und mit genug Freiheit, aber quantitativ konnte ich nicht damit wachsen. Später und als ich mehr Freiheit gehabt habe, habe ich mich aufgelöst von solchen Aufgaben. Denn meines Erachtens nach, längerfristig würde mich eine nicht herzlich gemachte Arbeit zur Objektivierung. Die Freiheit hat mich ein Nachwuchs meines Daseins geboten.

Wenn die Arbeit demonstrativ ist und wenn ich keine Demonstration mag, wenn ich keine lebendige Beziehung mit meiner Arbeit erstellen kann und kaum ein Teil der Arbeit werden kann, dann befinde ich mich in einer zwangsläufigen Situation, eine massive Sklaverei, als Ergebnis der Objektivierung. Ich behalte meine Ansicht auf meine Freiheiten, die ich genutzt habe und die Preise, die dafür bezahlt wurden. Als ein Flüchtling kann ich meine Auswahlmöglichkeiten zählen, die mich keine Qual gebracht haben, so wenig sind sie. So wenige Auswähle, die frei, selbstbestimmt und ohne Angst überhaupt existierten. Nach diesem Wunsch nach Freiheit, ermittle ich meine Prioritäten in freiem und schon seit langem integriertem Land, das Land der Zufälligkeit meiner Flucht, der Schweiz.

Als ich mein positiver Bescheid erhalten habe und offiziell erlaubt wurde in der Schweiz zu bleiben, wurde ich nicht informiert, was ich für Einschränkungen hätte, vor allem im wirtschaftlichen Rahmen. Wenn man nicht informiert wird und nur emotionelle Ampeln erhaltet, oder politisch monatliche wechselnde Stimmungen, welche sich nach Person, die Tiefe der Verantwortung und Bekanntschaft ändern, nimmt man ihn nicht als eine bestimmte Grenze wahr. Meine Informationsquellen waren so wenig, dass ich eine breite Grenze für mich vorgestellt habe, was schliesslich in verschiedenen Richtungen Hass und Ärger verbreitet hat. Ich wurde zu einem Objekt, das Objekt aller Art laborähnlichen Versuche, wie ich gegenüber der Freiheit, dem Druck und ein dauerhaftes soziale Engineering reagiere. Druck durch mehrere Sachen, die ich nicht frei machen möchte und Versuch zur Verhinderung der gewisser Persönlichkeitsmerkmale. Sie wünschten unter anderem, dass ich mich eher ein Iraner als ein Kurde bezeichnete, dass ich mich geschäftlich, aus meiner Sicht industriell, laborgeprüft mit dem Thema Migration beschäftigte: *diese sind klare Zeichen, du bist auch frei zu wählen, was du willst, aber du wirst dafür mit einem hohen Kosten bezahlen. Die quälenden Lasten, die kommen noch...*

Nach zwei Wochen von meinem Aufenthalt im geschlossenen Camp Altstetten in St. Gallen wurden wir auf verschiedene Kantone aufgeteilt. Während dieser Tage, die mir vor allem trotz Platzmangel und Schlafstörungen eine gewisse Ruhe beigebracht haben,

wurde ich einmal interviewt und die primäre Frage
gestellt, wie der Grund meiner Flucht, der Weg,
dadurch ich die Schweiz erreicht habe und solche
Frage. Am Schluss dürfte man sich eine Frage oder
Bitte stellen. Meine war es, dass sie mich
möglicherweise in einem der Grossstädte Schweiz
transportierten. Der Transport sollte nach paar Tage
und zufälligerweise stattfinden. Die Frauen und
Familien haben Priorität gehabt, dann die Menschen,
die zusammen eingereist waren. Unsere Gruppe hat
sich wieder aufgelöst und jeder befand sich in einem
neuen, anderen Kanton. Mein Kanton war Luzern, und
zwar zwei Campen nacheinander in Dörfer Willisau und
Ruswil. Ich habe keine Ahnung gehabt, wie lange man in
jedem Camp bleiben muss und was während dieser Zeit
zu machen ist. Nach einem kurzen Aufenthalt in einem
Camp in Luzern müsste ich mich bei Camp im Dorf
melden. Ich sagte mir oft, vielleicht wäre es besser
gewesen, dass ich mir diesen Wunsch nicht geboten
hätte. Wenn man sich etwas wünscht und gleich etwas
dagegen kommt, und zwar mehrmals hintereinander,
dann geht man automatisch davon aus, dass es ein
Verzicht dahintersteckt. Wahr oder falsch, kommt die
Annahme oft als akzeptabel, denn was sich schwer
bewiesen lässt, ist einfach zu begründen.

Eine zufällige Vorstellung, die ich zum Teil realisierte,
war die Kontaktaufnahme mit Schweizer Journalisten.
Ein Tag bin ich auf die Idee gekommen, dass ich
vielleicht durch Googlen gewisse journalistische
Gelegenheiten in der Stadt entdecken kann. Nachdem
ich den Schlüsselwörtern «Journalism in Lucerne /
Luzern ...» gegeben habe, habe ich eine
Journalistenschule in Luzern gefunden. Ohne dass ich
mich detailliert mit den Inhalten der Website

beschäftige, zum Beispiel die Voraussetzungen, ihre Kurspreise und die Fächer, Veranstaltungen und ob die Kommunikation auf Englisch möglich wäre, habe ich deren Adresse gesucht und in einer halben Stunde Fussweg befand ich mich vor ihrer Tür. Ich habe den Schild auf Deutsch gelesen, ohne dass ich eine Ahnung von den davorstehenden Namenartikeln gehabt habe. Die Gebäude sieht alt, aber sehr gut erhalten aus und liegt im Herzen der Stadt. Ich habe die Tür geöffnet. Das Gebäude ist schlicht und normal, die Treppen und Wände sauber. Die Schule befand sich im ersten Stock. Ich habe mich bei Information gemeldet, in der eine junge Frau sich beschäftigte. Nachdem sie mein Grund hörte, weshalb ich mich ohne Termin meldete, hat jemanden in der Schulleitung erreicht. Nach paar Minuten kam ein Mann mit leichtem Lächeln. Wir haben uns vorgestellt in der Cafeteria gesessen. Ich habe von meinen journalistischen Erfahrungen erzählt und mein Wunsch, möglichst mich mit diesem Bereich auch in der Schweiz bekannt zu machen. Der Mann, ein Deutsche, gut gelaunt und in seinem mittleren Alter war offen und kontaktfreudig. Diese Bekanntschaft bracht mich mehr Mut und Energie, mich trotz unbeschreiblichen Schwierigkeiten den Überblick nicht zu verlieren.

Die Stadt Luzern fand besonders schön und still, eine tiefe Stille. Zu dieser Zeit, Mitte Sommer, strömten täglich zehntausende Touristen, vor allem aus China und Indien, in Gruppen in die Stadt. Bei schönem Wetter war es schwer, sich in schmalen Gehsteigen weg zum Laufen zu finden. Bei dem Sonnenuntergang und am Abend kehrte wieder die tiefe Stille in die Stadt und ihre Strassen.

Diese Stadt ist sehr schön, aber ich bin bei der Schönheit nicht nur auf den Augen angewiesen, Augen können schnell täuschen; wie eine unbeschreiblich schöne Frau, die bei der ersten Erscheinung alle Blicke an sich raubt und nach einer Weile ihr Verhalten, ihre Ungeschicklichkeit so grob wird, dass du keine weitere Minute dulden und dableiben kannst. Wie die Schönheit des Meers, der zehntausende Flüchtlinge ertrunken hat und sich immer wieder schön zeigt, kaum nach frischem Fleisch riecht. Vielleicht übertreibe ich, vielleicht bin ich sehr skeptisch der Brutalität der Schönheit entgegen... die Schönheit dieser Sonnenuntergänge trage ich nicht seherisch bis zum Schluss.

Eine besondere Attraktivität dieser Stadt war für mich ihre alten Gebäude und Brücke. Die Brücke, die seit Jahrhunderten guterhalten geblieben waren und die Häuser, meist über drei Hundert Jahre alt und immer noch besetzt mit Menschen. Eine gute Strategie, die alte Gebäude nicht immer durch neue Architekturversuche zu ersetzen, sondern sie als lebendige Identität und brauchbaren Museums für weitere Generationen und Gäste in der Stadt aufrechtzuerhalten. Das erste solche Gebäude habe ich bei dem Besuch dieser Journalistenschule gesehen und es hat mich bewundert, seine dicken Mauern, die alte Fensterrahmen und eine Innenarchitektur, die sich nicht in modernen Computersystemen und Beleuchtungen verloren gelassen hat.

Die Jahreszeit war gegen Ende September und die Temperatur war am Abend kühl. Nach den täglichen Beschäftigungen mit den Büchern, die ich zu der deutschen Grammatik ausgeliehen habe, habe ich meist mit den Leuten im Camp oder allein eine Runde in der Stadt spaziert. Die Sauberkeit und die musikalischen Strassen in dieser Zeit waren die besten Sehenswürdigkeiten in meinen Augen überhaupt. Es gab auf den Strassen ein Fest, weder Fastnacht noch geschlossene Luzern Festival, sondern eine für Amateuren, gemischte Musikbände aus verschiedenen Kulturen der Welt. Dieses Fest habe ich nur dieses Mal erlebt, nicht mehr. Ich habe von paar Leute gehört, dass die Stadt ein wichtiges Kunstzentrum der Schweiz sei. Nebst Tourismus, die sehr wichtig war und man überall fremden Leuten fotografieren sah, vor allem Chinesen, sei die Stadt für Film und Musikschulen bekannt, so die Leute, die ich in der Stadt angesprochen habe. Ich war und bin auch kein Künstler oder Jemand, der Sehnsucht nach touristischen Bereichen hat. Aber wichtiger als diese zentralen Merkmale der Stadt, gemäss meiner Infosammlungen, hätte man fast alles gehabt, was grundlegend jede Stadt braucht. Ich konnte sowieso während dieser Zeit nicht reisen, denn ich sollte weiter warten, bis meine Freiheit durch die Papiere genehmigt wurde.

Ein paar Tage nach meinem Besuch der Journalistenschule habe ich eine Nachricht von dieser Schule erhalten. Es sei ein Projekt in Zürich durch eine Zeitung geben, in dem sie Flüchtlinge mit journalistischen Hintergründen interviewen und ihre kurze Geschichte publizieren. Ohne lange Überlegung habe ich mich dafür interessiert. Es war mein erstes Mal, dass ich in der Schweiz begann zu reisen. Die Besichtigung von Zürich hat mich mehr begeistert als das Interview. Was sollte meine Geschichte der Weg den Lesern bringen? Nichts, ausser Mitleid in seinem positivsten Sinne. Ich habe geflüchtet wie tausende andere Geflüchtete. Aber immerhin war es eine

Gelegenheit die anderen kennenzulernen, ein neues Ereignis, das mich möglichst mit anderen Journalistinnen verknüpfen könnte. Das Projekt war eine Runde Fragestellung des unseres Daseins in der Schweiz und die Gefühle, die uns bewegt haben in diesem Projekt teilzunehmen. Von der Runde habe ich viel verschiedene Bilder der Flucht und realer Hoffnung auf eine journalistische Zukunft bekommen, von etwa zehn Personen, zum Teil Freie Journalisten, zum Teil ehemalige Aktivistinnen von Nepal bis zu Afrika. Ich war, soweit ich mich erinnere, der neuste Flüchtling in der Gruppe. Zu dieser Zeit habe ich nicht mal ein Monat Aufenthalt in der Schweiz gehabt und ich müsste alles auf Englisch kommunizieren. Aus dem Grund, dass ich neuer war, haben sich interessiert, meine Geschichte des Fluchtwegs zu dokumentieren. Eine tragische neue Erfrischung für mich und interessant für sie aus den Lenzen ihrer Kameras. Ich stand oben, die Karte meiner Flucht in der Mitte. Unter Journalistinnen und Aktivistinnen dieser Gruppe habe ich kein grosses Interesse gemerkt, welche ihnen meine Geschichte irgendwie berührt hätte. Man vermeidet sich eher, während der erholsamen Zeit die Geschichte seiner Leiden durch den Kopf weiterzugehen. Ihre Geschichten waren sehr tragischer, sie kamen in den schwierigeren Zeiten der Grenzüberquerungen. Ich habe von ihren Blicken erhalten, dass ich mich mehr Zeit nehmen soll, bevor ich mich beeile, unbedingt Leuten kennenzulernen, unbedingt mich eine journalistische Stelle zu wünschen.

Das habe ich nach und nach öfter gehört: Das braucht Zeit. Eigentliche das Kennenlernen braucht nicht so viel Zeit, was in diesem Sinne gemeint ist; man kann sich die Situationen vorstellen, in denen ein Mensch als Arbeitskraft wahrgenommen wird, in diesem Sinne soll die Arbeitgeberin ihn kennen, und zwar so schnell wie möglich. Da hier um Gewinn und Verlust in konkretem Sinne geht, braucht gar nicht so lange Zeit, man bekommt Informationen, überprüft sie auf eine kurze Phase und dann befindet sich der erste Gang. Alles funktionstüchtig, wie man im Markt sieht. Was ist aber Unterschied zwischen diesem Falls und das Kennenlernen eines Flüchtlings? Weshalb braucht man so viele Zeit, damit man sich mühelos vorstellen kann? Was wird getestet, und was wird erwartet? Was in Laufe dieser Zeit wird verderbt und was bleibt? Ist diese Geduld Kennenlernens beiderseitig oder soll ich, der Flüchtling warten, bis der Mensch die Zeit zurechtfindet und mich seine «Jetzt ist die Zeit» gibt?

Ich habe die Zeitung nicht mehr erzählt als das, was geschehen ist, und auch nicht weniger als das, was ich im Kopf hatte für mein offizielles Interview. Einige Tage nachher wurden unsere Gespräche und Interviews in dieser Zeitung veröffentlicht. Ich habe einige Informationen über die Quelle des Projekts und die Rückmeldungen zu dem Interview erhalten, welche von mir aus positiv und motivierend waren, zu berichten und schreiben. Die Wörter, die ich für diese Interview benutz habe und von einer Journalistin live auf Deutsch übersetzt waren, waren nicht so tragisch wie die Bilder im Fernseher von der Menschenmenge auf die Balkanroute. Zum ersten Auftreten wollte ich nicht die mitleidenden Gefühle sammeln, ich hätte stattdessen Interesse gehabt, mein Hintergrund zu erfrischen, meine traurigen Ereignisse vergessen lassen. *Trotzdem Wörter berühren anders, Wörter wirken tiefer. Meine Wörter, die ein kleines Teil meine*

Leid erzählt haben, haben einige Leser berührt, die
davon ich noch drei vier Kommentare von der Zeitung
bekommen habe. Und nur das hat mich bewegt, mich
schneller beeilen jenseits der deutschen Sprache,
Menschen kennenzulernen.

Die Abende wurden langsam von kühl zu kalt. Das Camp
war übervoll. Überall haben die Aufenthaltsorte
Platzmangel gehabt und es wurden zum Teil die Bunker
genutzt für ledige, männliche Flüchtlinge. Ein Tag,
nachdem ich noch nicht ein Monat in diesem Camp
Unterkunft hatte, habe ich eine Nachricht über den
Transport an einem anderen Ort erhalten. Das Dorf
hiess Ruswil. Während dieser Tage nach der
Veröffentlichung meiner Reportage in der Zeitung
wurde ich informiert, dass es eine Journalistenforum in
Zürich stattfindet. Das Ereignis war neu, in den beiden
Sprachen Deutsch und Englisch. Die Veranstaltung hat
keine besondere Erforderlichkeit von den
Teilgenommenen verlangt und ich konnte auch
teilnehmen. Während des Seminars über Entwicklung
der Journalismus habe ich eine junge Journalistin
kennengelernt, die mir mehr Informationen über
solche Veranstaltungen geboten hat. Durch die
weiteren Kontakte, die mit den Leuten in diesem
Seminar verknüpft habe, habe ich einige Leute in
Luzern kennengelernt und dies war der Anfang meines
sozialen Netzwerks. Eine Gelegenheit öfter Bewegung.

Je grösser die Bekanntschaft, umso begeisterter wurde
ich, die Kultur, die Sprache und Menschen
kennenzulernen. Ich habe einmal die neue Kollegin
gefragt, ob sie Leute kannte, die ein Bett, ein Zimmer
zur Verfügung stellen könnte, ein Ort zur Flucht von
Bunker. Die Übernachtung in Bunker war schrecklich.
Es war übervoll mit jungen Männern in einem Saal, die

Betten waren manchmal enger als ein Meter entfernt voneinander und die Küche war an den Mahlzeiten fast immer besetzt. Der Saal hat intensiv gestunken nach einem gemischten Geruch von Socken und Schuhe bis asiatische Kräuter und Duschgele. Ein Gestank, der bis zum innersten Knochenzellen gestört hatte. Alles auf einmal in einem Saal ohne Fenster und einem schmalen Ausgang. Der Bunker, mehrere Treppen unter der Erde, hatte keine Internetverbindung. In einer Tiefe, in der das Display des Handys immer Kein netz zeigte. Für Anrufe und surfen sollte man oben in einer Kabine, deren Steckdose und Sofas ebenfalls oft besetzt waren. Es war Winter und draussen so kalt, dass ich auch für kurze Zeit keine Lust gehabt, öfter für surfen und längere Gespräche draussen zu stehen. Unter den Flüchtlingen in diesem Bunker gab es keine gemeinsamen Themen zum Mitreden, ausser das Thema Sauberkeit und Ordnung im Bunker, ausser in kleinen Gruppierungen gemeinsamer Herkunft und Sprache oder sich immer wiederholende Fragen wie «Hast du eine Frau? Wieso hast du keine Frau? Hast du Verwandte hier?» und solche privaten Fragen, die man mit engem Freunde oder bekanntere Menschen mitteilt. Die Tage waren kürzer geworden und ich wollte mich damit täuschen, dass das Dunkel der Nächte schneller vorbeigehen würden. Tatsächlich waren die gleiche, man hätte sogar im Sommer die Wärme gehabt und könnte öfter draussen stehen. Aber in diesem Bunker, neben unbekannten Menschen und andere Sorgen, während der Langeweile der Nächte müsste ich die Situation theorisieren und tragbar machen. Den inneren Schweinhund überwinden war kein neues Thema für mich. Ich lasse die Zeit vergehen und lese zwischendurch, wie man das Chaos meditieren lassen kann.

Ein Tag habe ich von der Kollegin gehört, dass ein Haus in Luzern Platz für mich habe, wenn ich mir immer etwas suche. Ich habe sie zweifellos bejaht und am Tag nachher habe ich mich auf den Weg nach Luzern gemacht.

Das Haus war ein altes Chalet am Rande der Stadt. Die Person, mit der ich kontaktiert habe, war eine junge Frau unter eine Gruppe von jungen Menschen, die sich hier dieses alte Chalet gemietet und sympathisch geschaffen haben. Nachdem Eintritt sah ich die junge Frau in der Stube und eine schwarze Katze auf der anderen Seite. Sie hat mir das Haus gezeigt und wir haben Ein Kaffee getrunken. Es gab kein Zimmer in diesem Sinne zum Mieten, sondern ein Sofa in der Stube in einer Ecke, worauf man einschlafen könnte. Das war nicht weniger als ein fünf Sterne Hotel für mich im Vergleich zum Bunker, der Ort, in dem weder ich richtig schlafen konnte noch wegen gemischter Gerüche und intensiver Gestank nicht geschmeckt habe, was ich kaute. Der Bunker die Gerüche und Blicke, der Bunker der zerplatzten Jungen. Am Abend dieses Tages, der ich Chalet erreicht habe, sollte ich einen Bekannt besuchen gehen. Ich habe meine Tasche in der Stube gelassen und das Haus verlassen.

Das war ein wichtiger Fortschritt, mir die Erholung so nahe zu fühlen. Ich habe mir immer solches Haus gewünscht, nicht zu klein und nicht sehr gross, weder isoliert auf dem Berg noch übervoll wie der Bunker. Ich habe mich erleichtert gefühlt und konnte nach Monaten lang von ruhigem Schlaf träumen. Obwohl die junge Gruppe eher Hippie ausgesehen haben und ich sollte mit den Bewegungen in der Nacht, also Partys und so, rechnen, war ich mir sicher, dass ich auf diesem Sofa ruhiger schlafen kann. Das Hotel Sofa.

Nach diesem Abend bei meinem Bekannten und als ich zurück war im Haus, konnte ich eine unvergessliche Nacht erhaben. So ruhig habe ich seit langem nicht mehr geschlafen. In einer Woche habe ich mich mit allen Mitbewohnern getroffen und sie kennengelernt. Die Menschen waren sehr einfühlsam, fühlten sich für gesellschaftlichen Themen verantwortlich und haben eine grossartige Zusammenarbeit im Haus gehabt.

Mein Aufenthalt im Haus am Rande der Stadt hat sich beinahe um länger als Eineinhalb Monat nähert. Die Vereinbarung, wonach ich auf dem Hotel Sofa und teilweise in den Zimmern übernachten sollte, handelte sich zuerst um zwei Monaten. Ich habe während dieser Zeit ein gutes Gefühl gehabt und die Bewohner ebenfalls fühlten sich locker, wenn ich im Haus war. Mal haben wir diskutiert, mal gekocht, mal schwimmen gegangen und mal uns in Ruhe gelassen. Eine meiner schönsten Erinnerungen von diesem Haus ist es, dass trotz Platzmangel und viele Besuche von den Freunden und Bekannten, die ab und zu für ein Kaffee vorbeikamen, lass man sich immer Platz und die hintereinander privaten Frage kamen selten vor. Man half sich auf alle Arten und Weisen, die man konnte. Sicher war es diese zufällige Begegnung der erste echte amateurhafter Integrationskurs für mich, zum Teil für sie auch.

Mit Hilfe des Hauses habe ich begonnen Deutsch zu lernen. Ausser der Sprache, die sich langsam entwickeln hatte, kam die Frage der Arbeit und Weiterbildung. Beide richtete sich nach einer entscheidenden Frage, ob ich offiziell berechtigt würde zu bleiben. Die Fragen drängten Tag und Nacht mehrmals den Kopf. Was ist der beste Weg, was sind 1000eine Prioritäten und mehrere ähnliche Fragen. Ich habe mir solche grundlegenden Fragen mehrmals gestellt, damit ein voraussehbares Panorama möglich wäre. In so eine völlig andere Welt, was kann man nicht mehr retten und was ist zu erwarten? Völlig anders ist es nicht, sondern die Spiritualität und Wissenschaft sind anders als mein Ursprungsort platziert. Im Osten, so bis zu griechisch-türkische Grenze etwa, die wichtigste Element der Lebensstile ist Spiritualität, davon Gedicht, Gesang, Figur, Tanz und allgemein Kunst. Man hat Jahrhunderte aus diesem Weg die Weisheit entwickelt und übertragen. Sogar Religionen, die von einem Gebiet von Israel bis zur Indien stammen, sind ein klares Zeichen dafür. Ihre Logik hat nichts mit der Wissenschaft, der westliche Sache, zu tun. Im Westen hat im Gegenteil Spiritualität nicht der erste Platz, sondern Wissenschaft und alles, was sich gut messen lässt. Messung ist Wert des Westens und seelische Harmonie ist Wert des Ostens. Ich höre diese Stimme in allen Gedichten Kurdistans, der Kern der Ursprünge der Abrahamitische Religionen, des Nahostens. Man hat in buddhistischem Laufe die Meditation entwickelt, was tragischerweise im Fall von Zarathustra in Kurdistans Bergen aufgrund der Besatzung des Landes und zu starken und repressiven Islamisierung nichts Gekennzeichnetes produzieren gelassen hat. Ich bin jetzt getrennt, nicht nur kontinental, sondern gedanklich und Lebenswertbildend, sinnbildend. Ich müsste mich sinnbildend aktualisieren, etwas Wissenschaftliches vertieft eingehen.

Mein Aufenthalt im Haus streckte sich über Monate. Die Stimme hat sich allmählich etwas geändert. Ich finde mich eher ein biologischer Flüchtling als ein 1001thörendes, denkendes, sprachfähiges Subjekt.

Lockerung nach jahrelanger Unsicherheit und Verfolgung hat mich in einer irreführenden Vorstellung katapultiert; in einer Illusion, als ob die Stimme der Ignoranz zur primären Integrationsphase gehören würde und ich werde mit der Zeit die richtigen Kommunikationspartner und die Mitteilungskanäle finden. Sicher wäre es besser, wenn Ich mich von einer gut bekannten Schweizerin, mit dem Flüchtlingshintergrund, der kulturellen Direktheit und Indirektheit beraten gelassen hätte. Ich habe ein falsches Bild von der Direktheit in der Schweiz bekommen, ein Bild, das sich auf die Sage ein paar Bekannten zurückverfolgen hatte und mich so zutiefst in der Irre führte, dass die Kommunikationssprache direkt sei. Zudem bekam ich eine komplizierte Frage zwischen den abweisenden Blicken und mündliche Offenheit. Worauf sollte ich mich beziehen? Die Vorstellung, dass ich nach dem Bunker zurück ginge, lässt sich theoretisch auch nicht in Frage kommen. Ich beschloss mich so wenig wie möglich die Leute im Haus stören, sobald tragbar, auf diesem Sofa zu übernachten. Der Rest versuchte in Internet zu surfen und die Sprache zu lernen oder unterwegs zu sein.

Zwischen meinem Dasein als ein Flüchtling, der womöglich falsch durch dieses Gebiet gelaufen ist und die Beziehungen der Vergangenheit, die weder sich auslöschen noch schnell in der jetzigen Situation integrieren gelassen haben, habe ich mehrmals geflohen. Einmal mehr emotional, einmal sehr gebunden an neue Kontakte. Weder Emotionen waren ein echter Helfer noch die Kontakte waren echt und subjektiv. Ich bin zwischen einem Charakter meiner Vergangenheit, einem offenen Herz in der Schweiz und ein Bruder von jemand, der sehr viel auf meine Hilfe angewiesen ist überfordert worden. Die Konzentration lässt sich schwer ergreifen.

Ohne die Reife der Kommunikation, ohne ein gleichgewichteter Austausch ist kein Wachstum möglich. Vielleicht ist der ideale, beste Weg das direkte Gespräch und bedingungslose Beziehung. Im Haus finde ich oft wegen des Zeitmangels der anderen entweder ein Werkstadt im Keller oder ein Garten rund um Haus, Blumen mitzusprechen. Meine Bevorzugung ist aber die Internetverbindung, welche sich schneller mit meinen Gedanken realisieren lässt, die mit der Zeit stark innerlich wird, als wäre ein Tag ohne das Internet nicht möglich. Es liegt anscheinend auch daran, dass ich damit mit meinem jüngeren Bruder täglich Kontakt habe. Ich glaube die drei Kanäle, Werkstadt, Garten und Internet, sind in sich nicht sehr unterschiedlich, wenn man sie als indirekten Kommunikationsmittel betrachtet. ich habe mich früher genug mit dem Garten und Werkstadt beschäftigt und habe beschlossen, dass mich weder Hammer und Sägen noch Pflanzen und Gemüse als Hobby Spass machen würden. Das gleiche, denke ich, stimmt auch für diejenige, die in ihrer Kindheit und Jugend viel Internet und elektronische Spiele zur Verfügung gehabt haben und Anfang Jugend und Erwachsenzeit kehren einmal zur neuen Sache, die für anderen nicht anders sind als langweilige Zeitverschwendungen. Nach dieser Vorstellung bin ich eine andere Generation, von einer Gesellschaft mit ganz anderen Bedürfnissen und aufgewachsen unter den Bedingungen, die hier sich nur imaginär erklären lassen. Nicht mal weniger als ein Galaxy entfernt von dem Sinn der Freizeit hier. Selbst der gemeinsame Feind der Menschheit, der Islamische Staat (IS) und die Islamisierung im Allgemeinen lassen sich wenig zum Thema eines echten Gesprächs bereitstellen. Ich halte mich zurück und gebe mir mit dem Zusammenkochen und solche rein biologische Pläne zufrieden. Von dem Gefühl der Befreiung in griechischen Insel Kos bis zum Gefühl des Wachstums, Erfindung des Sinns meines Daseins in der Schweiz ist zeitlich nur ein Jahr, aber der Unterschied ist nicht weniger als zehn Jahre sich fallen und schneiden lassen unter unvorstellbar unterschiedlichen Situationen und Reaktionen.

Die belastbare Kurdenfrage macht man schneller reif als sonst, und wenn man sich zusätzlich für eine andere, nicht individuelle Person, nicht ichbezogenes Thema verantwortlich fühlt, dann bleibt Zeit für sich weniger als wenig. Oberflächlich gesehen ist die Verantwortung der anderen weniger spannend als für sich, als reine Individualismus. Dass viele sich von gesellschaftlichen und ausser ichbezogenen Verantwortungen ausweichen, ausser die moralische Seite, was stark mit der Erziehung verbunden ist, hat auch diese kulturelle, jetzt stark individualisierte Seite. Wenn jemand keine Zeit hat, wenn jemand sich mit der Frage der Mitgliedschaft einer nicht gewinnorientierte Organisation zeitlich befreit, ist er moralisch nicht weniger wert als diejenige, die sich jahrelang die gesellschaftlichen Themen widmen, aber er ist sicher mehr befremdet mit der Rücksichtnahme der Natur und seinem Ausgleich damit. Würde man zum Beispiel den Einmarsch in die Ukraine wieder erleben, wenn man genug gegen den Krieg getan hätte? Würde man der IS und der heilige Terrorismus wieder gegen sich erfahren, wenn man im Nahen Osten genug gegen Neuislamisierung getan hätte? Diese sind keine moralische Frage, mit denen man sich moralisch oder immoralisch fühlen soll, sondern die Divergenz zwischen Menschen und der Logik, die anders sein könnten, damit uns weniger weh getan würden und mehr Frieden mitgebracht hätten, meiner Meinung nach.

In seinem ursprünglichen Sinne bin ich ausgewandert auch von der kurdischen Emotionalität. Die Kurdische Kultur ist tief emotionalisiert. Diese Emotionalität in Kurdistan ist stark kollektivistisch, oft in Form von Familien. Ich denke, was Unzählbares, sich in grossen Mengen vorhanden lässt, ist oft schwer zu begreifen, ist oft oberflächlicher als seiner scheinbaren Tiefe. Du hast alles davon, oder nichts, du hast Freude daran, oder hasst sie, du bist dir sicher oder tief verzweifelt. Zwischen diesen Werten lässt es sich schwer dazu zu kommen, ob du einmal in einer Freundschaft bleiben willst, ohne dich für die gleiche Vorstellungen des Gegenüberliegenden einsetzen zu müssen. So würde man gute Kontakte haben, ohne mit denen stark emotional verbunden zu sein. Diese Luft fehlt. Du hast sehr nette Menschen, oder wird du irgendwo in deine isolierte Ruhe gelassen, so dass man stark isoliert wird. Wenn jemand feiert, traditionell gesehen erwartet er, dass viele Leute ihn begrüssen, abgesehen davon, ob er wirklich diesen Leuten mal auch begrüsst hat. Das gleiche gilt für Traurigkeit. Bei der Beerdigung zum Beispiel wäre immer im Mund der Verwandten der Gestorbene, dass so viele Leute gekommen waren in unserer Trauerfeier. Kaum jemand fragt sich, ob sich der Gestorbene Mensch überhaupt das wünschte. Oder ob er oft in die Beerdigung der anderen dabei gewesen war. Worauf freuen sich dann die Verwandte der Gestorbene bei seiner Beerdigung? Oder war das Thema so tabuisiert, dass kaum jemand darüber diskutieren wollte? Was sollen wir unter unserem tabuisierten Innen beruhigt haben? Wie soll diese im Innen mit der Tabuisierung bedeckter Seite mit unserem Selbst befreundet und ihn gebändigt haben? Man wird viel indirekt, man lebt nicht für sich, man lebt für die anderen. Diese andere, die seit Beginn der (geschäftlichen) Religionen uns in jeder Zelle herrscht. Somit wird eine Ehefrau nach dem Tod ihres Ehemanns, trotz ihres jungen Alters, ihrer junggebliebenen Figur, der emotionalen Bedürfnisse und finanzieller Logik, die unverheiratet bleibt und sich im Namen ihren Kindern isolierend zurückhaltet, mit einem grossen Bild ihres gestorbenen Ehemanns auf die Wand alle Ehre macht, wird zu einem Vorbild der treuen, moralisch angesehenen Frau. Man lebe für seine Imaginationen, für Sage der anderen. Tatsächlich bin ich seit Jahren von so indirekter Kultur ausgewandert und nach so viele Jahren lande ich in einer anderen indirekten Kultur, in gewissen Fällen sogar indirekter. Viele Kontakte verliere ich, weil ich nicht rechtzeitig weiss, was mit welchen Wörtern gemeint ist, wo man ernst ist und wie drück man eine Ironie aus. Alles bleibt ungeklärt, selbstinterpretierend und Menschen verschwinden, bis ich einmal etwas entdecke, ein Bild, ein Abend, eine Sage, der tatsächlich deren Gegenteil gemein ist. Ich habe erst monatelang nach meine erste Aufenthaltswoche verstanden, dass ein Nein eigentlich ja und ein Einverständnis tatsächlich eine Absage war.

Ich bin ausgewandert von der kulturellen Selbstaufopferung, das Individuum tötenden Lebensstil und lande in einer verwirrenden Spirale der indirekten, manchmal auch politischen Sitzungen. Ich wünschte mir ein Zwischenraum in Fuss der kalten Bergen Alps und heissen Wiesen Kurdistans; ein Raum, in dem ich mich trotz vieler Kontakte nicht verbrennen lassen müsste, mich trotz Abstand lieben lassen könnte, ohne tiefer Angst, um durch politische laborähnliche Versuche und ahnende Algorithmen gefressen zu werden.

Arbeit und Liebe, zwei gegenseitige liebesstörende und arbeitslosenmachende Bedürfnisse. Die Besetzungsgeschichte und Gewinnorientierung haben dazu geführt, dass Menschen arbeiten, um geliebt zu werden und lieben, damit Energie für ihre Liebe gewinnen zu können. Was müssten Flüchtlinge im Laufe dieser Geschichte zusätzlich leisten, um geliebt zu werden? oder was sollten sie für Menschen sein, für Eigenschaften haben, um Arbeit zu bekommen? Was bleibt uns dieser Geschichte noch übrig? Was bringt ein System dazu, die Arbeit und Liebesbeziehung der Flüchtlinge möglichst zu programmieren, zu vorhersagen? In welchem Zusammenhang stehen die Sklaverei und das soziale Engineering miteinander in diesem Sinne? Wie versucht das soziale Engineering mein Dasein als ein Flüchtling nachmachen, um eventuell auf irgendeinen anderen Flüchtling zu programmieren? Als ich nach einer Arbeit suche, die mich neben meinem Studium begleitet, stosse ich immer öfter auf einen Extremwert: entweder Arbeit oder Studium. Eine binäre Frage, die ich nie beantworten kann. Was kostet, also geistlich, ein Studium ohne Arbeit? Was bringt, also emotionell, eine Arbeit ohne Bildung? Dass ich mein Wunsch aufgebe und etwas mache, dass das System von mir erwartet? Das wäre für das System ideal und für mich reine totale Objektivierung. Oder soll ich bereit sein für typische

Flüchtlingsjobs und daneben kämpfen ums Studium. Das ist tatsächlich mein einziger Ausweg.

Die Frage der Identität und des Wunschs, welche sich auf mich selbst beziehen, wonach ich ausgewandert bin und die Besatzung und Repression der iranischen Regierung nicht mehr akzeptierte, kommen seltener vor als die Realität der Politik. Sie seien politische Fragen, so meine verantwortliche Person bei der Dienststelle Asyl. Die immer sich wiederholende Sitzungen mit gleichen Fragen und die ständig ändernde Situation der Unterstützung von diesem Amt führen nicht anders dazu, dass ich etwas mache, dass sie wollen. Ich gebe nicht auf und löse mich von der monatlichen Unterstützung und gehe eine harte, wenig verdienende Arbeit. Ich muss mit harten Bandagen um mein Studium kämpfen. Bereitschaft an der Frühschicht. Eigentlich habe ich nie Angst gehabt vor der Arbeit, sei es Frühschicht oder Spätschicht, sei es körperlich anstrengend oder geistlich belastend. Aber gleichzeitig zwei verschiedene Arbeiten, die ganz andere Niveau der Konzentration und Energieverbrauch kosten, braucht zusätzlich Kraft. Ich beginne mit einem Job, der nichts mit meinem Studium zu tun hat, und mache weiter mit meinem Studium, das sich weiterentwickeln soll. Die Situation ist politisch und ich finde als politischste Tier der Welt, als ich ein Praktikum mit rechnerischen Texten leisten soll und die Nachweise für meinem technischen Studium beibringen muss, finde ich ein Job der Kartonsortierung ab Morgen vier Uhr. Ich bin zu einem Tier geworden, davon noch nie in einem Wald zu finden ist.

Jeder Morgen als ich aufstehe und mich auf den Weg nach der Arbeit mache, vergleiche ich meine Objektivierung in allen Fällen. Als ich etwas ausser meinem Willen gemacht hätte und körperlich erleichtert würde, als ich alles nachgemacht hätte, was das Migrationssystem von mir erwartet hatte und ich seelisch erleichtert würde. Oder ob ich weder mein Studium noch die Arbeite gemacht hätte, und mich zum Beispiel spielerisch in politischen Ideen engagierte und weder körperlich noch seelisch belastet würde. Aber ich habe mich für einen steilen Gipfel entschieden. Ich wurde aber nicht objektiviert, und ich glaube es hat sich, trotz hohen Kosten, gelohnt.

Die Objektivierung kennt man sehr früh. Etwas gegen deinen Willen, etwas zwangsläufig, sei es dieser Zwang systematisch und vorprogrammiert oder anscheinend zufällig. Für die Objektivierung als Prozess spielt der Mensch, dessen Vergangenheit und seine Leistungen keine Rolle, wichtig ist dabei die Bereitschaft, sich objektivieren zu lassen und dann beginnt langsam ein härterer Prozess, die Entfremdung. Nach einem objektivierten Lebensstil, in dem man sich vergisst und ohne Wenn und Aber alle Veränderungen nachmacht, ja sich sogar darüber lustig machen kann, beginnt man sich zu entfremden, man macht ohne Logik, ohne Bedürfnisse, eine Arbeit und geht ein unbekannter Weg aus Abenteuer und verliert allmählich sein Wert demzufolge. Er entfremdet sich von Grund aus. Das ist ein Prozess, der Mensch gefährlich machen kann, gefährlich, weil er das Gesicht und Schema der Angst auch nicht mehr erkennt und geht jedes Abenteuer nach. Jedes Abenteuer der schon vorprogrammiert und systematisch vorzunehmen ist.

Ich merke selbst, dass ich zum Teil und im Laufe dieser Frühschichtarbeit, teilweise objektiviert geworden bin. Man kann sich nicht von der Objektivierung wehren, wenn man bewusst seine Arbeit als Brotarbeit wählt. Je mehr man in seiner Objektivierung sinkt, umso näher wird man zur Entfremdung. Aus der Erfahrung kann ich sagen, dass in allen Objektivierungsprozesse, meistens Übernahme einer Brotarbeit, man gar nicht wächst, sondern im Gegenteil. Man macht etwas nach wie eine Maschine und wenn ihn diese Mechanisierung nicht problematisch scheint, dann ist er schon seit langem ein Objekt geworden, sogar tief entfremdet. Diese Schlussfolgerung lässt mich auch davon ausgehen, dass mit wirtschaftlicher Entfremdung, die soziale Beziehungen schrittweise dem Menschen entfremden. Ein ernster Fall der Verwirrung unter den biologischen Bedürfnissen und deren künstlichen Sättigungen.

Nach etwa sechs Monaten der Brotarbeit gebe ich die Stelle auf, nachdem ich bei der Erledigung der Arbeit als Praktikant an Kraft verliere. Das tut weh, wenn ich für Linderung eines Leides, ein anderes Leid tragen soll. Ich fliehe von meiner Entfremdung der Brotarbeit und dabei soll ich begründen, dass der Job nicht machbar war, damit es nicht als fehlender Nachweis betrachtet wird. Was denkt ein Arbeitgeber dabei als erstens? Wie stellt man sich vor, wenn mehr als üblich Sprüngen in meinem Lebenslauf zu sehen sind? Das ist ein neues Leid, das nur ich tragen kann. Sechs Monaten Frühschicht und nachher das Praktikum und am Wochenende das Studium kann schon wie ein Jahr gutgeschrieben werden, so schmerzhaft war es. Mit all diesen, habe ich immer der Angst des Jobverlusts und fehlende Leistung im Studium gehabt. Eine Angst, die mich in Traum auch begleitet hatte. Aber die ernste Angst, vor der ich tief erschrocken war, war die Angst der Entfremdung, dass mein Dasein, dieser Charakter mit all seine Stärken und Schwächen, rutscht und sich wieder schwer Mut erfassen kann. Dafür müsste ich mehr Kosten tragen, mehr an Hunger leiden und mich so oft wie möglich glücklich und normal zeigen.

Ich sehe normal aus, auch bei der Arbeit als zweites Praktikum stelle ich mich gerne Aufgaben vor und gehe sie im Nachhinein. Die Arbeit ist mir alles anders als Objektivierung, denn darin besteht eine wachsende Tendenz. Diese schnelle Tendenz gefällt mir, es erinnert mich an meinen ersten Aufgaben als Kind mit grossen Maschinen. Die Maschinen aber hier verlangen die Leistung des Kopfes, die in gleicher Zeit mehrere Teilaufgaben zusammenstellen. Ich merke einen chemischen, unerwartet lähmenden Zyklus meines Kopfes: nachdem ich mit der Frühschichtstelle aufgehört habe, befand sich mein Körper in einer Ruhephase, wie Winter nach einem aktiven, heisstrockenen Sommer. Als wäre jetzt für mein Kopf auch eine Pause, die nicht ganz angenehm ist. Ich habe gemerkt, wie mein Kopf mit meinen Händen und Füssen, die vor ein zwei Wochen ab vier Uhr morgens begannen, hart zu arbeiten, Lust auf weniger Arbeit hat. Ich habe den Test des Praktikums nicht bestanden, welche eine Aufgabe als Leistungsnachweis war. Nach drei Monaten wurde mein Vertrag des sechs monatlichen Praktikums aufgehoben und ich wurde wieder arbeitslos. Dazu aber blieb ich immer noch bewusst und nicht objektiviert. Ein Monat nachher habe ich eine andere Stelle im Restaurant als Allrounder gefunden, eine neue Phase der Mechanisierung und ein Versuch der Objektivierung meines Daseins.

--

Der kulturelle Hinweis meines Daseins als ein Flüchtling nach, soll die Liebe erst nach der Erfüllung der Arbeitsbedingungen in Frage kommen. Da die Liebe viel Arbeit bedeutet und diese Arbeit würde der Hauptarbeit stören, interessiert kaum jemand der Arbeit der Liebe. Die Liebe ist in sich, wie die Definition Daseins, authentisch, nie irreführend. Zwischen lieben und nicht lieben besteht kein quantitativ vergleichbares Gefühl wie Hass, Eifersucht oder Einschränkung. Es besteht entweder Liebe, oder besteht es nicht. Wenn die Liebe da ist, ist es schön, und wenn nicht, ist es auch schön, weil es eine Ruhephase für die Seele und Körper bedeutet. Diese Schönheit ist auf beiden Fällen zu fühlen, wenn der Mensch bewusst ist, dass entweder das Daseins der Liebe oder deren Suche, deren Ablauf logisch klingt. Wenn keine Paarung da ist, mein Verständnis der Liebe nach, bin ich als ein Subjekt bewusst, dass die Reife der Paarung nicht da sein soll. Ausserdem würde eine Beziehung vor Angst des Alleinseins oder als Rache an einer vorigen Beziehung da sein.

Eine authentische Liebesbeziehung ungeachtet der Arbeit, führt mich zur tiefen Objektivierung.

Solches Motto bleibt Mensch behalten, solange Mensch nach seinen Bedürfnissen nicht nur biologisch, sondern die Liebe nach seinem Stellenwert sucht. Die Liebe soll das sein, was man sich wünscht, sonst führt zur Leid und Lähmung. Selbst die reiferen Menschen essen nicht alles, wenn sie Hunger haben, sondern schauen sie ob dieses Essen sich lohnt, ob es zum Beispiel abgelaufen ist oder nicht, ob es zu ihrer Essverhalten passt oder nicht, ob es die anderen schadet oder nicht. Jemand, der ohne irgendeine Achtung, nur mit dem Essen seinem Geschmack betrachtet, isst sicher nicht menschlich, er frisst nur. Dass die Liebe eine reife Vorstellung der erotisch verantwortungsvollen Emotionalität ist, ist nur die Tür der Liebe. So wie auch die Sättigung des Verdauungssystems als Ergebnis eines verantwortungsvolles, naturrücksichtendes Essverhalten, und nicht nur Füllung des Magens mit all schnellen, leckeren, süssen, fetten und aromatischen industrialisierten Produkte der Küche.

Männliche Flüchtlinge bleiben sexistisch in ihren Unterkünften und Lager isoliert, bis sie sich von der Langeweile und die wirtschaftliche Not die Brotarbeiten suchen müssen. Im Laufe dieses Prozesses, bleibt man als ein Objekt mit dem Smartphon, zwischen seiner Geschichte und den schwer erreichbaren attraktiven Wahlen der Liebe verwirrt. Und was passiert, wenn man sich nicht über konkrete Fälle interessiert? Eventuell führt es zur Paarung von einer Quelle, eine absehbare Quelle der Paarung.

Im Laufe meiner Wohnungssuche in Luzern stosse ich auf eine Wohnung, besetzt mit einem Paar Anfang Dreissig. Ich bin zur Wohnungsbesichtigung bei ihnen und mir wird ein Kaffee geboten. Wir führen ein ausserordentliches Gespräch, ausser eine normale Wohnungsbesichtigung. Ich erinnere mich nicht genau, wer mit dem Gespräch begonnen hat, aber das Gespräch fand angenehm und spannend. Ich, dass meine Wohnung aufgrund der wirtschaftlichen Unregelmässigkeiten gekündigt habe, suche jetzt nur ein Dach, wirklich ein Dach und mir kommt keine Grösse, Balkon, Küche und Ruhe des Quartiers in Frage. Ich finde sie als meine zukünftigen Mitbewohner interessant und warte auf ihren Bescheid, ob ein baldiger Umzug möglich wäre. Die Tage gehen mir sehr langsam und langweilig in vorher sympathischer Wohnung vorbei, wo meine Mühseligkeit meiner Arbeitssuche und die immer höher gewordene Schulden bei Staat mich in Ruhe gelassen gatten. Mir ist oft in den Sinn gekommen, auch beim Essen, dass ein Nein von uns als Nahen östlichen Flüchtlinge reicht nicht, man muss wirklich mehrmals etwas verweigern, bis seine Entscheidung als ein Nein wahrgenommen wird. Dass eine Nachbarin mich mehrmals für eine Beziehung fragt, kann aufgrund dieses Bilds seins, dass unser Dasein geprägt hat. Ich habe das gleiche Problem auch in Kurdistan gehabt, als ich ein Nein zwei drei Mal wiederholen müsste, bis die Person sicher geworden war, dass ich tatsächlich und im Ernst kein Interesse habe auf ihre Fragestellung. Anscheinend lässt sich diese These der vielen Kulturen Nahen Ostens verallgemeinern und es wird ungeachtet des Individuums vieler als ein Schlüssel der Kontaktfreudigkeit angewendet.

Eineinhalb Woche nach meiner Wohnungsbesichtigung des Paars werde ich kontaktiert, dass sie unter interessierten an der Wohngemeinschaft jemand anders ausgewählt haben. Die Frau, mit der und seinem Freund ich Gespräch gehabt habe, hat gefragt, ob wir trotzdem uns treffen könnten. Ich bin zu dieser Zeit weiter an der Suche nach einem Zimmer und ein weiteres Treffen halte ich bezüglich des vorigen Kennenlernens auch interessant. Von den Zimmern, die ich weiter besichtige und in Frage kommen würden, kommt kaum ein positiver Bescheid. Ein Abend, der wir für einem Treffen abmachen, kommt die junge Frau, von der ich kaum etwas weiss, ausser ihr Name. Wir spazieren entlang des Sees und laufen einen Wald durch. Im Gegenteil zu unserem ersten Gespräch, der sehr gesellschaftliche und politisch war, geht das Gespräch mit den persönlichen Fragen meines Daseins und meine Zukunft einher. Ich finde auch normal und war selbst dabei, sie mehr kennenzulernen. Ich habe gemischt Gefühle gehabt unter ihrer Nachfrage meiner Persönlichkeit und ob ich weiter wohin möchte, was machen will und mehr detaillierten Fragen. Die Fragen, die sich binnen Sekunden von Ziel meiner eventuellen Abreise zu meinen Beziehungen gesprungen haben. Am Abend dieses Tages habe ich weder gutes noch schlechtes Gefühl gehabt und nur eine Frage von ihr hat mich dazu gebracht, mich zurückzuhalten: «Weshalb verfolgen sie dich?» Diese Frage hat mich in Panik geraten. Ich nehme an, dass sie ohne irgendeine Absicht mir die Frage gestellt hat, ausserdem die Frage half mir, mich genauer zu orientieren. Was habe ich tatsächlich zur Verfolgung? Wer sind sie? Soll ich mir nur biologisch versichert und seelisch, emotionell weiter beängstigend fühlen. Ich komme zu diesem Schluss, dass diese Frau mich als ein Objekt für irgendeinen Projekt, ein Verfolgungsprojekt betrachte. Ihr Kontakt weckt mein Interesse nicht mehr und ich fühle mich sowohl als Affäre als auch im Rahmen eines Integrationsprojekts mit ihr nicht wohl. Ich breche den Kontakt mit ihr. Wahrgenommen ist das der Anfang meiner gezielten Verfolgung als ein Objekt, eine Objektivierung, die ich verweigere.

Politik und Familienrolle

Letztes Jahr als ich im Chalet gewohnt habe, habe ich
eine der längsten Phasen meines Alleinseins gehabt,
um über alles nachzudenken. Das Haus, nahe bei
Luzern, umgeben mit einem Garten mit vielen Rosen,
war gross genug für Nachdenken. Ein Haus, in dem ich
meine erste Deutschwortschatz gelernt habe, wusste
um was hauptsächlich die deutsche Grammatik geht
und paar Schweizer Essen und Wörter gelernt habe.

Wir haben viel getanzt, mit den Leuten, die meine Situation reifer als ihre Alter verstanden haben, ohne dass sich Integrationsexperte genannt zu haben, ohne dass ein Studium in diesem Bereich absolviert zu haben.

Fünf Jahre zuvor habe Ich mich Vollzeit dem Journalismus gewidmet. Als ich meine erste Flucht erfahren habe und Ostkurdistan, meine Heimatstadt, Meriwan, verlassen musste und in Südkurdistan mein sicheres Zuhause fand, habe ich begonnen Journalismus intensiver zu folgen. Eigentlich nicht beruflich im wirtschaftlichen Sinne, denn ich war offiziell Peschmerga und habe mich eine Partei angeschlossen, die aufgrund deren Illegalität in Iran vor dreissig Jahren dem Kampf aufgegeben und sich in dieser Region zurücksetzte. Hier war ich etwa drei Jahre, vor allem mit Nachrichten und Ereignisse Kurdistans und dem Nordern Nahen-Ostens beschäftigt. Eine sehr spannende Tätigkeit, die mir mehr als Job mitgebracht hat. Dieses Erlernen stimmt, besonders für die Leute, die Journalismus freiwillig machen und ihn als ein Lieblingssache betrachten.

Die Partei hat jemand als zuständig dieses politischen Schirms, die Medienabteilung, eingestellt. Hauptsächlich funktionierte die Medienabteilung gut, aber was von oben das ganze moderierte, das Zentralkomitee der Partei, funktionierte nicht so klar und präzis, wie wir uns vorgestellt haben. Wir wussten nicht genau, was sie, die Vorsitzende, wirklich machen. Was wären ihre wirtschaftlichen Pläne und Reaktionen auf immer näherkommende iranische Hände. Wir, viele junge Kräfte, die frisch von Ostkurdistan geflohen waren, viele auch mit Uniabschlüsse oder kurz davor und einige Fachexperte, nach stundenlangen

Diskussionen und zum Teil Planvorschläge, müssten uns am Schluss enttäuscht verabschieden. Die Entscheidung war extrem und absolut. Wenn man sich auf die Partei anschliesst, gibt es kaum Rückweg. Ausser man sich bedauere für alles, was man getan hat und sich dafür entschuldigt. Alles, wofür man gekämpft hat, an was man geglaubt hat und mit seiner Jugend dafür bezahlt dat, die Familie und das Studium hinter sich gelassen hat und viel mehr. Die bevorstehende Situation nach jeder Rückkehr ist nicht anders als langjähriger Quall und Folter oder eine der Quellen der Regierung werden, ein Spion, damit man nicht mehr leidet. Deswegen haben viele, die sich nach einer Weile die Partei verabschiedet haben, haben sich für eine Weiterreise, eine weite Flucht nach Europa entschieden. Nicht anders als mein Schicksal. Ein unbestimmter Flucht nach nirgendwo und überall im Westen, irgendwo, wo theoretisch sicher sein kann. Die Menschen in diesem Haus im Rande von Luzern interessieren sich für meine Geschichte, aber ich kann nicht alles ausdrücken, was um die Anspannung zwischen dieser zwei Rollen in meinem Kopf durchgeht. Zwischen politischer Rolle und meine Familienrolle, Rolle der Erleichterung meiner Mutter, die jetzt mir nicht weniger wichtig scheint als die politische Rolle, die ich übernahm. Wie kann ich die Rolle am besten übernehmen, damit nicht wie die politische Rolle zum Stillstand kommt? Die Familienrolle bestand darin, dass ich Hemin, mein jüngeren Bruder Beihilfe wäre, sich von seiner Dilemmasituation zu befreien und zu mir in die Schweiz zu kommen, hier etwas lernen und arbeiten. Diese war meine Aufgabe, weil ich der einzige aus dem Land war und mehr oder weniger über die Schwierigkeiten und deren Umgang in Europa wusste, was als eine

Hoffnung, eigentlich die einzige Hoffnung meiner Familie und Hemin aussah.

Das Haus war alt, mal ruhig, mal los. Das Kochen gehörte allen, der konkrete Putzplan gab es nicht, stattdessen alles in Selbstverantwortung. Ich müsste nicht nachmachen, was sie gemacht und gedacht haben, doch lachen haben wir gerne zusammen gehabt. Mal mehr, mal weniger. Ich war, durch mich selbst überfordert, die Familienrolle zum Erfolg zu bringen. Eine Sache, die viel grösser war als meine Kraft. Ich habe die Unschuld Hemins gesehen und war tief davon beeindruckt. Wir haben uns seit Jahren nicht gesehen und die Bestraffung, die ihn begegnen könnte, hat mich Jahrelang, Tag und Nacht gequält. Ich beschloss mich, alles machen, was ich könnte und den Rest, die ihn Beihilfe wäre, von Freunden und Bekannten ausbitten. Zuvor befand sich Hemin sechs Jahre lang in der Haft. Sechs Jahren lange Qual durch unsere Achtlosigkeit und Grausamkeit des Regimes, eine barbarische Rache im Namen Gerechtigkeit. In diesem Haus, wo ich gerade schlafen und essen konnte, am Morgen eines kalten Tages, der ich noch nicht wach geworden war, bekam ich einen Anruf von meiner Schwester, Sara: «Hemin, ist frei geworden.». Von dem gleichzeitigen Weinen und lachen, schnelles Atmen vor Rennen und viele Nebengeräusche habe ich nicht alles verstanden, was sie daraufhin gesagt hat, nur war ich sicher, der junge Bruder frei gelassen wurde. Eine Sorge weniger, und zwar eine grosse.

Hemin war das jüngste Kind unserer vielköpfigen, traditionellen, mehrkernigen Familie. Gleichzeitig körperlich am spielerischsten, am abenteuerlichsten. Wir haben sechs Jahre Altersunterschied gehabt und konnten theoretisch gute Freunde sein. Aber ich habe verglichen mit ausserfamiliären Freundschaften, die familiären Beziehungen nicht recht freundliche gefunden. Es gab ab und zu Ausnahmen, die man unter Brüdern Freundschaften gemerkt hat, wie sie auch ihre Freunde teilten und wichtiger als das, die persönlich emotionellen Themen und Gespräche zusammen besprechen konnten. Meine beste Zeit der Schulkollegen und Freunden waren im Gymnasium. Die Freunde, die oft grosse Themen als klein wahrgenommen haben und die winzig, gesellschaftlich nicht wichtigen Themen fraglich und thematisch besprechen konnten. Ein Stil, der anscheinend nicht für mein jüngeren Bruder spannend aussah. Es sollte dabei eine Rolle gespielt haben, ob meine Themen und Prioritäten und der Grad deren Beschäftigungen mit den Werten, wofür ich meine Jugend zurückgelassen habe, für Hemin nicht so spannend gewesen waren. Es war aber ganz normal. Man sollte den Ursprung des Nichtbestehens einer Freundschaft irgendwo anders suchen. Wichtig war dabei zu wissen, dass unsere Freundschaft nicht so tiefe Wurzeln haben sollte, als ich bis damals gedacht habe, wie zwischen mir und meine Schulkollegen. Als Freunde könnten wir auch unterschiedliche Ansichten sein. Hauptsache war es, dass wir uns genug Zeit genommen hätten, in schwierigen Momenten uns Beihilfe wären. Und ich glaube es gab zwischen uns zumindest eine von diesen Bedingungen vorhanden. Vielleicht hat die Brutalität des Regimes und meine dauerhafte Verfolgung in den letzten Jahren mich so gestresst, dass sich meine Freundschaften unter Familie verschwunden haben. Oder vielleicht eine falsche Überlegung, dass mit dominanten Gedanken wie politische Ideologien, die Familienrollen nicht wichtig bleiben sollen, sondern würden sie im Laufe der Revolution sich ergänzen. Auf alle Fälle, in dem Tag der Freilassung Hemins habe ich mich beschlossen, meine maximale Kraft für seine Unterstützung einzusetzen.

Was bringt die Freundschaft, wenn man den Freund oft in Not, nur bei eigenem Bedarf ruft? Sei es dieser Bedarf existenziell oder zu dem Austausch eines Erfolgs, weil man sich so stärker fühlt, ohne Rücksichtnahme auf folgende Wirkung auf die Kommunizierende, ohne Berücksichtigung des Gefühls der Kommunizierende auf eigenem Gefühl; wenn man dabei denkt, dass der Freund sowieso da ist, weil er mich braucht, und bei jeder ernstem Bedarf zur Hilfe kommen wird, wird sich mal solche Beziehung entwickeln? Ich glaube, dass dieses Gefühl und seine minimalistische Art der Kommunikation auf die existenzielle Unruhe unserer Natur zurückverfolgen ist. Die Familie ist in sich als bisher stärkste und älteste gesellschaftlich klassische Institutionen, besonders in Nahen Östlichen Kulturen, sowieso da und somit erfordern keine grosse Arbeit, um ihre Strukturen zu beibehalten, um eine freundliche Atmosphäre in sich zu schaffen, demnach konstruieren sie oft lieber eine Hierarchie des Habens und nicht des Seins. Sie sind andere Niveau der Freundschaft, andere Vorstellung der Emotionalität und oft tabuisiert, ausser sie entwickeln sich bewusst und modernisieren sich, wenn sie zu täglicher Bühne der freundlichen Gespräche werden. Ich muss zugeben, daran habe ich wenig, sehr wenig gearbeitet.

Gefühlsmässig hat man Freunde, Bekannte und Mitmenschen. Alle von diese drei Kommunikationspartner können sympathisch und neugierig sein, können Kollegen, Nachbarn, Verwandte und sogar jeder Prozess der Mitwirkung sein, wie kulturelle Werke, wie die Sprache und sogar eine Maschine, ein Bild, eine Stadt. Der grösste Unterschied ist dabei, dass der Freund sich viel mehr als zwei offenen Ohren, als ein gegenüberliegender Prozess der Mitwirkung und Mitgefühl unterschieden lässt. Die Sympathie, als ein temporärer Ausgleich der Hormone, kann unter unbekannten Menschen in einem Zug, im Laufe einer Reise oder distanzierte Vereinsmitglieder gut funktionieren; die Freundschaft daraufhin zeigt sich, wenn die Menschen sich auf eigenen Gefahr unterstützen, ohne Wenn und Aber. Ich hätte gern fragen, wer mein Freund ist, wer ist ein Scheinfreund? Die Grenzen zwischen einen Freund und Scheinfreund sind manchmal sehr schmal zu unterscheiden, wobei sich für eine Weile gewisse freundliche Beziehungen entspannen sollen, klar distanzieren und sich auf einen anderen Freund oder eine andere Art der Kommunikation einlassen. Verzicht ist immer geboten, man soll sich nur unter Umständen der klaren Kommunikation und Ehrlichkeit eine Partnerin, auf einen Partner einlassen. Welche Beziehungen sind mir genau klar und direkt? Wenn man keine Antwort auf diese Frage hat, soll man auch nicht wissen, wann und mit wem man etwa Distanz halten, sich in der Stille genau hören soll. Dennoch war es ehedem meinen Optimismus, die für eine gewisse Gemütlichkeit gesorgt hat, wenig rechtzeitiger Austausch auf Niveau.

In der ersten Gemeinschaft, im Chalet, Mitten eines Gartens umgeben mit grossen Rosen, wo ich die meistens meiner Zeit mit der Sprache und Mitmenschen verbracht habe, habe ich jenseits der Sympathie kaum ernsteres Gefühl zwischen uns gemerkt. Alle ihrer Unterstützungen wie Übersetzung der Briefe an die Migrationsamt und andere bürokratische Hilfe haben unsere Beziehung zu keiner Freundschaft im ernsten Sinne geführt. Die biologisch existenziellen Beziehungen und ein primäres, nicht klar kommunizierendes Einverständnis darüber lässt man als ein Flüchtling dableiben und sich wohl fühlen, aber nicht unbedingt wachsen; denn die Freundschaft heisst ein dynamischer, heranwachsender Mechanismus, habe ich mir oft gesagt und so bewusst gemacht, dass dies die Phase Geduld bedeuten würde. Zu dieser Zeit, die ich mir nicht klar gewesen war, ob ich in der Schweiz bleiben kann oder nicht, was ich weiter machen werde und was nicht; in einer Atmosphäre, mit mehr Unklarheiten und Fragen als klare Wege und zwischenmenschlichen Stimmungen, konnte ich kaum mich über meine echten Gefühle ausdrücken. Dieses Gefühl der Existenz und Nichtexistenz ist vieler erwachsenen Flüchtlinge bekannt, trotz nicht immer rechtzeitiger Mitteilungen besonders aufgrund eines Schamgefühls dessen finanziellen Abhängigkeit. Sobald man den positiven Bescheid bekommt, kommen dann Rechte auf Basis der Muster: ein Muster von Wohnortsuche, ein Muster für Arbeitssuche, ein Muster der sozialen Kontakte und so weiter. Wo stehe ich als ein Individuum unter diesen Mustern? Diese Frage führt mich zu einer Verwirrung, besonders wenn zu meinem politischen Dasein geht; dazu, dass ich aus Staatlosigkeit ausgewandert und in neuem Land als der Bürger meiner Besatzer zugelassen werde. Hin und her habe ich mich bei der Wartezeit vor dem zweiten, Hauptinterview mit dem Migrationsamt entschieden, auf die Frage der Beziehungen und meine Identität nach dem Erhalt des Bescheids des Asylantrags zurückzukommen.

Anfang Mai eines Tages, als ich im Haus sass und am Lesen war, bekam ich ein Brief. Der Absender war die zuständige Gemeinde und der Inhalt befass sich auf meinen Wohnort. Nach ihrer Angabe, sie sollen gewusst haben, dass mein offizieller Wohnort irgendwo anders war, in dem ich nicht wohnte. Damit dieser Wohnort nicht weitergegeben würde, sollte ich mich dorthin sesshaft machen und nicht in diesem Haus, das Haus Mitten dem Garten und umgeben mit grossen Rosen. Das Interesse von mir lag bei dem Haus von jungen Menschen, aber die Gefahr bestand darin, dass sich das Haus vielleicht bald von dem Besitzer verkaufen liess und somit bräuchte man ein neues Zuhause. Nach dieser Überlegung habe ich mich beschlossen, in der offiziellen Wohnung umzuziehen.

Das offizielle Haus stand am Rande des Dorfs Wauwil, halbestunde Nordwest von Luzern entfernt. Das Dorf war im gesamten Blick wie ein Quartier der Stadt. Ausser der kleineren Menge an Menschen und Verkehr, weniger Lärm und Abfall. Anscheinend bestand einmal die Hauptbeschäftigung einmal hier hauptsächlich auf Landwirtschaft. Ausserdem habe ich kein grosser Unterschied gemerkt zwischen diesem Dorf und die Gemeinde, in dem ich früher gewohnt habe. Das Haus war neu und die Wohnung gut eingerichtet für drei bis vier Menschen. Zwei jüngere Männer im Haus waren bereit wohnhaft, ebenfalls Kurde aus Südkurdistan, sehr humorvoll und kamen gut zusammen. Ich habe mir eine gute Wohnung vorgestellt, keine Zweckwohngemeinschaft. Ich bin jetzt eineinhalb Jahre Asylsuchende und warte noch auf mein letztes Interview. Mit den Kontakten mit Menschen, darunter Journalistinnen, komme ich klar und wir treffen uns manchmal. Ein weiterer Schritt in die Richtung journalistische Projekte kommt aufgrund mangelnde Sprachniveau kaum in Frage. Für mich ist nun die Mobilität schwerer geworden als früher, im vorigen Haus habe ich innerhalb Minuten das Stadtzentrum erreicht und jetzt etwa in eine Stunde. Dazu aber ruhiger, naturverbundener. Auf der anderen Seite habe ich mich unabhängiger gefühlt und dachte dabei, es wäre sogar besser gewesen, wenn ich nicht so lange im Chalet geblieben würde.

Zwischendurch hat Hemin sich beschlossen, oder wir, die ganze Familie haben Hemin überzeugt, nach Europa auszuwandern. Es gab keine Zukunft in Kurdistan und Iran für ihn, es gab immer Leid und Schwierigkeiten, um sich zurechtzufinden. Ich war der Meinung, dass er in keinem anderen Land ausser der Schweiz genügenden Kontakt und Hilfe hätte und ausserdem würde er kaum in der Lage sein, sich neu orientieren zu können. Und damit war der bei mir, irgendwo in der Schweiz. Nach einiger Wochen ab meinem Aufenthalt in unserer Wohngemeinschaft mit zwei anderen jüngeren Männern, habe ich die Einladung zum zweiten Interview mit dem Migrationsamt in Bern erhalten. Ich müsste in paar Tage nach Bern. Die Zeit war Ende Winter und kalt. Das Hauptinterview eines Flüchtlings ist kaum wie ein anderes Geschehnis seines Lebens lebensentscheidend. Das ist wie eine grosse Prüfung entscheidend und wie keine grosse Prüfung stressig. Dieser Stress haben viele nicht überlebt, wenn auch sie sich gut dafür vorbereitet haben und genügende Dokumente beiseite gelet hatten, die ihre unsichere Situation im Fall ihrer Rückkehr nach ihrer Heimat bewiesen hatte. Ich merkte keine grosse Sorge, war nicht viel aufgeregt und habe nicht überall um zusätzliche ernste Beweise geboten. Anscheinend ging diese abnormale Normalität mit meinem viel grösseren Stress, des Stress der Sorge meines jüngeren Bruders einher und daher habe vor dieser Operation betäubt. Ich fühlte kaum Schmerzen, auch wenn ich fast alle meiner Wunden offen sah, auch wenn ich über all meiner zerrissenen Venen berichten müsste. Diese Wunde waren die ernstesten Beweise, je ich mitbringen könnte, die authentischsten Zeichen meines Ganzen. Die Wunden brauchen kaum grosse Mengen an Papiere und gerichtlich formulierte Antworten, die Wunden können sich nicht verstecken, die Antworten lassen sich nicht immer manipulieren. Die Papiere, die chronologisch eingeordnet werden sollten; die Antworten, die ohne lange Überlegungen auf spontanen, zum Teil komplizierten, alten Fragen vorhanden sein müssten, die die Wunden ins Gedächtnis zurückgerufen, frisch behalten habe. Die Überwindung dieser Wunden lässt man in einem normalen Zustand kaum monatelang ohne Schlafstörung von der Ruhe träumen. Mein Interview liess sich gut vorbeigehen und ich habe nicht mehr zu sagen gehabt als meine Normalität, was aufgrund eine der gemischtesten Gefühle meines Lebens, das Gefühl der schwer tragbaren Last der familiären Verantwortung und meine politisch identifizierende Blindheit alles anders als normal aussah. Auch nicht weniger als meine Dokumente, die ich gegeben habe. Das Interview dauerte bis am Abend dieses Tages und ich habe weiterhin weder physisch noch seelisch Probleme mit meinen offenen Wunden gehabt.

In der Wohngemeinschaft haben wir viel über die Wege gesprochen, die Hemin zur Auswahl hätte, in die Schweiz anzukommen. Über unzählige Gefahren und meine immer schwächer gewordene Kraft gegenüber dieser Menge an Wahrscheinlichkeiten. Ich war so begeistert für die Freilassung Hemins, dass ich am kleinsten an diesen Schmerzen und Scheitern des Plans nachdenken konnte. Die Situation der Grenzen haben sich zu dieser Zeit, eineinhalb Jahr nach meiner Ankunft in die Schweiz, streng geändert und vielerorts findet man kaum ein Ausweg. Kurz davor gab es eine grosse Menge an Menschen, die von Balkangrenzen zurückgedrängt waren. Ich habe jetzt ein gemütliches Bett und mein einziges Zimmer, aber wieder viel Schlafstörungen.

Es ist zwei Wochen vorbeigegangen von meinem Interview. Ich habe ein Brief mit Unterschrift erhalten und es sollte sich um den Bescheid handeln. Nach der Öffnung: Ich bin aufgenommen und kann bleiben.

Ich bin in der Schweiz geblieben. Die Natur hat mich zum grössten Teil fasziniert, und die technologischen Fortschritte mich vorangetrieben, ein Technisches Fach zur Weiterbildung zu suchen. Die Schweiz liegt im Mitten Westeuropa, damit eine zentrale Lage der Technologie und deren Transport. Die Genauigkeit der Schweiz stammt von Messen, die westliche Art und Weise des Lebens, ein harmonischer Einklang gekennzeichnet mit deren Uhrenindustrie. Die Uhrenindustrie, die Eisenbahn und die genauen kantonalen Aufteilungen waren die erste dieser Messungen, die ich auf keinen Fall mit den erstklassigen Geschäften in Iran vergleichen konnte, ausser vielleicht mit den iranischen Raketen und Nuklearprogramm, welche auf ein hervorragendes Niveau seine Fortschritte macht; Programme, die mit heiligen Texten kodiert und für jegliche informativen Zugang gesperrt sind. Die iranischen Politiker sind, leider, nicht wie lybischen oder irakischen Diktatur wahnsinnig dumm und leicht berechenbar. In Bezug auf Auseinandersetzung mit dem Westen verhalten sie sich, trotz allererster Heiligkeit ihres Regimes und spirituelle, kulturelle Basis des Landes, nicht spirituell, sondern wissenschaftlich. Mit Spiritualität kann man zum Beispiel keine Bombe herstellen, kaum dauerhafte Politik machen und gleichzeitig mit grenzloser Brutalität immer noch in der Lage sein, dieses sogenannte Leben zu normalisieren. Sie nützen die Wissenschaft aus verglichen mit ihren regionalen Kollegen auf die beste Art und schmieren sogar ihren sogenannten Oppositionellen nicht selten Honig ums Maul. Eine inhaltlich ungeformte und strukturell ideale Entwicklung zwischen der Heiligkeit und korrupte, unmoralische Wissenschaft. Bestimmt gibt es überall solche Tricks der Kombinationen, die Gesellschaft zu verwirren, zu täuschen, aber sicher sehr selten kommt es vor, dass eine Regierung so genau in ihrem Land und auch international genau funktionieren kann, um mit Bedrohung vieles zu erreichen; genau, die die Schweizer Uhrenindustrie. Die junge Bevölkerung, dass die Mehrheit dieses Landes, des Irans inklusive seine besetzten und unter Kontrollen Gebieten, entspricht, sind unter dieser Art der Politik am besoffensten. Sie sind auf keinen Fall überzeugt oder zufrieden mit der heiligen Regierung, aber gleichzeitig auch nicht genau wie sie. Diese Ungenauigkeit und Ohnmacht der Disziplin reicht es nicht in der Lage sein, sich vor allem von den (sozial)median bedingten Techniken und mikroökonomische kurzfristige Erleichterungen der Regierung zu befreien und sie zu stürzen. Die Opfer wie Hemin, mein jüngerer Bruder, der nur wegen einer Liebesbeziehung sechs Jahre seiner Teenagerzeit in Haft sitzen musste, sind am häufigsten, am brutalsten dieser Betroffenheit. Jetzt ist er mit seinen tiefen Wunden in der Türkei und angewiesen an meiner Hilfe, an mir, dass selbst an Hilfe der anderen angewiesen bin. Was für eine Tragödie.

In Wauwil, in diesem industrialisierten Dorf, in der Wohngemeinschaft mit zwei anderen jüngeren Männern, geht biologisch gut und ich bin immer noch allein mit vielen Sorgen. Ich bin allein und schätze dieses Alleinsein. Denn ohnehin hätte ich kein Raum gehabt mich wieder zu orientieren. Soll ich trotzdem manchmal mein Alleinsein beseitigen? Kann ich ihn wieder im Chaos bekommen? Alleinsein, trotz sein sozial (falsch)es Bild, ist eine der schönsten Gefühle, je man haben kann, geniessen kann. Aber manchmal trocknet es sich, weil nicht genug von seinen Wurzeln ernährt wird, nicht genug sich mit denen austauschen kann. Jeder Baum in sich ist allein. Jeder Vogel, obwohl er oft ein anderer Baum in seiner Nachbarschaft hat, obwohl es sich immer eine Gruppe angehört, wird allein kommuniziert, allein entscheiden, mit wem koppeln möchte, mit wem nicht. Schliesst sich eine andere, kleinere, fremde Gruppe oder nicht. Vogel bleibt bis zum Schluss ein Vogel. Wie kann man ein möglichst genaues Bild haben von diesen Abständen, die nie stören und sich nicht verlieren lassen. Ich frage mich oft, ob die meisten Freunde sich im Laufe ihrer Reifheit, ihres Alleinseins gefunden haben oder Angst vor Alleinsein. Wie oft reden wir über diese Abstände und wo liegt unsere Sensoren, unsere Sensibilitätsmessungen der Freundschaft? Spricht man darüber, wird man nicht abgeneigt betrachtet? Als ob er nicht sicher wäre, sich mit dir befreunden zu lassen? Woher kommt diese tiefe Angst vor Alleinsein und unsere weisse Lüge darüber? Ich bin mit dreissig in die

Schweiz gekommen und immer noch nicht sicher, ob meine Freundschaften zu dieser Ebene der Direktheit, des Verständnisses gehören.

Es ist eineinhalb Jahre vorbei gegangen vor erstem Tag, in dem ich in die Schweiz kam oder besser gesagt, in der Checkpoint der österreichischen Grenze kontrolliert und Papierlos festgenommen wurde. Während dieser Zeit habe ich bewusst meine Weitsichtigkeit gestärkt, meine Vision in die Zukunft, der Blick des neuen Panoramas. Ich muss zugeben, dass diese Verstärkung zur Schwächung meiner Nahsichtigkeit geführt hat. Ein klares Zeichen war es, dass ich schwache Verbindungen mit meinen Wurzeln gemerkt habe, der erste Element meiner politischen nichtkurdisch-nichtschweizerische Identität meines Daseins in der Schweiz. Man sagt, es sei normal. Man kann nicht alles auf einmal beibehalten, ebenfalls alles zusammen erreichen. Ich bin mir nicht sicher und nehme mehr Abstand von sozialen Medien, von grossen Gruppierungen und Versprechen nach Bemühung und Kampf für ein besseres Wels, der Slogan meiner Jugend.

Das neue Dorf meines Zuhauses hat kein Schloss, aber eine riesige Wiese. Das Haus hat einen schönen Blick auf die Wiese und ich kann paar Bäume als Ort meines Alleinseins bestimmen. Die meisten Bewohnerinnen und Bewohner dieser Gebäude sind entweder neu von den Asylunterkünfte transportiert oder sind seit einiger Zeit da. Wir sind, wie andere Flüchtlingswohnungen, auch die in dem benachbarten Gebäude, alle Männer. Hier ist zwar gut ausgerüstet, die Nachbarn haben kein Problem mit unserem Dasein. Es ist nicht merkwürdig, dass bei den jüngeren als ich, im Alter unter dreissig, man die Putzplanungen weiter in Erinnerung rufen soll, was ich auch gerne mache. Das Gebäude, wie auch andere Camps, die ich nach meiner Einreise paar davon gesehen habe und in denen gewohnt haben, riecht stark nach Männlichkeit. Eine isoliert orientalische Männlichkeit, die statt harmonisierter Lust eine tiefe Sehnsucht, patriarchal ähnlicher Wettbewerbsdruck nach Frauen reproduziert. In solchen Camps, ähnlich wie mit meiner Soldatenzeit in Iran, verdient man keine Chance, um sich selbst und seinem Körper kennenzulernen und auf dessen Basis unter einer möglich menschlichen Freundschaft aufzubauen. Im Gegenteil, Menschen treten in dieser zahlenmässig figurativen Kopplung, die später als gute Zeiten und reiche Erfahrungen bezeichnet werden, also typisch sexistisch und vernichtend gegen die emotionale Intelligenz. Unsere Wohnung und ein paar andere Wohnungen in der Nachbarschaft, worin ebenfalls Flüchtlinge aus Kurdistan sitzen, sind ein nacktes Beispiel für dieser Mannmachung. Man wird empfohlen, die Dating-Apps herunterzuladen, die Plattformen beizutreten, die nach gewisse Algorithmen uns matchen würden. Wie viele davon gehören dem phishing[4], ist uns den Flüchtlingen kaum als eine

---

[4] Phishing ist der Versand gefälschter E-Mails, die Menschen dazu verleiten sollen, auf einen Betrug hereinzufallen. Phishing-Mails zielen häufig darauf ab, dass die Nutzer Finanzinformationen, Zugangsdaten oder andere sensible Daten preisgeben.

Phishing ist ein Beispiel für Soziale Engineering: eine Sammlung von Methoden, die Betrüger anwenden, um die menschliche Psyche zu manipulieren. Hierzu gehören die Fälschung, Irreführung und Lügen - alles Methoden, die bei Phishing-Attacken eine Rolle spielen. Phishing-Mails nutzen

korrupte Industrie bekannt. Wie oft die anderen Formen der Fälschungen der Dating-Apps aussehende Plattformen unter tatsächlich rein Pornografische Werbungen verbreitet sind, ist uns, den Flüchtlingen kaum bekannt. Meine Mitbewohner, beide Anfang zwanzig und schick angezogen, haben mehr Zeit und Lust darauf. Ich bin kein Typ der Dating-Apps in diesem Sinne und versuche eher real meine Menschen zu finden und empfehle meine Mitbewohner eher real ihrer Freundinnen zu suchen.

Unsere Wohnung in Wauwil ist ruhig. Sehr ruhig für energetische Menschen mit vielen Ideen. Der Ort ist mit all seiner Schönheit nicht leicht erreichbar für die nicht mobile neue Flüchtlinge. Das Quartier, in dem wir wohnen, ist eine der ruhigsten, am Rande des Dorfs liegende, eigentlich am dessen Ende. Hier ist ideal für Familien mit Kindern oder Menschen, die gerne am Rande wohnen wollen. Ich habe bei meiner Einreise in St. Gallen, in geschlossenem Camp von Altstätten, wo zwei Woche gedauert hat, bis wir unter Kantone aufgeteilt waren mich gefragt, ob sie mich möglichst nach einer grossen Stadt transportierten. Meine Begründung war nicht anders als mein Charakter als ein Stadtmensch, als jemand, der gerne in grössere Städte leben will. Ein Ja oder Nein bekam ich nicht und am Tag der Aufteilung musste man gehen, wo man aufgeteilt wurde. Wahrscheinlich wäre es besser gewesen, dass ich nicht so gesagt hätte und mich neutral dagegen äusserte. Zufällig wird auch funktionieren, wenn man sich unter ein paar Möglichkeiten brennend für eine interessiert, dann bekommt man genau das nicht! Es war jenseits des

---

im Grunde genommen Soziale Engineering, um die Benutzer zu unüberlegtem Handeln anzuregen.

Zufalls und eine Entscheidung, dagegen ich nicht machen konnte. Später, so sei Argumentation vieler, könne man sich woanders beschäftigen und aufgrund der Arbeit wäre es vieles möglich, was sich jetzt schwer erreichen lässt.

Die Tage in Wauwil gehen langsam vorbei. Ich bin zwar nicht zu lange hier, aber die Langeweile des Selbstlernens und der Selbstorganisieren lässt sich nicht das genügende Niveau für das Studium zu erreichen. Bisher lernen wir am meisten allein und haben ab und zu Deutschkurse. Die Kurse, die Integrationskurse genannt werden und ausser Grammatik und Hausaufgaben nach Mustern keine Wechselwirkung oder irgendein integrativaussehendes Programm beinhalten. Denn Integration, wie Freundschaft, ist in sich eine zweiseitige, wechselwirkende Funktion. Wir lernen weiter und werden so die Integration im Namen der Sprache und in Bezug auf Vorbereitung für Markt schlucken und verstehen.

Meine Wurzeln, die je von zwei grossen Quellen meines Daseins stammen, eine von meiner Familie und die andere von meinem politischen Bewusstsein, sind nicht in Einklang. Die Fehlfunktion dieser Ausgleich war immer schwierig, denn eine (oft) die Aufhebung der anderen bedeutete. Die Politik in Kurdistan ist gefährlich, so gefährlich, dass man dabei vielmals den Engel auf seine Schulter spürt. Man merkt bei jeder Aktion die direkte Konfrontation zur Vernichtung. Man spürt, wie die Geheimdienste und ihre Verbündeten auf jenem Detail seiner Spur, beim Lernen an der Uni, bei der Arbeit, zwischen seiner Intimität und privaten Gespräche mithören und erfahren versuchen, um seine Reaktionen vorhersagen zu können, besser als jede enge Freundin. Kaum jemand kann gleichzeitig eine gute Beziehung zwischen ein ernsthaft politisches Engagement und eine neutrale Familiensituation beibehalten. Man wird oft sich nur mit einem identifizieren, ausser die ganze Familie sich damit politisiert oder umgekehrt entpolitisiert. Sonst wird oft die untergezogene wieder sich einmal dominieren, sobald sich die bisher identifizierende auflösen lässt. Meine Wurzeln, so haben ich am Anfang meines Lebens in der Schweiz gedacht, kann ich in einen harmonisierten Einklang bringen. Aber dazu kam noch mehr Verwirrung, mehr Last.

Das Vorstellungsgespräch der Asylsuchende erfrischt die Gedanken wieder und gibt die Gelegenheit, viele Schwachstellen in der Vergangenheit zu merken. Zugleich bietet dies die Beamten die Gelegenheit, die Art und Weise der biologischen Kampf eines Menschen nicht auf ihrer Herkunft und auch bestimmte, immer wahrgenommene Faktoren einzuschränken, die unter anderem ihm vor seinem Heimat vertrieben haben, sondern auf dem neuen Wechselspiel zwischen individuellen Identitätsnachsuche und gesellschaftlichen Chancen, die von ihm gemerkt und aufgenommen wurden oder werden können: eine junge feministische Kurdin hat andere Sensibilität gegenüber Existenzangst als eine Frau mit gleichen Gedanken aus Pakistan, sogar als ihr Partner. Das Vorstellungsgespräch ist wie Operation ohne Narkose. Man sieht selbst alles und hat nichts zu schämen, man wird nackt, so nackt, dass sich nie zuvor gesehen hat. Die professionellen Behörden, die Gespräche führen, meiner Meinung nach, können jedes Verspiel erkennen, gleich wie Ärztinnen, die jede plötzliche ausserordentliche Reaktion des Körpers merken und darauf reagieren. Schon ab diese erste Nacktheit der Flüchtling konfrontiert man sich mit der anderen Vorstellung von Individuum, als wäre es überall gleichbedeutend. Der grösste Unterschied bezogen auf Individuum hierbei besteht darin, dass die in den Augen versteckten anderen Individuen nicht immer gesehen werden. Die Individuen in den Augen des Flüchtlings, die sich nicht verstecken könne.

Die Türkei hat ein Jahrhundert lange Geschichte mit der Auswanderung. Das jetzige Land, das von anatolischer Hochebene und Zweistromland Nord-Mesopotamien besteht, ist immer ein Schlachtfeld gewesen; zum einen zwischen zwei Hauptgruppen des Anatoliens und Mesopotamiens, beziehungsweise die Türken und die Kurden und zum anderen zwischen einem religiös geprägten Zusammenkommen dieser Region, vor allem unter dem osmanischen Reich, und den westlichen Wunsch, diese Brücke zum Herzen Asiens und Indien zu erreichen. Diese Geschichte geht mit den schönen Blicken Anatoliens, Reich an Süsswasser und Minen Mesopotamien und nahe Distanzen zu Ölländer Golfs einher. Die Attraktivität der Hochebene Anatolien lässt sich schwer davon eingehen, um die Besatzung des Berglands Kurdistan zu entziehen. Für die Flüchtlinge aus Kurdistan und von den anderen weit östlichen Ländern, die diese Brücke bewusst und als der einzige Weg wählen, um Westeuropa zu erreichen, ist nach kurzer Zeit diese tiefen Konflikte klar und somit ein langer Aufenthalt schwer vorstellbar. Zu den Konflikten kommen die traditionelle, seit Jahrzehnten bestehende Auseinandersetzung zwischen den Säkularen und Islamisten auch, die ebenfalls nicht blutig wie die ethische Auseinandersetzung, aber kostspielig für Nerven und die Wirtschaft des Landes auswirkt. Nicht selten werden die Flüchtlinge unter ihren billigen Arbeitsbedingungen die Kosten dieser Krise tragen.

Das Land ist trotz all seiner Konflikte und Gefahren, vergleichbar mit weiteren Ländern und Regionen Richtung Ostens, eine der attraktivsten Ziele für Ausländer, die finanzielle Krise und billige Kräfte ausnützen können. Der schwarze Markt und die Gelegenheit, sich unter schweren Umständen ernähren und die soziale Freiheit, welche zum Teil aufgrund der Nachbarschaft mit Europa im Land eingeflossen ist, macht trotz allen Diskriminierungen und systematischen Drucks die Situation haltbar, vor allem wenn die Flüchtlinge sich über die Situation klar gemacht haben und genug motiviert sind, einen Teil ihres Gehalts für die Weiterreise zu sparen.

Als ich in der Hauptstadt Türkei, Ankara, war, habe ich mich immer als Kurde vorgestellt. Die Blicke nach dem Wort Kurde war oft seltsam. Ich habe ein tiefer Hass gemischt mit dem Respekt aus ihrer Gastfreundlichkeit erlebt, eine der gemischtesten Gefühle überhaupt. Vor allem wenn sie nach meinem Ursprung gefragt haben und wussten, dass ich aus dem Kurdistan jenseits Grenzen stamme, haben sie mich weiter, und nicht unter den Kurden innert türkischen Staat, akzeptiert. Als wäre ein Kurde kein Teil dieses Landes; so sind die Kultur und Politik vereint worden, über zwanzig Millionen Kurden zu ignorieren und ihre politische Frage als Terror zu bezeichnen. Trotzdem habe ich jeden Abend den Widerstand gefühlt, auch im Herzen der Türkei und ihre Hauptstadt waren Kurden immer in der politischen Bühne bunt präsent. Eine meiner Kontaktgruppen waren auch einige Studenten aus Nord-Kurdistan, die in Ankara gewohnt haben und ich konnte teilweise bei ihnen wohnen. Gemäss solchen Erfahrungen habe ich auch Hemin, mein jüngerer Bruder empfohlen, in die Türkei zu gehen, vor allem Erfahrungen sammeln, bis er ein Weg finden kann. Das war die erste Auslandsreise Hemin je.

In der Türkei war es geplant, dass Hemin in paar Tagen oder Wochen das Griechenland erreicht und dann schrittweise in die Schweiz kommt. Eine Reise, der von meiner Illusion her, nicht länger als paar Monate dauern würde. Der Plan scheitert, die Wege sind zu, die Menschen, die mitgeholfen haben, sind nicht mehr da. Alles vermischt in sich. Hemin wird für ein paar Tage heimlos in Istanbul unterwegs und ich alles anders als konzentriert. Ein Teufelskreis, der sich nicht enden will. Ich erinnere mich an meine Soldatenzeit, als ich nicht nur körperlich, sondern seelisch gebrochen war. Mein geistliches Zerbrechen ging um das Gefühl der Verrat. Ich müsste nach zwei Jahren Absenz der obligatorische Dienst mich bei Beamten melden und die Soldateneinheiten Irans anschliessen. Dies hat zwei Jahre lang gedauert, dass ich mich endlich aus Interesse der Weiterbildung beschlossen habe, der achtzehn monatliche Verrat, der milder Verrat so zu sagen, bewaffnet für iranischen Regime in meinem Land zu bejahen. Eine übermässig schwierige Zeit. Ich habe am Anfang mich beschlossen, der erste Buchstabe meines Namens, k, zu kehren, so etwa: ʞ, und auf meinen grossen Rucksack schreiben. Damit meinte ich, dass manchmal anders, sogar ganz umgeschaltet aussehen kann, aber die Innere, der

Willen bleibt wie sich selbst und authentisch. Mit etwa mehr Humor soll es funktionieren. Und das hat auch funktioniert. Die Soldatenzeit trotz ihrer nicht logischen Struktur, schwerer Vorstellung und in sich verratende Reihenfolge gegen meinen Gedanken, hat seelisch mich sogar gestärkt, wie die unangenehme kalte Dusche, wie das Fasten mit nüchternen Magen oder am schlimmsten, der Fall einer Gefängnisphase, Unschuld, Jung, ausweglos wie mein jüngerer Bruder. Ausserdem gab es auch hin und wieder lustige Momente, die ich vorher nie erlebt habe. In gewissen Situationen wie in Gefängnisse und geschlossenen Unterkünfte sieht man auch eine besondere Art der menschlichen Reaktionen, die sich nicht mehr auf der biologischen Existenzangst bezieht, sondern sorgenlos kindisch, spielerisch wird, sich bewusst und absichtlich dumm zeigt und dabei geniesst tief damit, oberflächliche Witze zu machen und darüber zu lachen. Die Witze, denen man im wahren Leben nie hören will. Man sieht erwachsene Männer, wie ihre Sehnsucht nach einer weiteren warmen Mahlzeit mit Genoss geteilt und ausgetauscht werden, wie sie sich empathisch gegen tragische Ereignisse der anderen zeigen, die nicht kennenlernen und auch nicht kennenlernen wollen. Man sieht den bürokratisch erwachsenen, sorgenlosen Menschen, wie sich bei ihrem letzten Treffen mit ihren Freundinnen ausdrücken und sich ein weiteres Treffen mit ihr wünschen. Wie gross am Abend wird die Sehnsucht nach gemeinsamen Abendessen und Abende der Freunde, merken nur diejenige, die Gefängnis, Unterkünfte oder starken Heimweh der Abende erlebt haben. Ich müsste all diesen Momente in der Ruhezeit am Abend der nebeneinanderliegenden Soldaten erfahren, damit die Abende der Türkei überwinden können. Diese Erfahrung lässt sich kaum woanders wiederholen, die Abende das erste starke Heimweh der Soldaten. Je Situation ernster und man direkter mit dem Überlebensgefahr konfrontiert wird, zum Beispiel in Kriegssituationen und in ganz weitere Militärpointe an der Grenze, umso oberflächlicher werde die Witze, umso schamloser und direkter werden die Vorstellungen und Erinnerungen der Liebesabende. Oft wurden diese wieder Kind gewordene Soldaten, die gut sich täuschen könnten, nach der Soldatenzeit gute Freunde miteinander.

Gleich wie in jeder anderen Gefahrsituation, so habe ich mir überlegt, handelt sich hier auch im Fall Hemin um die Harmonie zwischen authentische Ehrlichkeit und künstliche Humor. Ersens ging es darum, uns keine Panik zu machen und die Illegalität des Wegs bewusst sein; zweitens alles klar kommunizieren und uns Zeit lassen, wie auch andere Flüchtlinge vor Ort, bis eine Lösung gefunden wird. Aber innerlich war ich mehr als Hemin selbst aufgeregt und aus diesem Grund habe Ich mir eine Herausforderung gesucht, etwas Neues und gleich Unangenehmes wie diese Situation. Ich bin spontan auf die Idee des Schwimmens im eiskalten Wasser gekommen. Und das hat funktioniert. Ich denke solche Lösungen sind individuelle Sachen und man soll von seinem eigenen Innen hören, was und in welchem Grad wahrscheinlich funktionieren wird. Zu dieser Zeit ist Hemin in der Falle und ich nehme kalte Dusche, was anscheinend reicht, mich zu retten.

Ein Tag, voll mit Verwirrung zwischen Telefonate und eine oft nicht richtige Hoffnung, dass Hemin endlich gerettet wird, höre ich, dass er sich in Griechenland befindet. In der Insel Chios. Ich erlaube mir endlich zu feiern. Griechenland ist ein Stück weiter und ein riesiger Erfolg für uns. Doch sehr weit ist es nicht und weiter kann Hemin auch nicht. Das Problem ist zu einem kleinen Teil gelöst. Die Illusion kommt nach der Illusion, dass die Grenze bald wieder geöffnet wird. Der Weg nach Balkan oder Italien braucht viel Geduld, viel Kraft. Hemins Körper ist anders als meine, ist schwach geworden in iranischen Gefängnissen und er müsste auch nicht im Soldatendienst. Er fehlt viele Erfahrungen und raucht regelmässig. Als das kleinste Kind hat er eher weniger gearbeitet als ich und anderen Geschwister. Ein Monat, zwei Monate, etwa drei Monate gehen vorbei und Hemin muss von einem Camp nach der anderen heimsuchen, die Camps mit schwierigsten Bedingungen denn je. Hemin haltet nicht mehr. Eine Frau, die er in diesen Camps kennengelernt hat, kehrt nach Iran zurück und schlägt Hemin vor auch rückzukehren. Menschen in diesem Alter machen alles, was sie sich wünschen, sogar was tief tabuisiert ist und was intensiv nach Scheitern riecht. Hemin spricht nicht und gegen unseren Willen, kehrt nach Iran zurück. Eine letzte Rückreise. Nach paar Monaten und nach dem diese Frau ihn nicht mehr kennt, kehrt nach unserer Heimatstadt, Meriwan zurück. Eine geschlagene Stadt, wie andere Städte Kurdistans, diskriminiert und alles anders als industriell, nicht mal systematisch urbanisiert. Unsere Stadt und die Region rund herum leben von Grenzen und von offiziellem und inoffiziellem Schmuggeln. Die zuwachsende junge Bevölkerung hat fast nichts ausser schmuggeln. Die politische Wirtschaft in Kurdistan ist auf Basis der Ausnützung der Bodenschätze und gesellschaftliche Frustrierung. Diese Rahmen werden am Schluss durch ein militarisiertes Regime durchgeführt und nach seiner Agenda kann die junge Bevölkerung finanziell überleben entweder wenn sie mit dem Regime mitmachen oder in andere Länder und Regionen auswandern und alle Arten der Brotarbeite unter gezwungenen Bedingungen angehen. Die Situation von Hemin kann sich nicht von diesem Schicksal ausweichen. Der Plan ist gescheitert und jetzt befindet er sich wieder im Anfangspunkt, ich weder entlastet noch erfreut.

Zur Zeit des Rückkehrs von Hemin in unserer Heimatstadt bin ich in einer Einzimmerwohnung Mitten in der Altstadt Luzern zuhause. Dieses Quartier, das ich mir einmal von dessen Sesshaft gewünscht habe, scheint mir jetzt nicht wie früher attraktiv. Die Gassen rund um die Wohnung sind tagsüber und nachts bis abends spät übervoll mit Touristen und ein darauffolgend ständiger Lärm. Lärm der kleinen und mittleren Gruppen der Touristen von Ostasien und Indien, die um jede Ecke sich posieren und fotografieren; der gleiche Lärm schien mir an Anfang sehr musikalisch und alles anders als störend und anscheinend stosse ich mich auf viele Geräusche unangenehm aufgrund des gescheiterten Plans. Seit dem Beginn der gescheiterten Auswanderung von Hemin befinde ich mich in einer Phase des schweren Umgangs mit Anweisungen meines Wegs. Die Struktur, nach der ich oft rechtzeitig sensibilisiert wurde, dass hier der passende Ort eines Meilensteins meines Lebens wäre, scheitert ebenfalls mit. Kaum etwas lässt mich als Lesen konzentrieren, eine Konzentration, die am Ende des Lesens eine Erfrischung braucht und danach ich oft mit den Gedanken an Hemin abgelenkt werde.

Zur Zeit der Wohnhaft in der Altstadt und in der alten Wohnung soll ich täglich für ein Vorunikurs nach Zürich pendeln. Die Stoffe, die ich vor zehn Jahren gehabt habe und vieles sind zwischenzeitlich vergessen worden oder ersetzt mit neuen, anderen Themen. Hemin versucht verschiedene Jobs auszuüben, von Landwirtschaft bis zur Arbeit in der Küche. Die Jobs, die früher als Minijob eingestuft waren und fast jeder mit einem Kleinkapital sie schaffen konnte, sind jetzt alle durch den Machthaber des Marktes und grosse Firmen besetzt und fast niemand kann ohne Beziehung zu diesen Firmen, den Machthaber, den Job und Geschäft auf die Bahn halten und sich damit ernähren. Die Folge ist, dass Hemin wieder scheitert, dass meine Traumatisierung zurückkommt.

Als ich noch Mitglied der linken Partei war, die für Befreiung Kurdistan kämpfte, habe ich oft Menschen begegnet, die weder widerstandsfähig waren noch sich klar als Linke definierten. Im Lager auf Bergen, wo sich eine Reihe Zivilhäuser, besessen durch die Mitglieder und ihre Familie, befanden, haben wir ein reifer Mann gehabt, Anfang sechzig, sehr geduldig, witzig und erfahren, der zuständig war für die technischen Störungen unserer Fernseherstudio und die elektrischen Probleme allgemein. Er war eine unter anderen, der ich sehr schätzte und ihn viel Mals meine schwierigen Fragen gestellt habe. Ohne dass ich über die Familie etwas gesagt habe, hat er in Bezug auf die Frage, weshalb viele linke Aktivisten sich tatsächlich alles anders als die Linke gekennzeichnete Merkmale verhalten, gesagt, dass dies ein menschliches Merkmal sei: *Menschen brauchen Barrikaden, um sich möglichst in jeder Situation dahinter schützen beziehungsweise verstecken können.*

Du wirst sehen, dass auch in Europa nicht alle Linke sich tatsächlich gleich linke verhalten; wie auch die religiösen Menschen, die sich nicht unbedingt Religion widmen wollen, sondern sich damit beruhigen, und sie geben auch tatsächlich zu, dass eine der besten Funktionen der Religion ihre meditierende Rolle sei. Also, jeder Sozialist ist nicht sozial, jede Familienbeziehung ist nicht emotional.

Ich rufe mich immer wieder in dieser Erinnerung und damit werde am meistens überzeugt, dass mein Erlernen damit profitiert hat. Ist es nicht unmenschlich, dass das Scheitern der Pläne von Hemin, seine Jugend und all seine gescheiterte Wünsche so einfach zu begründen und mich zufriedengeben, dass ich schliesslich erfahrener geworden bin? Es gibt Fragen im Leben, für sie wir nie eine Antwort finden werden, so der reife Mann an einem anderen Tag.

Nach mehreren Versuchen der Arbeiten, eine weitere gescheiterte Liebe und eine paar Wochen Auswanderung von dem Zuhause wurde Hemin isoliert, mit einem unklaren Bericht, in Spital tot gefunden.

Nach zehn Jahren Familienbesuch

Die Wohnorte der Vergangenheit können im alltäglichen Chaos, während der sich veränderten Lebensstilen oder auch absichtlich, weil man sie so will, an Gefühl verlieren. Wenn man an den Wohnorten der Vergangenheit vorbeiläuft, fühlt man sich sicher entweder umarm und kuschelig oder gehen deren abweisenden Momente der Liebe, der Abneigung vor den Augen blitzschnell. Man schmeckt wieder den ersten Geschmäcken seines Daseins. Die Wohnorte der Kindheit, wo man kaum Sorge gekannt hatte, und die Wohnorte der ankommenden Flüchtlinge, wo man sich politisch versichert fühlt, behalten sich im Hinterkopf für immer. Die grosse Wohngemeinschaft, das alte Chalet und der Garen der Rosen rund herum, ist abgerissen worden und mir lässt sich die Gelände mit dem neu aufgebauten Haus nicht mehr erkennen. Die Menschen sind aufgelöst. Einige bleiben hier in der Nähe, andere wandern nach anderen Städten aus.

Kurz vor dem Prüfungsbeginn habe ich Tod von meinem jüngeren Bruder gehört. Ich müsste mein Vorunikurs abbrechen. Für einige Monate habe ich keine Kraft gehabt zum Lernen, kaum eine Stunde, keine Kraft ein neuer Satz zu erfassen. Die kalte Dusche entwickelte sich zu kaltes Baden und sah die einzige Depressionshemmend aus. Eine Reise und Familienbesuch, trotz meiner hohen Schuld bei dem Sozialamt, sollte etwas erleichtert wirken. Doch was die zerstörten Gefühle nicht in Kauf nehmen, bezahlt man mit sich heilenden Gefühle unberechenbar hoch.

«Es sei besser, das Fleisch deines eigenen Schenkels zu essen, als dich von dem Fleischer beschuldigt zu machen» so ein kurdisches Sprichwort. Konnte ich mich von dieser Reise wehren und mit Arbeiten beginnen? Was eigentlich ein zweiter Versuch des Quereinsteigers bedeutete, und sah nicht mal einfacher aus. War es seelisch möglich oder könnte ich mich mehr über die Folgen weiteren finanziellen Unterstützung informieren? All dies waren möglich, aber aus Unerfahrenheit falle ich in einer neuen Krise.

Ich könnte mich wehren, wenn ich mehr geübt wäre. Was für eine Übung? Es ging um inneres Gleichgewicht, was ich verloren habe. Sicher könnte ich und hätte ich mich mehr darüber informieren müssen, was man in emotionell neuem Kriese tun soll, und was ist zu vermeiden? Und solche Recherche. Die Emotionalität war zu dieser Zeit sehr dominanter als Logik und Folgenerkennung. Ich habe sehr schwierige Situationen in meinem Leben, viele Enttäuschungen überlebt, mit dem Unterschied, dass ich damals in Kurdistan war und mich nie objektiviert oder tief entfremdet, gefühlt habe. Auch in der Türkei habe ich nicht wenige Krisen überwunden. Allein leiden ist eine der schlechtesten Situationen, jemand sich im Fall eines Dilemmas darin befinden kann. Allein leiden und die bisher funktionierende Auswahlmöglichkeiten fassungslos entgegenzukommen, vertieft die Krise bis zum inneren der Knochen. Wie könnte ich die intensive Empathie meiner Familie und mein eher besonderes Alleinsein in einem Paradigma darzustellen und rechtzeitig Gefahren erkennen? Das Alleinsein, dass sich berechtigt und praktisch sich nur zum Teil praktizieren kann. Der Körper funktioniert genau und streng unter seinen eigenen Bedingungen, unter denen auch die, deren Gleichgewicht verlieren und zur Unfähigkeit kommen können. Man soll einfach seinen Körper genauer hören können. Alle Organe und ihre Verknüpfungen sollen immer, wie eine Uhr voller Batterie funktionieren, aber das ist nicht immer der Fall; manchmal unser Körper funktioniert teilweise nicht, sei es krank oder in einer längeren Pause. Ich glaube den Körper zu zwingen, immer gleich zu funktionieren, macht ihn nicht zufrieden. Das Belohnungssystem in Gehirn ist ein Beispiel dafür, dass nicht immer allein und einzig gehört werden soll. Die Belohnungssystem kann nicht allein die Ordnung entsprechen, vor allem den Magen und Sinnesorgane.

Ganz klar ausser den Leuten, die selbst genug ordentlich sind und die Ordnung nicht zu ihren offiziellen Aufgaben und Erwartungen gehört. Das heisst sie wissen genau wann und was und in welcher Menge sich belohnen dürfen, damit diese Belohnung sie und die anderen nicht schadet. Sie sind die Menschen, dass glauben, ihnen unter Ordnung besser geht als sonst. Wenn nicht so wäre, dann wären viele unmoralische Geschenke also lohnend und legitim gegenüber körperlichen Anstrengungen; die Anstrengungen, die man absichtlich eingeht. Ein nicht-Organelle Situation: hat die Ordnung in Westen und Osten einen Ursprung der Relevanz? Im Westen, wo das Leben um Genauigkeit und Messung geht, ist die Genauigkeit der Wert. Andererseits im Osten, wo Menschheit um Spiritualität und Gefühle geht, die hoch emotionale Ethik ist Wert. Im Osten, so wie Osho davon ausgegangen ist, wird das Leben durch die Spiritualität dominiert und die darüberstehenden Entscheidungen sind in Form der Gedichte und Beten und Gesänge zu realisieren, zu interpretieren. Welche gemeinsamen Nenner haben der Osten und die Westen in diesem Sinne? Schwierig zu beantworten. (der Ursprung des Vergleichs der Westen und Osten notiere ich von Osho in seinem Buch: Liebe, Freiheit, Alleinsein).

Emotionalität, die erst blickende Ampel unseres Dilemmas, die der Östliche, hat mich zu weiteren Dilemmas geführt. Ich hätte schon seit langem das Grün nicht immer und allein als Grün sehen müssen. Ohne mich über die Folgen bewusst zu machen habe ich mich erlaubt weiterzufahren.

Kurz vor der Reise kündige ich meine Wohnung mitten in der Altstadt, in der ich seit etwa einem Jahr wohne.

Das Lärm der Gassen und meine Beurteilungen durch meinen Kopf, extra die intensive Phase des Vorunikurses belastet mich so, dass ich nicht mehr da wohnen kann. Ich melde mich für eine Wohngemeinschaft und schaue, ob ich auch direkt mit einem Studiengang beginnen kann. Ich finde tatsächlich, die Medizintechnik an der Hochschule. Ich werde immatrikuliert und werde exakt nach meiner Rückkehr von Familienbesuch meine neuen Zimmer übernehmen und das Studium beginnen.

Ich schlage meiner Familie Armenien als Land, wo wir treffen würden. Sie stimmen zu und wir planen die Reise. Anders als üblich bekomme ich meinen Reisedokument gestempelt von armenischer Botschaft in Genf nicht rechtzeitig zurück. Die Reisedokument soll im Chaos und unter verschickten Dokumenten verloren gegangen sein, so die Botschaft. Mit der Verfolgung durch die Nummer kommt man auch nur ungefähr an dem Ort, wo mein Dokument verschwunden ist. Drei Tage bleibe ich warten auf mein Visum, kaum lang wie jede andere verwirrende Wartezeit. Vielleicht ein Zeichen dafür, dass ich die meine Reise kündigen sollte. Am dritten Tag und kurz vor Abflug wird das Dokument gefunden und an Genf zurückgeschickt. Ich bin nach Genf gefahren, um mein Dokument gestempelt persönlich zu bekommen. Drei Tage einer längsten Wartezeit endet sich und ich kann endlich meine Familie besuchen gehen. Diese drei Tage sind ein Meilenstein meines Gefühls gegenüber Genf, gegenüber Visum, gegenüber Familienbesuch im Hinterkopf geblieben.

Ich habe Armenien immer gemocht und vor ihren Widerstand gegen zahlreiche Folterungen und Völkermorden durch benachbarte Grossmächte

Respekt gehabt, vor allem der Osmanische Reich. Das Land ist immer noch durch der Türkei und Aserbaidschan unter Druck und seine Türe zu diesen Ländern bleiben offiziell zu. Das Land und seine zum Teil traumatisierte Geschichte verbinde ich mit Besatzung Kurdistans und meiner Situation. Deswegen wird die Reise nicht langweilig sein, denn es ist neu für uns.

Während dieser Tage höre ich immer wieder Duduk, das armenische Holzblasinstrument. Ein Instrument ähnliche wie kurdisches Şimşal, dass seit Jahrhunderten die Liebesgeschichte Mem û Zîn erzählt (eine tragische Liebesgeschichte in Form von Märchen in Kurdistan). Duduk, im Gedanken tragisches Ende der Liebe von Hemin, und Entdeckung Armeniens mit der Erneuerung der Familienbesuch begeistert mich. Die Maschine fliegt von Zürich und landet in Athen, nach etwa vier Stunden Umsteigezeit nach Jerewan, die armenische Hauptstadt. Griechenland, gelandet per Zufall, das letzte Station, die Hemin erreichen konnte und eine der Länder, dass sich wegen seiner Lage gut zwischen Wissenschaft und Spiritualität positioniert, ist das Land der tragischen Götter und Gemälde.

Als Hemn in Griechenland war und wir täglich Kontakt hatten, hat er mir einmal gefragt was für ihn gut wäre zum Lernen. Und ich, statt mich neu zu orientieren und auf beide Beine der Spiritualität und Wissenschaft zu stehen, habe zart geantwortet, «das sollte man selbst wissen, sich entdecken». Aber er war noch nicht in der Lage, diese «Sich» zu entdecken. Sicher wäre es viel besser, von griechischer Mythologie zu sprechen. Nietzsche in seinem Werk «Die Geburt des tragischen Gedankens» beschreibt: «Die Griechen, die die Geheimlehren ihrer Weltanschauung in ihren Göttern aussprechen und zugleich verschweigen, haben als Doppelquell ihrer Kunst zwei Gottarten aufgestellt: Apollo und Dionysos.»[5] Dies könnte ein relevanter Titel sein, denn Hemin war in Kunst interessiert und einmal in Athen in einer Ausstellung der Zeichnungen für die Flüchtlinge teilgenommen. In dieser Ausstellung hat er aus seiner Doppelqual, die Enttäuschung des Weiterkommens in Westeuropa und sein geschädigter Körper durch sechs Jahren Gefängnis, die Hinrichtung eines jungen Mannes durch einen iranischen Mullah gezeichnet, vorne: junger Mann hingerichtet, hinten: ein Mullah mit blutigem Mund, scharfen Zähne und ein Koran in der Hand. Nur eine Zeichnung. Nur diese Zeichnung.

Athen war heiss und ich habe keine Zeit gehabt, um in die Stadt zu gehen, was ich mir eigentlich wünschte. Für die Reise war ein Freund von der Schweiz dabei. Dieser Tag, besonders dieser Tag ging als eine die aufgeregtesten Tage in meinem Gedächtnis ein. Sekunden gingen langsamer vorbei. Nachdenken an das Studium und neue Wohngemeinschaft konnte ich kaum. Die nächste Maschine wird über die Türkei fliegen, wo sich mit Armenien in einen kalten Krieg befindet, vor allem durch völlige Unterstützung Aserbaidschan im Kampf gegen Armenien in Region Artsakh beteiligt ist. Es herrscht seit Beginn der modernen Türkei solche Konflikte mit den Nachbarländern, mal gegen Zypern, mal gegen

---

[5] Apollo, Sohn der Leto, ist der Gott der Sonne, des rationalen Denkens und der Ordnung, appelliert an Logik, Klugheit und Reinheit und steht für die Vernunft. Dionysos, Sohn der Semele, ist der Gott des Weines und des Tanzes, der Irrationalität und des Chaos und steht für Leidenschaft, Emotionen und Instinkte. (Wikipedia)

Griechenland, mal gegen Armenia und am massivsten gegen Kurdistan. Die islamische Regierung in Iran hat nach seiner Gründung ebenfalls diese Provokation und Unstabilität genützt, um sich in Libanon bis zu dem Afghanistan durch Stellvertreterkrieg gegen die westen zu entwickeln, was am häufigsten das Kurdistan, das zwischen beider Mächte Iran und der Türkei liegt, zur Vernichtung gebracht hat.

Abend spät dieses Tages im August landen wir in Jerewan. In Flughafen wartet ein mittler alter Mann mit einem Schild auf uns. Es ist Mitte Nacht und er holt uns in die Häuser ausser Jerewan, am Sewan See. Sewan ist der grösste See Armeniens und rund darum sind Häuser zu mieten gebaut. Die Jahreszeit zur Reise ist ideal, weder kalt noch heiss, zufällig auch weder hektisch mit vielen Touristen noch leer und langweilig. Als wir uns im gemieteten Ort befinden macht jemand uns die Tür auf und wir gehen rein. Meine Familie sollen in ein paar Stunden durch den Strassenweg ankommen. Ich habe ein paar Stunden Zeit mich zu erholen und sie in der Gegend abholen gehen. Nach einem milden Getränk schlafe ich tief ein, bis meine Familie in der nahe ankommen und der Freund, ich und der Besitzer des Orts zu ihnen gehen.

Die Aufregung ist sicher ein schwaches Wort für mein Gefühl bei dieser Begegnung. Das Bild lässt sich wahrscheinlich mit dem Stoss eines tagelangen durstigen Läufers auf einem Brunnen mitten einer Wüst beschreiben. Das Bild ist weder falsch noch richtig, sondern ein nacktes Bild der Natur, es könnte auch nicht da sein, es könnte stattdessen auch eine Schlange da sein und so wäre das letzte Schlucke, was man getrunken hätte. Ich erinnere mich wieder an dem Satz der reife Mann, der gesagt hat: «Alle Sozialisten sind nicht sozial, alle Familienmitglieder sind nicht emotional». Ich sollte wie eine Feder meine jahrelange Emotionalität gespeichert und bei dieser Begegnung bis zu weitem, achtlos und wie ein Kind, ausgelöst haben, ohne mich darüber entschieden zu können. Soweit ich mich kenne, und sogar meine Geschwister gemeint haben, wurde kein grosser emotionalen Ausdruck von mir erwartet, sicher etwas längerem Umarmung mit meiner Mutter, aber so tief wie ich mich darin befand, hat sich niemand vorgestellt. Diese Nacht ist eine der schönsten Nächte der unter meiner Familie.

Unser Aufenthalt in diesem Ort wird zwei Woche dauern. Zwei Woche Zeit, um die Wunden zu heilen, zu den gemeinsamen und privaten Gesprächen mit über dreissig Personen, von denen zu hören, für Austausch der Gefühle, für riechen und schmecken der aromatischen Kräuter, die sie mit sich gebracht haben; für die Umgang kleiner Auseinandersetzungen unter so viele Menschen auf einmal nach zehn Jahre, um gedankliche Ängste abzubauen und emotionalen Distanzen zu verkürzen, um die unterhaltsamen Momente zu maximieren. All dies sind im Rahmen einer traditionellen Familie, die sich eng miteinander harmonisieren und oft auch Luft lassen, um jeder für sich wählen und leben kann. Früher, als ich Kind war und meine ältere Geschwister Teenager, war dieser Luft oft sehr wenig, die Lust des Selbstseins. Das Individuum gab es gar nicht, man müsste sich mit einem Vorbild, oft von Vater oder der älteste Bruder identifizieren. Kulturell war es Wert, dass alle Mitglieder einer Familie nacheinander ausgesehen haben, sogar ihre Kleider. Wie eine Armee des Vaters. Man übte oft eine Sportart, besuchte eine Schule, machte etwas geplantes als Hobby und hatte gemeinsame Werte und Ideen. Meine Familie hat, verglichen mit unserem Quartier, diese Phase eher milder ausgeübt. Alle Brüder müssten zwar eine Stelle als Hilfe unseres Vaters Bäckerei ausüben, aber man dürfte sich nachher für eine andere Arbeit entscheiden, was auch tatsächlich der Fall war. Auch für die gesellschaftliche und gedankliche Werte müssten wir uns nicht alle vereinigen. Jeder lebte sein Leben und hatte seine eigene Werte. Trotz einer normalen Sympathie und Hilfe füreinander, liess Man sich in auch in Ruhe. Ich glaube ein Charakteristikum war trotzdem entscheidend, dass die Familienmitglieder eher initiativ waren oder stetig. Auch nach über zehn Jahre nicht mehr sehen habe ich diesen unterscheidenden Charakteristika gemerkt. Das führt dazu, dass man nicht gleiche Erwartungen, auch bezüglich der Emotionalität und deren Ausdruck, von allen Familienmitgliedern haben soll.

Es ist Mitte September und die Sonne scheint unvergesslich mild, noch schwach, weder hautbrennend. Der Strand schminkt sich mit den Sonnenstrahlen und einem harmonischen Geräusch der Wasserwellen und wir sitzen uns da, zwischen diesem Seestrand und die gemieteten Bungalows. Das Problem solcher Abschaltungen ist es, dass man dabei Angst hat, über die folgende Planungen und Kosten, besonders emotionelle Kosten nachzudenken. Theoretisch mache ich mir bewusst, dass ich mir nie über tragische Ereignisse vollenttäuscht und über grosse Leistungen voll zufriedengeben soll, wenn auch oft in solche übermässigen Erregbarkeiten sehr schwierig ist, gegen den Wellen zu schwimmen, sich stillzuhalten. Das Problem bleibt trotzdem behalten und ich diskutiere mit niemandem darüber. Alles ist schön, alles läuft gut, ohne irgendein scheinbarer Fehler, ohne Achtung.

Jeder Mensch und jede Menge der Menschen und besonders jede emotionelle Gruppierung dieser Menge wie Familien spielen eine wechselwirkende Rolle ihrer Identität, die wenig austauschbar und dynamisch ist. Die Identität schminkt sich eher, spielt gerne ihre Rolle. Anders als stabile Charakteristika ist den Dynamismus eine Funktion, die sich nach Kultur und Erziehung der Familie, oft sich der Alter der Mitglieder und ihre Erfolge bezogen dynamisch verhaltet. Es ist nicht leicht, vor allem in grossen, vielköpfigen und vielkernigen Familien eine Ordnung einzurichten, mit der diese beide Charakteristika in Einklang gebracht werden können. Die Charakteristika stabiler Identität und die Charakteristika der Dynamik der Generationswechsel. Verglichen mit den Rollen und Aufgaben jeder Bürger in der Gesellschaft, die nie ohne eine Wechselwirkung und Harmonie funktionieren kann, kann auch eine lebendige, verantwortungsvolle Familie nicht überleben, ohne in Anbetracht ihrer Identität und Dynamismus. Diese Identität, egal ob es politisch, gesellschaftlich (die Mitte), literarisch oder künstlerisch ist, wenn von gewissen Mitgliedern hart bis gar nicht aufgenommen wird, wird dem gesamten Kern als eine Einheit der Familie bedrohen. Kann eine spielerische Diskussion diese Sensibilität ändern? Oder die Sensibilität gehört der Kern dieser Identität? Oder aber auch wenn die funktionelle Rolle der Familie nicht klar definiert sind, zum Beispiel ist eine Familie patriarchal geprägt und daraufhin diskriminiert für die Frauen und ihre Teilnahme an gemeinsame Entscheidungen, hält sich wahrscheinlich die ganze Familie nur vor

Existenzangst der älteren Generation und bring keine dynamische Rolle mit sich weiter. Die Beurteilung, dass meine Familie sich durch ein besonderes Wechselspiel charakterisieren lässt, ist nicht leicht zu beschreiben, aber leichter zu ermitteln, dass sich die ganz tabuisierten Themen und modernsten Gespräche hier in diesem nicht ganz modernen Struktur verbreiten und zuhören lassen. Eine Nebenwirkung vieler Jahre kritischer und zerbrechende Schaden der Situation meines jüngeren Bruders und seines Tods lässt sich nicht schnell zu heilen und alle tabuisierten Themen in kurze Zeit zu besprechen. Ich denke dabei ist besser, jedem seine Ruhe zu geben und diese Zeit für Stille erklären als schwere Gespräche. Die Zeit der zwei Wochen Familienbesuch nach zehn Jahren, die weder kurz noch lange Zeit.

Armenia ist das Land der Aprikose, des Widerstands und des Überlebens seines Volkes, der Kognak und liberalisiertes System in Kaukasus, möglichst demokratisch und offen für moderne Gespräche. Was mit diesem Land geschehen ist, ist nicht weniger als Holokaust gegen den Juden und Jihad gegen Kurdistan in verschiedenen Phasen; ein Unglück, das sich bis heute wiederholt. Von der armenischen Sprache verstehe ich kaum ein Wort, aber ihre Sympathie für Kurdistan ist vielerorts zu spüren, als sie von unserer Sprache und Kleider erfahren. Am schönsten finde ich, dass die Kinder meiner Familie sehen, wie eine nicht sexistische, gewaltfreie und gastfreundliche Gesellschaftsbildung trotz einer tiefen Armut und täglicher Soft- und Cyberkrieg von ihrem Nachbarn möglich ist. Sie meinten auch am Schluss, dass die Reise tatsächlich eine der besten praktischen Erfahrungen für sie sei.

Ich glaube die Beziehungen per Telekommunikation, wenn nicht mit einem integrativen Programm oder Treffen verknüpft sind, vermitteln oft ein konkaves beziehungsweise konvexes Bild im Kopf. Eine begrenzte telekommunikative Beziehung übermittelt in der Wahrheit tatsächlich nur eine Oberfläche seiner Identität. Die Wahrnehmungen verschiedener Menschentypen und ihre Versuche, die Kommunikation statt identifiziert funktionell und statt funktionell identifiziert auszutauschen, ohne sich und einander darüber klarzumachen, bringt die ganze Beziehung in einer schmalen Linie. Unter massiver Emotionalität, denke ich, passiert oft dieser Austausch und dann tauscht man sich oft missverständlich. Man erfährt die Kommunikationen der Liebesbeziehungen oder im Kontakt mit den Familienmitgliedern oft, ohne dieser logische Dynamismus zu betrachten. Die Folge ist, dass eine Seite sich mit dem versuch erschöpft und die andere nur empfängt und die beide Rollen mir der Zeit zu den logischen Aufgaben von ihnen werden. Mir ist oft diese Situation passiert und die Reise nach Armenien ist eine Gelegenheit, die Funktionen und Werte individuell zu besprechen, auch bei der Empathie über deren gemeinsamen Nenner. Diese Seite der Gespräche kommt unter uns nicht immer bekannt, welche schliesslich das Resultat eines Gesprächs oft automatisch dazu führ, dass die Familie sich von einer traditionell eher engen Struktur zu einem vielkernigen Verein entwickelt hatte.

Neben unserem Aufenthaltsort hat der Besitzer eine Bar mit einer hiesigen Kollektion der Alkoholgetränke und Schischa zur Verfügung. Die Getränke, vor allen der Kognak und die Weinsorten sollen im Land produziert worden sein. Neben uns kommen ab und zu paar Gäste und übernachten eine Nacht. Die weiteren Gäste sind wenig zu sehen. Im Baar beschäftigen sich ein paar junge Männer und trinken selbst auch ab und zu. Meine Familie sind kaum für Bar und Alkoholgetränke allgemein. Diejenige, die trinken, zum Beispiel ich, verstecken uns in einer Ecke und schlucken ein Glass Schnaps und kommen zur Familie zurück, ohne dass wir sie damit stören. Viele der Familien in Kurdistan kommen immer noch nicht klar mit dem Alkohol und finden ihn unnötig und ungesund. In Meriwan, wo ich aufgewachsen bin und der Widerstand gegen den Besatzer oft das ganze Leben kostet; wo, der Widerstand die Isolation und die Auswanderung zur Folge hat, sind die Werte immer noch absolut. Absolut alkoholisch sein oder absolut dagegen, absolut gläubig sein oder absolut atheistisch, stark festen und danach fett und locker viel essen. So sind absolute Unterschiede in einem binären Spiel und ich bin mir nicht sicher, ob ich immer noch Alkohol getrunken hätte, wenn meine Familie seit langem für alkoholische Getränke wären oder nicht.

Am Abend sitzen wir am Strand und machen das Feuer wieder, darauf kochen wir Tee und grillen. Am Abend weht oft ein milder Wind, der Haare meiner Schwester und meine Nichte kämmt, der das Feuer langsam anzündet. Ich mag diesen Wind, der so rechtzeitig und mild weht, ohne dass unseren Abend stört. Dass den Regen nicht mitbringt, dass meine Schwester und meine Nichte nicht dazu bringt ihre Schalen wieder rund um ihren Kopf binden zu müssen. Ich schätze diese Stimme und diese Freiheit, in der meine Schwester und meine Nichte keine Angst vor ihr Haaren haben, lassen ihre Haare fallen, schminken und laut und ohne Angst vor irgendeiner Moralpolizei lachen. Hier, in diesem kleinen Land im Kaukasus, das im Gegenteil vieler anderen Länder in seiner Nachbarschaft Frauen frei sind zu wählen, ob sie trinken oder nicht, ob sich verschleiern oder nicht, fühlen sich meine Schwester und meine Nichte freie als je.

Ab meiner Jugend habe ich meine Informationen mehr von den anderen Quellen erhalten als meine Familie; von den Gesellschaften, mit denen ich mich mehr identifizieren könnte. Zu dieser Zeit waren meine Familie für mich mehr funktionell als identifiziert, denn die Indikatoren, nach denen meine politischen Gedanken charakterisiert waren, waren zum einen zu lebensgefährlich und zum anderen waren meine Werte absolut atheistisch und radikalisiert nach den linken Mottos. Der Gefährlichkeit würden die erwachsenen Menschen, besonders mit Kindern und eigenen Familien eher vermeiden und deren Werte ebenfalls lag eher auf einen mittleren, gesellschaftlich normal aussehenden Standard, welche im Gegenteil zu meinen modernen und zum Teil schockierenden Ideen waren für die Gesellschaft und ihre klassischen Werten. Daher lassen wir uns eher in Ruhe und Diskussionen darüber gab es oft nicht.

In Ostkurdistan versucht man nicht selten das Kind oder das jüngere Familienmitglied vor der Gefahr des politischen Engagements zu alarmieren und in gewissen Fällen nach seinen eigenen Erfahrungen sogar ihn zu passivieren. In meinem Fall kam es wenig zu einer Deradikalisierung oder familiärer Versuch der Verhinderung, denn ich war mehr als sonst aufmerksam und arbeitete im konkreten Sinne mittel kulturellen Instrumente. Auch für meine Kollegen war es schwer vorzustellen, dass ich so praktisch engagiert sein könnte und haben nicht allen geglaubt. Die Überzeugung meiner Familie für meine Auswanderung hat logischerweise Sinn gemacht, denn in der Zeit meiner Flucht würden alle Aktivisten sich im Fall ihrer Festnahme Jahrelang in Haft befinden. Somit hatte eine Rückkehr nach Ostkurdistan unter der iranischen Besatzung nach meiner parteilichen Abtrennung kein Sinn machen. Bei der Partei war immer wieder Fälle, dass unerfahrene und traumatisierte Familien ihren Kindern zurückkehren kamen und manchmal konnten sie auch zu kehren überzeugen. Man hat nach ihrer Rückkehr wenig von diesen Mitgliedern erfahren.

In Armenien sehe ich fünf Kindern der Familie direkt für erstes Mal. Als ich meine Heimatstad verlassen habe waren sie entweder noch nicht da oder neu geboren und nicht mal ein Jahr alt. Mir gegenüber verhalten sie sich an den ersten Tagen etwas zurückhaltend und sind begeistert von der Länge ihrer Strecke, die neue Menschen und Sprache Armeniens und die Beziehungen zwischen den Familienmitgliedern mit mir. Die längsten Distanzen, die ich während meiner Kindheit oft in ein bis zwei Jahren einmal erlebt habe, war etwa weniger als ein halber Tag weg; mit allen Vorbereitungen, tanken, Zwischenwegaufenthalten und oft bei schöne Wetter Picknick machen dauerte der Weg über ein halber Tag. Diese Strecke, die sich jetzt mit schnellem Auto und weniger Zeit für Picknick und Pausen auf zwei Stunden verkürzt hat, hat keinen von seiner Attraktivitäten mehr. Für so eine Reise in meiner Kindheit hat die ganze Familie monatelang geplant und sich darauf gefreut, jedes Dorf auf dem Weg war eine Entdeckung, jede Windung und Kurve der schlechten Strasse eine Leistung und ein neues Panorama; dieser Blick, genau dieser Ort letztes Mal hat etwas anders ausgesehen. Jetzt gehen wir nicht den gleichen Weg und eine vergleichbare Reise, vergleichbar mit schnell gewordenen Autos und besser gewordenen Strassen. Die Reisen sind viel imaginär und individuell geworden, man reist durch sein Handy, man muss sowieso Arbeitsausflüge reisen und ich glaube auch, dabei auch, dass je die Familie, umso divergiert das Interesse der Ziele und der Wege. Gut ist dabei, dass wir das WLAN des Orts in Armenien, an diesem Strand sehr wenig, bis nichts verwenden, auch Computerspielen machen wir nicht.

Es gibt gewisse Veränderungen bei den Verhalten der Kinder. Die Art ihrer Zurückhaltung ist anders geworden, sie können ihre Ängste sehr schneller als meine Kindheit abbauen. Angst vor neuem Ort und Menschen ist für sie sehr oberflächlicher als in meiner Kindheit. Diese Kinder und ich haben uns paar Mals per Internet gesehen und unterhaltet, aber im Internet kam es nicht zu einem echten Gespräch zwischen uns. Am Anfang eines Kontaktes mit dem Kind fragt oft der ältere, erwachsene Mensch, um sich zu befreunden und schenkt ihn etwas. Dazu fragt man etwas wie: was würdest du in der Zukunft werden? welches Cartoon magst du am liebsten? Welch Spielzeuge sind deine Lieblingssachen? Und nach diesen Schritten wird auch Kind öfter den Erwachsenen fragen und somit bleibt dieses Ereignis im Hinterkopf des Kindes. Im Internet ist die Freundschaft für ein Kind schwer vorstellbar, er kann sich sogar das Bild und die Gespräche ganz surreal wie sein Cartoon sehen, kaum ernster. Dieses Bild hat mir geholfen, gewisse kindische Gespräche mit den Erwachsenen eher per Internet zu führen. Damit ist es aber Vorsicht einer Spiegelung, sei es konkav oder konvex, also Vergrösserung oder Verkleinerung der Wahrnehmung der Person und seines Werts geboten: Sie ist immer ein Freund und geschätzter Mensch, aber sein Thema reicht für die Breite der Telekommunikation und lieber darüber beide Seiten informiert sein! Ich rufe in meiner Erinnerung.

Die Blicke Armeniens sind mir so unvergesslich, dass ich sie vermutlich mehr als ihre Realität vergrössert habe. Dieser Reflex kann mit der Vorstellung, dass die Telekommunikation oft ihrem irreführenden Bild, konkav oder konvex, einhergehen. Dass, das von der Telekommunikation vergrösserte beziehungsweise verkleinerte Bild sich logischer und einfacher erzählen lässt, führt mich zu einer anderen Dimension der Bildkennung: Die Reise nach Armenien war eine Bildreise, wie ein Cartoon für die Kinder, für ein Horror oder Actionfilm absurd und surreal. Eine mögliche Erklärung lässt sich wahrscheinlich so formulieren, dass wenn ich nicht in den Grundbausteinen und der fundamentale Aufbau eines Ereignisses dabei sein und keine Kraft mitbringe, sondern nur objektiv mitmache, bin ich im Ereignis aus der Sicht der leistenden Kraft, der bezahlende Kapitalinhaber, eine Null und nichts und aus meiner Sicht eine eins und Gewinner. Die Erklärung lässt sich so formulieren, dass keine emotionale Situation eine finanzielle Schuld begründen kann. Eine andere Schlussfolgerung ist logischerweise, obwohl der Logik in sich gegen Emotionalität ist, gegen der physikalischen Gesetze, dass in die Natur nichts gratis gibt. Von diesem Hauptsatz wurde ich mittlerweile mehrmals durch einen Physiklehrer gewarnt; leider bei dieser Reise war die Emotionalität sehr stärker als die Natur meines Daseins.

Zwischen den Kindern und Erwachsenen während der Reise merke ich einen klaren Unterschied der Wegweisung. Zwar sind die Wege uns alle neu und unbekannt, aber oft suchen und erinnern sich die Kinder ihre Wege auf Basis des Vergnügens, wohingegen die Erwachsene oft die kürzeren Wege suchen: Die Kürze der Wege aufgrund der zeitlichen Einschränkungen und das Abenteuer von Kindern aufgrund ihrer grossen fragestellenden Kapazität, die unendlich ausschaut. Dieses Gefühl ist aus meiner Sicht, ausgenommen von abnormaler Situation der Kinder, wie Krankheit, Angst oder Hunger. Eine möglichst definierende Kennzeichnung der Charakter ab der Kindheit, dass die Menschen sich eher Ruhe suchen werden und an instrumentalisierte Wege interessieren, oder ob sich grössere Gedanken machen und schwere Arbeiten vorstellen können. Sind alle Kinder gleich talentierte Wegsucher oder bleiben eher bei den Neuigkeiten stehen und bewundert? Wie kann man ab diesem Punkt eine kreativere Familie bilden? Interessanterweise merke ich, dass oft die kurzscheinenden Wege nicht immer kurz werden, und im Gegenteil die abenteuerlich, freudvolle Wege der Kinder ihnen schnell und cash ihr Vergnügen bezahlen. Eine andere Beobachtung nach der Belohnung der Kinder, sei es unbewusst mit dem Wissen oder bewusst mit Schokolade oder ein Geschenk, lässt sich so resultieren, dass oft unbewusste Belohnungen zu ihrer Kreativ führen. Ich merke bei den Kindern meiner Familie durch dieser Reise, dass sich diese unbewusste Fragestellung und Wegfindung nicht künstlich herstellen lässt: Es bildet sich nur kulturell und benötigt Zeit, wahrscheinlich auch mehr als eine Generation, bis die Familie mehr Kreativität mit sich bringt als eine Vorsicht der Verlust voneinander und Angst des Alleinseins im Alter.

In unserem Aufenthaltsort und am Strand kommt manchmal eine alte Frau und spielt mit uns Volleyball. Sie stammt vor Ort, scheint allein zu sein und arbeitet als eine Putzfrau dieser Häuser. Sie ist kotaktfreudig, aber uns fehlt eine gemeinsame Sprache, weder verstehen wir Armenisch, noch spricht sie ein kurdisch oder englisches Wort. Wir essen ein paar Mahlzeiten zusammen und das bringt eine neue, unbekannte Schönheit mit sich. Dieses Gefühl, trotzt seiner Unbekanntheit, ist sehr angenehm und ich habe ihn seit Jahren nicht mehr gehabt. Bei jetziger hektischer Zeit der Arbeit und Bürokratie versucht man oft während der Aufenthalte und Reisen ein ruhiger Ort zu finden und sich möglichst von den grossen Menschenmengen zurückzuziehen. Grund dafür ist, dass es so Spass macht. Und weshalb macht die abenteuerliche Unbekanntheit, solche Kleinigkeiten kein Spass? Das Gefühl kenne ich seit meiner Kindheit, als ich mich monatelang über eine Reise gefreut habe und Tagen vor deren Ende unglücklich und unzufrieden worden war, dass es so früh vorbeigegangen ist. Ich habe selten in meinen Reisen gereist, sei es dieser Reise in Reise in der Abfahrort oder eine Belohnung durch Wissen und neuen unvergesslichen Geschenke.

Die Lebenssituation in Iran verändert sich rasant auf allen Ebenen. Niemand ist trotz seines vergleichbar mittleren Stands versichert, alle stark betroffen mit viel hohen Bezahlungen und tiefen Lohnen. Die Existenzangst meiner Familie ist ganz anders als die meine. Nach dieser Reise müsste ich mir über gewisse Reaktionen der Eile und Schnelligkeit der Wegfindung Gedanken machen, welche auf dieser dunklen, unglücklichen Seite des Lebens unter der islamischen Regierung bezogen zurückgeht. Diese Folgen werden oft härter die Minderheiten und andere Meinungen betreffen. Etwa die nicht Perser, nicht Männer, nicht Muslimen und besonders die Familien mit politischen Aktivistinnen. Selbst die Unsicherheit der Strassen, durch denen meine Familie unseren Treffpunkt erreicht und ein paar Unfälle erlebt haben, haben mir vor und nach der Reise mit sich beschäftigt. Der Weg über ein tausend Kilometer mit nicht alles standardisierten Autos, schlechten Strassen, ständige Kontrolle.

Berge, Brunnen, Flüsse, eine präsente alte Kunst und viele halbgebaute Häuser, eine klassische Landwirtschaft und eines zurückhaltenden Gefühls gegenüber den Nachbarn, die das Land immer angegriffen und ausgenützt haben, verbinden mich tiefer mit Armenien und sein Volk. Von dem öffentlichen Verkehr ist kaum eine Spur zu sehen, vor allem auf dem Land, wo wir halten. Die altmodischen Autos und nicht überall produktive Industrien erinnern mich an meinen letzten Bildern von Kurdistan und meine Heimatstadt, die trotz ihrer grossen Kapazität des internationalen Transportes, reich an Erdmineralien vielerorts seine Mehrheit unter absolute Armut leidet. Diese Armut ist hier auch zu tragen, in einem offiziellen Land, das trotz Rache auf seinem Widerstand immer noch auf seinen Beinen steht und man bekommt mit einem Spaziergang durch die Stadt das Gefühl dieses Stolzes. Das ist vielleicht ein logisches Bild, ein unausweichliches Schicksal einer langen Auseinandersetzung, die dazu geführt hat, dass dessen Mehrheit der Bevölkerung aus dem Land leben, in Europa oder in den USA.

Wie lässt sich dieser Geschichte mit dem Aussehen der Menschen zu erklären; Menschen als Individuen, die ohne ihr Einverständnis oder Ignoranz kein neues Phänomen sich in der Kultur entwickeln kann.

Allgemein kann man sicher schwer formulieren, aber zumindest ist es wahr, dass in vieles nahöstlichen Länder eine starke, nicht harmonisierte figurative Konkurrenz herrscht, wonach Menschen ihre Leistung körperlich zeigen wollen. Die jährliche Plastikchirurgie, übertriebenen Schminken, digitalisiert Verfälschungsprojekte der Finanzprojekten, äusserst dekorative Beleuchtungen und Goldsucht sind Kosten dieses Leides: Der Leid lässt sich nur mit reisen in den Reisen erklären, die Reise nach irgendwo anders. In Jerewan sehen wir viele Frauen, soweit ich sehe die Mehrheit, die sich weder übertrieben mit dem Gold oder Chemikalien schminken noch sich hinter übermässig dekorative Plastikchirurgie verstecken versuchen, was vor allen in iranischen Hauptstadt Teheran seit Jahren moderiert wird. Das ist zusätzlich eine Lehre der authentischen Bedeutung der Schönheit und ein mittlerer Stellenwert deren künstlicher Herstellung.

In Jerewan scheint die Infrastruktur ausreichend funktionieren. Von Energieknappheit ist nichts zu merken. Der öffentliche Verkehr und die Busse, die durch die Stadt transportieren, sind teilweise beschrieben mit chinesischen Buchstaben, von denen Bedeutung kaum jemand in der Stadt etwas verstehen soll. Ausserdem befindet sich das Land immer noch unter dem Einfluss der ehemaligen Russenherrschaft und viele Bürger beherrschen die russische Sprache, zumal wird es weitergegeben aus wirtschaftlichen Gründen. Wahrscheinlich besondere Lage des Landes gegenüber den Massnahmen von Ankara und Baku teilt es zwischen China und Russland, dessen Lage aufgrund der Nachbarschaft mit der Nato, also der Türkei, für die beiden Grossmächte wichtig scheint. Mit all diesen hat Armenien eine junge Bevölkerung, die gut ausgebildet ist und mehr Demokratie will. Auffallend ist noch, dass mit Jahrzehnten Repressionen und Verfolgungen keine Spur von Extremismus und Rassismus unter jedem Namen zu sehen ist.

Am Friedhof fotografieren! Oft habe ich mich als Kind gefragt, weshalb manche sich lieber am Friedhoffe fotografieren statt in einem Wald, vor der Museen oder auf den Brücken. Weshalb in einem Krankenhaus nicht? Welche Beziehung besteht zwischen einen Stein als der letzte Gedanke einer Person oder einige Steine, die man nicht kennt, und einem Moment, in dem man unvergesslich machen will? Woran will man sich bei jedem Wiedersehen dieses Bildes erinnern? Augenblicklich ist ein Friedhof einzigartig, kein anderer Ort hat eine möglichst gleiche Architektur wie ein Friedhof. Er ist viel Grün und voller Blumen, still wie nirgendwo, und die Steine, die nicht mal höher sind als ein Meter. Als wir einmal in der Stadt tanken müssen, sehen wir der Friedhof der Stadt, ein riesiger Ort mit ähnlicher Struktur wie die Friedhöfe in Kurdistan. Wir steigen aus und unbewusst beginnen mit fotografieren, uns selbst, den gesamten Blick und manche Steine, die künstlerisch sehr schön gemacht sind, die der frischen Gräben. Mir fällt auch ein anderes Merkmal aus, nämlich der Blick und letzte Abschied vom Graben mit einem Abstand etwa vier bis fünf Meter entfernt, mit dem Kopfteil der Graben, wo man seine letzte Blicke und Augen immer noch im Hinterkopf hat oder sich vorstellen kann. Solche Blicke merkt man bei letzten

Treffen, wo zwei Menschen sich verabschieden und dazwischen eine nicht sehr weit nicht ganz naher Distanz besteht, etwa vier bis fünf Meter Abstand.

Fühlt eine Maschine mir gegenüber immer genau oder kennt mich jeder Mensch von meinen Gefühlen aus? Armenien ist wie auch andere Länder in der Region nicht automatisiert wie der Westen. Bei Parkplätzen, Tankstellen, Märkte und viele andere Orten sieht man wenige Maschinen, die gleiche Arbeit leisten wie Menschen. Bei den Einkäufen und jeder anderen wirtschaftlichen Begegnung kommt oft ein soziales Engagement dazu. Die Frage nach der gegenüberliegenden Situation, die empathische Gefühle und ein Energieaustausch, der nur mit den menschliche Mitmachung möglich ist, schönt meine Erinnerungen handwerklich an Armenien. Bei automatisierten Bedienungen fehlt diese Energieaustausch und man bekommt keine zusätzlichen spontanen Gespräche und Bekanntmachungen. Diese kulturelle Routine lohnt es sich, mehr als geplant Zeit mit den Ausflügen zu verbringen und die Kenntnisse über das Land zu vertiefen. Mittlerweile ist auch das Leid der Menschen unter nicht wachsende Arbeiten und wirtschaftlichen Schwäche nicht auszuweichen.

Reise in Krisenländer gehört zum Luxus, denn man muss um seinem Überleben kämpfen. Oft nutzen Regierungen diesen Luxus als ein Kriegsmittel gegen ihre Bevölkerung, wie der islamische Staat Iran, dass versucht die Jugend durch seine Jugendorganisationen in Rahmen religiös-politischen Ausflüge auf seine Seite zu mobilisieren. Je länger die Distanz, umso luxuriöser die Reise. Nichtdestostrotz sind die lange, machbare Reise in Krisenländer oft diejenige der seelischen durch

Bücher und Wissenschaft, durch imaginäre Vorstellungen in Gemälde und Gesänge. Die klassischen Werke vor Jahrhunderten in dieser Region legen einen grossen Wert auf die Reise. Im Gegenteil von den echten Reiseberichten der in Westen, bilden sich viele Werke der Literatur im Herzen Nahen Ostens, in Gebirgen Kurdistan gedanklich und im Sinne von künstlerische Folkloregeschichten (Besonders merkbar ist die Geschichte der Behistun-Inschrift nahe liegend bei Kirmaşan). Kinder begeistern sich viel über diese Seite der Reise und verbinden sich thematisch schnell mit der tiefen Sentimentalität dieser Gespräche, die ab und zu unter den Erwachsenen durchführen. In der Tat ist es jetzt einfacher geworden, die Kinder über die Logik der absurden Bilder und Actionfilms zu überzeugen, von ihre Heros und Nachrichten, die hinter ihnen stecken.

Mit meinem Gefühl der Erleichterung ist die Schwierigkeit, sich zur Normalität des Lebens und der Routine zu kehren bemerkbar. Ich werde nach der Rückkehr eine intensive Phase des Beginnes des Studiums und der Auseinandersetzung mit der Frage des politischen Daseins vor mir haben. Die Schwierigkeit befasst sich nicht mit der Länge der Reise oder deren Dauer, sondern mit der Emotionalität. Wie die Tiefe und der Art der emotionalen Beziehungen sich mit der Zeit und geographischen Orten ändern, ändert auch meine Beziehungen mit den Familienmitgliedern während dieser realen Phase des Treffens. Man geniesst erfrischte Begegnungen, verspricht bald mögliche Wiedersehen, wird in kleinen Auseinandersetzungen beteiligt und zeigt dabei Mitgefühl, obwohl tatsächlich kaum Ahnung davon hat. Diese Kleinigkeiten sind verschiedenen Themen, von der Zeitpunkt einer kurzen Fahrt durch die Stadt bis Vorbereitung anderer Essen für diejenige, die das geplante Essen nicht mögen; von kleinen Missverständnissen unter Kindern, die sich heute der Hauptstadt Jerewan zu dem Spaziergang wünschen und schliesslich sich mit einem kurzen Ausflug in kleiner Stadt Sewan begnügen werden. All diese kleine Auseinandersetzungen sind mir bekannt und Beihilfe, meine Kleinigkeiten der Persönlichkeit zu entdecken und stoppen, die Hauptpläne zu beeinflussen oder sie als normal annehmen und mit denen umgehen, wie sie sind.

Ein Tag der letzten Tage, die wir von Häuser nach kleiner benachbarten Stadt Sewan zu Fuss gegangen sind, in etwa eine halbe Stunde Fussweg, lösen viele Kleinigkeiten schnell auf. Zu Fuss in einer nicht bekannten Stadt, in deren kleinen Gassen und Strassen, oft leer von Fussgänger begegnet. Solche spontanen milden Ängste der Neugebieten bauen oft die vorige Stresse ab, die aufgrund der Stille und sich widerholende Zyklus entstanden sind. Zwei Wochen Aufenthalt nach zehn Jahren nicht mehr Treffen ist recht eine kurze Zeit, denn diese Phase lässt sich weder genügend für emotionale Empfindungen in meist individuellen Situationen noch so lange, dass man sich langweilt und die Stunden bis zu dem Ende zählt.

Ein Abend vor dem Schluss der Reise beginnt zum Regen. Der Regen drangt uns von dem Strand nach Innenhäuser der Bungalows und wir versammeln uns in diesem kleinen Haus zusammen. Die natürlichen Veränderungen der Wetter bringt noch eine andere Stimme der Versammlung. Jedes Haus ist angedacht für ein paar Menschen oder eine kleine Familie, aber unsere ganze Familie versammelt sich im Haus der

Grossmutter, die unsere Abteilung, meine Mutter, meine Schwester und ich. Diese Nacht, die letzte Nacht unserer Reise geht mit keiner Kleinigkeit oder anderen Essverhalten einher. Wir zeigen eine grosse Empathie als Mitgefühl uns gegenüber und trinken mehr als vorigen abends Tee zum Abschied bis zu dem Abend spät.

Geburt der Unabhängigkeit

Als ich von meiner Reise nach Armenien zurück war und mit dem Studium begann, habe ich als Folge einer der eiflussreichsten Ereignisse nach meiner

Auswanderung eine tiefe Erschütterung erlebt. Die emotionale Bereitschaft und die empathische Mitwirkung in mir hat mich gezwungen, mich mehr als früher mit den familiären Fragen auseinanderzusetzen. Parallel dazu hat in einem Wechselspiel mit immer wiederholender Frage der Identität sich der Kern des Selbstseins in mir gereift. Diese Frage war immer zu einem gewissen Grad relevant und auf der Suche nach ihrer Antwort, nicht anders als Befreiung dieses Landes, nicht anders als Freiheit seiner Menschen. Ich gehöre offiziell zur Nachkriegsgeneration (der achtjährige Krieg zwischen Iran und Irak) und inoffiziell zu dem dauerhaften Krieg gegen Kurdistan. Anfang neunziger Jahren sollte sich Iran in einer pausenlosen Wiederaufbauphase befinden. Wiederaufbau von Zerstörung der Infrastruktur, Wiederaufbau der vernichteten Dörfer, die meist bewohnte damals gewisse Regionen Kurdistans im Westen und Nordwesten und die arabische Region Al-Ahwas im Süden des Landes, deren Dörfer meist verödet und die Bewohner am meisten ausgewandert waren. Meine Familie war auch wie andere Familien Kurdistan eine dieser Auswandere. Sie wurden von einem Dorf nach einem anderen ausgewandert, als sie von beiden Seiten bombardiert wurden, sowohl von irakischer Luftwaffe, die offizieller Feind waren als auch von Iran selbst von allen Seiten. Meine Familie haben von einer Situation nach einer neuen geflohen, denn Kurdistan hatte kein Ruhiger Tag, keine stille Nacht wegen Attacken der Bodentruppen und Luftangriffen Teherans. Meine Mutter sagt, dass sie jedes Jahr irgendwo anders Zuflucht suchen mussten. Die erste Priorität meiner Eltern neben der Ernährung war, dass die Kinder, die je nach andere auf die Welt gekommen sind, studierten und sich eine sichere Zukunft aufbauen konnten. Alle Söhne müssten unserem Vater Beihilfe sein.

Ich konnte als Kind rechtzeitig begonnen, meine unabhängige Rolle zu übernehmen. Der Anfang war die Arbeit neben meinem Vater in Bäckerei. Damals war diese Arbeit sehr anstrengend, noch nicht vollmechanisiert und begann morgen früh um vier Uhr. Alle meiner fünf älteren Brüder haben jahrelang, während ihrer Schulferien und als Nebenjob oder für kleinen Taschengeld die vier verschiedenen Stellen der Bäckerei gelernt und ausprobiert. Einige waren etwa zufrieden damit, andere gar nicht. Für mich als kleines Kind war es sehr spannend, denn es war der einzige Weg des Kampfs um Unabhängigkeit, der Beweis meines Krafts. Meine Schulkollegen haben auch oft eigene Freizeitstellen geübt, die meisten sehr leichter als die industrielle und üblichen Brotarbeiten. Mein Vater war ein traditionell gläubiger Mensch, der seine Kinder nie gezwungen hatte, sein Glaube nachzugehen. Er hat mir niemals gesagt, dass ich sein Glaube akzeptieren muss, sein Job nachmachen soll oder etwas andere ausser meinem Willen folgen sollte. Mit dieser Erziehung hat man immer eine Basis der Autonomie gehabt, schon als Kind, diese Lehre der Kraft und des Muts. Er war sehr geduldig und immer am Arbeiten. Auch in Ruhetagen stand er sehr früh auf, Schaltete Samowar, der Teekocher für die ganze Familie ein und beschäftigte sich mit der Wartung der Geräte und bis zu dem Mittag schaffte Ordnung, oft allein. Er hat mir Geschichten seiner Kindheit und schwierige Zeiten im Folgen der zweite Weltkrieg gebracht. Er erinnerte sich als Kind, wenn die Soldaten des Reza Shahs, der erste König der iranischen Monarchie, in ihrem Dorf eindrangen und Männer mit kurdischen Kleidern suchten, damit sie bestraften. Damals war unter iranische Monarchie in Ostkurdistan die kurdische Hose verboten. Alle mussten die offiziellen Kleider tragen, alle mussten die offiziellen Sprachen anwenden; man fühle sich in einem Militärlager. Unter diesen Bedingungen haben die Iraner in früheren Monarchie-zeiten tausenden von Familien von Kurdistan nach Nordosteniran zugewandert, damit sie als Schild in Kriegsfall auszunutzen; man habe versucht, kurdische Männer mit neuem Flaggen, Religiösen Führer und tiefem Patriarchalsystem identifizieren und in unbekannte Gelände einmarschieren und von ihrem Ursprung abtrocknen lassen. In diesen Jahren, die mein Vater sich gut daran erinnerte, wurde Kirmaşan, der Hauptstadt Ostkurdistans, intensive assimiliert. Mein Vater sagte, dass sie Reissverschluss auf den Seiten ihrer kurdischen Hose nähen müssten, damit sie bei dem Eintritt der Soldaten die Hosen eng und offiziell machen konnten, was sich danach wieder zur kurdischen Hose öffnen liess. Mein Vater hat mich Lehre der Unabhängigkeit gebracht. Er müsste selbst zehn Jahre in Südkurdistan, damals Anfang moderner Irak, auswandern. Er und seine Familie müssten zehn Jahre ihrem Dorf verlassen, weil sie einen Widerstand gegen die Männer der Monarchie, der lokalen Feudal, geleistet haben und anschliessend ihre Bleibe und Eintritt nicht nur in ihrem Dorf, sondern in mehreren Dörfern in der Nachbarschaft verboten war. Sie müssten eine Zuflucht im Norden neu entstandenen Irak, dem Südkurdistan, suchen. Nach Jahrelangen Flucht kehrten sie teilweise nach Ostkurdistan zurück, wobei mein Vater in Meriwan, die Heimatstadt meiner Mutter und nachher uns alle, bleib und meiner Mutter heiratete.

Diese Geschichte hat mich erst als ein Kind in der Lage gebracht, meine damalige Situation mir der seinen grob zu vergleichen, um den Schwierigkeiten seines Widerstands nachzugehen. Als ich siebzehn war starb mein Vater an Krebs; ein frühzeitiger Tod, mit der ich mich unabhängiger denn je gemacht habe. Der Tod, diese biologische, unausweichliche Funktion, die früh oder spät kommen wird, ist ein Zeichen dafür, wie eingeschränkt wir sind. Dies hat mir erlaubt zu begreifen, dass die Notwendigkeit eines freien Kurdistans gründlich existenziell ist und darin besteht, dass der Mensch eingeschränkt ist, sein Körper eingeschränkt ist. Menschen mögen ihr Land, ihre Mutter, ihr Haus, weil Menschen eher an das Leben denken wollen statt an dem Tod. Leben, dass ebenfalls eingeschränkt ist und alle wissen das, und nicht Tod, was grenzenlos ist. Ab Moment der Stillstand des Herzes, gilt der Tod für immer. Dieser Mensch wird nie existieren. Denn das Nachdenken über die Grenzenlosigkeit ist weder notwendig noch spannend. Denken an der Grenzlosigkeit, an den Sachen, deren Gegenteil nachdenklich ist, macht man funktionell abergläubig.

Als Kind habe ich mich für Politik und die Antwort dieser Frage interessiert, dahinter mein Vater verfolgt wurde und mein Land unter Besatzung verteilt. Man hat von Monarchie, die seit Jahrzehnten vorbei ist, und von Modernisierung gesprochen. Die Modernisierung Irans befasst sich mit dieser Phase, der Beginn des zentralen Systems, was schliesslich zu einer Islamisierung kehrte, und folglich sich das Land in einem Krieg mit dem Nachbarland Irak befand. Acht Jahre töteten sich beide Seiten im Namen der Heiligkeit. Iran soll nach acht Jahre Krieg und harte

Massnahmen durch die USA Zugriff auf Millionen Dollar bis dahin gefrorene Gelder haben, und zwar durch humanitäre Organisationen im Namens Wiederaufbau des Landes. Ausserdem nehmen kurz vor Ende des Kriegs Iranisch verbündete Terroristen sieben Amerikaner in Libanon zur Geisel und damit verlangten sie zwei Art der Raketen von Amerika, um mehr Gewinn gegen Irak erzielen zu können. Die Mission hiess Contra-Iran und führe durch Hisbollah, eine ihres ersten Nebenzweiges durch. Die Modernisierung in Iran, gleich auch wie in der Türkei, ist keine Folge der ernsten humanitäre, gesellschaftliche Debatte, in der sich alle Regionen und Minderheiten sicher beteiligt können, im Gegenteil sie bring eine massive Ausrüstung der Artillerie und eine staatliche Klugheit in dem Computing, mit dem jetzt in aller Ruhe ihre innerlichen Feinde verfolgen und vernichten können. Kurdistan ist das allererste.

Die Modernisierung betrifft aber auch Kurdistan, mit dem Unterschied, dass sich mehr als bewaffnete Ausrüstung und staatlich zentralisierte Computing in humanitärem Bereich, etwa Literatur und Kunst entwickelt. Dass Kurdistan unter und gegenüber anderen Ländern und Kulturen im Nahen Opfer und Osten schuldlos geblieben ist, ist kein Zufall. Ein wichtiger Grund, meiner Meinung nach, ist die Aufnahme der Modernisierung durch die Kunst, Philosophie und Literatur. Meine Kindheit ist durch diese Phase der Modernität, die man vielleicht zweite Phase der Modernisierung des Lebens in Kurdistan nennen kann, geprägt. Die erste Phase ist parallel zu iranischer und türkischer Zentralisierung, die darunter Frauen das Kopftuch nicht mehr tragen müssten (in Iran müssten sogar Frauen ihr Kopftuch in der

Öffentlichkeit aufheben; ein Grund, dass der Plan frühzeitig scheiterte und die religiösen Führer die Macht eroberten) und gewisse Rechte bekommen haben. Unter dieser teilweisen Öffnung der Gesellschaft ist kein Menschenrecht von Rede, keine offene religiöse und politische Diskussion möglich und der Minderheitenschutz bleibt ein Traum. Kurdistan geht seinen Widerstand zur Unabhängigkeit weiter und damit baut seine erste moderne Regierung auf: die Republik Kurdistan im Jahr 1946. Nach elf Monaten und ohne irgendeine Bedrohung durch diese Republik gegen die Nachbarn, iranische Armee zerstört sie. Dies findet neben der Zerstörung einer anderen Republik in der Nachbarschaft, die von Süd-Aserbaidschan. Die Republik Kurdistan hat sich zu dieser Zeit, die erste Phase der Modernisierung Kurdistans, mehr als Ausrüstung, die Demokratie und Frauenrechte gewidmet. Die Partei war demokratisch ausgewählt und für das erste Mal haben die lokalen Feudalen zum grössten Teil ihr Macht verloren. Mit aller humanitäre Seite hat die Modernisierung Kurdistans, wie auch in andere Länder, seine spirituelle Seite und Slogans. Ein grundbildender Slogan dieser Modernisierung, der sich in viele Lieder und Gesängen wiederholt, ist: «Kurdistan oder Aussterben!» Darunter versteht man, dass das Kurdistan Freiheit bedeutet, und ohne Freiheit ist die Existenz sinnlos. Also entweder ein freies Kurdistan oder das unfreie Leben bedeutet kein Leben. Dieser Slogan hat meine Jugend so geprägt, dass ich immer daran denken müsste, wie sich diese Freiheit erreichen lässt. Welche Wege und Kräfte hätte ich dafür? Und so weiter.

Die Entscheidung, wie man seine Identität betrachtet und sich annimmt hat eine zentrale Rolle in seiner

Charakterbildung, sei es eine persönliche Identität oder eine gesellschaftliche. Ob man sie als Nebensache betrachte, etwa wie ein Hobby oder Mitgliedschaft in einem Sportverein, Haustierbesetzung oder seine Frisur, oder ob man sie mit seinem Blut vereinbart und ein rassistischer Gedanke daraus entsteht: eine dominante, binäre Vorstellung von Identität, die kaum andere Identitäten dulden kann, ist das Resultat der Fehler eines Ausgleichs der Inneren und dekorativen Seite der Menschen, ihre Beziehungen. Mir war die Identität eine wechselwirkende Zusammenhang zwischen mein zufälliges, biologisches Dasein und meine Wahl unter der Rollen und Interessen; Die Chance bei Identitätsbildung bis und mit Nationalismus in Kurdistan hat eine klare Abgrenzung mit den herrschenden eindimensionalen Ideologien, weil die wiederaufstehende Menschen, nach meiner Beobachtung, zum grössten Teil ein normales Lebensstil, weniger vergiftet mit totalitären Gedanken haben und ihre sozialen Netzwerke damit übereinstimmt.

Nach meiner Rückkehr von Armenien wird mein Dasein mehr mit der Frage des Selbstseins konfrontiert, mehr als sich früher diese stellende Frage in meinem Kopf. Nur fehlte eine dynamische Wechselwirkung zwischen beide Identitäten: Ich zwischen meiner flüchtenden und mein kulturelles Dasein. Wenn die Rollen keine dynamische Beziehung zueinander haben, trocknet es eine, sogar die beide, und man fühlt sich hohl, nichts. Tag, Hitze und Freiheit würden nichts bedeuten, wenn man keine Nacht, Kälte und Krieg hätte. Wo stehe ich? Welche identische Rolle soll ich in dem Hinblick auf meinem Dasein übernehmen? Was ist Dasein ohne Selbstsein? Ist es wahr, dass man in jeder neuen

Situation zum Objekt wird? Oder ganz wirtschaftlich, was die Integrationsexperte interessiert, wo sehe ich mein AGB? Denn Mensch ist kein wechselbares, reparaturbares Produkt.

Wenn Angst zum herrschenden Gefühl wird, wird man auf Basis seiner Angst seine lebenswichtigen Massnahmen treffen. Die Angst vor Neuigkeiten und vor einer anderen Flucht, auch von diesem sicheren Ort woandershin, ist so gross, dass Menschen überzeugen kann, ein öfter Jasager zu werden. Ein Jasager, der sich zu einer potenziellen Umerziehender lässt. Ich erfahre dieses Gefühl erst bei der Aufnahme der Neuen Wohngemeinschaft in Wauwil, bei der ersten Wohnungsangabe mitgeteilt mit zwei anderen Männern. Die zwei jungen Männer und ich in der neuen Wohnung haben unser Zimmern übernommen und Schlüsseln bekommen. Die Lage war ordentlich, sauber und ruhig und es sollte auch sozial sein. Nach einer Reihe von positiven Eigenschaften und interessante Merkmale, die man sich darüber nur freuen konnte, erstaunlicherweise kam eine Empfehlung von der zuständig begleitenden Person: *«Sagen Sie nicht: Ich komme aus Kurdistan. Denn das Kurdistan ist nicht beliebt. Stattdessen verwenden Sie, wie üblich, Iran und Irak».* Die Empfehlung, die wie eine geschmackslose Sause zu unserem frischen Salat der positiven Sachen zugefügt war, hat weh getan. Aber wir waren neu und im Sinne von Respekt, bedauerlicherweise, nicht reagiert.

Eine der ersten Frage, die mich ab dieser Empfehlung beschäftigt hat, war, ob die politische Unabhängigkeit gleich wert, leicht und nötig wäre wie die finanzielle Unabhängigkeit. Wert in Bezug auf ihrer persönlichen Schätzung, leicht im Sinne ihrer Tragbarkeit und nötig rücksichtlich ihrer Stelle. Vor dieser Fragestellung ist mir eine entscheidende Bewusstmachung Wegweiser, dass ich, individuell, der recht haben soll, die Politik nicht ganz mit der Wirtschaft und meine zukünftigen Ernährungsmöglichkeiten übereinstimmen muss.

«Du muss Zusammenhänge verstehen» so ein Mitarbeiter bei meiner ersten Erfahrung des Praktikums in einem Schweizer Spital. Was sind Zusammenhänge, ausser Klartexten und absehbaren Rechte und pflichte, die ich sonst verstehen muss? Wie grad stimmt mein Verstehen und Wie kann ich mein Verständnis jedes Mal prüfen, ob es genau aufgenommen und verständlich ist? Da diese Empfehlung bei der Arbeit gesagt worden ist, gehe ich davon aus, dass es wirtschaftlich gemeint ist; aber vielleicht auch politisch! Weil sich die Politik und die Wirtschaft im engeren Sinne hinsichtlich meines Daseins ergänzen und keine Politik ausser wirtschaftlichem Gewinn und Verlust und keine Wirtschaft ohne politische Philosophie vorstellbar ist. Mit diesem Schluss gehe ich von einem selbstverständlichen Muster aus und keine folgenden Herausforderungen mehr.

Seit dem Ende meines Praktikums in einem Schweizer Spital bekomme ich keine weiteren Empfehlungen und daher gehe ich nicht mehr als von normaler Steuerpflicht und Freiheit eines Ausweisinhabers aus, Freiheit meiner Wahlen. Dieses Gefühl bringt mich eine gewisse Stabilität und gemeinsame Sprache der politischen Zusammenhänge und daher kann ich mir schwer Rückschritte vorstellen, deren Grund ausser meiner Wahl und meine Kraft liegt. Ich bin aber von Grund aus objektiviert aufgenommen, ein Mensch, der man testen kann, seine Rechte und Pflichten regulieren, nach oben und unten verschieben kann, um auf Basis seiner Reaktionen weitere politisierte Massnahmen gegen oder für ihm zu treffen. Eine klare Antwort, dass ich während der Verschiebungen oft höre, ist es, dass deren Grunde politisch seien. Tatsächlich hat meine Entscheidung, unabhängig zu sein, nichts gegen oder für diese Politisierung zu tun; sondern meine persönliche Identität darin besteht, so wenig wie möglich mich von der Umgebung abhängen zu lassen. Die unklare Kommunikation und, dass man sich über meine Finanzierung des Studiums ärgere, ergänzen sich zwar, aber dieses Verständnis kommt erst danach, dass ich die Unklarheit der Kommunikationen und trotzdem Finanzierung in verschiedenen Zeitphasen und Situationen erfahre.

Arbeit, die mich bildet oder ich, die Arbeit wähle sind nicht gleichbedeutend. In einer menschlichen Situation, etwa Bestehen eines Zusammenhangs zwischen dem Charakter, der politischen Freiheit und der Arbeit soll diese in meinem Fall zwei unterschiedliche Fälle in Einklang sein. Aber eine Kraft, der indirekt das Alles oder Nichts auf mich ausgeübt hat, hat versucht mein Fach des Studiums in eine andere Richtung umzulenken und oder mich Arbeiter einer Arbeit machen, darauf ich mich nicht freute.

Ich habe mehrmals intensive Phase der unabhängigen Isolation erfahren. Aber die Phase des Lockdowns war einzigartig. In der Zeit der Pandemie und des Lockdowns hat meine Unabhängigkeit seltsamer den je geworden; ein Gefühl, das sich mit keinem vorigen Mittel wie Telekomminikation und Bücher befreundet liess, Der Wald nahe meiner Wohnung war der engste Gegenstand, mit dem ich meine Unabhängigkeit teilen konnte und meine Isolation unter dessen geräuschlosen Kommunikationen verloren ging. Der Wald ist trotz seiner breitesten Unabhängigkeit nie seltsam. Auch bei kaltem Wetter, frühen Morgen und dunklem späten Abend bleibt der Wald unabhängig und freundlich. Der Wald bringt eine einzigartige Lehre der Unabhängigkeit: egal ob auf der Höhe der Bergen oder in tiefem Tal, ob als zuhause einer riesigen Menge der grossen Kastanien oder als breite Gemeinschaft kleiner Büschen, der Wald übermittelt die Beziehung seiner Mitglieder, von der hiesigen alten Bäume bis neue fremde Vögel und ausgewanderte Tiere von der Ferne direkt und ohne Zensur. Nie ist Stille des Walds überängstigend, nie ist das Alleinsein eines Vogels auf einem Ast seltsam und schwer zu verstehen, oder sein Wille, diesen Baum oder den ganzen Wald zu verlassen. Der Wald ist in sich der unabhängigste Gegenstand zu dieser Zeit für mich und ich teile oft dieses Gefühl auch die Menschen, mit denen ich spazieren durch den Wald spazieren gehe.

Das Gefühl eines Kennenlernens, eines Erfolgs, des Endes eines einflussreichenden Buchs, der Trennung einer Beziehung oder der Wendung eines langjährigen Verhaltens und Brechung einer Tradition lässt sich klar unterscheiden vor und nach dem Spaziergang durch den Wald der Unabhängigkeit. Das gleiche Gefühl bleibt überdeckt in hektischen Menschenmengen, unter giftigen Blicken. Je intensiver, überhäufter und lauter das Parfum, die Geschenke und der Musik der Hintergrund der Beziehungen und Gespräche, umso dicker die Mauer, hinter ihnen Menschen sich, oft unbewusst, indirekt kommunizieren beziehungsweise verstecken wollen, sich damit politisieren. Der Versuch der schminkenden Mittel lässt sich zwar künstlich verschönen, aber nach und nach wird dieser

Geschmack der Authentizität gegenüber entfremdet, der Politik unmenschlicher definierend.

Für eine Weile vereinbare ich meine Spaziergänge unbewusst durch den Wald der Unabhängigkeit und oft erfahre ich anders mit den Menschen: einige fühlen der Weg weit und langweilig. Andere mögen die Stille tief und unangenehm; ein paar finden ihn sehr spannend aber mit wenigen Geräusche. Ein paar andere beurteilen den Weg kalt, seltsam. Nur wenige finden den Sinn dahinter, dessen Unabhängigkeit, als Hauptziel und nicht dessen Temperatur oder Geräuschlaute oder die Distanz. Mittlerweile verhalten die Menschen nach dem Spaziergang bezüglich der unbekannten Fragen anders als vor dem Spaziergang. Ich lasse meinen Unbewusst, das isolierte Gefühl abkühlen und nicht neue Kenntnisse dadurch zu sammeln.

Der Spaziergang durch den Wald ist mir eine bewusste Übung der Unabhängigkeit geworden. Mir ist bewusst, dass sich das Resultat einer Unabhängigkeit nicht mehr von der Authentizität abhängen lässt. Unter die Gespräche durch den Wald spricht man auch oft oberflächlich, besonders wenn das Hauptziel die Beobachtung des Walds ist, und jede Frage verlängert sich sinnlos, etwa wie der Geschmack letzter Mahlzeit, nicht Begrüssung einer Mitarbeiterin und so weiter. Die Harmonie besteht darin, diese Sinnlosigkeit ganz angenehm und logisch weiterzuführen und die Konzentration auf dem Hintergrund, die Menge des Sauerstoffs, Geräusche der Tiere und Dunkelheit des Grüns nicht zu verpassen. Jede übertriebene Oberflächlichkeit oder isolierender Versuch kann man schnell empfinden.

Einmal als ich allein von dem Spaziergang durch den Wald fertig war und mich, frisch und entleert, auf der Hauptstrasse befand, habe ich auf einen Mitschüler des ersten Sprachenkurses gestossen. Der man, seit langem nicht mehr gesehen, glücklich verheiratet und hatte Schweizer Pass, hat mich nach meinem Job und meinen Beschäftigungen gefragt. Zu dieser Zeit war ich auf der Such nach einem Job. Er dachte, dass ich ein Studium der sozialen Arbeit machen werde. Das Signal, dass mir diesen Studiengang passen würde und dass ich die gleiche Empfehlung von der anderen Bekannten erhalte, ohne dass ich sie nach solchem Hinweis gefragt zu haben, bewundert mich. Mein Wunder von dieser gleichen Empfehlung als ein plötzliches Thema stosst empfindlich auf meiner Unabhängigkeit, als sei es ein Versuch, mich unbewusst von etwas zu überzeugen, dass mein Wunsch gegenspricht. Das spannende dabei ist es, dass mir die gleichen Erfahrungen in diesem Wald begegnen: eine freundliche Manipulationsversuch, ganz freundlich teile ich mit.

Ich sage oft meine Bekannte, wenn wir uns nicht gut kennen, wie der Bekannte von dem Sprachenkurs, dass ich mich einmal intensiv mit den sozialen Wissenschaften beschäftigt habe. Obwohl diese Erfahrungen meinen Lebensstil zu unterschiedlichen Bereichen führten, am Schluss befasste ich mich beruflich mit dem Fach Technik. Eine Mischung zwischen sozialen Wissenschaften und Technik erinnert mich im ersten Schritt an der Sozialtechnik, welche mir eher eine negative Bedeutung hindeutet. Denn in der Technik sind künstliche Gegenstände die testbaren Objekte und in der sozialen Wissenschaft sind sie die Menschen. Nur eine unklare Mitteilung und

Misskommunikation zwischen dem sozialen Wissenschaftler und die Gesellschaft führt zur Objektivierung der Menschen, mit dem ich als ein Flüchtling eng betroffen bin. Das Fach der sozialen Arbeit ist mir ein reines Beispiel dieser sozialen Technik und ich habe mich klar davon abgegrenzt.

Von der Kultur her bekommt man in der Schweiz als unter der Armutsgrenze Klassen der Gesellschaft eine Karte namens Kulturlegi. Diese Karte hilft Menschen an den kulturellen, sportlichen und künstlerischen Veranstaltungen teilzunehmen. Als ich mich und mein kultureller Stellenwert hinsichtlich meines Daseins und dessen Wirkungen betrachte, komme ich auf einen begrenzten Rahmen, in dem ich nur mich und ein paar enge Kontakte sehe. Diese Betrachtung scheint ein Aquarium zu sein: entweder ich und meine engen Kontakte sind in einem Aquarium, wenn auch Mitten in der Gesellschaft, oder die Gesellschaft ist mir ein Aquarium, in dem ich nie rein, kulturell leben kann.

Wie fischig ist das menschliche Aquarium? Fische bändigen, färbigen, vereinsamen und töten gehört der menschlichen Geschichte. Vielleicht sind die Fische selbst bereit dafür, gebändigt, gefärbt, vereinsamt und opfert zu werden. Oder in ihrer Beeinflussung durch die menschlichen Netze sind sie selbst schuld. Wie man die Fische nicht fragen kann, wie ihnen im Aquarium geht, weil Menschen unter bestehenden Misskommunikationen ihre Schweige als Zufriedenheit interpretieren können und als gut oder normal für die Natur bezeichnen, oder meinen, dass sie sowieso bisher aufgrund ihrer kleinen Grösse durch die grösseren Fische gegessen worden wären und zumindest im Aquarium sicher seien, noch leben und ein paar Tage in aller Ruhe ihre regelmässige

Mahlzeiten geniessen, so kann man auch die Flüchtlinge in ihrem engen Spielraum nicht fragen, ob ihnen gut gehe. Man fragt sie, man hört oft, das ihnen gut geht, ihre Familie gut geht und oft noch in diesem Gutsein bleiben wollen. Egal ob sie mehrere Personen untereinander sind, zum Beispiel eine Gruppe der Flüchtlinge aus Afrika oder Nepal, Kurdistan oder Ukraine, die sich ab und zu versammeln und ihre kulturellen Sachen gemeinsam machen, oder allein, vereinsamte Individuen, stehen sie in einem schmalen kulturellen Zusammenhang mit der Gesellschaft und gehören Ihren Städten und Dörfer nicht zu. Sie merken sich in einem Aquarium oder sehen die ganze Gesellschaft ein grosses Aquarium entgegen.

Erst waren die Fische im Aquarium oder die Flüchtlinge auf den Weg? Erst waren die Zeichnungen auf den Wänden der menschlichen Höhle oder begangen Fische Selbstmord? Die Antworten auf diesen Fragen sind sowohl schwer als auch helfen die jetzige Lage nicht. Zumal kann man kein Grund der Selbstmord der Fische beweisen, aber das Verhalten der Menschen mit dem Leiben der Fische bringt uns wahrscheinlich einige Bilder: seien die Farben und Arten der Fische den Menschen egal oder versuchten nach und nach besonders diese Art zur Auswanderung bringen? Und nach diesem Muster wurden die Fische, die auf Auswanderung standen, eher rot und gelb? Es ist schwer zu beweisen.

Die Vereinsamung ist mit Sicherheit eine der schmerzhaftesten menschlichen Folter. Ich hätte hier die Folter vielleicht unmenschlich, und nicht menschlich, nennen sollen, aber dies scheint mir ein Trick zu sein, mit dem Menschen ihre Fehler, ihr Delikt und die organisierten, normal gewordenen Verbrechen raushauen versuchen. Der Trick ist weiterhin erfolgreich: Menschen werden verspielt, als die Verkäufer der Fische, also die Hauptgeschäftemacher der Auswanderung, schneller sind als die Menschen und die Flüchtlinge, die Aktivisten und Beobachter und vor der Publikation und Bekanntmachung der Nachrichten von Hauptgründen der Flucht, vor allem Krieg und Armut diese Gründe für unmenschlich erklären und das wird reichen, bis die Politik im Spiel kommt und damit wiederholt sich alle ewig und zugleich zu kompliziert zum Verständnis in den Medien.

Wie funktioniert die Vereinsamung unter den Flüchtlingen? In ihrem kulturellen Aquarium ist alles durchschaubar, aber nur durchschaubar und man darf allen rund um sich anschauen, was kulturell auf den Strassen geschieht. Das bedeutet nicht, dass eine Teilnahme an denen nicht oder sogar schwer möglich ist, sondern, dass die Art und Weise der Teilnahme im Sinne von eine absurde, auf die Seite stehende Beteiligung möglich ist.

Nach Jahren ist es kulturell höchstens eine Frage, ob ich als ein Flüchtling Teil eines Vereins, meist Sportverein, geworden bin oder nicht, ob ich mich, höchstens, ein Fisch im Aquarium unter anderen Mitgliedern dieses Vereins fühle, für eine Weile, für ein Sportart. Die Frage ist, dass meine Kulturlegi Discountkarte noch gültig ist oder nicht. Das ist nicht anders als ein kulturelles Aquarium.

Keine Ordnung ist auch eine Ordnung. Die Naturkatastrophen, Urknall gemessen, müssen nicht längerfristig Unordnung schaffen, sondern, mindestens auf Basis unseres Bewusstseins, umgekehrt, das Leben. Menschen werden als die natürlichen Subjekte im Spiegel des Daseins dieser Unberechenbarkeit und ausserkraftsetzender Macht mit «in Ordnung» nach und nach normalisieren. Selbst die Waldbrände, Zerstörung der klassischen Form der Familie und andere Grenzauslösende Besatzungswünsche der Geopolitik bilden schnell durch ihre breite und offene Debatte neue Ordnungen. Dies hat die Gesamtordnung des rechenbaren Lebens mit der lebhaften Teilnahme der Menschen auf maximaler Ebene charakterisiert und gilt als Geburt der Bürgerschaft. Seitdem hat der Mensch riesige Fortschritte in Richtung der Transparenz gemacht. Die Transparenz betrifft mit unserer heutigen Ordnung der Zusammenwirkung der Wirtschaft, sei es in Form von teilen oder besetzen und der Politik, mittel maximaler gesellschaftlichen Teilnahme.

Die Politik ist in Form der Kunst der Rhetorik, Schnelligkeit der Manipulationstechnik und schrittweise achtsamer Rückkehr nach den Besatzungsformen und Diskriminierungsstrategien eine der noch klassisch gebliebenen Wissenschaften. Die betroffenen der Diskriminierung sind nicht begrenz auf Flüchtlinge und Auswanderer, sondern hiesige Bürger wie Frauen im Markt, Homosexuellen in Kultur und Künstler und andere Minderheiten je nach Grad. Je schneller und moderner die Politik und Politiker, umso wirksamer ihre Tricks der Verlangsamung der Bürger, sich gegen die Diskriminierungen zu vereinen. Eine politische Charakterisierung und oder Begrenzung wird nicht im Klartext kommuniziert, sondern als Rechte oder Regelungen, die kulturell geschaffen sind und auf die Individuen nicht gleicht getestet werden, praktiziert.

Ist die Politik in seinem Gesamtbild eine Wissenschaft oder Philosophie? Ist sie eher skaliert berechenbar oder nach Werten und Vereinbarungen regulierbar? Wenn rein wissenschaftlich, weshalb finden mehr, und oft hinter Kulissen, deren Gespräche in Form der Vereinbarungen statt? Das politische Leben der Menschen hat nie eine gemeinsame Bildung und Entwicklungszyklus gehabt, ausser in bestimmten Phasen und begrenzten Regionen eines Landes. Man hat eher, wie ein Raubtier, die Architektur der Politik voneinander bekommen und geschmacklich nachgemacht. Sei es in Form des Kriegs, Angst davor und Änderung dessen Formen nach Cyberattacken oder Rache der Kapitulationen, die man einmal akzeptieren müsste. Wo begann der erste Fehler? Wo hat man den ersten Rückschritt gemacht und sich getäuscht, beziehungsweise begonnen die anderen zu täuschen, weil sie mit dem Resultat der Transparenz nicht zufrieden waren. Was schöner war in Verstecken der Sachen, die gleichzeitig nicht schön war in der Klarheit und Transparenz?

Ich habe vor Krieg, Armut und Unsicherheit gerannt, wie auch andere Flüchtlinge. Natürlich reicht es politisch zum Überleben, aber was bedeutet, wenn man am Zielort mit nicht genügenden Merkmalen politisch leben kann, und nicht nur biologisch? Was ist entscheidend bei der Mitteilung dieser Merkmale? Ursprünglich denk kaum ein Flüchtling über sein politisches Leben nach der Flucht nach. Typisch ist: wenn ein Dach, eine warme Mahlzeit und Freiheit, das Leben zu leben da wäre, würden viele Flüchtlinge nicht ihre Existenz auf hoher Gefahr, eine über fünfzig

Prozent Wahrscheinlichkeit des Scheiterns setzen und durch einen nicht bestimmten Weg auswandern

Die Frage der menschliche Rückschritt nach grossen Fortschritten und Hoffnungen auf die Zukunft, Freiheit und eine Welt ohne Armut und Krieg ist alt wie die Geschichte der Flucht. Es gibt kaum eine grosse Veränderung, oder sogar Wunsch danach zu wissen, weshalb Mensch immer fatalen Folgen mit sich gebracht hat: «die Revolution frisst ihre eigenen Kinder» und «der Mensch ist von Grund auf böse» (Das radikale Böse von Immanuel Kant), weisen uns diese alte Debatte auf, dass das Wollen einer besseren Situation eher bei der Angst des Verlusts jetziger Situation liegt als beim Hoffnung auf das Erreichen einer idealen, von Adem und Eva bis zum Kommunismus versprochene Wohlstand und Versuchsplanungen.

Politisch fühle ich mich kalt wie in einem Tiefgefrierschrank, wenn ich oft dem absoluten Vergleich begegne; ein Vergleich zwischen null und eins. Der absolute Vergleich zeigt sich, wenn man auf die Fehler des gegenüberliegenden Menschen wartet, was menschlich und normal ist, und dann sie dem bezüglich beurteilt, was für ein Charakter sie haben. Normalerweise ist ab hier das Ziel erreicht und der beurteilte Mensch wird der Rest seines Lebens unter dieser Beurteilung gekennzeichnet, ausser er bezahlt dafür, mit Strafe, mit Haft, mit Entschuldigung. Das Merkmal ist mir besonders im Militär bekannt, wenn all der erfüllten Aufgaben zu dem Dienst gehören und ein Fehler, nur ein Fehler wird der Soldat als nachsichtig charakterisieren und degradieren. Diese Kaltmachung ist alt wie die Mythe der Austritt Adem und Eva und die radikale Verzweigung der Linke.

Es weht ein eistrockener, unangenehmer Wind der Unvereinbarkeit der Schönheit dieser Natur und Kälte der Politik, denn die Politik in sich bedeutet nicht anders als Wärme des Sinnes. Es soll darin eine tiefe Angst des Verlusts bestehen, Verlust des Habens - gegenüber des Seins. Mir scheint die Politik so alt wie die Geschichte der ersten Flucht unser Vorfahrer vor über hunderttausend Jahren von Afrika nach Nahen Osten und weiter bis zur ganzen Welt. Es soll unser Vorfahrer nach und nach ihre Politik lokalisiert haben, dass sich ihre Bedeutung so rasant nach der Temperatur und der Feuchtigkeit ändert. Ich war einmal bei einem Journalistengruppe in Zürich unterwegs. Die Zeit war Anfang der Debatte über Populismus und die populistischen Bewegungen in Österreich und Italien und das Referendum Brexit in Grossbritannien. Dass ich mich weniger mit der deutschen Sprache vertraut gemacht habe, und trotzdem das Gespräch über diese politische Situation folgen wollte, wurde mit einer abweisenden, nicht überzeugenden Betrachtung begegnet. Man staunte darüber, wie ich -als ein Flüchtling aus der dritter Welt- den Begriff Populismus kenne. Diese Abweisung war mir zwar bekannt, denn es erinnerte mich an einen früheren Abend, einem Abend des Theaterbesuchs in Luzern, in dem man verzichtete auf gleiche Geschwindigkeit und Schritttempo mit mir; als wäre eine Niederlage für ihr. Aber die Tiefgefrierschrank meines politischen Bewusstseins hat sich erst hier, in einem journalistischen, intellektuellen Treffen gezeigt.

Politik hat eine schwere Vorstellung und gleichzeitig ein leichtes Vorgehen. Das war mir immer bekannt, auch wenn die Politik mein ganzes Leben im Griff nahm und mein persönliches und wirtschaftliches Leben von sich abhängig gemacht hat. Diese übermässig grosse Rolle der Politik war im Grunde genommen abnormal und absurd, denn ich müsste zwischen Isolation und nichts machen oder Engagement und alles auswählen. Das gleiche gilt wahrscheinlich auch für die andere Versuche und heranwachsende Suprastrukturen zur Verbesserung und Anpassung zur Natur, die keinen Luft zum Atmen haben und sich auf alle Fälle in einer unordentlichen Lage weiterentwickeln. Wie der Begriff Freiheit unter Sklaverei oder Wohlstand unter absolute Armut, die nur mittels einer Revolution möglich ist, war mein politisches Bewusstsein unter islamischen Regierung Iran nur mittel der Setzung ganzes Leben in der Gefahr möglich. Nun in dem politisierten Tiefgefrierschrank Schweiz befinde ich mich wieder mit dem binären Vorgehen alles oder nicht. Dieses Mal kulturell und von grundsätzlicher Eigenartigkeit.

Woher stammt das polare Dasein der Politik? Ihre strikten Regelungen oder rahmenlose Anarchie? Hat diese Polarität eine unendliche Tendenz seiner Identität oder lässt sich, wie Tabuisierung, schrittweise mittel der Kunst verlocken? Dies lässt sich auch wahrscheinlich geographisch divers beantworten, aber bezüglich meiner kulturellen Unterschiede kann ich sagen, wenn sich die tief polarisierte Politik nicht verlocket, wird sie komplexer. Diese Komplexität ist für nicht besonders interessierte Menschen an Politik verwirrend und gleichzeitig beliebt für viele Politiker, denn sie können ihre Vereinbarungen weiterhin hinter Kulissen eingehen und ihre typische Rolle in den Medien spielen, ohne klare Bekanntgabe einer Regie dieser Show und kaum Platz für offene Kommentare am Schluss. Diese Polarität kühlt die Wärme das gesellschaftliche Engagement ab und erlaubt mir zu sagen, wenn die Wurzeln der Kulturebenen, also die gesellschaftlichen Infrastrukturen, sehr weit voneinander liegen und aus der menschlichen Sicht sogar normal aussehen, dann wird kein politisches Leben notwendig und jeder Einstieg, vor allem für die Minderheiten und besonders für uns Flüchtlinge, strukturell schwierig sein.

Weshalb sollen sich Menschen politisieren, um sich wert und respektvoll zu fühlen? Was für Kriterien die Politik hat, die man nicht woanders in der Gesellschaft finden kann? Und wie soll ich als ein unfähig politisches Lebewesen, ein Flüchtling, diese Wertlosigkeit ohne Schaden überwinden? Darauf habe ich tatsächlich keine konkreten Antworten, ausser die wirtschaftliche Engagement und Übernahme der Arbeit. Ab hier nimmt die Unabhängigkeit eine vergrösserte Dimension seiner Definition und bedeutet die finanzielle Unabhängigkeit eines Flüchtlings, und es reicht. Die Unabhängigkeit aber in sich bedeutet auch die politische Unabhängigkeit (Unparteilichkeit) und private beziehungsweise emotionale Unabhängigkeit. Dass die wirtschaftliche Unabhängigkeit, welche nicht immer leicht für die Flüchtlinge erreichbar ist, seine anderen charakterisierten Dimensionen der Unabhängigkeit beeinflusst und sogar mit der Zeit als Druckmittel gegen ihn verwendet werden kann, überzeugt mich zu gestehen, dass ab dem Moment des Gefühls der Sicherheit viele meine politischen Gedanken und Ideen ausweglos aufgegeben habe.

Ich bin in einem politisierten Tiefgefrierschrank entpolitisiert worden. Ich sehe zwar andere tiefgefrorene Lebewesen in diesem Kühlschrank und auch die lebendigen Menschen wie ich, die einmal tiefgefroren waren und jetzt so zu sagen normal aussehen, sich politisieren können, ohne irgendeine Wenn und Aber. Mit den abweisenden Blicken und distanzierte Beziehungen bekomme ich eine Empfehlung, dass ich Geduld haben solle. Wie lange dauert diese Geduldphase, kommt rauf verschiedene Faktoren an, zum Beispiel, ob man gewissermassen, in all seiner charakterisierten Merkmalen, politisch, gedanklich und emotional auch unabhängig bleiben will.

Ich habe ein paar anarchistisch liebende Menschen kennengelernt, einige link radikale, darunter auch Menschen unparteilich und praktisch neutral, paar ehemalige Aktivisten und paar neue Einsteiger in ihrer politischen Welt. Diese Menschen waren kommunikativ am liebsten, aber politisch und in Bezug auf die Frage der Flucht und die einzelne Frage nach jeder Fluchtversucht wenig interessiert. Diese dynamischen, meist jungen Menschen mit revolutionären Ideen und grossen Bereitschaft der Unterstützung der Flüchtlinge diskutierten oft keine politischen Themen mit uns Flüchtlinge; unsere Gespräche waren kaum anders als «wie unsere Familie ging» und, ob biologisch, gesundheitlich alles in Ordnung wäre. Was könnte Grund dahinter sein, dass auch eine link orientierte offene junge Minderheit kein politisches Interesse darüber gehabt haben, die Flüchtlinge zum Teil politisch zu diskutieren? Diese Frage kam nie zu einer Antwort und ich habe mich beschlossen, nicht weiter auf der Tür der Tiefgefrierschrank zu klopfen, denn es hört niemanden mich.

Die politische Unabhängigkeit ist eine der schwersten Aufgaben, wenn man weiter auf die politische Verantwortung steht. Die politische Verantwortung muss nicht zu der politischen Parteilichkeit führen, man kann eine Idee verfolgen ohne sich konkret und zeitlich darauf einschränken. Während der langen Phase der Geduld, in der ich ein gefrorenes Fleisch bin, ist mir klar geworden, dass ich darauf warten soll, mich eine Kraft ausser meinem Willen und meines Bewusstseins von dem Tiefgefrierschrank rausbringt. Ich, das gefrorene Fleisch, kann selbst nicht raus und erst kann nach dem Schmelz wieder mich politisieren. Was bringt es gefrorenes Fleisch zum Agieren? Sind ihn die vorigen politischen Merkmale noch bekannt? Diese Fragen begegnen mein Bewusstsein der Politik und ich habe keine Antworten darauf. Seit Jahren erfahre ich mehrere Ereignisse, die mich politisch tief schockiert haben, aber praktisch war ich nicht in der Lage, mich zum Schmelz zu bringen und auf meine dynamische Art und Weise reagieren; als hätte ich etwas gehört und wäre ich nicht in der Lage, dessen Ton zum verstehbaren Kode zu übersetzen. Es schien mir einen bekannten lauten Schrei, den ich nicht übertragen konnte.

Dieses Einfrieren und lange Geduldphase ist die Folge meiner politischen Unabhängigkeit, eine Unabhängigkeit, die ohne dem wahrscheinlich mein Leben sehr leichter wäre.

Was ich für ein Wert bin, ein Gewicht im Umfeld habe, hängt von meiner wirtschaftlichen Lage. Die Wirtschaft ist so stark in dem menschlichen Leben präsent, dass auch den Begriff Unabhängigkeit untergeordnet hat. Dies ist eine unbeschriebene Regel und dafür Jahrtausender Versuche der menschliche Individualismus unter gemeinsame Bedingungen verantwortlich. Mir war auch vor der Flucht klar, dass der wirtschaftliche Wettbewerb in kategorisierten Gesellschaften und unter klar definierten wirtschaftlichen Rollen Menschen als eine Maschine betrachten, die all ihre Bemühungen und Belohnungen, Leiden und Erleichterungen, Anstrengungen und Wohlstände beträchtlich ihre verdienten und ausgegebenen Noten des Kapitals gemessen werden. Ungeachtet der Notwendigkeit oder Nutzlosigkeit dieses Massstabs für eine bessere Funktion der menschlichen Hormonsystem, welche als Auslöser der Gefühle und schliesslich Antriebe der Beweglichkeit der gesamten Gesellschaft gilt, nehme ich diesen Startpunkt als wirtschaftlich resultierenden Erwartungswert meines Aufenthalts in der Schweiz und messe der Haltbarkeit meiner Wunschphasen dessen bezüglich.

Der Massstab der Arbeit wirkt für uns Flüchtlinge streng linear: wir halten uns daran oder nicht, die Suche einer dritten Wahl hat seine Folgen. Unter welchen Umständen und mit welchen Gelegenheiten man sich orientieren kann, hängt eindimensional von der Seite Autorität. Ist die Region, in der man geschickt wird, eine mit vielen Firmen angewiesen an nicht gelernte Arbeitskräfte und offen gegenüber anderen Kapazitäten ausser ihren Schwerpunkten, bekommt man in der Regel auch ohne Bekannte und einen hiesigen Abschluss die Arbeit. Ist die Region spezifisch identifiziert mit einem hoch leistenden Merkmal, gehen die Gelegenheiten oft in deren Richtung einher und es ist in der Tat sehr schwer ohne Qualifikation darin einzusteigen. Kommt eine Besetzung in der Region nicht in Frage, werden die Kosten und Aufwand sehr hoch, die beliebte an meinen Kenntnissen und

Interesse passende Region nicht leicht zu erreichen. Alles auf einmal vervielfacht die Linearität des Laufs entweder machen, was erwartet wird oder leiden und nicht normal leben.

Als ich neu in die Schweiz angekommen war, habe ich mir Gedanken gemacht, dass ich gemäss meinen mehrjährigen Erfahrungen im Bereich Journalismus mich damit beschäftige und einen Job oder eine Teilzeitbeschäftigung in diesem Bereich suche. Die Umfragen und Gespräche mit den Bekannten haben mich mit einer anderen Richtung orientier, denn der Journalismus war kein sicherer Bereich und dessen Gelegenheiten sind in den letzten Jahren rasant gesunken. Der Journalismus kann man immer, oder als Hobby folgen, so habe ich mich auf Technik konzentriert und den Journalismus beruflich aufgegeben. Die Anforderung der Sprachkenntnisse für Technik war zumal erleichterter als für Journalismus aber die Technik als Studium hat für Quereinsteiger nicht wenige Vorstufen und Nachweisprüfungen. Ich war so hartnäckig und begeistert auf Technik, dass auch hintereinanderkommende Schocken mich daran nicht halten konnten. Aber wie ist es, wenn man keine Arbeit hat und mit den Unterstützungsgeldern durch ist?

Ich wurde mehrmals alarmiert, dass mein Studium meine persönliche Sorge sei. Gleich wie meine Unabhängigkeit der Glaube und Gedanke, politischer Charakter und Freiheit des Selbstseins, konnte ich mein Studium nicht aufgeben. Das Studium ist kein Luxus für mich, obwohl wirtschaftlich tatsächlich so ist, aber inhaltlich würde ich ohne dem mir kaum genug motiviert fühlen; Ich habe keine Motivation für das Studium, sondern das Studium macht mir motiviert das

Leben zu leben. Das habe ich mir mehrmals gesagt und es hat mir innerlich bei jeder Begegnung mit den hintereinander wirtschaftlichen Schwierigkeiten geholfen, die Situation zu überwinden.

Was macht man, wenn man keine wirtschaftliche Unterstützung hat? Wie gehen andere ähnliche Menschen wie ich damit um? Tatsächlich gehen viele nicht weiter damit um, man gibt so auf, als wäre man nie damit angefangen, so wie man etwas beginnt, als wäre man seit langem damit beschäftigt. Die Sicherheit unter wirtschaftlich bedrohliche Bedingungen hat eine hohle Bedeutung, es existiert und existiert nicht. Im existenziellsten Sinne, Wirtschaft heisst keine Wahl für uns Flüchtlinge, sondern es besteht als die einzige Möglichkeit des Integrationsmerkmals, es besteht eine Wahl zwischen Gut und Böse. Gut ist die, die sich ohne Wenn und Aber auf die wirtschaftlichen Forderungen und Wünsche des Marktes einstellt und Böse ist die, die ihre eigenen Wünsche und Träume verfolgt. Was ist zwischen Gut und Böse für ein Flüchtling? Nichts. Der Flüchtling ist entweder ein gehorsames Lebewesen und hängt seine politischen und persönlichen Identitäten von dem gegebenen Muster ab und erreicht womöglich seine Zufriedenheit oder leidet unter eine Folge der hintereinander systematischen Einschränkungen. Zwischen Gut und Böse gibt es kein Charakter für uns, die Flüchtlinge. Man kann nicht gleichzeitig seine Freiheit haben und das gegebene wirtschaftliche Mustern nicht verfolgen.

Uns die Flüchtlinge gehört keine Emotionalität und Persönlichkeit ausser der Dualität der Gut und Böse unseres Lebens. Dass jemand tief von dem Tod eines Verwandten, eine deprimierte Phase oder finanzielle Not, aufgrund seiner wirtschaftlichen Komplexität beeindruckt wird und seine Leistungen nicht besser funktionieren als früher und diesen gesamten Böse der Nichtverfolger noch tiefer im Schlamm versinkt, hilft weder ihn in diesem Moment noch das System seiner Integration. Was steckt aber dahinter, noch weiter den Böse unter seinen Leiden zu lassen, ausser er wird ein Muster für diejenige, die Böse werden möchten, die nicht gehorsam alles gegebene Muster verfolgen wollen?

Wenn Rechte und Pflichten nicht vereint und klar geregelt sind, sollen sie sich dann menschenempfindlich variieren, was ich oft mit «Es sei politisch» geantwortet wurde, als ich nach Schwankungen der Unterstützung während meiner Lernphase gefragt habe. Jede Unterstützung aus irgendeiner Kasse unter jeglichem Namen wird kein Rech umgeschrieben, denn wirtschaftliche bedeutet eine nicht Gegenrolle ein Fragezeichen. Was wird erwartet als Gegenrolle von mir, wenn ich nicht darüber weiss? Wenn ich nicht informiert bin und sogar dieses Muster als Erfahrung und Verständnis der Zusammenhänge aus autoritärer Literatur erziele. Das ist die Folge des Böse seins.

Jetzt bin ich über fünf Jahren ein anerkannter Flüchtling in der Schweiz und immer noch auf der Suche nach einer Stelle, die mich eine gewisse Sicherheit bringt. Ich melde mich ab den ersten Tagen meines Aufenthalts für verschiedene Stellen, eine die mich neben meiner Weiterbildung Beihilfe sein würde und darunter mich nicht wirtschaftlich bedrohen gefühlt hätte. Von Service bis zur Aushilfe, von diesem bis zu weiter Distanz und anderen Orten. Es kommt nichts zurück oder oft eine Abneigung mit dem typischen Text, dass unter den Bewerberinnen einige besser passende Kandidatin vorhanden sei. Die Ampel ist klar und nachvollziehbar, dass die Bedingung einen stabilen mit der finanziellen Wahrheit der Schweiz passenden Job zu bekommen und über der Armutsgrenze zu kommen nicht darin besteht, wie die Rückmeldungen auf meinen Bewerbungen auch, dass meine Qualifikationen oder Leistungen fehlen würden, sondern im Versagen einer vorhin abgemachten Vereinbarung oder bestimmte Zusammenhänge mit bestimmten Orten und Menschen, die dem Fall gerne Massnahmen treffen würden. Die Situation ist mir bekannt. Die Wünsche und die damit verbundenen Motiven sind zwar in der Schweiz ganz anders aber die Funktion ist die gleiche, was mich immer gegen sichere Bedingungen die Verfolgung eines Musters verlangt haben, welche mich die meisten Energie kosten würde. Die Wünsche bestehen darin, meiner Wahrnehmung nach, dass unter dessen Klassifizierung eine hohe Sicherheit des Marktes erreicht wird und dabei soll meine innerliche Sicherheit sich davon abhängen lassen. Dass die autoritäre Seite sicher wird, Ich werde dem Markt und seine politischen Vorstellungen und Stabilität keinen Schaden beibringen, also Schaden im Sinne allesmachen nach dem Muster. Ich bin also darunter ein bekanntes Objekt, der Werten annimmt, nach Marktstandarten bearbeitet und verfolgt, was von ihm erwartet wird. Geschrieben bin ich ein anerkannter Flüchtling und gesprochen ein bekanntes Objekt. Die Funktion ist Objektivierung: von all meinen lebendigen, denkenden und analysierenden Merkmalen eine vorsehbare, nach der Schublade der Flüchtlinge passende begrenzte Sache zu bilden.

Was wird erwartet von diesem Laborversuch der Objektivierung? Frage ich mich und komme auf keine

Antwort. Die Funktion der Objektivierung braucht immer einen Startpunkt und ein Objekt für seine Messungen. Das Produkt, ein Mensch aussehende Flüchtling namens ich, ist nach der Bearbeitung in seinem lebendigsten Fall ein Prozess, mit dem Unterschied zum Projekt, dass mit sich und den verbundenen gleichen Charakteren (in meinem Fall andere Flüchtlinge) in Beziehung gebracht oder von der Beziehung getrennt wird. Der Markt und die damit verbundenen Wirtschaft sind nur ein Gipfel der Charakterisierung. Dieser Gipfel könnte also Kultur sein, oder Kunst oder ein politischer Gedanke, Hauptsache der Zwang besteht, ohne quantitative Veränderung, der Markt, weil er am kontrollierbarsten menschlichen Ereignisse ist, welche Gewinn bringt. Selbst der wirtschaftliche Verlust zählt auch ein Gewinn, denn nach keinem Verlust gibt man in der Regel sein Geschäft auf, das Ganze Geschäft, sondern wird man neugieriger, bekommt man mehr neue Ideen und versucht nicht selten brutaler gegen seinen Ursprung und Natur.

Es gab eine Frage während meiner Kindheit, die man nach der Wichtigkeit des Geldes fragte. Die Frage war streng binär und erregte Emotionalität so, dass man logischerweise aus dem Respekt zum Wissen dem Geld ausweichen sollte: «Wissen oder Geld?». Die ernsten Kinder haben ohne denken mit Wissen geantwortet und es gab auch wenige Fälle, die mit einem Lächeln mit Geld geantwortet haben. Ich glaube weder meisten der neugierigen Kinder wurden Wissenschaftler noch die, die Geld mehr gemocht haben als Wissen wurden wohlhabend; sondern diese Frage und paar andere ähnliche binäre Charakterisierungsversuche haben uns Kinder in den falschen Schubladen gesteckt und das blieb, bis meisten Kinder sich mit diesen Bildern, die in der Tat Wünsche der Eltern waren, in ihrer Sicht nicht realen Dimensionen entwickelt haben. Die Funktion war gleiche alte Methode der Kontrolle, die Objektivierung und mit diesem Method ist es egal, ob das Ziel erreicht wird oder nicht: das Kind wächst unproduktiv und im Falle sein Bewusstsein unzufrieden, kritisch.

Das objektivierende System der Wirtschaft versucht in seinem Lauf, klassischerweise den Begriff der Produktivität zu manipulieren, seine nachmachenden Kinder mit dem Tittel Produktiv zu belohnen. Die Hierarchie der Wirtschaft und seine Klassifizierung der Gut und Böse ist ein klares Zeichen dafür, dass der Flüchtling als das billigste Nervensystem für Testen und Beurteilung ihres Systems weitergesucht und im Gegenteil all der marktlichen Beschwerden sogar zu diesem Zweck beliebt und gefragt ist. Als ich mein Praktikum in der Schweizer Spital übernommen habe, habe ich einmal zufällig über eine Kriegssituation (zwischen Armenien und Aserbaidschan) mit einem Mitarbeiter gesprochen. Er fragte mich der Grund dahinter und ich habe tatsächlich mich in dem Dilemma der Zeit meiner Kindheit befunden, dass «Wissen oder Geld?» wichtiger sei. Dieses Bild von mir bekam ihm unverständlich, oder absichtlich mich davon zu überzeugen, dass ich da falsch bin, dass ich nicht genau wüsste, was ich machen wollte, die Politik oder Technik (meine Beschäftigung im Spital)? Ich würde eigentlich niemandem so binär fragen, ob Journalismus oder normales Leben. Wissen oder Geld? Als eine Journalistin sich über normales Leben ausgedrückt hätte, als ein Wissenschaftler zugleich reich gewesen wäre und zusammen in Gespräch gekommen wären. Mit diesem Bild wurde ich in den Augen dieses Mitarbeiters unbeliebt charakterisiert nach einer Unvorstellbarkeit. Aber nach meiner Logik gewonnen, wie der Logik der Wirtschaft, die tatsächlich jede ihrer Verluste auch unter ihrer objektivierenden Funktion ein Gewinn gezählt wird.

Die wirtschaftliche Haltbarkeit der Menschen ist engt gekoppelt mit dem objektivierenden System des Marktes so, dass auch Wissen und Gefühle im Griff genommen hat, oder zumindest ist ein Versuch dafür: Nach diesem Muster und gleich wie die Senkung der Produktivität auf Nachmachung der Kinder von Wirtschaftserfolg, ist von den gesellschaftlichen Individualrechten kulturelle Ignoranz, von freiwilligem Alleinsein strenge Isolation und von biologische Gewohnheiten Sucht produziert worden. Normalität besteht in vielen Ereignissen ausser charakterisierter Unabhängigkeit.

Körper, Seele, Selbst

Die Unabhängigkeit beginnt vom Auspulsieren der Nabelschnur, von dem ersten Schrei unseres Daseins. Die Unabhängigkeit ist ernst und braucht Mut. Kein Kind wählt es, mutig zu sein, denn er kennt die Angst noch nicht. Wer keine Angst kennt, hat Gluck mutig zu sein. Der Säugling ist der mutigste, der ernsthafteste Lebewesen je. Er wagt sich zu überleben.

Wer sich gut an seiner Kindheit erinnert und nicht davor scheut, bleibt mutig, sich unabhängig zu machen. Der Grad der Unabhängigkeit variiert sich nach den Gesellschaften und deren Menschen, den zwischenmenschlichen Beziehungen und die resultierende Schwierigkeit des Überlebens. Je schwieriger das Überleben, desto intensiver ist die menschlichen Gerüche und leuchtender die Schmucke, mit denen man sich lebendig zeigen versucht. Es ist in aller Munde, dass die ärmer mehr als die Reiche Geld ausgeben. Das stimmt, denn sie werden durch den Sozialen Medien und die Marketingstricke gelockert, in nicht nötigen Bereichen zu investieren beziehungsweise ihre Wohlstandswünsche durch digitalisierte, smarte Süssigkeiten und Fette zu befreien. Es stimmt auch nicht, denn die Summe dieser Gelder, die sie mitberechnet aller Urlauben und günstige Ausflüge ausgeben weniger beträgt als die monatliche Ausgabe der Reiche. Hier wird das, was populär geworden ist und anscheinen stimmt, dominiert und die arme versuchen weniger auszugeben, weniger überleben und weniger unabhängig zu sein.

Die Unabhängigkeit ist nicht leicht. Diese Schwierigkeit wird schwieriger, wenn man seine mitbeatmeten Bäume der Jugend und die Strassen, die man durchspaziert hat, verlässt, wenn seine Unabhängigkeit der neuen Strassen immer schwingen, schwer zu fassen sieht. Die neuen Strassen sehen am Anfang alle unabhängig voneinander, so unabhängig als hätte jede eine andere Stadt gehören. Man passt sich an denen, als fehlte man ihnen, und das war ich. Die neuen Strassen sind nicht nur augenblicklich fremd, sie bleiben für ewig fremd, wenn die anscheinende Unabhängigkeit jeder Augenblick überspringt und sich von neu an die Zwillingsstrasse einer anderen Strasse der Kindheit zeigt. Machen mich der Durchspaziergang und Schwingen durch diese neuen Strassen freundlich unabhängig? Ist auf diese Strassen die Unabhängigkeit so verstanden wie ich daran denke oder ist streng geregelt?

Die Unabhängigkeit der Gedanken, der Lebensform, die der persönlichen Überzeugungen und die des Wissens sind nicht das gleiche, sondern im Gegenteil. Je unabhängiger ich gedanklich in dem neuen Land bin, desto offener bin ich neues Wissen aufzunehmen. Wenn sich Menschen gedanklich bändigen lassen, ohne Wenn und Aber und weil die Erwartung so geregelt ist, wird diese Abhängigkeit im Gehirn höchstwahrscheinlich als Wissen interpretiert und stellt das neue echte Wissen ein weit, unnötig und schwer erreichbares Zeil dar. Ich habe mich von dem Anfang meines Aufenthalts in der Schweiz unabhängig gefühlt. Ich habe neues Wissen, neue Kultur, neue Menschen, echte Bekanntschaften und ausserordentlich, nicht digitalisierte Freundschaften auf den Strassen der Schweiz gesucht. Die Unabhängigkeit braucht langer Kampf und einzigartige Strategien des Charakters. Man kann sie nicht weitergeben, nicht kopieren, nur bei der Sympathie teilen. Ich konnte unter Bekanntschaften auf diesen Strassen keine Brücke aufbauen, sondern biologisch verlangen, gedanklich absurd beibehalten und wenn möglich als Blocke an mich aufnehmen. Mit all diese zerstörte Brücke der Freundschaften und fremde, aneinander abhängige Blicke, bleibe ich unabhängig.

Körper, Seele, Selbst

Ich widme drei charakterbildenden, woanders sitzenden Seite von mir des Körpers, der Seele und des Selbst eine freie Diskussion und als Identitätsbezeichnung gebe ich jeder einen Namen. Ich benenne meinen Körper *Libo* (abgeleitet von latinischen Wort Libido, nach Nietzsches Ausführung die menschliche Sehnsucht nach Macht); Meine Seele benenne ich *Zara* (abgeleitet von Zarathustra, die erste Gesellschaftsbildende Urreligion in Kurdistan) und schliesslich benenne ich mein Selbstsein, mein heranwachsendes Dasein *Kardo* (mein Selbstsein, mein bewusster Name).

An der Uni sitze ich oft während der Pausen allein. Die Klassenkameraden jedes Kurses scheinen bekannt voneinander und das Klima darunter fühlt man freundlich. Unter diesem Umstand verstehe Ich, dass die andere sich unter Lerngruppen gebildet haben. Anscheinend haben sie keinen grossen Altersunterschied. Der grösste Teil der Klasse ist etwa zehn Jahre jünger als ich. Es gibt zwar für jede Klasse eine WhatsApp Gruppe aber die Klassenkameraden haben starke Neigung an ihre eigenen, engen und kleineren Gruppierungen. Aus Altersunterschied und andere persönliche Einrichtungen der Freizeit finde ich mich oft allein. In den Gruppen werden die Lernziele, die vorstehende Pläne und sogar die Nebenaktivitäten während der Freizeit besprochen. Ich bin folgendermassen von vielen dieser Pläne unbewusst ausgestrichen und darauffolgend mit den Aufgabenbearbeitungen bildet sich oft ein neues Chaos. Eine meiner Schwäche in solchen Situationen ist es, dass ich dabei manchmal zu dem Schluss einer Fremdenfeindlichkeitsgefühl komme, ohne ein klares Zeichen dafür gesehen zu haben.

Ein Tag als ich von der Uni nach Hause auf dem Weg war, platzte Zara in den Gedanken des Libos hinein, nachdem ich mich der ganze Tag von den Klassengruppe getrennt gefühlt habe.

Zara: Du trägst nur mehr Last, wenn du denkst, dass der Abstand dir mehr als Zusammenarbeit in den Gruppen hilft. Machst du genug erste Schritte der Freundlichkeit?

Libo: Das ist nicht so. Du bist selbst immer allein und geniesst deine Ruhe; du weisst nichts über das menschliche, das physische Interesse; darüber, dass wenn Menschen sich nähren und ohne irgendeine giftige Beurteilung ein Zeichen in richtigem Moment und auf gleiche Ebene tauschen, sich ihre menschliche Beziehung spontan und natürlich bildet. Der Mensch, physische Dasein, All das Daseins soll es akzeptiert werden.

Zara: Und wann ist dieser richtige Moment? Woher erkennst du ihn?

Libo: Das ist Signal. Wie das Durstgefühl. Du merkst, wie wenn du Durst hast.

Zara: Falsch, denn mit dem Durst wirst du ab Geburt gross. Aber Kommunikation ist Kunst, eine Fähigkeit, die man sie lernen und übern mass.

Libo: Ich habe Bauchgefühl, dass keine von der Gruppe ein echter Kontakt mit mir will.

Zara: Woher weisst du das?

Libo: Das ist mein Bauchgefühl.

Zara: Ich glaube das ist nur dein Pseudogefühl[6]. Du hast gar nicht von denen ein klares Nein gehört, eine klare Abgrenzung bemerkt.

Libo: Natürlich habe ich.

Zara: Und hast du sie mitgeteilt, dass du dich auf die Seite diskriminiert fühlst?

Libo: Wieso sollte ich. Ich glaube ein Kontakt ist entweder genug oder nicht genug reif. Und dabei habe ich das Gefühl, dass die alle aufgenommenen Kontakte nicht genug reif waren. Für was brauche ich einen unreifen Kontakt?

Zara: Anscheinend wieder Pseudogefühl! Ein Kontakt ist nicht wie Durst, sie wächst, wie deine Kindheit. Also wenn tatsächlich ein Kontakt ist und nicht ein giftiger davon, wächst es mit dir, mit euch.

Libo bleibt einige Sekunden still und versucht sich an den Situationen erinnern, in denen er sich diskriminiert und unterdrückt gefühlt hatte und damit betonen, dass Menschen nach und nach und unter diesen Verhältnisse ihr Mut verlieren und keine weiteren Kontakte suchen.

---

[6] Der Begriff Pseudogefühl stammt aus der Terminologie der Psychologie und wurde von Marshall B. Rosenberg und Erich Fromm geprägt. Das Pseudogefühl stellt ein echtes, jedoch von der eigenen Wahrnehmung verfälschtes Gefühl dar. Es drückt demnach eher einen Gedanken, eine Interpretation aus, während das eigentliche, im Körper erlebte, Gefühl unausgesprochen bleibt. Ein Pseudogefühl beinhaltet immer einen Täter, was impliziert, dass ein anderer für das Gefühl des Sprechers verantwortlich ist.

Libo: Aber ich glaube Menschen sind netter, umso sie schwächer sind. Sie schenken dir ein Lächeln, wenn sie sich im Bus sitzen und du zu Fuss sie in einem Augenblick siehst. Das gleiche Lächeln würden sie dir nicht schenken, wenn du daneben im Bus gesessen hättest; sie schenken dir ein Lächeln, wenn sie dir eine Adresse fragen und du ihnen hilfst und das gleiche Lächeln vermeiden, wenn du einfach so unterwegs bist, auf einer Bank daneben sitzt.

Zara: Ich glaube dies sind menschlich und logisch, dass Menschen gewisse Angst vor Fremde haben und dieses Lächeln hat eher eine Schutzfunktion aus Respekt und keine Zeichen für irgendeiner Kontakt. Sie sind dir fremd und somit soll man dieses Lächeln, genau dieses Lächeln erkennen. Was wenn sie dir dieses Lächeln auch gar nicht gegeben hätten? Würdest du ihnen um einem Lächeln bitten? Höchstwahrscheinlich nicht. Du kannst auch den kranken Menschen nennen, wenn sie wochenlang auf ein Besuch warten und dir mit jeder Türöffnung ein Lächeln geben. Menschen sind schwach in Fremdheit, die giftige Menschen sind schwach in Lächeln auch.

Libo: Ich glaube nicht, dass die Klassenkameraden für mich in einer engen Freundschaft in Frage kommen. Ich habe nur kein Gefühl, dass wir auf eine gewisse Ebene der Akzeptanz zusammenkommen.

Zara: Es ist einfach so und Freundschaft braucht Kampf. Kämpfst du in der Tat dafür?

Libo: Ich kämpfe, wenn zum Kamp kommt, wenn die gegenüberliegende auch mitkämpft.

Zara: Oh, dann braucht die Normalität wirklich umzudefinieren, wenn deine Umgebung so unnormal ausschaut.

Ich nähere mein neues Zuhause. Zu dieser Zeit, muss ich zugeben, dass mein Selbstsein wie ein Kind unerwachsen und empfindlich ist. Das Selbstsein, das zum Teil verwirrt geworden ist von den stark emotionalen Abgrenzungen und Hoffnungen seiner Unabhängigkeit. Er ist, nachdem Rückkehr von meinem Familienbesuch vielleicht wieder transformiert worden. Die Transformation eines charakterisierten Merkmals ist Beginn einer schwierigen Phase im Innen, zwischensinnlichen Hauptmerkmale der Menschen. Mensch merkt sich in diesem Zusammenhang wie ein neugeborenes Kind. Kindliches Selbstsein heisst grosse Sorge, bedeutet eine kaum erfahrene Aufmerksamkeit. Das Kind des Selbstseins kann sich mit jedem Stolpern gründlich stürzen, kann aber auch stärken. Für ein Kind muss die Sage «was nicht umbringt, macht stärker» nicht immer stimmen.

Diese Gespräche zwischen Zara, die Seele, und Libo, der Körper, interessiert dem Kardo, das Selbstsein, nicht. Die Wohnung, die vor allem dem Libo gefällt, hat ein winziger Balkon, der ein schöner Blick auf Rotsee hat. Aber er ist zu eng und mit deponierten Sachen auch enger geworden, so dass nicht mal genug Platz für zwei Personen hat, um sich dastehen und quatschen. Den Rotsee mag ich sehr. Als ich im ersten Haus mit jungen Frauen und Männer gewohnt habe, paar weitere Strassen Richtung Norden, habe ich oft rund um See spaziert, gejoggt und bin darin geschwommen. Die erste Krise, mit der ich durch die Situation meines jüngeren Bruders konfrontiert war, habe ich mithilfe dieses Sees überwunden. Das ist bereit ein Monat ab meinem Eintritt in der neuen Wohngemeinschaft, ab Beginn des Studiums an der Uni und nach der Rückkehr von Armenien. Alles in einer schlagartigen Reihe nacheinander, dass mit der Intensivität der Familienbesuch kein Platz zum Aufwachsen meines Selbstseins übriglässt. Die Priorität der Sachen will ich eher horizontal als vertikal koordinieren. Ich will nicht einen die Nummer eins geben und die andere in Folgen hintereinander in Gefahr des Verlusts bringen. Die Kindheit, die Unerfahrenheit des Selbstseins macht dies manchmal schwierig. Die Zeit bremst mich irgendwann, vor allem wegen kalter, distanzierter Atmosphäre an der Uni. Ich bin fremder geworden, isolierter und entfremdet. Mein Selbstsein will schwimmen. Wie ein Kind, dass keine Priorität im Griff hat. Er will oft schwimmen und das Alleinsein geniessen. Die Mitbewohnerinnen sind noch nicht zu Hause, eine kommt spät von der Arbeit zurück und die andere ist oft mit ihrem Freund unterwegs. Die Atmosphäre der Wohnung ist zwar friedlich, aber nicht so warm wie mein erstes Haus in paar weiteren Strassen Richtung Norden. Ich gehe Abend spät und morgen früh gerne schwimmen.

Wenn ich kalt bade oder jogge, fühle ich am meisten ein friedlicher Umgang zwischen Zara und Libo. Sie bleiben eher ruhig, sie diskutieren gar nicht. Sobald ich zurück bin und mich frisch fühle, dann beginnen sie mit schönen Gesprächen miteinander zu quatschen. Ich erinnere mich an einem kurzen Zitat, dass das Thema ihres Gesprächs war. Libo hat Zara gefragt, weshalb er sich immer wieder für Treffen mit den Leuten melde, obwohl die gleiche Person ein distanziertes Desinteresse von sich zeige; das wäre in sich kein Treffen. Zara antwortet: Und weshalb wird diese

Person bei einer Spontanität sich nicht ausweichen, sondern zu dir kommen und sagen, dass er ein schlechtes Gefühl habe: «Man weiss es nicht, ob die Menschen wirklich desinteressiert sind oder mit vielen nummerierte Prioritäten überhäuft; vor allem in nicht direkten Kommunikationskulturen». Zara antwortete: man kann dies als eine Entschuldigung annehmen, nicht ernster. Libo: nicht ernster? Zara: Ja, man entschuldet sich, weil dich als ein Mensch mag, aber nicht als ein Freund akzeptieren kann. Die Person befreit sich von etwas, bevor du diese Stellung nimmst, damit du dich in der Zukunft recht gibst, dass du auch das gleiche mit ihm machen darfst; eine natürliche, respektvolle Rache aufgrund der Achtlosigkeit. Die Wirkung wäre sogar im Gegenteil, dass du wieder fragst und kein Wunder, wenn du auch keine Meldung von ihr bekommst. Denn sie hat schlechtes Gewissen. Laut «Entschuldigung!» und «Ich habe schlechtes Gewissen» zu sagen sind die besten Wege, um sich nicht nur zu befreien, sondern auch gegenüber einem ähnlichen Verhalten zu sichern.

Als ich meine Haare wasche, kommt eine der Mitbewohnerinnen zurück. Sie hat langer Tag gehabt und beginnt gerade mit Kochen. Manchmal diskutieren wir kurz, manchmal überschneidet unsere Mahlzeiten und die Prioritätsstrategien und trifft man sich eher weniger.

Libo: Ich verzichte eher auf engeren Kontakt. Das wäre mir zu viel.

Zara: Aber du sollst in der Lage sein, trotzdem Leuten direkter gegenüberzustellen. Wenn irgendeine Art des Kontakts für dich nicht in Frage kommt, dann lehne der ganzen Menschen nicht ab. Eine absolute Ablehnung, wenn überhaupt, soll auch im Klartext kommuniziert werden.

Libo: Soll die gegenüberliegenden Menschen auch nicht klar die Kommunikationswünschen und ihren Motiven mitteilen?

Zara: Sollen schon, aber was, wenn sie das nicht tun? Darunter ist nichts anders als leiden und Missverständnisse zu erfahren. Denke an den Leiden, die sich sinnlos wiederholen und diese werden dich auch nicht stärken, sondern langweilen, zeitverschwindend und schmerzhaft wirken.

Libo: Das ist mir zu viel und die Ausweichung wäre einfacher. Die Sinnlosigkeit über die wiederholenden Leiden besteht auch in deren Gespräche.

Der Monat ist zwar intensiv und ich stelle mir nicht zu schwere Aufgaben vor, ausser was ich an der Uni habe. Ich fühle mich aber trotzdem belastet, überfordert durch engere Kontakte, die ich mich gar nicht dafür signalisiert oder darauf reagiert habe. Meine politischen Aktivitäten sind lahmgelegt und anscheinend ein Grund dafür, dass ich unter Entfremdung abgedeckt bin. Meine persönlichen Kontakte sind so minimalisiert worden wie nichts. Ich habe kein Kontakt, kein Zugriff mit mehreren Menschen, die wir uns vorhin mehrmals getroffen haben, Kaffee getrunken haben und stundenlang von uns gehört haben, von oberflächlich sinnlosen Sachen bis tiefernste Themen. Ich bin zwischen zwei Schichte hängenblieben: Routine der biologischen Sorgen und Zeitmangel der stofflichen Bearbeitungen, von Schule bis Wohnort. Diese Sorgen und Eigenschaften der persönlichen Identität kann mir nicht bei einem anderen Menschen in meinem Umgebung vorstellen, jemand, der sich wirklich Zeit nimmt und versteht, worum diese Sorge gehen und wie sie in ihrem Lauf den Charakteren nicht verletzen sollen. Mein Selbstsein, Kardo, ist zwar neugeboren aber nicht ein Kind. Menschlich wahrgenommenen Zeit wächst er jeden Tag ein Monat auf. Er war mir dabei in verschiedenen Orten und Situationen, vor allem wenn um die Lebensentscheidungen ging, wenn um Existenz und radikale Veränderungen ging. Während meiner ersten Ausreise nach Südkurdistan, als ich meine Familie und meine Heimatstadt verlassen habe, hat er mich begleitet. Jede Sekunde war er dabei. Ich habe immer seine Wärme gefühlt. Ich habe ihn nur vor Stress und Eile nicht wieder entdecken können, zumindest ganz entdeckt, wie es sein sollte. Aber eine Situation, das Leben in sicherer Welt und unter Schutz als ein Flüchtling zu suchen, ist ernster als alles geworden für ihn. Und das nicht, weil es für mich eine neue Erfahrung ist, sondern, weil alles normal aussieht und tatsächlich alles abnormal ist. Ich wohne in einer sicheren Welt, in einem erstklassigen Land, ein Land, das jeder sich ein Zuhause da wünscht, die meine Zugehörigkeit fehlt, es fehlt die Verknüpfung des Charakters und biologischer Sicherheit. So viel Existenzangst und radikale Veränderungen für ein Flüchtling in einem so sicheren Land ist einfach schwer zu beschreiben, schwierig zu verstehen, klingt tief absurd. Ich nehme an, aus Ausweglosigkeit, dass dies sich um Zeit handeln soll. Entweder gewöhne ich mich an die Situation und die Neuvereinbarung der Gefühle oder mein Bild und meine Vorstellung ist gründlich falsch.

Kardo: Wäre gut einmal zusammen schwimmen gehen. Habt ihr Lust?

Zara: Lieber tauchen und dann liegen wäre besser für mich.

Lido: Und für mich eher duschen.

Kardo: Ich merke ein wenig Desinformationsaustausch zwischen euch.

Lido: Wegen?

Kardo: Ihr habt unterschiedliche Bilder der Realität. Real ist im Augen Zaras Moral, hingegen für Libo steht die Realität am schönsten, wenn sie ethisch gut aussieht. Moral und Ethik sind seit je in diesem Spiel. Wer sich sehr moralisch fühlt, liegt weniger Wert auf Ethik und wer eine durchführbar ethische Seite zu sein hat, leitet beim Bedarf ihr Ethik davon. Ihr liegt Ethik nicht im Zentrum ihres Daseins.

Zara: Deine Aufteilung gefällt es mir zwar, aber ich finde bedenklich, dass ich meine Ethik auf Biegen und Brechen für mein Moral opfern lassen soll. Mein Dasein besteht darin, dass ich ethisch gut bin. Und ich denke nicht, dass diese uns zu diesem Schluss bringt, dass ich moralisch nicht gut bin.

Kardo: Das habe ich nicht gemeint, sondern, dass ihr nicht gut genug zusammenkommt. Oder, wie erwähnt, es besteht Desinformation auf Grund der giftigen gesellschaftlichen Beziehungen. Du bist entweder rechthändig oder linkhändig. Wenn du rechthändig bist, heiss es nicht, dass du deine linke Hand nicht benutzen, nicht stärken sollst. Vielleicht gibt es sogar viele Talente in deiner linken Hand, worauf du noch nicht gekommen bist, weil du ihn nicht genug nutzest und stärkst.

Libo: Ist es falsch, sagen wir unethisch, wenn ich meine verpassten Küsse zähle? Ich habe oft Frauen, die ich gerngehabt habe und sie nicht gesagt habe, dass ich sie lieber küssen würde.

Kardo: Wenn sie dir irgendeinem Licht gegeben hätten, ein Zeichen zum Küssen, dann muss du davon lernen. Aber wenn nicht besteht ein Problem.

Libo: Was für ein Problem?

Kardo: Du hättest mir bestätigen können, wenn es dir klar gewesen wäre, dass man sich nicht jede Süssigkeit nimmt, die ihr geboten wird.

Libo: Ich mag Süssigkeit. Ich nehme sie oft, ehrlich gesagt.

Kardo: Und dabei denkst du gar nicht, dass du bei jeder Annahme einer Süssigkeit etwas verlierst?

Libo: Ich bin direkt und denke, dass meine Menschen auch mich ohne eine Schädigungswunsch ihre Süssigkeit bieten.

Kardo: Falsch. Manchmal sind sie alles anders als direkt. Manchmal bist du mitten in einem Spiel. Du spielst mit, ohne dich darüber bewusst gemacht zu haben. Dir wird spontan eine unnatürliche Lust gereizt. Das bedeutet, wenn auch keine gesundheitliche Schädigung, Zeitverschwendung, Gefahr an Sucht der Sachen deiner Unbewusst.

Zara: Er (Libo) ahnt, oder? Du denkst oft, dass etwas stimmt. Du hast eine Ahnung.

Libo: Das stimmt, aber nur in gewissen Fällen. Ich habe nur eine Ahnung, wenn ich mich damit rechtfinde.

Zara: Du tauschst nicht immer die Emotionen entgegen. Vielleich misst du immer noch mit deiner originellen, kurdischen Skala deine Emotionalität in der Schweiz.

Libo: Kann sein, aber heiss es nicht, wenn ich meine Emotionalität irgendwie anders messe, mich tatsächlich zwinge und das ist die Emotionalität entgegen?

Kardo: Deine Realität bestimmt nicht dein Dasein. Sondern dein Dasein bestimmt deine Realität. Vergiss nicht, dass der bewusste Ursprung des Daseins auch Gewohnheit sein kann, aber mit der Gewohnheit wirst du nicht wachsen, sondern mit Selbstsein: das neu erfundene Selbstsein.

Wo ist genau das Dasein Libos? Er ist reiner Körper, nicht mehr als Fleisch und Knochen. Der Libo ist fassungslos, nie mit so einer Frage konfrontiert. Vielleicht hätte er damit seinen Stellenwert ausdrücken können, dass sich die Flüchtlinge in binär orientierten Gebieten, stark isolierende Umgebungen und in der Nachbarschaft mit den nicht integrierbaren Menschen fressen, radikal in sich zurückgehen und sogar in den Gedanken zwischen Nostalgie und falschen Bilder von der Gesellschaft ertrinken können. Dasein ist da, im innen, wo überall Feste und Partys gibt und du nirgendwo, ausser mit deinem Alleinsein, Party machen kannst. Niemand wird dich auf einer fühlbaren Weise dich, dein Dasein berühren. Die Beobachtungssystem ist eine klare Anzeige dafür. Von dem Anfang, in einem Punkt, wo ich ständig nach Kontakt und Arbeit gesucht habe, Sehnsucht nach der Weiterbildung gehabt habe und Frauen aller Herkünfte hübsch fand, wurde ich darum aufmerksam geworden, von denen möglichst Abstand zu halten. Woran besteht diese Angst des Wachsens der Menschen? Welcher Schaden soll ich die Gesellschaft bringen bei meinem Wachstum? Als ob all diesen Leiden nachher passieren werden und damit, dass sie mich nicht schockieren, kommen viele mitleidende Blicke vor meinen Augen, als ich am Abend einschlafen gehe. Dies Phase habe ich intensiv während meiner Integrationsphase erlebt, in der ich viele Leute kennengelernt habe und am Schluss waren die meisten bei diesem Verhalten sehr ähnlich: die Sorge über meine biologischen Bedürfnisse und weit weg von der Intimität und Emotionalität. Ich kam einmal dazu, dass es mit der Kolonialgeschichte zu tun haben kann, damit, dass die Drittweltländer und besonders die aufgeteilt und zerstörte Länder, wie Kurdistan, immer an einem Bild ihrer schweren Zeit erinnert werden müssen, das Bild der Vergangenheit, den Bildern der Hunger und des Pests, an einer Zeit, in der man kein Licht und kein Mehl zur Verfügung hatte. Nun noch, immer noch gibt es viele Menschen, die diese Situation sie berührt, die das gründlich und sogar auch in fremden Sprachen, nur aus Leiden des Gesichts und Betonung der Wörter verstehen. Die, die vor Hunger eingeschlafen haben und Mitternacht vor Kälte aufgewacht sind.

Ich habe diese Krise mehrmals erlebt, auch in der Schweiz. Einmal als ich mich gründlich unter Not befand, habe ich ein ehemaliger Mitbewohner um Hilfe geboten. Der Junge, der zusammen viel Gespräche gehabt haben und uns die Liebesgeschichten ausgetauscht haben war zu dieser Zeit aufgrund seiner Kurse etwa distanziert worden, war aber trotzdem immer noch empathisch. Mit der Unterstützung, die er mich gebracht hat, hat er mich aussergewöhnlich nach meiner vorigen Situation in der Türkei gefragt, nach Preis meinen jetzigen Schuhen, danach, was mich passieren würde, wenn ich abgeschoben würde. Wahrscheinlich wollte er mich direkt oder indirekt seine Lehre beibringen, vielleicht auch Angst machen vor eine unsichere Situation meiner Zukunft. Waren diese Es war und ist mir tatsächlich egal, ob diese Fragen und Hinweise systematisch oder persönlich mitgeteilt werden, denn ich bin unter anderem mein Dasein, Selbstsein, das sich im Meer der Krisen gebildet hat. Ein völlig integrierter Ich, eine Identität meiner Gegenwart, weder ängstlich vor Vergangenheit noch gestresst gegenüber Zukunft.

Die Kälte der weiten Bergblicken und die offiziell neigende Atmosphäre des Hauses, der weite Abstand mit den Leuten vor meiner Reise und wenig sympathisch, stark konkurrierenden Klassen der Uni bauen die Mauer zwischen Zara, Kardo und Libo weiter hoch. Ich reise weit in mir, nach einem unbestimmten Ziel. Ich finde eine Einzimmerwohnung und ziehe von der Wohngemeinschaft um.

Am Tag der Wohnungsbesichtigung der neuen Einzimmerwohnung fühle ich das Wohlfühlen. Die Lage und die Grösse des Zimmers, sein Blick und Ruhe machen mir gespannt. In einem baldigen Datum werde ich umziehen und das Eis zwischen die drei, Libo, Zara und Kardo, neigt zu schmelzen. Vor allem Kardo freut sich darauf, denn seine Ruhezeiten und Konzentrationsraum ist ganz anders als die von Zara und Libo. Zara ist übermässig tolerant und duldet mit allen Schwierigkeiten, ist viel unterwegs in der Geschichte und hört gerne Musik. Er kann überall schweigen und manchmal in den Wäldern laut werden, am Telefon lachen. Sie träumt viel mehr als Libo. Als ich Teenager war, war ich ohne Grund auf der Suche nach Verantwortungen, damit irgendetwas in mir satt wurde. Nachher habe ich entdeckt, dass diese Frage nicht anders war als Zara. Zara ist befreit von dem Aberglauben und seitdem findet sie sich in einer tiefen Ruhe. In dem Umgang mit Zara ist merkbar, dass sie unter aggressiven Situationen auch sich duldet. Ich habe Angst, wenn ich womöglich attackiert werde, werde ich nicht genug stark in der Lage sein, mich wehren zu können. Libo im Gegenteil ist spielerisch, sehr gerne unterwegs und sucht Kontakte, auch oberflächlich und nicht ernste Freundschaften. Wenn er jemand besonders attraktiv findet, beginnt ihr spontan anzusprechen, oft bekommt er Absage, oft wird sein Lächeln und Grüssen mit kurzer Blicke abgelehnt.

Ich bin in dem neuen Zimmer. Die Ruhe und Konzentration bietet genug Raum. Kardo wird öfter aufgewacht und bevor sich Libo auf Schulplanung orientiert, bring ihn für eine Runde im Quartier, ein Spaziergang oder Joggen mit sich. Seitdem kommen sie gut zurecht und das schadet Zara nicht. Zara ist mit der Digitalisierung zufrieden, genug Kontakt, genug Raum und Stille. Sie braucht keine Wanderung und Abenteuer; Es wäre schöner, wenn sie mehr mit Kardo und Libo tiefer befreundet wäre.

Bei dem Spaziergang kommen Kardo und Libo zum Gespräch:

Kardo: So Libo, wie geht es dir? Soweit gut mit den Fremden und Freunde?

Libo: Weisst du, ich habe seit einiger Zeit mich anders bezüglich der Freundschaft eingestellt. Mir ist viel wichtiger, dass Zara auch meine Leute akzeptiert und gleich wie ich mit denen zufrieden wird. Und gleich solche Freunde finde ich, oder besser gesagt waren auch früher, ganz wenig.

Kardo: Lass uns erst statt Freundschaft das Wort Kontakt benutzen. Für Menschen, und egal ob sie Flüchtlinge, Schweizer oder Europäer sind, Kontakt ist wie Nahrung. Die Nahrung ist uns drei, du, Zara und mir gleich so wichtig. Und dass kann sein, dass du manchmal eine Nahrung nicht sehr gerne annimmst, aber schlussendlich rettet sie dich. Einverstanden?

Libo: Annehmen, aber nicht nachher erbrechen. Einverstanden?

Kardo: Das ist gar keine Nahrung. Das ist Gift. Und Gift ist überall. Der giftige Mensch hat kein anderes Gesicht als die treuen, liebvollen Menschen.

Libo: Erinnerst du, als ich einmal bei der Freundin in Zürich war, oder vielleicht nur aus meiner Sicht Freundin, eine Scheinfreundin; die ich sehr gerngehabt habe und monatelang miteinander geschrieben haben. Einem Abend, als ich zum Essen in ihrer Wohnung war, kam eine andere Frau zum Tisch und als sie mich sah begann über den Missbrauchsgeschichten der Frauen durch Flüchtlinge zu reden? Es ist keine normale Begegnung, kein Mensch kann sich zufällig einem solchen Fall bei dem geplanten Abendessen, bei einer Einladung zum Gespräch bringen. Was sollte mit dieser seit Wochen geplanten Abend und mir zu tun gehabt haben, ausser einer grossen Abneigung und Desinteresse? Es wurde alles schwarz vor meinen Augen. Ich habe mir zugleich Gedanken gemacht, dass wonach ich in diesem Abend ausgesehen haben sollte? Weshalb statt vielen verschiedenen Themen werde ich mit einer Missbrauchsgeschichte begrüsst? Ein Flüchtling, der diese Frauen jetzt vergewaltigt? Oder ist er extra dafür hierhergekommen? Weshalb sollte ich diese Frau an Vergewaltigung erinnert haben, ohne ein einziges Wort zwischen, ohne eine Sekunde voriger Begegnung? Die Freundin, wegen ihr ich in dieser Wohnung, so zu sagen, eingeladen war, hat mich vorgeschlagen, und zwar mit kräftigen Worten, mit positivem Eindruck, dass ich politisch geflüchtet bin, dass ich im Journalismus tätig gewesen war und all eine positive Stimme. Ich habe in meinem Leben nie Absicht gehabt, jemanden unter Zwang zu bringen und auch mit den Komplimenten war ich immer vorsichtig. Die Scheinfreundin bleibt unter dieser Zeit das Bombardieren wie ich still, sogar schaute mich ein paar Mals mit ängstlichen Blicken. Sie tritt sich zurück und es herrschte eine tiefe Kälte. Sie hatte ihre Uhr nachhinein anschaute und sich als ein todmüder Mensch simuliert. Dann fragte mich, wann ich mein Zug habe. Ich habe ihre Wohnung nach dem Essen, was ich nicht genau schmecken konnte, und einer tiefen Stille verlassen. Die Scheinfreundin habe ich nie wieder gesehen.

Kardo: Hast du nachher mit der Freundin darüber gesprochen?

Libo: Die Nacht ging mir so giftig vorbei, dass ich monatelang nachher ihr nicht erreichen wollte und sie auch signalisierte nie wieder ihre vorige Sympathie. Wo, wann sollte ich mit ihr geredet haben.

Kardo: Dann kann ich mit Sicherheit sagen, dass es gar kein echter Kontakt war, sondern eher ein Scheingefühl wie du vorhin beschrieben hast. Dieser Kontakt war in sich etwas aus leere, und nicht reife des Alleinseins. Ihr habt, nehme ich beide von euch, eine Affäre gesucht, aber dies habt ihr nicht direkt kommuniziert. Anscheinend war ich in dieser Zeit nicht dabei gewesen. Aber ich bin mir sicher, dass zwischen die Frau und deinen Vorstellungen eine grosse Spalte bestanden war. Wäre doch besser, dass du ihr darüber informieren hättest, egal wann.

Ich bin von dem Spaziergang zurück und Zara schläft noch. Es wäre vielleicht besser gewesen, wenn ich, der Libo, mich mehr mit dem Tanz beschäftigt hätte. Mehr künstlerische und nicht immer sportliche Anstrengungen und Körperbewegungen bringt Mensch in einer anderen Dimension der Harmonie, vor allem wenn der Tanz mit der hiesigen Musik in Schwung gebracht wird. Diese fehlt und das zeigt sich im Verhalten von Zara besonders. Dass sie sich tief emotionalisiert und weniger an gemeinsame Aktivitäten interessiert ist.

Nach zwei Monaten kenne ich mehr das Quartier und den Nachbarn lernen. Es gibt kein Fremdfeindlichkeit zu spüren, aber auch kein Interesse an nähere Kontakte. Die einzige Frage von der Seite der Gemeinde an mir ist, ob ich immer noch arbeitslos bin und ein Job such. Die Arbeitsuche, welche mit meiner

Situation als achtzigprozentiges Studium übereinstimmen kann, kommt zu keinem Erfolg. Bereit im Studium wäre die beste Möglichkeit ein Praktikum, was nach individuellen Versuchen von meiner Seite mithilfe der Uni gefunden wird. Mit dem Praktikum und der Lockdown in der Folge von Corona kommt eine Kette mehrere Fragen durcheinander. Überall verbreitet sich die Angst, Angst vor Ansteckung durch alles Mögliche, durch dem Wind, durch den Fliegen. Ich kenne Angst gut. Ich bin mit der Angst aufgewachsen; Angst, der sich nur durch mein Selbstsein und seine innere Evolution beherrschen liess. Aber diese Menge an Angst habe ich nie erfahren. Die Abstände sind Angstmacher, wenn sie nach Unendlichkeit divergieren, unbestimmt breit, unmessbar tief, wie die Beschreibung der Hollen Teufels. Ich merke, wie Leute ihr Angst nicht mehr mit dem Alkohol überwinden können und kein Sport mehr hilft. Diese Erfindungen sind alle gesellschaftliche Ausgleichverhältnisse, obwohl schlussendlich das menschliche Individuum betreffen, machen Sinn, wenn von der anderen wahrgenommen werden, mit den anderen Menschen machbar sind. Die Temperatur riecht nach Ausnützung, selbst Balkonen sind leer. Menschen im Haus finden sich nicht, trotz körperlichen Daseins und Nähe greifen an sich: wir sind keine echten Menschen uns gegenüber.

Es wiederholt sich eine typische Geschichte mit den Frauen, die mir weder mehr lustig noch spannend scheint: eine Frau, die ich ihr gernhabe, mag kein Kontakt, und eine andere Frau, mit ihr mir auf keinen Fall vorstellen kann, kommt jeden Tag zu mir und spielt eine Szene, als wäre sie ganz zufällig da. Der neuste Fall ist, dass die Frau, die ich gernhabe, schreibt mir, aber in Bezug auf die Frau, die benachbart ist mit uns beide und sie scheint mir nicht besonders sympathisch. Wie kann es sein? Sie sind zwar vor mir in der Nachbarschaft gewesen und vorhin kaum Kontakt miteinander gehabt, oder sehr offiziell vielleicht, jetzt macht mir die Frau, die ich gernhabe, jeden Tag aufmerksam auf die Frau, die ich nicht gernhabe. Und ich soll jedes Mal mit einem Dankeschön mein Desinteresse zeigen, und nach ein paar Tagen meldet sie sich dann wieder. Es ist echt störend. Ich habe gar nicht nach einem Nein, wie die Integrationsexperte in den ersten Unterkünften mir und die anderen Flüchtlinge gewarnt haben, eine Frau nach einer Beziehung oder einer Affäre gefragt. Und jetzt muss ich mich für das zweite Mal unter dem gleichen Druck fühlen und einem Ausweg suchen.

Eine Unannehmlichkeit, ein Druck aus unerkennbarem Ursprung macht mir fremder mit der Umgebung. Die Wiese und dem Balkon gefällt es mir nicht wie vorhin. Oft suche ich mir ein Ort weiter von hier, um Ruhe zu finden, um mich nicht verfolgt zu fühlen. Meine all drei, mein vollem Libo, die freie Zara und bewusster Kardo sind vereinigt, wie kaum bisher, dass ich hier Tag nach Tag fremder werde. Diese Fälle sind individuell, die Drucken, die nur Flüchtlinge in ähnliche Situation verstehen. Diese Fälle sind Wunde für immer, wie schweren Unfälle, wie Tod einer liebvollen Person.

Es ist Frühling. Ich bin fertig mit dem Praktikum, die intensivste sechstmonatliche Phase und meine erste Erfahrung der Arbeit in der Schweiz. Eine Erfahrung aus allen und nichts, aus vielen Vorstellungen des Erfolgs und unerwünschten Situationen, von denen ich mich nicht ausweichen konnte. Alles ist Gewinn, wenn ich mich als ein Fluss vorgestellt habe, der nie aufhört.

Auch wenn ich damit unterdrückt wurde, weshalb ich mit diesem Alter noch nicht unabhängig geworden bin und zum Teil angewiesen an staatliche Unterstützung. Ich bin fertig mit dem Praktikum und bin so einsam geworden, dass kaum mein Zara aufrufen kann. Ich kenne, spüre, rieche nur meinem Körper, der Libo. Ich fühle nur noch biologische Funktionen. Ich habe fast keinen Kontakt mit den ehemaligen Menschen und das kann ich nicht natürlich annehmen. Zusätzlich dieser zwei Frauen, die eine mich anregen will, die andere zu nähern, erinnert mich an den «Ordner», der mir im ersten Haus gesagt wurde: «Du hast einen Ordner.» und ich habe spät bemerkt, was diese Ordner angeht; dass alle Kontakte auf einmal, ausser «die ordnerbezogenen Kontakte» verschwinden und womöglich befinde ich mich in einem Projekt einer Studentengruppe der Sozialarbeiter oder als Muster zu testen ein Pilotprojekt für weitere ähnliche Flüchtlinge. Alles kann aber auch ein Zufall sein, oder wie ein Freund einmal gesagt hat, es wäre besser, wenn wir manchmal hintereinanderkommende systematische Prozesse zufällig annehmen würden.

Die Stadt, die Altstadt und die Zentralbezirk sind ein Ort, der ich gern hingehe. Meine Arbeitssuche verläuft immerhin nicht leicht und ich finde mit der intensiven Bildschirmanschauung der weitsichtige Sonnenuntergang ein guter Ausgleich der Pupillen. Zur Nahsichtigkeit gibt es immer Bücher, manchmal fremde Menschen, mit denen ich kurze Gespräche führe, ihr Dasein fühle. Anscheinend will das systematische Muster des bürokratischen Zwangs immerhin mit der indirekten, nicht leicht interpretierbaren Sprache meine Bemühungen der

Arbeitssuche nicht anerkannt haben und mir wird die monatliche Unterstützung ungekündigt verzögert. Ich weiss nicht weshalb, was ich weiss und immer auch stimmt, ist es, dass dies politisch bedingt ist und man muss damit umgehen. Dies sind unter anderem die politischen Fragen, deren Antwort ich nicht weiss. Was aber nicht politisch ist, ist dass ich mich nie so schwach und respektlos gefühlt habe; nie so unterdruckt. Was kann ich tun, wäre auch in der Regel menschlich und natürlich, nicht politisch. Ich komme darauffolge auf die Idee, meine Einzelzimmer zu kündigen und somit die bezahlte Miete für die Staat zu sparen. Ich kündige meine Zimmer auf zwei Monaten und suche intensiv nach einer Arbeit und ein günstiges Zimmer. Alle Jobs, die sich auf mein Praktikum als Techniker beziehen sollen und alle Zimmer im Rahmen eines kleinen Budgets, das mit Teilzeitjob bezahlt werden kann, lassen sich schwer realisieren. Schliesslich finde ich Arbeit: Zwischen Vier bis Zehn Uhr morgens Karton sortieren, die Bezahlung knapp für niedrigstes Lebenskosten und eine kleine Chance, einen zweiten Job an der späten Tageszeit zu finden. Ich habe keine andere Wahl, ich finde ein Zimmer in einer Wohngemeinschaft und mache Vertrag mit der Frühschichtjob.

Mit der Kartonsortierung finde ich weiterhin eine andere Teilzeitjob. Ich stosse auf einem weiteren Praktikum, ein Job der mir sowohl als Weiterbildung als auch als Arbeit eine neue Möglichkeit bietet. Meine Freude ist so gross, dass ich mit dem Frühschichtjob weniger müde werde und gleich danach mir auf den Weg nach der Praktikumstelle mache. Die Firma meines neuen Praktikums ist wohlbekannt und die Arbeitgeber persönlich sympathisch. Während dieser

Zeit finde ich mich mit aller Erschöpfung wieder nahe bei Kardo, mein Selbstsein. Mit der Zeit kommt ein Energiemangel. Die Aufgaben sind so weit voneinander, dass mir wenig Konzentration für die Lernmaterialien übrigbleibt. Nach etwa drei Monaten des Praktikums, beschliess mein Arbeitgeber unser Vertrag zu kündigen. Dieser obligatorische Rücktritt ist mir zwar körperlich erleichtert, aber seelisch vernichtet. Ich begründe, als eine Erleichterung für meine Seele, Zara, ähnlich wie die Situation in der Zeit von Lockdown der Covid: Die Bahnen sind still, die deprimierte Menschen finden keine Züge, um Selbstmord zu begehen; die Flughäfen sind zu, es werden weniger Kohlendioxid hergestellt; Die Waffenfabriken helfen Medizingerätefirmen und es werden weniger Waffen produziert und verkauft, es kommt zu weniger Krieg. Mit all diesen wird Zara nicht überzeugt, sie sagt: «die Menschen werden bald wieder alles machen!».

Kardo, Zara und Libo kommen oft in Gespräch miteinander, aber öfter in Streit. Als Ergebnis entsteht Ruhe, denn die Sprache der Streit der drei sind anders. Sie reden zwar, aber hören darunter einander nicht zu. Es besteht eine tiefe Ruhe, eine nicht beunruhigende Ruhe.

Die Neue Wohngemeinschaft sieht gemütlich aus. Die Menschen sind unterschiedlicher Alter und es besteht anscheinend eine längerfristige Aufenthaltsmöglichkeit. Die Änderung des Wohnorts wirkt indirekt erleichtert. Die seelischen Arbeitsbedingungen und neue zwischenmenschliche Beziehungen bringt irgendeine Spannung mit sich. Die

Machbarkeit der Arbeit ist mir nur in Einklang mit dem Studium sinnvoll und daher deren Anstrengungen tragbar. Mir kommt trotz der Wichtigkeit dieses Rhythmus immer wieder in den Sinn, wie ich die Gespräche unter Zara und Kardo hören konnte. In schwierig spaltbare Phasen des Lebens werden oft die Gefühle und Sensibilisierungen steif und langsam. Menschen verwechseln ihre Orientierungen unter chaotische Situationen, verlieren blitzende Lächeln und Blicke in ihrem Umfeld und verpassen kurze spannende Begegnungen. Seit einiger Seit fühle ich mich wie ein manipulierter Roboter, der rennt und nie zum Schluss kommt. Unter diese sinnlose Unendlichkeit verliert man charakterisierte Merkmale, vor allen der heranwachsende Kardo und die sensible Zara finden unter indisziplinierte Chaos nie Ruhe und Konzentration.

Tag nach Tag werden die Kontakte abgehackt, die Kommunikationen auf eine offizielle Weise durchgeführt. Unter offizielle menschliche Beziehungen merkt man sich als in einem Verhör, einem Prozess, der detailliert dokumentiert wird. Ich finde schwer Balance, wenn ich die regelmässigen Gespräche, die reife Ausgleiche zwischen Kardo und Zara nicht folgen kann. Ich muss mir sonst mehrere Bücher und Theorien lesen, bis ich auf irgendeinen Art Charakterisierung komme und mein Leben ein verständnisvoller Sinn gebe. Wenn ein Gefühl, mit all Chaos und toxischen Versuche noch stark und einfühlsam ist, es soll die Situation ernst sein. Dabei stellt sich nicht die Frage, ob ich mich tatsächlich in einem unmittelbaren Verhör und unter Verfolgung befinde oder nicht, sondern darin, weshalb soll ich überhaupt dieses Gefühl, wenn auch als ein

Scheingefühl oder eine Verschwörungstheorie, haben. Dies folgt zur Unsicherheit, nicht unsicher in seinem existenziellen Sinne, sondern unsicher über dem Ursprung einer Verfolgung, über ihre Gebrechlichkeit und ihre Moralität.

Diese Unsicherheit reicht, dass ich mir die Absenz von Kardo und Zara sogar zufrieden bin. Was mich, der Libo, mein reiner, nackter Körper nicht umbringt, macht mich stärker. Aus dem Grund, dass diese Stärke und weil ich mein Kardo und meine Zara tief vermisse, kündige ich wieder diese Wohngemeinschaft und verlasse bald ihre Fremdheit und Verhörähnliche Kontaktversuche.

Von embryonalem bis moralischem Tod

Die Schwierigkeit beim Verstehen und Akzeptanz des Todes besteht in dessen Grenzlosigkeit, in einer Panik, deren Überwindung viel Arbeit der Gewöhnlichkeit benötigt. Der Tod der Jahreszeiten, am üblichsten die Tötung jeder Sekunde der Zeit, als eine nicht von uns geschaffene Lebensdimension, sondern darin sinnvoll, stört in der Regel uns nicht. Vor allem bei der Arbeit wünscht man sich einen am schnellsten Ablauf der Zeit: hier wird «lebe in der Gegenwart!» nur mit einem Auge betrachtet, ein Auge, das die Wertschätzung seiner Arbeitsfähigkeit unterschätzt und noch nicht kommende Zeit und ihre vorausfühlenden Genossen überschätzt. Die Tötung der Zeit ist ein passendes Beispiel für das Verständnis der Normalität und Tragödie des Todes.

Ein Embryo, der noch im Mutterleib ist und noch nicht als eine aussenstehende Wärme durch seine Eltern wahrgenommen worden ist, ist nur noch eine Wahrscheinlichkeit, theoretisch nur eine Hoffnung. Somit wäre sein Tod keine Panik und Erschütterung verbreiten, als sein Tod nach seiner Geburt. Ich habe selbst kein Kind und auch habe kein Embryo mit jemandem geschaffen, damit ich mich genau in der Lage des Tods unseres Embryos hineinversätzen könnte. Aber es ähnelt mir wie einige grosse Träume von mir, die zerplatzt worden sind. Einige Wünsche, die nie erfüllt worden sind. Was wenn diese Wünsche und Träume realisiert worden wären und als Ergebnis eine schmerzhafte Erfahrung mit sich gebracht hätten? Würde ich mich über sie existenziell ärgern und auf ihre nicht Dasein wünschen? Wenn ja, dann würde ich nur mit einem Auge die Wohlfühlung und die Leiden dieses Daseins betrachten. Wahrscheinlich hat nach man dieser Betrachtung das Management als eine Wissenschaft entwickelt, um unter anderem einige Ideen schon in ihrer Pilotphase zu absterben lassen.

Was wenn keine Rückläufe mehr möglich und alle hinteren Brücken gebrochen wären? Die Flucht ist nicht rückgängig, die Flüchtlinge aber abschiebbar. Die Flucht ist für die nicht zurückkehrende Flüchtlinge ein sich nie wiederholender Weg. Ich bin ein Flüchtling, der mich Gesellschaftsbezogen ein Embryonalähnlich geborener und aufgewachsener Mensch fühle, der zusätzlich auch lernfähig und autonom arbeiten kann. Der Tod der autonomen Arbeitskräfte ist somit mehr politisch als menschlich. Die Frage betrifft ihn selbst, er ist selbst schuld an seinem Dasein, niemand hat ihn eingeladen oder gerufen. Der Tod und Leben soll ich als Flüchtling neudefinieren.

Welche Funktionen lassen mich neu definieren? Welche Erwartungen werden dabei gefördert? Gibt es ein Grad, damit man seine Emotionalität und Funktionalität des neuen Daseins regulieren kann? Wie autonom werde ich daran beteiligt? Was wird entscheidend bei meiner Autonomie im Vergleich zu der Genauigkeit eines humanoiden Roboters? Oder werde ich als ein erwachsener Embryo für diese Gesellschaft treu, wie ein humanoider Roboter genau und funktionstüchtig? Was bring meine Leiden im

Vergleich zu dem Schaden des Roboters? Wäre die Herstellung der Roboter günstiger als die Unterstützung der Flüchtlinge bis ihre Bereitschaft der Arbeit, würden wir überhaupt aufgenommen und unterstützt? Der Tod der anderen ist die Zeit, in der man sich die grundlegenden Fragen nur mit persönlichen Wahrnehmungen antworten kann und für ihre Korrektheit statt menschlicher Mitteilungen, mit den politischen Indikatoren konfrontiert wird.

Der Schock, der man nach der Flucht ergreift, kann ich in meinem Fall als ein leichtes Koma beschreiben. Das Koma betrifft nicht alle Flüchtlinge in meiner Nachbarschaft und auch nicht alle meinen Körperorganen gleich. Je grosser die Hoffnung auf das bessere Leben, desto schwerer das Koma und wahrscheinlicher die Illusion, dass die Leiden und die schwere Zeit, die Zeit der fatalen Dilemmas vorbei ist. Und umso unbewusster, dass die begrenzten Grad der Freiheit in der Tat keine Freiheit im Allgemeinen bedeutet, sondern die Auswahl unter einiger Fälle. Entscheidet man sich für eine andere Wahl, einen selbstgemachten Weg, beginnt neue bisher nicht erfahrene Phase der emotionalen Begrenzung der mechanischen Funktionalität: Ich habe zwar genug Menschen verschiedener Alter und Geschlechter rund um mich, aber ich nehme kein Kontakt mit allen auf gleiches Niveau, wie sie auch miteinander nicht gleich befreundet sind. Das ist aber ausserordentlich, denn ich als ein Flüchtling soll alle Fragen beantworten, egal wie persönlich, egal von wem. Das ist ein Spiel und man soll mitspielen. Es scheint sogar absurd und privat, wenn ich diese Menschen nach ihren familiären Beziehungen frage, aber die gleichen Fragen soll ich höflich beantworten. Sonst bin ich asozial und einsam.

Dieses Spiel betrifft fast alle Flüchtlinge, die ich betrachte. Vor allem diejenige, die sich unter Integrationsgruppierungen junger Schweizer versammeln und sich offen zeigen. Ich als ein Flüchtling soll immer zu haben sein, sonst bin ich asozial und einsam. Und die Verhältnisse, darunter ich und diese jungen Gruppierungen der Integration treffen, sind so biologisch und bürokratisch, die kaum zu persönlichen Gesprächen kommt. Ich finde mich unter diesen Gruppierungen ein unbewusstes Nervensystem für politischen Ausgleichen oder sogar eine Vorversion der Zusammenarbeit mit dem humanoiden Roboter auf emotionalen Ebenen.

Empirisch will ich die Integration als Fluchtologie bezeichnen. Der Versuch, der einseitig auf Verknüpfung der sozialtechnischen Verfahren basiert und die Flüchtlinge als die immer zu habende Objekte betrachtet, hat nichts mit der Integration zu tun. Zum einen erfahre ich, wie teilweise kulturellen Phänomenen der grossen Gruppierungen der Flüchtlinge wie die Albaner und die Araber, aus politischer Sicht wahrgenommen werden und nicht aus der menschlichen Grundlage. Die gleiche Anerkennung existiert für die Kurden zum Beispiel nicht. Zum anderen herrscht eine Stille von der anscheinend unterstützenden Seite der Flüchtlinge, wenn wir systematisch durch die Medien als ein materielles Potenzial zwischen den Linken und Rechtparteien objektiviert geworden sind und täglich ausgetauscht werden können. Wo besteht in diesem Zusammenhang die Integration?

Menschlich finde ich mich nicht lebend. Denn die Flucht ist ein politischer Versuch, es geht um Überleben. Das Überleben ist nicht gleich wie das

Leben. Mit jedem Schritt nach dem ersten Schock, der mich mit der Schönheit der Natur der Schweiz tief betroffen und emotional unbewusst gemacht hat, merke ich wie künstlich dieser Gesellschaft gegenüberstehe. Ich bin ein Embryo unter Millionen, der weder lebt noch gestorben ist. Als ich in der ersten Unterkunft angekommen war, war es klar, dass ich bleiben wollte. Meine Gründe und Informationen waren so wenig, dass ich mich retten wollte, wie auch viele andere Flüchtlinge, die keine Verwandte in der Schweiz gehabt haben und ihnen war tatsächlich egal, ob hier oder woanders in Westeuropa ein Asyl beantragen. Die Qual zerstört Gefühle, erniedrigt den Selbstbewusst. Ich wurde keine Information gegeben, was zu erwarten ist und wie wahrscheinlich man eine Chance zu der Weiterbildung hat; worin besteht die Freiheit der Jobsuche und wann werden sonst diese Fragen beantwortet? Kein Wort ausser politisch. Es ist politisch und variiert nach dem Menschen. Sie seien alle politischen, individuellen, noch nicht klaren Informationen und alle kommen einmal. Die Flucht ist eine politische Frage, der Mensch ist kein Mensch mehr, sondern ein Objekt der Politisierung auf eine unklare Art und Weise.

Das Leben ist lebendig und immer noch embryonal zu leben heisst auch eine Hoffnung auf Leben. In der Tat darf ich gewisse Regel repetieren: Das ist ein Spiel, man soll mitspielen. Mitspielen heisst es auch, dass nicht immer antworten und gewisse Fragen mit einem Lächeln nach einer unklaren Zukunft oder Selbstinterpretation zu verschieben sind. Dass ich nach der Befreiung Kurdistans nach meiner Heimatstadt zurückkehren würde oder nicht; dass ich weiter versucht hätte, eine Ausbildung zu machen, wenn ich in meiner Heimatstadt gewesen wäre oder nicht. Was soll ich entnehmen, wenn ich mit den jetzigen unwahrscheinlichen Situationen gefragt werde, statt mit dem täglichen Leben und dessen Empfindungen? Soll es ein Zeichen dafür sein, dass meine nicht-Interaktivität dieser Integrationsversuche, also mein klares Bewusstsein, mich von der Gesellschaft abgegrenzt hat und ich werde sowieso den Ereignissen kein aktiver Beitrag geleistet haben?

Das Bewusstsein eines Charakterisierten Embryos ist ein revolutionäres Ereignis. Ich bin ein Embryo des Bewusstseins. Ich kann weder zu den Eiern und Spermien meinen Eltern zurückkehren noch mich als ein politisierter Mensch definieren. Ich bin ein Fragezeichen der Politik, wie auch andere Geflüchtete. Manche von uns Flüchtlinge sind einfacher zu lösen, einige schwer sogar zur Analyse. Dies gehört zu dem politischen Spiel, das ich mich dabei politisieren kann. Also entweder sich unter vernichtenden Umständen integrieren lassen oder sich menschlich verhalten und leiden. Die Mitspieler und die ganze Gesellschaft sind sehr mächtiger als eine einzige Rolle von mir. Ich kann aber zumindest mich wehren und menschlich wählen, statt politisch demonstrieren. Dies macht mir mehr lebendig, das Leben fühlend.

Ist ein wirtschaftliches Engagement der politischen Anteilnahme in der Gesellschaft immer moralisch? Wie breit lässt sich der Begriff Wirtschaft definieren? Kann es breiter werden als die menschlichen Begrenzungen und ihre Zeit, diesen Rahmen zu erreichen? Was bleibt für ethische Rücksichtnahme für Menschen, wenn die Moral selbst von dem obersten horizontalen Gesamtblick zu kategorisierte Eigenschaft nach dem wirtschaftlichen Wachstum herabfällt? Die Moral ist ein Wert, der nicht zerlegt und nach dem Wetter oder Laune in anderen nicht-absoluten Werten integriert werden kann. Die nicht-absolute Werte, etwa das wirtschaftliche Wachstum oder Urlaub, Zuwachs des Kinds und Flucht sind in einer bestimmten Phase der Zeit und Alter sinnvoll und notwendig. Ab einem Punkt, dem man neue nach dem Zustand passende Werte in Frage kommt, werden die nicht-absolute Werte nicht mehr relevant. Ein Zwang und Konkurrenz sie zu fordern, erfüllt keine weiteren Bedürfnisse. Die Moral ist Ehrlichkeit, die Bedürfnisse der Menschen nicht zu manipulieren und Natur nicht politisch ausnutzen. Lügen in seinen allen wählerischen Formen, Produktion der provozierenden Wünsche und Menschen verursachte Schaden der Natur bleiben für immer immoralisch.

Ich betrachte mich als ein Flüchtling, der kein Rückweg hat, oft als ein nicht absoluter Wert. Mein Wert, die gesellschaftliche Anteilnahme, hängt stark von meinem wirtschaftlichen Erfolg. Und der Erfolg der Wirtschaft hängt nicht nur von mir selbst, sondern von einer gesellschaftlichen Anteilnahme, die mich immer dafür wählen und weiterempfehlen soll. Worum kann es bei dieser Anteilnahme umgehen? Wie breit ist sie im Vergleich zu meinen Freiheiten? Was soll ich haben und wie soll ich sein, wenn ich nicht zum Teil damit einverstanden bin? Ein Nichteinverständnis? Dann erzielt wird kein Erfolg und bleibt die Anteilnahme ein Albtraum.

Wie ist die Ehrlichkeit umdefiniert worden, wenn wir immer diesbezüglich paar Lügen kennen, die oft gern erzählt und geglaubt werden? Wir glauben an denen, wir hören sie gern. Wir machen uns über die Lüge lustig, wir behalten Ansicht an die Lüge als falsch kommunizierende Wahrheiten, als kluge Auswege. Sie klingen uns in ihrem ernsten Sinne wahr und wir fragen nach keinem Beweis, aus Respekt und Glaubwürdigkeit. Was ist der Ursprung dieser Lügenwäscherei? Der sogenannten weissen Lügen und ihre flüchtige Grenze? Aberglaube? Identifizierende DNAs? Besonders ist fraglich die Flüchtigkeit der Grenzen weisser Lüge. Hier ist das Adjektiv «weiss» eine Erleichterungsversuch, eine Technik der Menschen der Normalisierung unfairer Verfolgungen. Wie der Begriff «Entschuldigung», mit der sich die verursachte Person mündlich und während ein paar Sekunden von den Folgen ihrer Unfair oft befreien kann.

Wie lebendig bleibt eine Beziehung, ein menschlicher Kontakt nach oft verwendeter Technik der Entschuldigung und die weissen Lügen? Ist die Lebendigkeit dieser Beziehung für beide Seiten sinnmässig wichtig? Wenn sie sich bewusst gemacht haben, dass sie sich gegenseitig politisch ausnutzen oder unbewusst die Änderung der Form ihrer Beziehung und ihre Sinnlosigkeit mit den zeitlichen Veränderungen verbinden, irren sie sich. Damit, dass die Phasenspaltung und die Ära der Generationswechsel alles verändert hat und die Menschen sind besonders davon betroffen und dagegen sehr schwach, sich zu wehren. Ich merke oft

Veränderungen von Verhalten des Menschen dadurch, ob ihr Tone, Lächeln und Offenheit in ihrer Wohnung, während ich da eingeladen bin, verglichen mit ihrem Tone, Lächeln und Offenheit in meiner Wohnung anders sind. Wenn auf keine nahen Situationen komme, wenn ihr Lächeln und Umarmungen sich bezüglich des Ortes unseres Treffens gross unterscheiden, nehme ich Distanz mit ihnen, wenn nicht gleich Abschied. Diese Beziehungen sind gründlich die giftigste.

Ein merkwürdiges Merkmal der zwischenmenschlichen Gefühle ist die Flüchtigkeit unserer Verurteilungen. Die Verurteilungen, die mit dem Leben der anderen, ihrem Überleben oder zumindest ihrer Emotionalität zu tun haben. (aus meiner Sicht sind die Emotionalität nicht weniger wichtig als das Ganze Leben, sondern sein zwischenbindendes Material. Aber hier ist der Grund der Unterscheidung darauf zurückzurufen, dass Menschen ihre Emotionalität nicht immer rechtzeitig und mit den richtigen Personen mitteilen. Daher eine potenzielle Gelegenheit, damit ausgenutzt, beleidigt und geopfert zu werden). Die enge Emotionalität und moralisch geglaubte Werte können nicht einfach aus den Augen und jemands Reaktion auf dem Hunger empfiehlt oder von seiner Handschrift und Signatur herausgelesen werden, mit der Begründung, dass die Person die Wahrheit nicht begehren will. Fazit und Parallel dazu: die Person stammt aus einer Kultur, die viele Kommunikationen aus indirekter Art und Weise stattfinden. Hier darf man davon ausgehen, dass die indirekte Kontrolle und Überwachung notwendig und ganz moralisch sind. Daraus ist zu bemerken, dass den Begriffen Datenschutz und die persönlichen Freiheiten kaum eine Bedeutung finden und der Mensch alle

Folgen dieser Kontrolle akzeptieren muss. Als bekannteste Fälle lässt sich dieser Gegenstand ein Gefangene oder jemand unter intensive Beobachtung in Psychiater Klinik zu nennen. Unter welcher der beiden oder irgendein anderer Fall liegt der Flüchtling, der ohne seine Erlaubnis und Bewusstsein, dem Fazit zufolge, unter der Kontrolle und Verfolgung gelitten wird? Ohne dass er darüber gefragt wurde, ohne dass er darüber informiert wird. Die Signale und Hinweise darauf, dass ich unter diese Kontrolle bin, lässt sich nur mit den sozialtechnischen Fluchtologie erklären und nicht ein normaler Ablauf aufgrund irgendeiner bekannt abnormalen gesellschaftliche oder bürokratischen Fehlfunktion. Wenn man erstmal mit den ersten Begegnungen der neuen Menschen seine persönlichen Merkmale hört, fühlt man sich darüber gestaunt und statt Nähe, nimmt mit denen Distanz. Mir schadet diese Verteilung meiner Persönlichkeit nicht informativ, sondern die Moral des beobachtenden Steuersystems sehe ich tot. Ich bin seit meinem Aufenthalt weder theoretisch noch praktischer Gefahr gegenüber Sicherheit von jemand oder irgendwo gewesen und niemanden geboten, mich indirekt oder limitiert zu kontrollieren. Mittlerweile schadet das Gefühl, wenn auch für meine eigene Sicherheit wäre.

Illusion und Verschwörungstheorien sind die Folgen der unwissenschaftlichen Annahmen, die Menschen seit Jahrtausenden begleiten. Ein Stand vor Unklarheit und Versuch seiner Lösung ohne hypothetische Massnahmen. Die Verurteilung, im Fall der Vereinbarung oder Nichtanerkennung, hingegen ist ein klarer Prozess, in der man als der Verurteilte über sein Verhör ohne anders interpretierbaren Kode informiert wird und womöglich sich dagegen schützen kann. Nur wenn Moral als ein Absolutwert umdefiniert und ihre Grenzen nach Bedarf variieren worden ist, werden Menschen gemütlich in der Lage sein die Definition der Lüge auch umzudrehen und etwas absolut falsch und Unmoralisches als «zurzeit» oder «in diesem Fall» zu begründen. Der Fall der Verletzung der Schutzdaten eines Flüchtlings ist ein klares Beispiel dafür.

Welcher Tod ist schmerzhafter, unvergesslicher für der Überlebende? Der Tod des Embryos oder der Tod der Moral? Beide sind menschgebildete Lebensvorgänge beziehungsweise Lebensnotwendige: eine ist hundertprozentig abhängiges Fleisch, das womöglich überlebt und die andere das bewusste Dasein der Verantwortung. Von dem Umgang mit und der Bekanntschaft her kennt jeder seine Moral gut, oder sollte sie zumindest gut kennengelernt haben: Die ethische Schönheit oder Komplexität der gesellschaftlichen Rollen, der Kampf um Belohnungen und Annahme der Bestrafungen. Der Tod des Embryos scheint gegenüber dem Tod der Moral schmerzhafter. Ich habe zwar selbst keine Erfahrung mit dem Tod des Embryos, aber ich habe von ein paar Menschen gehört, wie der Tod ihres Embryos sie geschüttert hatte, wenn nicht deprimiert. Hingegen kenne ich niemanden, dass er aufgrund eines gesellschaftlichen Fehlers, nicht direkt ihm und sein physikalischer Wert betreffend, deprimiert worden ist. Der Tod der Moral stört nur wenige Menschen und ich bin wahrscheinlich nicht daran falsch, wenn ich sage, dass die Mehrheit dieser Minderheit auch sind selbst persönlich davon betroffen und dadurch geopfert worden und nicht, weil Menschen anderen Schaden zugefügt haben und darunter leiden.

Der Tod ist ein biologisches Ereignis, das unserem unbewussten Dasein ganz neutral und sogar notwendig steht. Je entwickelter das menschliche Bewusstsein und moralischer unbewusst Menschen agieren, desto natürlicher verhalten sie sich gegenüber Tod. Tod ist ein Ereignis, das nicht unserem Bewusstsein gehört und daher keine Förderung der Aufgabe, darum zu sorgen. Was uns aber bleibt, ist die Sorge um das Leben, sei es reines Überleben aus der Armut oder tägliche Langeweile aus dem Vergnügen. Moral gehört dem Unbewusstsein. Menschen mit oft schlechten Gefühlen über sich beziehungsweise mit schlechtem Gewissen über die anderen bleiben ihrer Moral bezogen immer noch bewusst und versuchen ihre Moralität zu verurteilen. Mittlerweile hat die Moral am wenigsten mit hormonaler Emotionalität und genetischer Erbe zu tun, welche eine Verurteilung untergeordnet werden kann. Moral bleibt der Mensch behalten, solange sie nicht absichtlich zerstört und darunter nicht unter Bewusstsein orientiert wird. Mensch verhaltet sich nicht aggressiv unbewusst und auch nicht moralisch bewusst. Daher je unmoralischer, desto aggressiver. Als ich in verschiedenen Unterkünften war und nachher zwischenmenschliche Beziehungen unter den Flüchtlingen beobachtet habe, müsste ich die Aggressivität der Gespräche und eine kompetitive Atmosphäre erfahren, dahinter nichts mehr als Planlosigkeit und Desintegrität zum Erkennen war. Tatsächlich die ersten Schritte der Normalität der Aggression und Tötung der Moral. Die physischen Auseinandersetzungen sind unter den Flüchtlingen eher zu vermeiden, nicht aufgrund der moralischen Gründe, sondern aus rechtlichem Folgen, die sie betreffen würden. Tatsächlich die erste Annahme der weissen Lügen der Aggressivität-Null. Weshalb wird zwischenmenschlich bezogen nichts durch der Unterkunftsleitung reagiert? Es könnte zwischen Umerziehungsversuche und Ignoranz eine bessere Möglichkeit geben. Diesbezüglich war für mich die erste Frage, inwieweit wir Flüchtlinge über den moralischen Hintergrund dieses Tabuseins der Aggressivität informiert sind? Nichts. Gar nicht nötig. Stattdessen was man immer öfter gehört, hatte: beeile euch ein Job zu finden und sei, im Fall der Unterkunft der Männer, gegenüber Frauen zurückhaltend. Fertig.

Der Mensch kann sein Unbewusstsein, der Ursprung seiner Moral, gut täuschen und manipulieren. Anscheinend ist es der wichtigste Grund, damit man keine Angst vor der künstlichen Intelligenz haben soll, im Gegenteil, sogar für die Ausnutzung der niedrigen Arbeiten, die Mitarbeiter damit Angst zu machen und unter Druck zu halten. Im Laufe der Natur der menschlichen Sucht nach Macht (Libido) besteht ein beliebter Trick der Sozialtechnik darin, den Menschen statt die moralischen Manipulation Angst vor kleinen verhinderbaren Ereignisse zu machen: Unter den Flüchtlingen zum Beispiel auf der einen Seite die Angst der Arbeitslosigkeit und Teuerung, damit sie sich mit möglichst niedrigem Gehalt zufriedengeben können und auf der anderen Seite in der Gesellschaft der Panik vor den Flüchtlingswelle zu verbreiten, damit die rechtsorientierte Partien auf die Macht bleiben; damit, dass der hierarchische Ordnung der Arbeit alle Gefahren weit entfernt bleiben. Die Frage der Moral besteht schliesslich darin, dass ein Flüchtling abgeschoben wird oder nicht, und wenn nicht, dann bleibt die Migrationspolitik sauber und moralisch und die Situation kaum eine Kritik betreffend.

Weshalb ist der Tod des Embryos schmerzhafter als der Tod der Moral? Worauf besteht diese Reife, dass Menschen mehr Angst vor Tod der Moral hätten als Tod ihres Embryos? Ist die Bildung eines Embryos einfacher oder die der Moral? Die Menschen, die sich moralisch keine Gedanken machen, alles in Ordnung sehen und eher auf die Anzahl ihrer Beziehungen, Anzahl ihrer Geschlechtsverkehre und einen Altsein mit den Kindern stehen würden sagen, dass die Bildung und Wachstum eines Embryos wichtiger und schwieriger sei als die Bildung der Moral, oder klugerweise, diese beide würden sich nicht überschreiten und der Embryo nicht anders sei als die Moral. Unter diesem Umstand stellt man sich einige Hierarchie und Organisationen, die um die Moral kümmern und sie als eine Regel oder Medikamente allgemein verschreiben. Diese alten Organisationen, vor allem Religionen und ihre Gebäude und Lehre, sind so zu sagen der Unbewusst der Gesellschaft geworden und haben für jene Fragen der Moral eine passende Antwort. Die Mehrheit der Angehörige gehört zu diesem moralischen Unbewusstsein und hat ausser dieser oberen professionellen klinischen Moralquelle, kaum Ahnung von Moral. Moral aus der Sicht dieser Oberhierarchie wird mit materiellem Dasein gemessen und verteilt. Das Resultat ist Angst vor den anderen statt eher Offenheit und eine wirkende Politik in dieser Richtung; Täuschung mit den konstanten Begriffen wie Moral und die Bildung einer abstrakten Heiligkeit davon. Die Heiligkeit bleibt konstant und nur so wirkend. Das Resultat: der Gläubige denkt, dass mit seinem Glauben aller moralische reicht und in Ordnung bleibt, nichts ist mehr nötig zu machen. Und folglich bleibt der eigene Embryo und persönliches Eigentum lebenswichtiger als die gesellschaftliche Moral, die Gefahr eines vernichtenden Kriegs oder steigender Hass der Rechtextremismus.

Als ich politisch aktiv war habe ich mich oft über das Thema Gewinn mit meinen Kameraden unterhalten. Wir waren einige junge, neu angeschlossene Mitglieder, die um unserem Leben gewettet haben und akzeptierten, dass wir nichts zu verlieren haben ausser unsere ketten. Wir haben auch das gleiche Verständnis von den Vorsitzenden erwartet und nach einer kurzen Phase, je nach Menschen etwas von ein halb bis ein Jahr praktischen Zusammenarbeit, erfahren, dass der Begriff Gewinn bei unseren Vorsitzenden gleicht, wie der Begriff Moral von der Mehrheit der Gesellschaft interpretiert worden ist: abstrakt, heilig, alles vorhin von einer Quelle – in diesem Fall der Leitung der Partei- verschrieben und weitergegeben. Wir haben mehrmals und ausdrücklich betont, dass eine hierzulande Befreiung ohne die gesellschaftliche Reife der moralischen Verantwortung und die Freiheit des Individuums kein Sinn macht, eine gesellschaftliche Parteiverständnis, sonst erfährt man nur eine Änderung der Hierarchie und nicht deren Deformation; eine typische Wiederholung von «die Revolution frisst ihre eigenen Kinder». Die Mehrheit der Leitung und die Mehrheit der Kameraden haben hier auch, wie die Geschichte sich wiederholt, kein Interesse an solche gründliche Änderung gehabt und fanden das Thema zeitlich nicht passend. Wir blieben einsam und allein mit den zerplatzten Träumen. Nur wer moralisch lebt, versteht wie jemand unter Tod seines Embryos leidet.

Jemand, der der Tod seines Embryos ihn die Kraft raubt und ihn in dem Teufelskreis des Leides herabfällt, wird kaum mit seinen biologischen Ängsten und Sorgen heranwachsen. Der Gewinn war uns ein bekannter Begriff, wenn teilweise Kameraden und junge Mitglieder wegen ihres persönlichen Gewinns sich eine Untergruppierung der Parteileitung angeschlossen haben und die gegenüberliegenden Gruppierungen als Konkurrenz identifizierten. Weil diese Konkurrenz auf keine politischen, ideologischen und gedanklichen Philosophien bestanden und oft regionale Verteilungen unter einer Partei waren, waren uns sehr banal und unnötig und man sollte sich vermeiden, sie als halboffizielle Innenparteiorganisationen zu legitimieren. Daher haben wir die Definition des Gewinns in diesem Fall umdefiniert und damit gemeint, dass eine unnötige, falsch identifizierte Verteilung, welche auf keine politischen und wissenschaftlichen Grundlagen basiert, scheint eine spielerische Verfälschung und löst giftige Gespräche statt ernster und freundlicher Debatte aus. Damit waren die Begriffe Gewinn und Moral eher parallel statt Gewinn und Material. Die Lebendigkeit der Politik bestand hiermit auch nur bei wenigen darin, dass die Ernsthaft der Thesen mit gesellschaftlichen Gesprächen und Themen zu verknüpfen und die Heiligkeit der Moral und Verantwortung auf seine dynamische Art und Weise umdefinieren. Die Politik, welche in den Händen älterer Vorsitzende und ihre untergruppierenden jungen Kameraden war, blieb streng moralisch hierarchisch und heilig.

Flüchtlinge bringen nicht nur ihre Wünsche nach einem besseren Leben mit, sondern Ideen und Kraft, die sonst nie da gewesen wäre. Seelisch würde ich auch die anderen Auswanderer, die Arbeitskräfte und Auswanderer der Liebesbeziehungen als Flüchtlinge nennen. Dies nicht, weil ich ein Flüchtling bin und mich damit mit allen anderen Auswanderern identifizieren will, sondern allen Auswanderer seelisch mit den hiesigen Menschen auszugleichen. Das klingt banal, aber zumindest theoretisch bleibe ich daran. Wichtiger als diese Vorstellung ist der Begriff der Flüchtling sinnmässig und nicht rechtbezogen. Eine Reise, von dem Punkt A nach dem Punkt B, kann nimmer beiden Punkten entgegen gleichbedeutend sein. Bei den kurzen Pendeln, Ausflüge und Urlaube bleibt die Wichtigkeit bei der Abfahrt, dem Punkt A, wo man lebt und bald zurückkehrt. Hingegen bei den längeren Reisen, sei es aus der Liebesbeziehung, für die Arbeit und Studium oder wie in meinem Falls vor Unsicherheit und Krieg, ist das Ziel, wo man bleibt, wichtiger und schwerer für die Seele. Die Auswanderer sind alle in diesem Merkmal einig, egal ob jemand sich wünsch bald nach seiner Heimat zu kehren oder das Ziel seines Aufenthalts als seine Heimat gewählt hat und will nie zurück. Das Resultat so vieler Kraft und Ideen bildet schliesslich eine einzigartig hiesige Transnationalismus und weil bei der Auswanderung dieser Menschen das Interesse mehr an dem Zielort und der Bleibe liegt als (das vorige) Heimat, hat der neue nicht nur so viele Kräfte der Alleskönner, sondern eine grosse Menge an Spannung und Neugier, ohne dem die Gesellschaft nicht glücklicher wäre. Als Folge der Verfälschung von Transnationalismus, betrachtet als Bedrohung, wird die Gesellschaft mit einer Mehrheit moralisch neutralen Leserinnen und Leser durch die populistischen Zeitschriften immer mehr durch Xenophobie (Fremdenfeindlich) vergiftet. Die Tötung der Moral hat kein Geräusch und Spur, gleich wie täglich übliche

Diskriminierungen gegen die Flüchtlinge, die ein tiefer Hass und Rückständigkeit gegen ihre Bereitschaft und Offenheit publiziert. Die Diskriminierung tötet ohne Verblutung und erntet Gewalt und Abstand. Von Embryonalem bis zum moralischen Tod dauert nicht ewig lange. Der Schmerz der Zerstörung der Moral wird nur diejenige merken und mitfühlen, die seit langem den Schmerz des Verlusts eines Embryos, eines Menschen erlebt und mitgefühlt haben. Der Verlust der Menschen wird sie nicht mehr embryonal, sondern moralisch leiden.

Liebe nach Paarungsmuster

Es ist Winter, ein schöner, schrecklicher Winter. Schön, weil die Bäume tief einatmen, bis die tiefsten Wurzeln einschlafen gehen. Die Flüsse sind wieder übervoll und trotz Knappheit der Schnee, glänzen die Berghorne weiß, eine nirgendwo zu sehendes weiß. Der Winter kann auch schrecklich sein. Wenn jemanden oft in der Erinnerung einem Skifahren katapultiert, bei dem er seine Freundin durch die Lawine für immer verloren hat, nie wieder gesehen hat, noch lebend weder gefroren. Oder ruft die schlechten Schuhe in der Kindheitserinnerung, in der Zeit, die seine Zähen von der Kälte gezittert waren. Die dauerhafte schmerzliche Kälte des Winters und seine Schmerzen ist für diejenige, die nur Kälte abenteuerlich erlebt haben, zum Beispiel in den Bergen oder in ihrem Urlaub, lässt sich schwer aufzufassen.

Dieser Winter ist als wärmste Winter seit Temperaturmessungen in die Geschichte hineingegangen Ich bin zwar genug gewöhnt an der Kälte, trotzdem habe ich kalt. Die Energieknappheit fordert neue Strategien und es beißt unter anderem mich. Meine Erinnerungen an Winter sind nicht alle schön und spaßig. Ich bin seit meinem Aufenthalt in der Schweiz und Trotz der geschichtlichen Wärme dieses Winters, habe noch nie so kalt gehabt. Anscheinend liegt es auch daran, dass ich in vorigen Winter mehr Wärme in mir hatte, mehr Optimismus. Nachdem störenden Integrationspläne, die mich zur Paarung bringen sollten (statt lieben lassen) habe ich mich mehr zurückgehalten. Das hat viel inneren Wärme genommen. Es klingt tief banal und absurd, wenn man sich Mitten in Westeuropa mit solchen klassischen Versuchen konfrontieren muss, statt sich frei zu fühlen und sein Leben neuaufbauen zu können. Es ist der wärmste Winter seit dem Beginn der Temperaturmessungen und mein Zimmer, eine Dachwohnung am Rande der Stadt, ist so kalt, dass ich mich innen wie draußen anziehen sitzen muss. Manche Tage muss ich früh am Abend sogar mich vor Kälte verkriechen. Dieses Bild scheint eher in einer Frontlinie. Das Problem ist nur, dass ich nicht weiß, worum sich meine jetzige Front handelt. Aus Sympathie sicher auf der Seite der Ukraine. Ich wohne hier seit mehr als einem Jahr und das ist mein zweiter Winter in dieser Wohnung. Das Zimmer, gleich wie eine Barrikade in der Front, verfügt über keine zusätzliche Notwendigkeit. Für kochen und duschen kann ich den Besitzer fragen. Die Wiederholung dieser Frage erfrischt die Erinnerung der Bedingungen meiner Soldatenzeit und ich verzichte eher darauf. Stattdessen koch ich mit einem elektrischen Reiskocher alles, was etwa Wärme braucht.

Die Soldatenzeit ist seit dem Beginn der Gründung des Landes eine untrennbare Lehre des iranischen Bildungssystems. Ab primärer sexistisch getrennter, obligatorischer Schulzeit wird es systematisch und kulturell beigebracht, dass die Bestrafung des Mannes eine zentrale Rolle gegen die gesellschaftliche Kriminalität und traditioneller Sünde hat. Diese Subkultur und sein über hundertjährigen fast in überall präsente Sage, die auf sehr älteren religiösen Lehren zurückzurufen ist, wird wie Beten und Fasten praktiziert, um die Gesellschaft nach einem harten hierarchischen Modell zu vereinigen und alle Unterschiede der Ideologie und Gedanken zu vernichten. Kein Wunder, dass die Debatte aller politischen und religiösen Minderheiten in diesem Land so tief tabuisiert worden sind und ihre Bestrafung in der Folge der anscheinend wirkenden Funktion der Zwang und Druck sogar auf den Straßen demonstriert werden, etwa wie Hinrichtung der nach dem Tod verurteilte Gefangene am frühen Morgen in der Öffentlichkeit. Der Flüchtling ist, wie der Gefangene, ein abnormaler Mensch. Ein Mensch, der im Gegenteil von den Gefangenen befreit worden ist und sich in einem weniger begrenztem Land befindet. Mit allen Einschränkungen, die sich nach und nach zeigen und den Flüchtling in einer Ecke der gesellschaftlichen Freiheiten erpressen, scheint er immer noch, verglichen mit den Menschen in dem Ursprungsland, zufrieden und sehr frei, sogar im Paradise. Oft er drückt sich während seinem Kontakt per Internet froh und beschäftigt, wissend der neuen Kultur und gut integriert in der Gesellschaft. Er erklärt kaum über seine Schwierigkeiten, vor allem wenn er täglich neue Situation, Teuerung und Schwierigkeiten im Ursprungsland sieht. Das System der Integration der Flüchtlinge scheint sich, der Orientalismus zufolge, bewusst gemacht zu haben und eine möglichst breite Gewinnorientierung durch die Kontrolle der Flüchtlinge zugeordnet sein. Der Flüchtling wird mit allen Drucken und Freiheitsbarriere seine Situation mit dem vorigen Land, beispielsweise Iran, vergleichen und sich gegen die systematischen Einschränkungen und Verfolgungen nicht wehren. Die Gläubigkeit hat hier eine direkte Proportionalität mit der Druckkapazität: je gläubiger, geübter der Flüchtling an und mit seiner kulturellen und traditionellen Verfolgung und Druck der Bestrafung, desto mehr ist es in der Lage die systematische Integrationspolitik nachzugehen und sich damit zufrieden zu geben.

Die Liebe ist nebst der Wirtschaft ein sensibles Thema unter traditioneller Gesellschaftsbildung. Gleich wie die Wirtschaft, deren Gewinn ein Fünftel die Finanzierung der religiösen Führer gehörte und das Geschäft gewisser Wahren verboten beziehungsweise empfohlen waren, wird auch die Liebe und alle Debatten rund um erlaubt, erst wenn sie die traditionell religiöse Regel entsprechen. Nach dieser Regel besteht die Bestrafung der Liebende und Geliebte nicht daraus, ob ihre strafbare Tat nämlich ein Kuss oder körperlicher Kontakt bewiesen worden ist, sondern ihre Strategie liegt an vorauszusagen und den Kontakt zu verhindern. Die harte Bestrafung selbst ist so normalisiert worden, dass die Debatte der Freiheit und ihr Vergnügen als ein Recht mit den Gläubigen auch in Europa sehr aufwändig ist. Meiner Erfahrungen nach sogar schwer möglich, sich als Flüchtling von der orientalischen Beurteilung zu befreien und auf eine menschliche Ebene über die Liebesbeziehung reden zu können. Was bedeutet dies für die Migrationspolitik und ihre Techniken der Integration? Die nacheinander empfohlenen Hinweise nach Heirat und Familiengründung meiner Erfahrung zeigt, dass die Subkultur und die davon abgeleitete Integrationstechnik, auch eine tief beeindruckte Beziehung mit der Geschichte der Bestrafungsstrategie des klassischen Bildungssystems darstellt.

Nachdem meine Schulplanungen während der Reise nach Armenien und meine erste Familienbesuch nach zehn Jahren und danach gefolgte Abnormalität der Pandemie gescheitert hat, habe ich mich bestraft. Ich habe meine Einzimmerwohnung gekündigt und ein

Zimmer mit weniger als die Hälfte der vorigen Miete gefunden, was mit einem Frühschichtjob zahlbar war. Ausserdem hat die Brotarbeit kein Bezug auf meine Erfahrungen und mein Studium gehabt, nichtsdestotrotz. Diese Bestrafungen würden meiner Einschätzung nach genug, mich konzentrierter zu machen und sollte nicht als meine Bereitschaft für eine totale Bestrafung auf aller Seiten und integrierte Sozialtechnik ausser meinem Willen bedeuten. Womöglich wurde es so wahrgenommen und mir wurde alle weiteren Versuche für die Jobsuche und Weiterstudium mit grosser Mühe durchgeführt, kaum Erfolg erzielt. Mein Fehler habe ich spät analysiert: Ich hätte mich nicht bestraffen sollen!

Das Zimmer ist zu kalt und es ist schmerzhaft, wenn ich mich davor renne und eine Bibliothek oder Einkaufzentrum in der Stadt suche, damit mich wärmen kann. Jedes Mal mit der Wärme fühle ich, dass mein Herz langsamer schlägt, ich werde beruhigt. Ich renne tatsächlich manchmal vor der Kälte und diese Strategie hat besser funktioniert. Denn es hat sich weiter zu dem regelmäßigeren Joggen entwickelt, beziehungsweise wenn ich auch keine Lust auf Sport hatte, dann hat mich die Kälte gezwungen Joggen zu gehen. Ich bin nur etwas vorsichtig, dass eine dauerhafte Kälte und das Rennen davor mich psychisch belastet würde. Oder das Rennen als ein Ausweg in solchen Situationen in meinem Gehirn gespeichert würde, so dass ich mich dauerhaft an Zwang auf mich als Antwort auf einen äußerlichen ausgeübten Zwang gewöhnte. Etwa wie übertriebene kalte Dusche, die man dazu bringen kann, dass ohne Wärme auch gehen würde, und eine Änderung der Situation in den nächsten Jahren die biologische Funktion des Körpers verlangsamen könnte und zum Beispiel zur Nervenschädigung führte. Ich habe kein Beweis dafür, sondern vermute ich daher, dass die dauerhaften Änderungen der körperlich unbewussten Reaktionen auf Zittern und Schwitzen, Hunger und Müdigkeit eine übertreibenden Folgefunktion mit sich bringen können, die zur Schwierigkeit der Erkennung des ursprünglichen Gefühls führen kann, sogar die Geschmacksgefühle täuschen kann. So zum Beispiel man sieht in Kurdistan einige alten Menschen, die früher und in Kriegssituationen keine warmen Wasser gehabt haben und sich immer mit dem Eiskaltwasser gewaschen müssten. Nach dem Krieg und mit dem Vorhandensein des warmen Wassers im Haus fanden sich allmählich zu lästig. Das ist kein Beweis, aber vielleicht auch eine Vermutung, weshalb ich abnormale Funktionalität meiner Sinnesorgane erfahre. Es ist schmerzhaft, wenn man sich zwingt, sich an der Kälte zu gewöhnen, ihn mit der Wärme zu versetzen, die Wärme zu vergessen oder sich immer mit der Wärme der Tee warm machen. Besonders ist schmerzhaft, wenn der warme Tee den Magen zu sauer macht, säuerlicher als je. Solche Kälte, die bisher in meinen Knochen bleibt, habe ich nur einmal erlebt. Als ich mit einem Freund in einem Winter von Ostkurdistan auf die Reise nach Südkurdistan war, unerwartet wurde der Weg von Grenzkontrolle bis die weitere Stadt durch Schnee gesperrt und man musste in einem kleinen Dorf übernachten. Das Dorf, gerade an der Grenze, hieß Baschmach. Das Dorf hatte kein Motel oder Gasthaus. Ein Freund und ich müssten in einem kleinen Caffè übernachten, dass über keinen Strom oder Wärme verfügt hatte und daher eiskalt. Kein Feuer, keine Heizung. Eine ganze Nacht müssten wir jede halbe Stunde von der Kälte aufwachen und uns mit Übungen warm machen, bis unseren Körpern sich auf eine weitere Stunde einschlafen ließ. Jetzt in dieser kalten Dachwohnung mache ich oft das gleiche und zusätzlich habe ich einen Wasserkocher, einen Schlafsack und ein Zelt. Weil die Wärme ein selbstverständlicher recht und normales in der Miete begriffenen Eigenschaft des Zimmers sein soll, hätte ich kein Interesse an einer Debatte oder Demonstration darüber. Was zu der Normalität gehört und fehlt, wie Freiheit unter despotischem Staat, soll beschrieben werden. Mit der Beschreibung hat man mehr Chance, sich zu retten. Mitte Dezember wird es unerträglich kalt, so dass ich mit zwei Decken auch nicht einschlafen kann. Ich baue mein kleines Zelt auf meine Matratze auf und schlafe darin ein, eben mit dem Schlafsack. Die Zeltübernachtung in diesem Zimmer dauert bis etwa Mitte Januar, eine Zeit der langsam steigenden Temperaturen. Während der Tage bleibe ich weiterhin wie draußen angezogen in meinem Zimmer und gehe öfter joggen.

Die Lüge ist eine absolut falsche Wahrheit, wie die Liebe; Liebe ist ein Gipfel und die Lüge eine Hohle, eine dunkle Seite von uns. Je weniger die Liebe da ist, desto grösser wird die Gefahr ein Lügner zu werden. Die Lüge ist wie die Liebe menschlich, sie verursacht kein Ende der Mensch, im Gegenteil. Aber wie schadet sie am wenigsten? Wo geht es ohne die Lüge gar nicht? Irgendwo, dass um Überleben der anderen geht? Man täuscht sich, man täusch die anderen, um sich anders zu zeigen, um sich gut zu fühlen. Ist es nicht ein Tötungsversuch? Wird man nicht nach jeder Lüge zum Teil gefühllos? Die Lüge ist in sich natürlich. Die Natur lügt, wenn uns mit komischen Geräuschen tiefen im Wald, mit falschen Bildern der Fata Morgana täuscht.

Die Sprache ist voller gelungenen Lügen, viele vereinbarte Image, um sich attraktiver auszudrücken. Viele Aberglauben haben Menschen gerettet. Die Lüge ist ein untrennbarer Teil unseres Daseins. Die Lüge ist falsch und künstlich, wenn sie Menschen leidtut, wenn sie nicht rettet und auf keine andere Weise, mit den Augen oder einer Tonänderung nicht erkennbar wird.

Als ich einmal mit meinem Wasserkocher Tee machen wollte, ging der Strom nicht und ich müsste mehrmals ihn wieder einschalten, damit endlich das Wasser zum Kochen gebracht werden konnte. Ich habe Angst gehabt, dass es vielleicht technisch etwas los ist und zu große Störungen kommen würde. Ich habe meinen Vermieter gefragt, ob der Strom, beziehungsweise dessen Ampere, in meinem Zimmer weniger reinflossen worden ist. Er meinte, dass das Problem bei meinem Wasserkocher liege. Mein Wasserkocher war neu und hat bisher, vor dem Winter kein Problem gehabt. Ab morgigen Tag ging der Wasserkocher wieder in Ordnung, ohne dass es mehrmaligen Einschaltungen gebraucht hatte.

In diesem Zimmer habe ich letzter Winter sogar eine elektrische Heizung gehabt und mein Zimmer wurde dadurch genug warm, auch wenn ich ihn nicht dauerhaft einschaltete. Aber dieser Winter wurde ich von deren Benutzung durch den Vermieter vermieden, weil es zu viel Strom brauche. Eigentlich hat mein Zimmer ein Heizkörper, aber er ist mehr ein Dekor als eine Heizung, denn es erwärmt sich selbst auch kaum, nicht mal wird er um zwanzig Grad steigen, so ähnlich wie die Wärme eines Fernsehers etwa. Ich frage mich, ob dieser Strom, der während des Winters von mir gespart worden ist, eine entscheidende Rolle in Schweizer Energieknappheit gespielt hatte, entscheidender als meine seelischen Belastungen; ob sie das Leben der Menschen in der Ukraine etwas beibringen hätte. Ich wird gezwungen durch die Kälte. Mir ist unvergesslich kalt dieser Winter.

Es gibt Empfehlungen dafür, so Nachrichten und Recherche, dass die Liebe innerliche Wärme beibringt, ohne Kuscheldecke und warme Jacke, ohne zusätzliche Kosten. Während Menschen sich kuscheln, werden die Hormone als rein biologische Botenstoffe mehr freigestellt und dabei in den Körper aufgeteilt. Das bringt den Körper in einen rauschähnlichen Zustand, ohne dass man joggen gegangen ist oder sich irgendeine Droge aufgenommen hat. Die Liebe ist eine richtig authentische Heizung. Was ist das Gegenteil der Liebe? Hass? Ich glaube Hass ist der Motive, um etwas gegen die Liebe zu verursachen. Vergewaltigung wäre genauer. Ist auch eine wiederholte Frage nach der Liebe, nicht eine milde Vergewaltigung? Mit der Technik der Lüge ist vieles möglich. Vor allem fühle ich mich durch digitalisierte Sozialtechnik und ihre Lügen in den Plattformen zerfressen. Man kann das Phänomen als eine kulturell breite, geistige Masturbation bezeichnen, die den Benutzer statt echter Erfindung eine künstliche Sättigung bringt; die Sucht danach ähnlich wie Such nach Zucker und die Stärke, die nur mit Begründung Armut verständlich ist. Es gibt bestimmt viele, die ihre wahren Lieben unter der digitalisierten Datings Plattformen gefunden haben, auch viele, die einfach oberflächliches Dating genießen und nicht langfristiges suchen. Aber für mich wirkt sie wie eine Spirale, die nur Zeit tötet. Vielleicht bin ich nicht ein gesuchter Typ dieser Apps, meine Bilder wirken besonders nicht attraktiv. Vielleicht bin ich eine der seltensten Opfer der Sozialtechnik und somit zu viel pessimistisch geworden.

Die Sozialtechnik[7] wird unter anderen Entwicklungen der Wissenschaft und der Pseudowissenschaft, die Kommunikation und Integration dienen, ein breiter Überblick über den Charakter und Verhalten des Menschen vorherzusagen. Man kann davon ausgehen, dass hier auch, wie in den Politikwissenschaften der Begriff der Moral sehr flüchtig und individuell definierbar worden ist, sich nach Reaktion der

---

[7] Sozialtechnik ist die Anwendung verhaltenswissenschaftlicher Gesetzmäßigkeiten zur Beherrschung oder Beeinflussung des sozialen Lebens, vergleichbar der Technik zur Beherrschung der Naturgesetze durch praktische Anwendungen. Als Sozialtechnik oder auch Social Engineering bezeichnet man daher die Anwendung verhaltenswissenschaftlicher, insbesondere psychologischer und soziologischer Gesetzmäßigkeiten zur Beherrschung und/oder Beeinflussung des sozialen Lebens. Insbesondere geht es dabei um die Anwendung von sozial- und verhaltenswissenschaftlichen Techniken in der Werbung, bei der Verpackungsgestaltung, der Warenplatzierung, beim persönlichen Verkauf etc. Zunehmende Bedeutung hat die Sozialtechnik bei der Bearbeitung gesättigter Märkte. Werbetechniken sind einerseits kognitive und informative Techniken, andererseits aktivierende und emotionale Techniken. (Stangl, 2023).

Stangl, W. (2023, 24. Jänner). Sozialtechnik – Online-Lexikon für Psychologie & Pädagogik.

Menschen ändern kann. Ein klares Zeichen dafür ist die Verfärbung der klar definierte Werte und Begriffe, etwa wie Rassismus, Sexismus und Krieg. Rassismus ist in jeder Form schrecklich. Auch Sexismus kann nicht einmal gut und einmal schlecht wirken. Sie sind Begriffe, welche im Laufe der Aufklärung und deren Kämpfe geprägt worden sind. Ich glaube, irgendeine andere Definition von absoluten Werten wie Sexismus und Rassismus im Namen Sozialtechnik ein wissenschaftliches Verbrechen ist. Es ist nicht anders als den Dienst der Ärztinnen, die Diktatoren mit ihren medizinischen Kenntnissen bei physisch und psychologischen Folter gegen den Gefangenen unterstützt haben.

Fühlt man sich als ein Flüchtling anders, wenn er mit dem Rassismus angegriffen und von dem Gegenüber mit dem Wort Konservatismus ersetzt, gemildert wird? Wie zurückhaltend soll man sein, wenn er von dem Sexismus auseinandergesetzt wird und kein Mut hat, sich dagegen zu äussern, weil es normal geworden ist und Sexismus (auch) eine flüchtige, individuelle Definition haben kann. Der weisse Sexismus ist unter anderem eine Form der Belästigung, der mit dem Schweige und Zurückhaltung sich nur entwickelt, sowohl von der Seite der Sozialtechnische Steuerung als auch im Inneren, Psyche der Flüchtlinge.

Den weißen Sexismus habe ich grundlegend und bewusst erwähnt, denn es spaltet mein Leben zwischen zwei Teilen: eine Phase vor dessen Beginn, in der ich normal mein Leben gelebt habe und viel unterwegs war, ein grosses Interesse an freundliche Kommunikationen gehabt habe und mich auf der Seite der ehrlichen und direkten Mittelungen gestellt habe. Die andere Phase, die nach meiner Rückkehr von der

Familienbesuch begonnen hat, ist eine Phase geplant durch eine sexistische Störung: eine Planung, mich bewusst zur Paarung zu zwingen. Mir ist beigebracht worden, dass eine Liebesbeziehung zustande kommt, oder soll zustande kommen, wenn die beide Seiten sich auf ein möglichst gleiches Verständnis und Neugier nähern wollen. Wenn ein Mittel als Belohnung in Spiel kommt, Zum Beispiel ein positiver Bescheid des Aufenthalts im Land oder andere ähnliche Versprechen, dass aus meiner Sicht nicht mit der Liebe als biologische Funktion des Körpers zu tun hat, sollte nur eine bilaterale Vereinbarung unter Umständen entsprechen. Eine ständige Bohrung wirkt nicht anders als Beleidigung, wenn nicht Folter. Die Zeichen der Ermutigung durch den anderen nach und nach wirkt sexistisch. Mit dem Unterschied, dass diese Geschichte mich, einen männlicheren Flüchtling nicht lesenswert und spannend begeistert, sondern im Gegenteil.

Nach meiner Rückkehr von der Familienbesuch sollte ich mein Zimmer in einer Wohngemeinschaft übernehmen. Wir haben die Küche und Bade geteilt und so abgemacht, dass nach Zeit und Laune, zusammen unterhalten werden. Alles kann, muss also es nicht. Ich habe mich über die Atmosphäre gefreut und habe versucht, mit den zwei Personen in dieser Wohngemeinschaft möglichst freundliche zu sein. Die Wohnung war zwar alt, aber befand sich in einer guten Lage der Stadt. Ich war gleichzeitig frisch an der Hochschule in meinem Lieblingsfach. Der Familienbesuch nach zehn Jahren hat viele Erinnerungen von der alten Vergangenheit in meinem Gedächtnis gerufen, welche viel Arbeit bedeutete, zum Beispiel Arbeit an die neuen Erwartungen, Arbeit an die alten offenen Probleme und Missverständnisse und viele neue Hoffnungen des Verlaufs unserer Kommunikation. Dazu kam ein intensiver Umgang mit der neuen Lebenssituationen, dem Lernen und die neue Einrichtung in der Wohngemeinschaft. Die Frau, die ganze Wohnung übernahm und ich ihrer Untermieter war, hat am Anfang meines Eintritts in der Wohngemeinschaft gesagt, dass sie meine Situation mit dem Sozialamt besprochen habe, dass ich in diesem Zimmer wohnen werde. Ich war zu dieser Zeit, der Jemand von dem Sozialamt mein neues Zimmer kotrollieren müsste, bei den Familienbesuch und nicht da.

Die Wohnsituation kann manchmal nicht ideal sein. Vor allem wenn man Flüchtling ist, fühlt man sich oft beschuldigt. Man denkt, dass man oft sich für diese Sicherheit und das Dach über dem Kopf bedanken soll. Mensch als Flüchtling sein ist ebenso schwer wie Flüchtling als Mensch, als ein echter Mensch mit seinen natürlichen Werten. Die Frage begleitet uns: «aber theoretisch könntest du eigentlich zurück? Ode würdest du zurück nach Hause, falls du in deinem Land genug Sicherheit hättest?» Die Frage, dass «wir mit so viel Geld dir gerade nach Hause oder einem Nachbarland zurückschicken würden». Die Bedingung ist anscheinen klar: dass wir immer bleiben und weiter aufgenommen werden, sobald wir die Ordnungen der Sozialtechnik verfolgen. Die Sozialtechnik zufolge sollte ich zum Beispiel der nachhingen oder zum Teil die gefragte Affäre bejahen, eigentlich gegen meinen Willen. So vernichtet man sein eigenes Selbstseins.

Ich bin neu in dieser Wohngemeinschaft und kenne wenig die beide Frauen. Eine ist Mieterin und die andere, wie ich, Untermieterin. Mir fehlt genug Kapazität, immer mich in Planungen zu halten, die mit dieser Zeit beginnen. Vielleicht hätte ich am Anfang sagen müssen, dass ich wenig Zeit für Abmachungen hätte. Wäre es nicht unfreundlich? Aber selbst, wenn ich auch in diesen Gedanken gekommen würde, würde ich mich irreführen, dass es eine Wohngemeinschaft ist und wir wohnen und teilen zusammen, soweit es uns gut geht. Ich habe in verschiedene Camps bei meiner Einreise gehört: «Ein Nein bedeute Nein, respektieren Sie bitte!». Sie, die Unterkunftsleitung, haben die junge Männer mehrmals gesammelt und uns vor ständiges Hinterfragen an Frauen gewarnt. Diese Zeit ging mit einer Reihe der sexuellen Belästigungen der Frauen in Berlin einher, welche deren Nachricht wie eine starke Bombe mehrmals durch die Medien publiziert wurde, zusätzlich mit einem Fokus auf der Herkunft der Verdächtige, der Festgenommene. Es war echt rassistisch und zum Teil sexistisch. Die Verdächtige, so die Medien, seien die neue Flüchtlinge. Die Flüchtlinge der letzten Welle, meine Welle. Wir müssten uns immer schämen, wenn es zu dieser Debatte gekommen war. Ob in der Unterkunft, oder in der Öffentlichkeit, in Bus und Bahnen, Bahnhöfe und Strassen, Deutschkurse und sogar in den Gesprächen miteinander. Wir müssten uns beweise, dass wie keine Absicht haben, eine Frau zu vergewaltigen. Man kriege oft einen ängstlichen Blick, als wäre ich ein potenzieller Angreifer. Eine kalte Zeit und die ferne abgeleitete Abstand in der Öffentlichkeit von Frauen.

Diese Debatte fand ich entweder eine Subkultur der Verschwörungstheorie oder ein Trick der Sozialtechnik, mit dem die Flüchtlinge in gewünschte Situationen eingedrängt werden könnten. Ich habe mit der Zeit erfahren, wie die Frauen, die uns kennengelernt haben, sich vor normales gesellschaftliches Küssen weigerten. Sie haben oft eine klare Angst auch von Umarmungen signalisiert. Auf der anderen Seite, mein biologisches Sexverhalten, wie alle anderen, lässt sich in der Freiheit und Reifheit, wenn man sich wünscht, keimen und wachsen. Ich habe die Person, mit der ich in solcher Intimität kommen würde, nach diesem Motto gesucht und dachte, eine ständige Hinterfrage trotz keines Interesses von einem männlichen Flüchtling, der ledig ist, auch ein Nein bedeutet. Aus welcher Logik darf man den Flüchtling mehrmals hintereinander nach Intimität fragen, wenn man nicht ein (weiss)sexistischer orientalischer Ansicht an ihn hat?

Habe ich etwas Falsches signalisiert, dass trotz Ablehnung immer wieder die gleiche Frage kommt? Kein Spass! Kaum eine Antwort. Und ich suche nach irgendwo anders.

Mein Aufenthalt und die Suche nach einem Dach über dem Kopf gehen in einer unstabilen Spirale einher, die Spirale des Selbstseins: für mich Wert, für meine Realität und anderen isolierend, ein grosses Fragezeichen. Mit meinem Stolz auf Selbstsein höre ich ein Signal: «Wenn du das Selbstsein willst, dann hast du keine Freiheit, unter Umständen aber vielleicht ein Dach.»

Nach einer intensiven Suche kann ich eine Einzimmerwohnung finden. Die Wohnung ist noch praktischer und es scheint so zu sein, als ich da meine Freiheit und Ruhe haben werde. Die Gebäude, eine guterhaltene und schnell erreichbare sowohl von der Hochschule als auch von dem Stadtzentrum, ist kompakt und nach meiner Nachfrage sollte es kein grosser Lärm und Geräuschstörungen geben. Ich bin immer noch ein sozialer, kontaktliebender Mensch, Mitte Dreissig, der gerne kocht und schwimmt und so weiter. Eine typische Beschreibung in den sozialen Plattformen, um Kontakte zu verknüpfen. Das Quartier ist gemischt, weder sehr reich noch tief arm, weder zentral noch am Rande. Vor dem Gebäude liegt die Arena, es ist am Abend oft etwas los. Man fühlt sich ein dynamisches Umfeld und es ist doch schön, so viele sportliebende Menschen von dem kleinen Balkon zu beobachten. In kurzen Minuten erreicht man einen kleinen Naturpark, mit verschiedene Wanderungswege in allen Richtungen. Hier wurde später zu mein Lieblingsort zum Sport oder Spaziergang, ob allein oder mit anderen Menschen. Eine grosse Wiese, die sich mit dem Anfang Frühling mit verschiedene Wildblumen schminkte und ihr Duften riechen bis zu meinem Balkon. Die Bäume vor dem Haus sind sehr lebendig, grosse, alte Kastanien und kleine Buschen. Ein harmonisches Bild, das recht Rausch mit sich gebracht hat.

Meine Erfahrung von dem ersten Chalet und dann die zwei anderen Wohnungen haben mir gezeigt, dass viele Nachbarn beziehungsweise Menschen trotz eines Hallos und Lächeln oft ihre Ruhe und Alleinsein bevorzugen als das Gespräch und tiefere Bekanntschaften. Vor allem an den Wochenenden sind Menschen verplant und dies bedeutet, wenn auch Chemie passen würde, man soll sich monatelang Zeit nehmen, bis zur Abmachung am Freitag oder Samstag kommen wird. Am meisten habe ich mich während dieser Bekanntschaften viel fremder gefühlt, als wenn ich mich in einem intermodularen Informationsaustausch im Internet befand.

Naturgemessen habe ich, als ich die Unterkunftsorten in den Dörfern und die Wohngemeinschaft im ersten Dorf erlebt habe, ein besonderes Bild von dem Schweizer Agrarindustrie und rasante Entwicklung anderer Bereiche im Kopf gehabt: In der Wiese riechet alles nach Kühen und Tradition, daneben eine Firma, die sich anscheinend potenziell machen sollte, von den Urinen des Kuhs Parfum herzustellen und als Bioprodukt zu verkaufen. In den anderen Worten waren für mich die Kühe und ihre Glocken, die vielleicht noch nicht digitalisiert werden können, zwar sehr schön und ein unvermeidliches Bild der Bergen und Dörfer, aber deren Vereinbarkeit mit dem anderen Bild, die digitalisierte Firmen daneben, die immer grösser wuchs und die Milch- und Fleischproduktion der Kühe programmierte, hat eine unverständliche Herausforderung abgeleitet. Die Menschen und ihre Planungen dieser Firmen, in diesen Landwirtschaften haben wenig Zeit für Abmachungen. Die Menschen denken, dass sie mit einer möglichst kontrollierbaren Strategie «alles im Griff» und möglich weniger Umbau, die Natur genug respektiert haben und gleichzeitig nehmen sich nicht Zeit, genug geliebt zu werden.

In meiner neuen Einzimmerwohnung höre ich keine Glocken. Die Wiese ist nur für Menschen und kleinere Tiere, für die Vögel, die sich überall schnell Hause bauen können. Die Nachbarn sind sehr leise und ich höre sehr wenig etwas von daneben oder die obenstehende Nachbarin. Tatsächlich sind alle drei, neben rechts, neben links und die oberen Nachbarn junge Frauen. Ich habe sie, nach ein paar Monaten sehr selten und auf den Treppen gesehen. Zu dieser Zeit steckt sich meine Freizeit dramatisch in Internet. Ich habe mich nach schlimmer Erfahrung mit günstigen

Internetfirmen für die schnellste und dazu teuerste Internetverbindung entschieden, was gefährlich ist man süchtig zu machen. Süchtig an die Suche nach etwas, dass sich schwer fassen lässt, oder süchtig an die spontane Suche als Heilmitteln der Befreiung von alltäglichen Stresse und Drucken, eine unendliche Suchtmachung.

Die obere Nachbarin sieht sozialer und mir sympathischer aus. Die Zeit ist Mitte Frühling und Menschen machen sich mehr mit dem Fahrrad unterwegs. Meine obere Nachbarin hat ein Fahrrad mit kaputtem Reifen. Ich zeige mir auf einem kurzen Gespräch, dass ich ihr Reifen aufpumpen kann. Kurz nachdem ich mit dem Aufpumpen beginne, zerplatzt die Reife und ich bleibe da fassungslos, ob es um die Schwäche der Reife handelte oder meine wenige Kenntnisse des Aufpumpens. Sie hatte dabei gemeint, dass das Fahrrad sowieso eine jährliche Wartung brauche und soll ihn nach einer Servicestelle bringen. Ich habe mich wiederum solidarisch gezeigt und sie eine Fahrrahwerkstatt empfohlen, welche ich regelmässige mein Fahrrad zu den Wartungen gebracht habe. Sie bringt ihr Fahrrad zu dieser Werkstatt und holt ihn nach eine Woche repariert. Mit der Werkstatt wird sie unzufrieden, denn sie verliert in dieser Werkstatt ein Schlüssel der Öffnung der Reife und es sei auch ein teurer Schlüssel. Mit diesem Unglück werde ich meine Chance mit der oberen Nachbarin für immer verlieren.

Dating Apps waren ein revolutionäres Hobby zur meinen Teenagerzeit. Als ich mit dem Yahoo zum Surfen und Chatten begann, war ich neunzehn. Zu dieser Zeit gab es das Smartphone und schnelle Internet der Häuser noch nicht da. Man versuchte auf dem letzten Niveau der Technologie und Neuerungen einzusteigen und sich zu demonstrieren. Nebenbei verlangsamte und isolierte gesellschaftliche das Surfen meine Generation. Die Beobachtung der Jugendliche, die sich unbewusst ein vergrössertes Bild von gegenüberliegender Gesprächspartnerin im Internet gemacht haben, war auch mir so unbewusst, dass sie mich schnell in sich integrierte. Die Fälle und Phänomene wie Phishing, Gefahr der Sucht nach Pornografie und verfälschte Benutzerprofiles waren uns nicht bewusst. In dieser neuen Welt, wo ich mich mit wenigen Begrenzungen surfen und kommunizieren konnte, ohne Mühe auf verschiedene Art und Weise übermässig neuen Informationen, deren Erreichung klassischerweise gar nicht möglich war, erreicht habe und neue Kulturen in anderen Kontinenten gleich mit einem Klick bekannt gemacht konnte, gab es kaum ein Platz für Täuschung und Zögern. Gerade die Kombination der Tastatur und Bildschirm schien zusätzlich für die Jugendliche zur Zeit der Beginn der Computerspiele als ein attraktives Spielzeug und man konnte sich kaum davor verweigern.

Yahoo Chatrooms waren die ersten sozialen Telekommunikationswege, mit dem man nach neuen Kontakten suchen konnte. Trotz aller gesellschaftlichen Erneuerungen und Öffnungen durch diese Technologie war es schwierig, die Richtigkeit der gegenüberliegenden ID zu prüfen, daher gab es nicht selten verfälschte Fälle, mit anderen Namen, anderem

Alter, falschen Bilder und Standorten. Bevor ich Jahre nachher von Phishing gewusst habe, habe ich während dieser Zeit meiner Jugend erfahren, wie Menschen sich falsch identifiziert haben und sich stundenlang hinter dem Computer gesessen haben, um nur eine imaginäre Befriedigung zu erzielen. Es fehlte bei diesen Chatrooms und seine anderen Plattformen ein Algorithmus, mit dem man weniger Zeit verschwinden hätte, indem seine Angaben auf einer glaubwürdigeren Art und Weise bearbeiten wären. Die Folge war kein Matchen, sondern ein Versuch, der oft zu dem Scheitern führte und aufgrund der Unklarheit der Gegenüberliegenden auch keine bestimmte Erfahrungen nach sich gebracht hatte.

Matchen heisst mögen und mögen, per Definition, ist eine reife Zustimmung. Die (nicht reife) Zustimmung heisst passen, also wenn etwas passt, heisst nicht, dass alles oder zum grössten Teil mit ihm übereinstimmt, sondern in dem Zusammenhang, dass man mit ihm zu tun hat. Zum Beispiel ein Reiseplan passt, eine Zusammenarbeit in der Schule passt, das Homeoffice passt und die Innendekoration des Zimmers in einem Hotel passt. Diese Passung und Zustimmung bedeuten nicht, dass sie nicht oder wenig wichtig sind, sondern dass man eine tiefe, in sich intensive Auseinandersetzung mit denen nicht braucht, um die Sache zum Schluss bringen zu können. Die Technologie und ihre Entwicklungen passen und somit passen wir uns auch damit. Die Technologie und alles, was daraus entstanden ist, sind Produkte nach einer besonderen Art der menschlichen Evolution und Vorstellungen, die ebenfalls anders sein könnten: man könnte entweder entwickelter sein als sein bisher erreichtes Niveau der Wissenschaft oder weniger; man könnte statt in der

Technologie mehr in Philosophie und Kunst Gewinn erzielt haben uns so weiter. Damit ist der Mensch selbst keine Produktion seiner oder irgendein technologisches Vorbild, sondern ein Prozess im Laufe der Jahrtausenden Evolution von Natur. Nun versucht Mensch, diese hormonale, nervensystematische, nicht bisher ganz entdeckt gewordene Komplexität, eine der komplexesten seiner Funktionen, also die Liebe, nach Algorithmische Zusammenpassungen zum Laufen zu bringen. Wie praktisch und machbar ist das tatsächlich, wenn die Digitalisierung der Emotionalität, der Intimität und der Liebe nicht durch vielen Apps und ihre Algorithmen unterstützt werden, sondern manipuliert und gewinnorientiert lockernd wirken?

Selbstverständlich habe ich intensiv Zeit mit den Dating Apps verbracht. Das Problem besteht nicht aus der Technologie. Denn Technologie und ihre Möglichkeiten des Datings haben viele Menschen geholfen, ihre Traumpartnerin, ihr Traumpartner zu finden. Die Technologie hat in diesem Sinne grossartige Arbeit geleistet und vielen Menschen davon überzeugt gemacht, dass die Fernbeziehung das Beste für sie ist. Dazu eine grosse Menge an Wochenende und monatliche Passagiere für Flugagenturen und Eisenbahngesellschaften gefunden und so viele Arbeitsplätze geschaffen. Das Problem besteht aus dem Bild. Unsere Vorstellungen nach dem Treffen und dem Vergleich mit dem, was wir vor Bild im App gesehen haben. Mein Bild zum Beispiel und allgemein mein Talent für Dating Apps ist schrecklich. Ich habe mehrere Apps heruntergeladen, manchmal kostenlos, manchmal kostenpflichtig. Es waren zwar immer etwas gegenseitige Likes am Schluss. Aber Ich komme zu schwer zu dem Schluss, dass meine Bilder, was ich privat mitteilen will, populär, professionell und nach Geschmack und heutiger Mode zu publizieren. Das Problem besteht aus dem Bild.

Als Kamera neu erfunden wurde standen Leute für ihre familiären und privaten Bilder, auch posierten mit ihren Liebespartnerinnen in einem formalen Still. Der Fotograf war ein Traumjob vieler und Kamera ein sensibles Produkt wie Arzneimitteln. Menschen standen achtsam und nervös vor Kamera bis sie blitzte und am Schluss war kaum jemand zufrieden mit seinem Bild. Diese Unzufriedenheit herrscht immer noch gewissermassen, bis die Menschen quantitativ mehr wichtigere technologische Handlungen im Haushalt zu entdecken und qualitativ immer einen Smartphon in den Händen bekamen, welche selbst mindestens ein Lenz hatte, und darauffolge mehrere Bilder von sich aufgenommen konnten. Nun sind wir teilweise zufrieden mit unseren Bildern und beherrschen die Funktion unserer Figuren; wir sind Meister unserer Figur geworden und wissen, in welchem Still wir am meisten schick und lebendiger aussehen werden. Aber die Wahrscheinlichkeit, dass die gleiche Unzufriedenheit (von primären Bildern) wieder auftauchen, wenn wir ein paar Bilder von jemandem haben, die wir nicht wissen mit welchen anderen Apps bearbeitet geworden sind, oder wie neu sie sind, ist gross. Und weil die Anzahl der Menschen, die zugleich zurück liken und in der Lage sind, ein Videos Call zu starten, zu wenig sind und das Verhalten der rechts liken mit der Zeit süchtig machen kann, also lieber eher nicht. Nichtdestostrotz sind die Sucht und posieren vor Kamera und die Soziale Medien sind eng miteinander befreundet.

Ich benutze den sozialen Medien nach einer nicht bestimmten Herangehensweise. Sie spielen mir tatsächlich wie ein Hobby, wie das Yahoo Plattform während meiner Jugend gespielt hat. Aus der Gefahr, dass die Liebe und andere die sozialen Beziehungen industrialisiert werden können, versuche ich oft den sozialen Medien statt die Dating Apps für die Kontaktknüpfung benutzen. Man kann sogar durch den sozialen Medien Liebesbeziehungen finden, sowie auch von den Dating Apps lernen, wie man sich gut fotografiert und sie beschreibt: die sozialen Medien wirken mehr als Dating Apps, als die Dating Apps als sozialen Medien.

Seit einiger Zeit bin ich von den engen Strassen und beissenden Plattformen entfernt. In der Wahrheit bleibt nichts anders als der geschäftliche Bekanntenkreis. Das klingt zum einen totalitär, zum anderen eindimensional. Die Empfehlung, dass es besser wäre, wenn Menschen sich sozialen Kontakten unter den Bekanntenkreisen geknüpft hätten, klingt mir etwa, wie die Professionalität der Dating Apps aber auf einer anderen wirtschaftlichen Weise. Die Strategie aus meiner Sicht besteht darin, dass die Firmen sich damit mehr sichern wollen, nämlich den privaten Leben und persönlichen Interessen, gar bis zu tief emotionalen Beziehungen der Mitarbeiter in Griff zu haben, damit ihren Lebensstil mit einer grossen Wahrscheinlichkeit vorhersagen zu können. Wird dies mit den Menschen mitgeteilt? Was bringt die Aufteilung der hochriskanten und die gesicherten Liebesbeziehungen unter den Bekanntenkreisen mit sich? Stimmt diese halb-bürokratische Spontanität mit der Spontanität der Liebesbeziehungen überein?

Die Dating Plattformen haben wie Schokoladenmarken schlussendlich ein Produkt zu bieten, nämlich die Liebesbeziehung, aber mit verschiedenen Gerüchen und Geschmäcken. Mit anderen oder manchmal gleichen Investoren und Ursprungsideen. Je lockernder desto erfolgsreicher. Ist die Lockerung gleichbedeutend mit dem Erfolg in dem gesellschaftlichen Sinne? Geht der Erfolg aus der Sicht der Investoren und der Konsumenten der Dating Apps in einer Richtung einher oder es liegt andere Interesse und Strategien des Erfolgs? Wie oft und wie viel der Konsumenten wissen genau, was sie suchen? Und wie stark liegt das Interesse der Investoren auf solche Unklarheiten und ihre Tricks, sie zu ernähren?

Ich bin tatsächlich mit den sozialen Medien aufgewachsen und vielen davon ausgeübt und muss auch zugeben, dass ich mich gut mit den Beschreibungen, mehr als Bildern, auf den professionellen Dating Apps vertraut gemacht habe. Mein Interesse lag mehr auf das Lernen von denen statt der Erzielung einer Beziehung, denn ich fand immer die Beschreibungen und die Realität meines Lebens und das Leben der anderen unvereinbar. Ich habe oft gelesen oder bei den Gesprächen den beliebten «vielleicht» ähnlichen Zitat gehört, dass: «ich weiss nicht, was ich such!». Und ich glaube sie waren die ehrlichste, denn ich bin mir zum grössten Teil sicher, dass die Mehrheit der Benutzer tatsächlich nicht wissen, weshalb sie da sind und auch weshalb so oft sie da sind. Zum Schluss kam ich sehr früh, nicht grosszügig die Dating-Apps realisieren. Trotzdem macht man manchmal immer wieder einen neuen Account in irgendeiner neuen alternativ aussehenden Plattform in der Hoffnung eines neuen Projekts.

Um sich über die Nebenwirkung eines Produkts zu beklagen, was man bewusst ausgewählt und unter seine gewerbliche Werbung viel Zeit verloren und nichts erzielt hat, soll man sich klar machen, dass das Produkt sich hier um die Liebesbeziehung handelt und nicht die Dating-Apps. Der hier Produkt gewordener Wert, die Liebesbeziehung, wird hier oft verwandelt, um gut bewirtschaftet zu werden. Ausserdem versprechen die vielseitigen Phänomene, wie die Telekommunikation und darunter die Dating Apps, keine Garantie, dass man mit so viel Zeit und solchen Tricken so viel Prozent auf dem Gluck landet. Im Gegenteil und viel wahrscheinlicher ist aus meiner Sicht die therapeutische Wirkung dieser Entwicklung. Hier geht es nicht um den Vergleich der zwischenmenschlichen Beziehungen und darunter der Liebesbeziehungen vor und nach der Verbreitung des Internets und Dating Apps, sondern um möglichst breiten Blick auf persönlichen Erfahrungen in diesem Zusammenhang, welche sich ohne und mit der Technologie erzielen gelassen haben. Für mich funktioniert das Internet und sogar die Dating Apps auf ihre kommunikative Funktionalität der Art und Weise sehr gut. Aber gleichzeitig ist mir auf der eisbrechenden, charakteristischen Bekanntmachung sehr flüchtig und irreführend. Diese Dualität, trotz seine kostenlos aussehende Luxusfunktion, erschwert das gleiche Verstehen der Motive und Anpassungen der persönlichen Unterschiede.

Weshalb denke ich, dass die totale Digitalisierung der Liebesbeziehung ein Luxus ist? Unter zehnte Figuren und ihre attraktiven Beschreibungen und brillante Lächeln, die man täglich liken und teilweise mit einigen von denen matchen kann, ist die dunkle Seite der Zeit und des Kapitals versteckt worden. Bei der Industrialisierung des Tabaks, des Alkohols und sogar des Minimalismus ist kaum diese Frage da gewesen, ob die moralische Verantwortung gegenüber gesundheitlichem Schaden wichtiger wäre als das Gefühl der Zufriedenheit, des Rauschs und verhindernde Funktion der Kriminalität (ob dies überhaupt stimmt!). Dies gehört zu unserer Evolution und das Gefühl, das wir gegenüber den Erfolgen biologische Belohnungen brauchen. Nun allgemeineren kann ich nicht, aber zumindest in meinem Fall, sind die Dating Apps unter die obige Funktionalität zum Luxus geworden. Für mich besteht die Verlockung des Luxus nicht in seine Notwendigkeit, obwohl für eine Minderheit oder sogar auch die Mehrheit als Notwendig klassifiziert werden kann, sondern darin, dass ohnehin Menschen natürlicher ihre Rollen gespielt hätten.

Die Industrie der Liebe und ihre Rollen treiben uns, sie zu lernen und üben, um uns möglichst gut zu verkaufen. Ist dieses geschichtliche Rollenspiel nicht durch zum Teil unausweichliche Digitalisierung komplizierter geworden? Wie einfacher war es, also wählerisch, in der Zeit der zweiklassigen Gesellschaft das Proletariat und Bourgeoisie, der Sklaverei und Feudalität? Was sollte man als ein armer Sklave mitbringen, um eine arme Sklavin zu gewinnen? Was schwierig lag im Rollenspiel eines Lords für eine Lady? Die Kämpfe waren anscheinend, verglichen mit der heutigen Konkurrenz, sehr leichter. Das schwierige lag anscheinend bei weniger technisch und demokratischen vorschritte, um sauberer, unblutiger die Liebe zu gewinnen. Mit diesem Vergleich, der sich nicht für mich bewiesen lässt, kann ich auch den Kauf beziehungsweise Verkauf der Liebe und ihre nur vorläufig, nach fundamentalen Kommunikationsmitteln wertvolle Funktionalität und nach der Evolution und regionaler Verbrauch Handelbarkeit erwähnen, welche mit der menschlichen Emotionalität und der Komplexität der Liebe als rein biologische Funktion kaum skalierbar ist. Sich im Markt zu verkaufen ist unter der Bedingung, dass den Job gern sinnvoll und handelbar gemacht wird, Jemandem (seine Zeit) zu kaufen beziehungsweise zu mieten und ihm gewünschte Tätigkeiten zu fordern ist sinnvoll und handelbar. Was aber mir aber handelbar und sinnvoll scheint ist die Liebesbeziehung als ein schlecht revolutioniertes Produkt aufgrund des Zeitmangels und menschlichen Wunsch nach der internationalen Integration. Die internationale Integration ist aufgrund des Dating-Apps mit all seiner Luxus interessant und geschätzt.

Die Liebe lässt sich schwer mustern. Es gibt immer eine wilde Abenteuerlichkeit in der Liebe, eine authentische Spontanität, die sich nie beherrschen lässt. Der moderne Strukturalismus hat die Absicht die Liebesbeziehungen als eine der freisten Privatzonen der Menschen auf eine vielfältige Art und Weise zu vereinigen und zugleich unterschiedlich künstliche Fantasien davon abzuleiten. Unter diese Nachmachung werden wir eine typische Frau, ein typischer Trans oder ein gewerblich beliebter Mann ähneln und die aussehenden Unterschiede möglichst strukturell beseitigt. Die Düfte der Mode, die Technik der Rabatte und Liebesprodukten und allgemein die Sexualisierung der Emotionen sind Hinweise darauf, dass diese Musterung sich tief verwurzelt hat.

Anscheinend ist nicht schwer zu erraten, dass eine strukturelle Beherrschungsversuch der Liebesbeziehungen stark durch die Konkurrenz der Dating Apps angetrieben wird. Die Frage der Zeit und hormonelle Bildtäuschung nach mehrmalen falsch aussehende Lichtes Grün und Rot, also Like und Dislike, Match und Verabschieden machen nicht weniger Stress als die Sorge des Alleinseins, der Isolation. Diese hätte ich gern in diesem Zusammenhang betonen, dass viele Nutzer nach meinen Erlebnissen mit dem Dating App nicht genau wissen, was sie tatsächlich suchen: die Spontanität der Liebesbeziehung ist nicht mit dem existenziellen Dasein der Liebesbeziehung zu vergleichen; die Liebesbeziehung soll in gewisser Massen schon da sein damit sich die Spontanität tatsächlich entwickeln kann. Man merkt diese Charakteristika gleich von den Beschreibungen in Dating-Apps, dass dadurch eine übertriebene Ordnung zu bemerken ist. Mittlerweile ist auch zu erwähnen, dass ich oft unter diesen Beschreibungen und teilweise kurze Plaudern mit den Leuten das Gefühl der Adressierung der Liebe gehabt habe. Mit der Adressierung meine ich, dass jemand sich bei einem oder mehreren Dating-Apps und Plattformen anmeldet und sich wie ein spezielles Guthaben (der Liebe) regelmässig oder unregelmässig tauscht. Der Austausch dieses Guthabens, also die Herumschwingung der Profile und die chemische Verbindung mit denen scheint mit der Zeit als die relevante Form der Liebe umgesetzt worden zu sein. Und daher bekommet man mit der weniger realen Abwechslungen anscheinend von diesem Herumschwingung unter Dating-Apps bereit eine künstlich Kuscheleffekts. Diese Tendenz, so wie ich sehe, ist nicht überall gleich und hängt von der Zeit und dem Hormonspiegel ab, welche sich von ausser digitalisierten Liebesbeziehungen und ihre Werbungserfolge wie das Wetter und andere Faktoren zurückrufen lässt. Die Adressierung der Dating Apps blinkt immer ein grünes Licht im Kopf, dass sich jemand bald meldet, oder schon letzter Abend spät gemeldet hat, da muss man nur checken und ein paar Minuten mehr sich gekuschelt gefühlt haben. Ist der langzeitige Abschied mit dem Smartphone und Telekommunikation nicht die Folge der künstlichen Kuscheleffekt des Dating-Apps?

Bin ich ein seltener, normaler Mensch, der lieber auf die wahren Begegnungen steht oder ist die Liebe und ihre Kunden so gut und genug vernetzt mit deren digitalisierten Gattung, dass ich dafür sehr langsam und schwer erreichbar bin? Oder die beide? Oder weder noch und bewege ich mich tatsächlich wenig? Demonstriere ich mich kaum? Die schwere Phase der Selbstorientierung jedes Flüchtlings variiert sich nach dem Land, der Umgebung, der Zeit, den persönlichen Geschichten, die seit langem nicht mehr Thema waren und jetzt plötzlich erfrischen sich. Als hätte sie bisher keine Luft zum Atmen gehabt, als wären sie bisher in einem dunklen Keller gefesselt und sind sie gerade frei geworden. Diese Komplexität lässt sich nicht nur mit den typischen Vergleichen der Zeit beschreiben. Zeit bedeutet nicht die Uhrzeitunterschiede, die Mahlzeitunterschiede, die tägliche Bedeutung des Kalenders hier und da in voriger Welt des Ursprungs. Die Zeit der Neuorientierung wirft man zusätzlich in einem anderen, nie bisher erlebten der anderen aussehenden Buchstaben und Zahlenformaten Lexikon, das um ihre geo-politische Einrichtung geht. Am Anfang der Zeit ist fraglich. Man fragt am Telefon und

WhatsApp Anrufe oft nach der Zeit: «Wie spät ist jetzt da?» Auch nach Jahren fragt man immer wieder. Man fragt oft nach den Wochenenden und es klingt sehr seltsam, dass man am Freitag hier noch arbeitet und am Sonntag nicht. Es dauert eine gewisse Zeit, bis der Flüchtling wie ich, der von Freitag-Wochenende Länder stammt, sich mit diesen drei Tagen, etwa die Hälfte der Woche, etwa die Hälfte seines Lebens klarmacht und seine Zeit in Griff bekommt. Die Liebe hilft tatsächlich, diese Zeit schneller gewinnen zu können. Wenn die Liebe keine Auflösung der Ursprungskultur fordert und sich mit dem Dasein des Flüchtlings nicht nur symbolisch und «aus Respekt» auseinandersetzt, löst die Frage der Zeit sich schnell auf. Die Liebe ist selbst ein Lexikon. Das Lexikon der Liebe wird nicht verschrieben, sondern selbst geschrieben mit allen geografischen Neuorientierungen und Träume der Vergangenheit, die sich jetzt spontan frei fühlen und Raum benötigen.

Wie soll ich diesen Gerüchen der Vergangenheit und die Ecken, die sich nie vergessen lassen, in den Dating Apps bringen und sie präsentieren? Wie frei bin ich mich zwischen diesen zwei breiten Linien der Authentizität und der Digitalisierung der Liebe zu bewegen? Schliesslich bin ich dazu gekommen, dass mich eine intensive Phase mit der Realität der digitalen Liebesbeziehungen auseinanderzusetzen. Ein paar Amateurbilder und eine möglichst kurze Beschreibung mit der Empathie der wahren Begegnung. Die Zeit, die diese Phase in Anspruch nahm, etwa länger als einem Jahr, hat sich gelohnt: checken und lesen und manchmal auch zwinkern waren oft die Reaktionen. Tage und Woche nachher die Profile wurden gelöscht, und ein paar Woche nachher dem gleichen Gesichte und Namen unter neuen Profilen wieder aufgetaucht. Das Ganze sah eine Katze und Maus Spiel aus und erinnerte mich an der Verwirrung meiner ersten Monate bezüglich der Frage Neuorientierung der Zeit. Wahrscheinlich bin ich fest an der Linie der Träume und Idealität gebunden und weniger mit den netten Algorithmen, die paaren, die befreundet. Aber die Frage der Zeit mach das Spiel komplizierter und ich soll mehr Gründe suchen, um mit diesen Apps weiterzugehen. Die Algorithmen sind sicher gut in Mustern, aber ich will mich nicht in der Liebe mustern lassen. Liebe heisst Freiheit für mich.

Echte Menschen und Strassen

Weshalb werden gewisse menschgemachte Erfindungen unecht und künstlich genannt und die andere nicht? Was ist der entscheidende Unterschied zwischen diesen künstlichen und der anderen natürlichen Erfindungen? Wird jede künstliche Erfindung einmal reif oder natürlich? Kann eine künstliche Erfindung die Menschen täuschen und sich natürlich zeigen? Selbstverständlich ist der Mensch selbst nicht anders als Teil der Natur. Aber wahrscheinlich haben erst die Menschen auch, eine Gruppe unserer Vorfahrer, beispielsweise vor etwa 20000 Generationen in der Zeit von Auseinandersetzung zwischen Homosapiens und Neandertals sich gegeneinander künstlich und unechte Gattungen gefühlt und die erste primärmenschliche Konfrontation und Massenmord stattfand. Was kann das wichtigste Motiv ihres Streits gewesen sein? Existenzangst oder Wille der Besatzung? Mittlerweile kommt die Frage der Kommunikation auch dazu, denn für das erste Zusammenkommen sollen sie sich nicht gut verstanden haben. Ob die Misskommunikation oder Existenzangst voreinander dabei die wichtigste Rolle gespielt haben, können nur Evolutionsexperte erahnen, aber ich gehe angenommen davon aus, dass sich dieses Ereignis um das Gefühl der Unechtheit der

Gegenüberliegende handelte und die beiden Gruppen sich als falsch gemacht oder höchst künstlich und Nicht-echt betrachtet haben. Angenommen ist es wahr und daher bildet die erste gruppierte Hassmotiv statt. Diese lange Wurzel, so nach meiner Annahme, kann auf der einen Seite als eine logische Begründung des Gefühls der künstlichen Empfindlichkeit gegenüber viele Ereignisse und Produkte wahrgenommen werden. Auf der anderen Seite scheint eine nötige Angst um sich weiterzuentwickeln. Als Resultat entsteht die Komplexität des Meisters auf allen Ebenen. Menschen machen sich klar und bewusst, dass alle Vereinigungsideen und Abkommen, Kompromisse und Zusammenarbeiten, Familiengründungen und Nachbarschaften die lang verwurzelten individuellen Grenzen zwischen Menschen und enge Gruppierungen zueinander sich nicht auflösen können. Damit sind immer gewisse Gefühle, Ereignisse und Produkte, kurzfristig oder für eine lange Zeit, künstlich, imaginär und unecht.

Das Internet ist einzigartig. Die Kinder des Internets sind einzigartig. Keine andere Erfindung ist wie das Internet als eine oft nicht wahre Kommunikationsmöglichkeit die Menschen von sich so stark abhängig gemacht. Es ist so breit und integrierbar, dass keine neuen Technologien und Erfindungen ohne ihn existieren können. Was ist hierbei zu resultieren? Je integrierten mit dem Internet desto künstlicher die Kommunikationen? Je abgetrennter damit desto isolierter? Oder muss es nicht so sein; es kommt drauf an? Ich bin unter meiner Familie und anscheinend in dem Quartier meiner Jugend eine der ersten vernetzte mit dem Internet gewesen. Die Frage der Natürlichkeit und Künstlichkeit kommt bei einer Neuerung fast kaum. Im Gegenteil die Neugier und der Lust der deren Weiterverbindung ist so gross, dass oft zur Übertreibung und Sucht führen kann. Hier bei dem Rückblick und der Vergleich zwischen der Zeit, in der ich vernetzt war mit meinem heutigen Verbrauch des Internets allgemein und der heutige Verbrauch der Jugendlichen spezifisch, finde ich wie die Definition der Sucht auch anders geworden ist. Was in der Zeit meiner Jugend, in der ich mit der täglichen Internetverbindung begonnen habe, als die Sucht nach Internet klassifiziert wurde, ist für heute normal und sogar notwendig. Dass während etwa zwanzig Jahren ein absolutes Extremum meines Lebens nämlich die Sucht sich komplett umgedreht hat zeigt auf der einen Seite die Flüchtigkeit gewisser Begriffe in Wechselspiel mit der Sucht nämlich Internetverbrauch und auf der anderen Seite die Ausdauer und Komplexität einiger Begriffe im Zusammenhang mit der Sucht, und zwar die Künstlichkeit. Das bedeutet, dass die Künstlichkeit als Eigenschaft ewig bleibt und auch wenn die Kommunikationen per Internet einmal nicht als virtuell und künstlich bezeichnet würde, die Künstlichkeit wendete sich um eine andere Hauptebene unseres Daseins, etwas ausser als Internet. Was bedeutet dies für meine Flucht? Was bleibt unter die Künstlichkeit behalten und welche kommen drauf an?

Die Reisende findet in einem gewissen Abstand des Luftwegs die Menschen und Häuser in einer anderen Harmonie. War der Ort ewig da und die Geschichte reicht es nicht, sich an ihm zu erinnern merkt die aufmerksame Reisende die Altstadt immer noch atmen. Die Atemwege der Altstadt verlängern sich manchmal bis zu den neuesten, engsten Gassen und weiteren Strassen der Stadt, wo die Altstadt tief einatmet. Sie merkt, wie einige Bewohner am morgen früh den Sonnenaufgang persönlich nehmen können, die andere sich am Abend spät trotz ihrer Müdigkeit an einer Ecke sitzen und den Sonnenuntergang mit einem ihrer Lieblingslieder, ein Bierchen sekündlich geniessen. Je müder die Reisende, fassungsloser gegenüber der neuen Schönheit, desto tiefer wirkt der Eindruck, der sie unbewusst erobert hat.

Zuflucht ist tatsächlich ein schwer illustrierendes Bild zum Erklären, das sein Lexikon noch nicht geschrieben hat. Eigentlich tauscht man Geschenke, sitzt man stundenlang miteinander, in dem man sich befreundet lassen soll, tatsächlich ist es aber ein Beileid, mit dem letzten Blick «und das war's!». Eigentlich fühlt man sich berechtigt, die Menschen anzusprechen, tatsächlich erhält man das Zeichen eines Lächelns und die Warnung «und das war's!». Eigentlich erkennt man sich, immer noch gut, als ein unabhängiger Mensch, tatsächlich merkt man wie bei jeder seinen Unabhängigkeitsversuche sich das Händeschütteln politisiert kalt wird und nur noch die Finger berührt. Das noch nicht geschriebene Lexikon soll Begriffe zwischen den Wörter Freund und Bekannt, Kollege und Mitarbeiter entdeckt haben, die nur noch Flüchtlinge betreffen. Das neue Lexikon, das besonders der «unter Umstände» und «und das war's!» möglichst präzis darstellen können.

Alles neigt sich zu schweigen, zu der Verlangsamung und Stille. Die Phase der Betäubung, die etwa wie Flitterwochen unvergesslich süss schmeckt, wird umso schwerer für den Genossene kosten, je tiefer er in seiner Betäubung gelandet ist. Meine Bilder und die Träume, die ich gehabt habe, sie zu realisieren haben mich sehr tief in Illustration katapultiert. Die Bilder der mit den grossen Tannen und Bergföhre bedeckten Bergen, übervolle Flüsse und tiefblaue Himmel des Augusts waren in sich so betäubend, die man Tagen brauchte, bis dieses Paradies mit schwer tragbaren vertreibenden Qualen vereinbart, vorstellbar machen konnte.

Diese liessen sich für einige Woche und Monate wie die ersten Erfahrungen der neusten smarten Technologie nur spiegelbildlich vorstellbar. Das Bild vor den Augen und Ohren zwar spürbar aber nicht genug glaubwürdig für Gefühle, ein noch nie erlebte Misskommunikation der Sinnesorgane. Anscheinend fotografiert und telefoniert man aus diesem Grund bei den ersten Wochen und Monaten intensiv hintereinander, berichtet regelmässig und detailliert alles, überträgt alle Schönheiten und ist beeilt vieles zu entdecken, um sich und den Freunden über Neuheiten glaubwürdig zu machen, glaubwürdig über das Ende seiner Qualen. Es braucht starke Nerven, die Realität dieser Harmonie zu überwinden.

Nach der Natur, die reine Natur der Bergen und Wälder, ist mir am spannendsten die Strassen und ihre Menschen gefallen. Das Bild der Strassen und Menschen lässt sich schneller befreunden. Die Menschen auf den Strassen, diese zitternden Zellen in den Arterien und Venen der Stadt, mal rennend nach einem bald abfahrenden Bus, mal beruhigt und langsam am Spazieren, lassen sich schneller als die fremde Kommunikationswelt der Berge und Täler befreunden. Je neugieriger die Menschen sich mit der neuen Stadt und ihren Menschen zu befreunden, desto schneller kennen sich mit der Mimik und den hiesigen Liedern. Genau wie die asiatische Fremdheit der Mimik für die Nichtasiatischen, nimmt auch die Europäische Fremdheit der Mimik einiger Zeit im Anspruch, bis die andere Farben der Haare und Augen dem Nichtasiatischer gewohnt werden. In gewisse Städte merkt man, wie man fremd und ungewöhnlich aussieht. In den Städten und Dörfer mit kleineren Mengen Mitbewohner oder in den eher industrialisierten, neu aufgebauten Orte, in den konservativen, fremd abweisenden Städte fühlt man sich selbst auch ein Fremde, ein anderer Mensch sich gegenüber, der nicht ganz kennt. Wie entsteht diese Merkwürdigkeit? Anscheinend zeigt es im Spiegel nichts, kein grosser Unterschied im Vergleich zu vorigen, sich noch nicht befindende Phase in diesem Land. Im Gegenteil zeigt sich meine Mimik optimistisch und beruhigt, weniger gestresst und voller Hoffnung. Aber die Lebendigkeit fehlt. Die Lebendigkeit ist das verbindende Material zwischen diesen Voraussetzungen der Optimismus und Erleichterung. Der Optimismus ist bloss die neue Kombination der Farben und Lieder. Die Kunst aber besteht darin, von diesen Farben und Lieder ein lebendiges Bild zu malen, ein Bild, das bleibt. Doch mit einer Hand kann man nicht klatschen. Es soll die Lebendigkeit meiner Hoffnung von der integrierenden Seite der Gesellschaft aufgenommen, mitgespielt werden.

In dieser Stadt, die zwar nicht klein ist für Musikbands und Kleingeschäfte aber nicht genug gross für fremde Träume und andere Farben, fehlt es mir die Lebendigkeit. Die seltsamen zufälligen Graffitis jenseits der Strassenquartieren, um die Ecken der Industriegelände und die nicht altersspezifisch kleine Cafés, die hiesig eng kulturell gebunden, aber freundlicher sind, scheinen realistischer für die

Gedankenmachung der Malerei meiner Ideen der schweizerischen Farben und kurdischen Träume. Ich mag diese Orte der Freundlichkeit, meinen speziellen Ecken des Alleinseins und Erfindung der Menschen, in denen ich eigentlich keine Erfahrung mit den Freunden gemacht habe, sogar noch kein Bild gemalt habe. Ich bin nicht gut in der Kunst. Meine Bilder sind keine Malerei oder Graffitis, keine interkulturelle Gruppenbildung mit den anderen Farben und Interessen, anderen Menschen und Trinkgewohnheiten. Die Rahmen meines Bilds, meiner Welt, anscheinend ein Dreieck der persönlichen, biologischen Bedürfnisse und Wünsche, die politische, wenn Sie so wollen finanzielle Realität, und die Ideen der Selbstfindung lässt sich nur mitten genaue Distanz der Verknüpfung der Farben und inneren tiefen Talente vor meinen Augen entstehen. Daher sind mir manche Partys und klassischen Ereignisse der Wochenenden nicht besonders attraktiv. Die Wochenenden und die Partys mit der lauten Musik und der Tanz, die Treffen unter den neuen Menschen und die Zufälligkeiten, die dazu kommen können, sind eine der neuesten Farben des anderen Niveaus des Adrenalinspiegels und Stresses, dem mir entgegenkommt. Anscheinend fühlen sich auch die anderen Flüchtlinge, die allzu als Erwachsen ihre Zuflucht erreicht haben und nicht da aufgewachsen sind, oft unter den grossen Menschenmengen in Partys und kulturellen Ereignisse eher seltsam und brauchen Zeit, sich mit den Erwartungen und Rollen in Ausgleich zu befinden. Ich bin nicht gut in der Kunst und fühle mich in den Partys oft unausgeglichen. Unter den Partys, die ich tatsächlich viele von denen genossen habe und interessante Menschen kennengelernt habe, habe ich ein Fazit herausgezogen, dass die Partys und die Gefühle darunter nicht besonders ernst genommen werden. Die Party ist eher ein geschaffenes Ort für die Vergessenheit. Nach diesem Motto soll man den Menschen kennenlernen und sie oft vergessen, man trinkt und erbrecht, man isst und man weiss es nicht am morgigen Tag, was man am letzten Abend gegessen hat. Dieses Ereignis der Vergessenheit, sich absichtlich in der Lage der Selbsttäuschung zu bringen, soll man helfen sich vollgeladen für die nächste Arbeitswoche und der Starttag des Montags vorbereitet zu haben. Vergisst man aber tatsächlich? Was geschieht, wenn die Selbsttäuschung auch das charakteristische Dasein angreift? In gewissen charakteristischen Partys, die linkorientierte, in denen ich mich eher im Ausgleich zwischen meinem Dasein und Ideen befand, kam es nicht wenige Fälle der Selbsttäuschung vor. Die Selbsttäuschung würde mich nicht bewundern, wenn es unter den Jugendlichen, der nicht interessiert an der Politik und den gesellschaftlichen Themen vorgekommen würde, was es tatsächlich normal scheint. Die Charakteristika der Partys der linkorientierten Wochenenden fand ich nicht anders als selbstenttäuscht, als ich mehrmals erfahren sollte, dass die Flüchtlinge eher als Objekte der anscheinend integriert zum Essen und Trinken reingelassen waren und nicht als gegenüberliegenden Menschen, die hören, verstehen, sprechen und begehren konnten. Meine Selbsttäuschung von Nutzlosigkeit der linkorientierten Partys am Wochenende hat mich nicht weniger als eine Depressionsphase beeindruckt, als ich einmal gesehen habe, wie eine sich seit langem Linke fühlende Frau einen Flüchtling ausgelacht hatte, weil es nicht gut europäisch tanzen konnte. Und dieses Bild der mitleidenden Aufnahme und körperlichen Ignoranz der Flüchtlinge unter solchen Partys habe ich nicht selten erfahren. Meine Selbstenttäuschung kam nicht von einem hierarchische, regierungsorientierte Integrationspolitikschema, sondern von den mehreren solchen Ereignissen und Reaktionen der sogenannten Linkorientierten. Meine Selbstenttäuschung war das Resultat des Selbstgefühls und Empathie mit einem Flüchtling, der nicht europäisch tanzen konnte und trotzdem sich bewegen möchte, sich eine Frau zum Mittanzen hin und her gesucht hatte. Diese Selbstenttäuschung war nicht gleichbedeutend mit der charakteristische Selbstenttäuschung das sozialtechnische Wochenende für die Aufladung der Menschen, sondern Enttäuschung mit den vielen Linken und Linkorientierten, die zwar sozial netten Menschen, aber politisch und philosophischen wenig zu bietenden gegenüber vielen Flüchtlingen gehabt haben.

Meine Integrationsversuche, jenseits der schweizerischen politisch gemeint und hierarchisch strukturierten Pläne, beschränken sich nicht auf eine linkaussehende Gruppierung der Studenten oder sogar die kommunistisch anarchistische anders bildende Gesellschaftsordnung, sondern ein Gleichgewicht dazwischen, wo ich mich vor allem nichtobjektiviert finden könnte. Die Unordnung gegenüber der herrschenden Hierarchie zeigt sich besonders in Arbeitszeiten der dieser Gruppierungen, mit denen ich eine Integrationsphase versucht habe. In dem, dass man am Montagabend statt geschäftlicher Ruhe des Feierabends alternativerweise Party macht, dass man sich für die alternative Liebesbeziehungen öffnet: mit der Achtung! Gegenüber Flüchtlingen. Die näheren Kontakte und Intimität kommen zwischen mir und die linkorientierten, alternativen Beziehungen interessierte

Frauen selten vor. Es fehlt einen lebenden Dynamismus, eine Lebendigkeit des zwischenmenschlichen Wohlfühlens, das sich nicht mit der Einladung zum Essen und Trinken erlösen lässt. Ich ziehe mich nach mehreren Versuchen des Kennenlernens durch die Partys allmählich in meinem Alleinsein zurück und suche spontane, nicht immer linksorientiert aussehend Kontakte.

Eine Stadt kann nicht weder im Herzen einer Geschichte liegen noch in deren Rande. Ist eine im Herzen der Geschichte liegende Stadt immer herzig? Was verbindet die in dieser Stadt wohnende Menschen mit dieser Geschichte ausser den Gebäuden? Wie lebendig und klar repräsentiert sich die Geschichte im Leben und Pläne der Menschen dieser Stadt? Für mich ist die Stadt, auch eine verlassene Stadt in den Inseln Mitten im Meer, ein ganzer Körper, voller eigenen und fremden Subkulturen. Ein regionaler Schnitt von Baustellen und Gelände, die ihrer neu oder alte Geschichte widerspiegelt. Genau wie den Organen eines Menschen, die in einer harmonischen Zusammenarbeit mit seinem Lebensstil steht. Die Stadt hat nichts mit Selbstzensurieren zu tun, sie kann nicht seine Stimme stillhalten. Ausser sich ein Regime die Stadt zu seiner Barrikade macht. Ich bin mir nicht sicher, ob auch in diesem Fall die Stadt sich ganz und gar unterordnen lässt. Besonders sieht man die Wunden und Heilungen der Städte, die einmal Schlachtfeld des klassischen Kriegs gewesen waren und schwer angegriffen wurden. Dieses Gefühl habe ich in paar Städte gehabt, obwohl es meine ersten Besuche durch ihre Strassen war. Wie sehen die Wunden einer Stadt durch dem kalten oder Cyberkrieg? Wie schreit eine Stadt, wenn sie pausenlos durch der Datenräuberei zerstört wird und nicht in der Lage ist, die angreifende Feind zu antworten? Leisten viele grünen Fläche und Parken diese Menge an mentalen Folgen der Menschen zu neutralisieren? Oder soll man raus von der Stadt, zum Beispiel die Ruhe in Ferien und Abschaltung suchen?

In den Städten suche ich immer allerersten den Orten der Liebe, Cafés, Parken und Kinos. Ich suche maximale Öffentlichkeit, grosse Parken mit umfangreichen Spielplätzen, gefrischt durch natürliche Flüsse und kleinen Seen. Menschgemacht gesehen, nicht spannender als die Strassen in der Stadt ziehen mich an sich. Die Strassen, diese Venen und Arterien der Stadt, welche nach ihrer Alter und Breite, Tragbarkeit und die Rolle, die Menschen ihnen gegeben haben, machen sie lebendig oder langweilig, aufgeschlossen oder eher zurückhaltend. Wie viele und wie oft gehören die Strassen den Menschen? Wie zentral sind die Menschen im Kern des Strassenbaus? Man kann Menschen zählen auf den Bänken, besonders in den sonnigen, hektischen Tagen, die kaum eine Bank frei ist und sie sich auf die minimale Fläche begrenzt haben, die andere freie Platz geschaffen haben. Eine Subkultur der Plauderei.

Als ich mich in der Schweiz befand und meine erste Wohnung in Luzern gemietet habe, habe ich oft die Städte und deren Strassen genauer beobachtet. Die Menschen waren meist, vor allem in nicht grösseren Städten, nahe von Bahnhof und das Stadtzentrum, auf zwei Gruppen aufgeteilt: entweder hiesig stammende

Menschen, die in der Stadt arbeiten, oder Touristen und Besucher. Den regional stammenden Menschen in Luzern beispielsweise, ein Hauptort des Tourismus, habe ich in dem Stadtzentrum oft eilig gefunden. Auch viele Sehenswürdigkeiten und das kulturelle Zentrum KKL, gerade neben dem Bahnhof, haben diese Eiligkeit nicht verstecken können. Während meiner Arbeitslosigkeit und Wartezeit, die möglichst mit den Selbstplanungen und eine nicht bis damals zukunftsorientierte Ordnung klargemacht worden war, habe ich durch diese Lense der Nahsichtigkeit die Stadt mehr durchspaziert. Die Touristen wiederum fand ich sehr gespannt von der Natur und der Altstadt, obwohl sie oft nur ein paar Tage Aufenthalt in der Stadt hatten, immer am Posieren vor ihre Kameras und auf der Suche nach asiatischen Restaurants. Ein schneller digitalisierter pauschaler Tourismus in einer Stadt, die sich trotz viele Besucher und Gäste auf Zurückhaltung einstellt. Für mich, der weder von der Stadt stammt noch ein Tourist bin, ist die schwierigste Sache der Umgang die Integrität und die Erreichung eines Punktes, in dem man sich sowohl Identifizieren als auch damit aufwachsen kann.

Die Schlussfolgerung, dass solche Integrität nicht offiziell erreicht werden kann, war mich schnell klar. Vor allem wenn ich mit einer Definition konfrontier war, dass die Integrität arbeiten bedeute, und die Arbeit selbst würde nicht anders bedeuten, als mit etwas beginnen zu verdienen. Die Arbeit, die mir auch entfremdet machen kann. Daneben wird schlichtweise ein Ärger abgeleitet, wenn ich nicht jede Arbeit mache und mit dem Anrecht an das Studium bleibe. Ich versuche dann meine Integration selbst zu bestimmen, also studieren und selbst Freunde finden. Der Ärger auf die Frage nach Kantonswechsel, der Ärger auf meinem Interesse an soziale Selbstbestimmung. Wiederum ist mit der sozialen Selbstbestimmung hier kein, wie üblich, Wirtschaft, sondern die gedankliche Bedeutung gemeint.

Ich habe einmal, nachdem meine Frist der ersten Wohnung wegen Restauration zum Schluss kam, in der Altstadt gewohnt. Die Lage war zentral und sehr optimal ebenfalls zum Studieren und dessen Pendeln nach Zürich, wo mein Vorunikurs stattfand. Das Einzige, das ich damals ausser Acht genommen habe, wobei ich tatsächlich keine anderen Wohnungen zur Wahl gehabt habe, war das Lärm. Das Zentrum vor der Coronazeit befand sich bis spät Abend in einer grossen Menschenstau. Die Wochenenden schlimmer als unter der Woche. Dann müsste ich nach über einem Jahr irgendwo anders suchen. Ich war zu dieser Zeit bei eine der Venen des Zentrums, eine Vene der Leitung der Touristen von Bahnhof nach Innenaltstadt. Dieses Ereignis ist besonders zu merken, denn ich konnte der dauerhafte Lärm der Touristen und die Zurückhaltung der Stadt keinerlei als dynamisch und lebhaft bezeichnen. Ein besonderer Zustand.

Das Leben ohne Integrität, wie alle anderen Funktionen des Lebens, führt zum seelischen Aussterben. Die seelische Lebendigkeit wiederum bringt unausweichliche Grundänderungen der Subkulturen, welche nicht für jede Stadt interessant klingt. Deswegen versuchen die Integrationsexperte der eher zurückhaltenden Städte den Begriff Integration so zu formulieren, dass den Grad des Marktes am grössten betrifft, dem Markt am höchsten Gewinn bringt. Irgendeine Idee ausser diesem Versuch, meiner Erfahrung nach, bring kaum lebendige Kontakte mit sich. Denn die Kontakte werden beobachtet, entweder unterstützt oder zerbrechen. Was sollte ich ausser allen anderen menschlichen Sachen austauschen unter meinen Kontakten, dass sie interessant gewirkt hätten? Oder wurde ich selbst zu einem Objekt, der irgendetwas anders machen müsste als sonst.

Vielleicht hätte ich mehr darüber nachdenken müssen, als ich für das erste Mal von jemandem in dem ersten Haus, im Chalet in Rande von Luzern, gehört habe, dass ich ein Ordner habe. Vielleicht hätte ich aufmerksam fragen müssen, was für ein Ordner? Sicher allen haben einen Ordner in den Gemeinden und besonders ich als ein Flüchtling. Aber wieso werde ich gesagt? Etwas als die Warnung, als eine Information der Achtsamkeit. Gerechtfertigt gesehen kann es umstritten sein, aber seelisch ist es ohne Wenn und Aber ausstossend, unnötig. Dieser Dialog wurde unter viele Planungen ausser Acht genommen und die Kosten dafür müsste ich später tragen.

Diejenigen Warnungen für Erwachsenen, die Klartext entsprechen, wirken abstossend und angstmachend als informativ.

Strassen gehören Menschen, ausser sie sind beschildert durch «Eintritt verboten!» oder «Privater Eingang» oder unfreundlicherweise «Beitritt Auf eigene Gefahr!». Ich bin ein Mensch der Strassen, ich habe mich ein Mensch gefühlt, der die Strassen beitreten kann. Ich habe gerne Bäume und Bänken gehabt, ich habe auch unter Regen eine Fremde beobachtet, wie er sich allein gesessen hatte und jemand, der allein, Kopfhörer auf die Ohren spazierte, als wäre niemand in dieser Stadt zu achten. Das habe ich kein störendes Hobby gefunden, im Gegenteil, weltoffen, produktiv, respektvoll und integrativ. Sicher integrativ im interkulturellen Sinne, nicht nur aus der Sicht des Arbeitsmarkts.

Ich habe verschiedene Menschen angesprochen, über viele verschiedene Themen, Ich habe gerngehabt, meine Kontakte möglicherweise so zu verknüpfen, wie Zelle, die spontan in den Venen auf den anderen Zellen stossen und für eine Weile sich halten und etwas austauschen. Die Zelle in den Venen und Arterien fragen sich, ob sie müde sind, ob die ein wenig Kalzium beziehungsweise Potassium brauchen. Ich habe nicht gern gehabt in einem Organ, namens Integrationsabteilung, mich zu isolieren und künstlich von draussen ordnen lassen, meine privatesten, persönlichsten Sachen ablesbar und halbpublizieren für immer und jeder machen. Das ist im Grunde genommen, Aussterben für mich, ein seelisches Aussterben, keine Integration.

In den kleinen Dörfern und in dieser Stadt, die ich nur von der Grösse her einige Unterschiede gemerkt habe, wohnen hunderttausende Zellen wie ich. Ich habe viel versucht mit den Zellen, mich so weit wie möglich auszutauschen und wusste nicht, dass die spontanen Begegnungen und lebhafte Austausche so wenige Chance hat als die kontrollierte Sozialtechnik der Beziehungen. Einmal habe ich sehr offiziell und anstossend die Empfehlung bekommen, mich bei Orten der Information oder Internet melden, wenn ich etwas ausser dem Markt und Geschäfte in der Stadt brauche: «Man spricht nicht einfach Leute an! Hier ist anders. Es gibt eine Informationsabteilung bei der Touristenbegrüssung an dem Bahnhof, oder Sie können sich im Internet anschauen was für Möglichkeiten gibt. Das Internet weiss alles». Anscheinend habe ich die rote Linie der Integrationsexperten überschritten.

Noch schlimmer wurde ich einmal von einem Bekannten, die nicht in dieser Stadt wohnt und nur paar Mals zum Besuch hier war signalisiert worden, dass ich mich auf den Bahnen befinden solle. Weshalb soll sie von meinen Bahnen informiert sein, ohne dass ich ein Wort darüber mit ihr gesprochen habe? Weshalb ist diese Offenheit und Mut der Kontaktknüpfung so negativ und abweisend? Seitdem spreche ich kein Mensch an, antworte aber gern und offen. Der Schlüssel der Integration, nach dem Motto der geübten und gut verfolgten Sozialtechnik ist die kalten und kurzen Antworten wie möglich. Die Strassen sind mir nicht mehr Venen und Arterien eines seelisch lebhaften Körpers. Die Stadt ist nicht meine Stadt. Die Kontakte und Personen, die mich im Laufe einer emotionalen Sozialtechnik gegenüberstehen, wirken mir nicht weniger künstlich als die gesamte sozialtechnische Integration, denn diejenigen Warnungen für Erwachsenen, die Klartext entsprechen, wirken abstossend und angstmachend als informativ.

Womit kann man die Herzlichkeit der Menschen skalieren? Was ist dabei entscheidend, dass eine Person charakteristisch gut gelaunt ist oder dessen Figur ein Balanceversuch seiner inneren Unruhe darstellt? Ist das trotzdem schön und normal, wenn ich statt Aggression laute Musik neige, statt Sucht extreme

Gewohnheiten und statt Fett und Süssigkeit an Bücher und Filme gewohnt bin? Ist der Begriff Ausgleich nicht als ein Muster für immer despotisch und die Unruhe beziehungsweise extreme Ruhe gewisser Zeiten normal und schön? Manchmal frage ich mich, ob meine Suche nach der Ruhe, das Ziel meiner Flucht, nicht arrogant und viel ichbezogen wäre. Die Phase davor, in der ich auf der Suche nach meinen gesellschaftlichen Träumen meine Persönlichkeit isoliert und viel mit der Gruppenarbeit Zeit gebracht habe, war zwar nicht ausgeglichen zwischen den beiden, die Persönlichkeit und der gesellschaftlichen Rolle, aber es hat mich gebildet, meine Vorstellungen der Freiheit und des Selbstseins teilweise auch geändert, zumal die revolutionäre Charakteristik vieler sich nicht mehr als ein Ausgleichsversuch zeigte. Diese Erfahrung war ohne die Wahl der gesellschaftlichen Rollen und Opferung vieler meiner Persönlichkeitswünsche nicht möglich. Die Schönheiten der Gesichter und Städte sind manchmal nur anscheinend schön. Die Ausgleichsversuche sind manchmal am lebensgefährlichsten.

Nichts ist wie die Dürre der Flüsse und deren Bilder in den Medien während der trocknen Sommer eine Anzeige der menschlichen Arroganz, die menschliche Reaktion aus Panik der Wasserknappheit seines Konsums, die nur ein zwei Monaten gesellschaftlich zu spüren ist. Die Bilder der gestorbenen Fische und andere Lebewesen der Flüsse und die Gefahr ihres Aussterbens sind alarmierend, denn damit unser Leben, die menschlichen Leben gefährdet werden. Dass das Sterben der Fische mit dieser Skala normiert wird, dass die Menschen dadurch bedrohen werden, zeigt die menschliche Arroganz. Menschen zeigen kaum aus der Empathie ein Gefühl gegenüber den gestorbenen Fischen und Zerstörung ihres Hauses, sondern weil ansonsten wir weniger leben könnten, weniger fischen könnten. Als der Ausgleich hat die Architektur der Stadt, die Stadtplanung auch die Aufgabe, Menschen immer glänzende Bilder der Strassen zu zeigen. Die Strassen sollen am frühen Morgen jedes Festes und jeder Karneval sauber und vollgeräumt werden von Tonnen von Abfällen, die Strassenecken, die mit menschlichen Kotzen verschmutz worden sind, wie der vorige Tag sauber. Man sieht auf jeden Abfalleimer der Stadt einen Aufkleber «die Stadt glänzt.». Während der Feste der Stadt, tanzen und besaufen sich oft Menschen im intensiven Schmuck und speziellen Klamotten in jede Ecke. Dabei machen sich manche Gesichter sich Sorgen um die Menge dieser Abfälle. Würden sich Menschen am morgigen Tag im Fall einer Nichtaufräumen und Reinigung der Strassen auch gleich reagieren wie im Fall der Dürre der Flüsse? Würde es auch einmal eine Debatte auflösen und Aktivisten anderer Vorstellungen spezielle Gruppen dagegen organisieren? Etwa wie Extrempartymachende der Extremsauberliebende?

Die Stadt, ist kompakt und eliminiert die durch den Tourismus und eine gewisse Dosis der Kunst, ist ein idealer Ort der sozialtechnischen Integration. Die neue Kunst des Alltags in der Stadt ist eher didaktisch und spezialisiert auf Museen und Hallen. In der Stadt und ihre Strassen kann man die Kunst der Vergangenheit gut erhalten sehen. Der Aufbau der Häuser lässt sich nicht einfach und schnell konstruieren und den Wert unter dem jungen Menschen liegt eher bei den Wohngemeinschaften. Von der Grösse her sollen die Quartiere auch eine charakteristische Aufteilung besitzen. Tatsächlich sind solche Städte und ihren Hauptorten, das Herz des Zentrums und die Venen der Strassen, die Lungen der Industrie und die Nieren der Kulturzentren wie die Menschen anders. Die Städte ähneln sich in gewissen Zusammenhängen die Menschen, sogar gleich charakteristisch, je mehr sie sozialtechnisch im Griff sind. Sonst würde keine Kunst, die eigentlich nicht immer und kurzfristig dem Markt Gewinn bringt, in ihrem Aufbau und Aufrechterhaltung bestehen. Für die ältere Menschen sieht die Stadt, wenn sie die homosexuellen Menschen vorbeispazieren sehen, in jeder Menge zu viel offen und unnötigerweise liberal. Eine Reaktion, die für die linkliberale und Hippie stillliebende Menschen eher konservativ bis zu viel geschlossen wirkt. Was heisst eine dauerhafte, störende Unordnung für eine Stadt? Schminkt sich tatsächlich die uralte Identität der Stadt mit neuen, fremden Farben oder sieht sie als andere Bakterien, die noch geschwächt werden müssen?

Es gibt viele Städte, die von ihrer Grösse, von der Menge der Mitbewohner her eine Stadt geworden sind aber eigentlich nur eine Summe von Quartieren, eine Planung der Gebäude, rund um Wälder und Industriegebiete mit wenig seelische Verbindung unter diesen Abteilungen. Das Ziel der Entstehung solcher Städte scheint die Überwindung einer Existenzangst oder Aufbau eines Orts der Identitätspolitik zu sein gegenüber anderen grossen benachbarten schnellwachsenden Regionen und Kulturhauptorten. Die russische St. Petersburg ist ein Beispiel solcher Städte, die sich binnen weniger Jahren gegenüber westeuropäischen modernen Städten aufgebaut und die russische moderne Identität repräsentiert hat. Diese schnell ausgerüsteten Orte der Demonstration sind zwar gut, um Menschen zum positiven Niveau des Stresses zu bringen und sie nach mehr Vorschritte treiben aber kritisch in Beseitigung der interkulturellen Zufriedenheit der gesamten Mitbewohner, der modernen Vereinigung aller Quartieren. Werden die Bewohner der normierten und standardisierten sich nacheinander aussehenden Strassen jener modernen, schnell aufbauenden Stadt auch nicht nacheinander aussehen? Fühlt man sich bekannt mit solcher Stadt, sobald man deren Strassen und Parken kennt? Die Richtungen und deren Geschenke auskennt? Ich suche oft echte Menschen in die Städte, die nicht nur anders denken und sich präsentieren können, sondern auch anders leben und den gesamten Prozess der Vereinigung der Strassen und Mitbewohner genauer anschauen möchten. Diese Leute schätze ich und such ständig. Ich finde sie, und nur sie spannend zu den Gesprächen und Abendessen, wie auch die Menschen, die Langeweile des Monologs gewisser Essverhalten und Austauschmöglichkeiten der Nordkoreaner kritisieren und dafür ab und zu sich Zeit für Demos nehmen würden.

Es ist nicht leicht alle lebhaften Menschen als liebevoll zu bezeichnen, gleich wie auch alle spannenden, schönen Städte zum Wohnen empfehlenswert vorzuschlagen. Die liebevollen Menschen hingegen müssen, meiner Meinung nach, lebhaft und ihre Ideen mitwirkend deiner Gedanken sein. Man kann kaum mit den lebhaften und nicht liebevollen Menschen langfristige Kontakte halten, besonders wenn es um tiefe Beziehungen geht. Genau wie die Ecken und Strassen der Stadt, in denen man mal schöne Erinnerungen, unvergessliche Momente erfahren hat. Damit sich man mit den Ecken der Städte identifizieren kann, damit man während jeder Sekunde deren Spaziergänge sich beruhigen kann, soll man in der Lebendigkeit der Stadt gelebt haben. Ich weiss nicht, ob ich mich diesbezüglich ideal oder unrealistisch verhalte, aber ich denke, dass ich mich sonst nicht mit den tieferen Beziehungen orientieren kann, keine Strasse durchspazieren will. Solche Menschen finde ich nicht immer auf den Strassen, aber erkunde sie dadurch, frage sie während der kurzen Gespräche, die für sie eine Abwechslung aus der Abwechslung scheinen und für mich der Wegweiser der Freundschaften.

Nach dem Geschmack rieche ich lieber nach den Menschen und Strassen altmodisch, oder östlich. Ich versuche mich oft auf Grund einer modernen Basis der Liebe so zu orientieren, dass ich möglichst eine offene Vorstellung dafür gegenüber den Menschen und Strassen habe, aber diese Eigenschaft neigt sich nur noch quantitativ der Liebe, die Eigenschaft der Person und ihres Charakters. Quantitativ möglichst vielen lieben und von vielen geliebt zu werden. Quantitativ viele Städte mögen und sich in denen wohlzufühlen. Die Liebe ist charakteristisch nicht nur quantitativ, das heisst sich aus der Langeweile und dem Gefühl des Alleinseins da zu befinden. Noch wichtiger ist für mich die qualitative Eigenschaft der Liebe, die Eigenschaft der Bindung. Die qualitative Bindung einer Liebe, die Tiefe ihres Daseins wird nicht ohne allmähliche Schritthaltung erfunden und genossen. Es gibt anscheinend genug Leute, die mit dieser Geschwindigkeit und Geschmack des langsamen Vergnügens, in der hektischen Zeit der Liebe, für eine quantitativ offen und qualitativ intensiver Liebe da sein werden. Doch wie stosst man spontan auf sie, ausser in den liebevollen, echten, anders aussehenden Strassen?

Ich finde die Öffentlichkeit, wenn sie wirklich offen ist, die allerersten Orten des echten Eisbrechens, der Integration, des authentischen Kennenlernens. Die Strassen bieten Offenheit, auch für die Flüchtlinge die bisher eher in sich zurückgezogen blieben und kaum die Spontanität der anderen Gemeinschaften gemocht haben. Die Strassen bieten neue Panoramen, daraus man die oft gemachte Hobbys sehen kann. In den schmutzigeren, weniger ordentlicheren Strassen kann man die Art und Weise der reinen Ehrlichkeit, der Auseinandersetzungen der Mitbewohner zumindest deren Quartieren und Umgebung genauer ansehen. Die schmutzigere, weniger ordentlichere Strassen tragen keine Maske, man sieht sie nackt und bloss. Die weniger ordentlichere Strassen sind teilweise wie die unaufgeräumte Küche, die teilweise ein lebendiger Zeitmaschine für viele geschichteliebende Besucher und Flüchtlinge, die deren Unruhe und Unordnung in aller Ruhe und Normalität spüren können. Die nackten blossen Strassen sind echt und in sich ohne irgendeinen Schmuck.

Die Echtheit, die Authentizität kann auch zu Mode werden. Oft habe ich in schmutzigeren Strassen zufälligerweise Menschen begegnet dieser Gedankenbildung. Viele nennen dieses Still Minimalismus. Zwar kann man minimalistisch leben, mit wenigen Schmuck und weniger Dekorationsaufwand aber zugleich teuer und kostspielig. Die meisten Flüchtlinge können sicher schwer den Minimalismus leisten. Ausserdem erleichtern sich die Flüchtlinge oft nach einer schwierigen Phase der Not, die nicht selten ein

Aufschwung für sie bedeutet. Ich habe viele überlebende Menschen der Kriegszeit gesehen, die trotz genügender Kenntnisse über die Folgen des Fetts und des Zuckers sich oft übermässig Fett und Zucker genommen haben. Wahrscheinlich denken sie an der Kürze des Lebens, an dessen verlorene, zerstörte schöne Zeiten und Vergnügen, die nie zurückkehren wird. Die Belohnungssystem kommt anscheinend in diesem Fall, ähnlich wie bei vielen von uns Flüchtlinge, auf erste Reihe ihrer Oberfläche. Zumindest bemüht man sich für eine Weile wenig mit dem Sport und Sparen und gibt gerne aus. Das Vergnügen und die Erholung der schwierigen Zeiten, die sich nicht leicht überwinden lassen, dominiert. Wahrscheinlich ist der Lebensstil streng privat und kann man ihn schwer allgemeineren. Wahrscheinlich entscheidet man sehr unabhängig von den familiären Erfahrungen der Vergangenheit und die jetzigen Stillen und steht zum grössten Teil an den inneren Ausgleich. Die tatsächlich möglichst grosse Ausgabe der niedrigen Klasse und die anscheinend kleine Ausgabe der Minimalisten entsprechen beide der Echtheit der Menschen, ihren inneren Ausgleich.

Ich versuche am wenigsten die Menschen, die Strassen von ihrem Aussehen beurteilen. Obwohl das Aussehen nicht anders als ihre entwickelten Formen ist. Je weniger die Strassen und Menschen echter und authentischer aussehen, verändert sich oft der Still ihres Forms der Echtheit. Menschen versuchen oft sich mit der instrumentalen Ausdrucksmöglichkeiten der Kunst und Philosophie zu zeigen, die Strassen zu verlassen und anderen Strassen aufzubauen, in denen sie noch niemanden kennengelernt haben und bald kennenlernen werden. Die Strassen der Kriegszeiten und grosse Auswanderungen, die Strassen kleinen Cafés und Ecken der Sommerabende, die Strassen der grossen Demos und Barrikaden gegen den Besatzer werden nie unecht und unauthentisch. In der Grossstadt Sine (Sanandaj) in Kurdistan gibt es eine Strasse, die seit Jahrzenten immer noch die ganze Region, das ganze Land sich damit identifizieren. In dieser Strasse haben sich die Mitbewohner der Stadt sich gegen den Einmarsch der Truppen islamische Regierung Irans versammelt und Barrikaden aufgebaut. Sie haben allein und einzig, ohne irgendeine internationale Hilfe und mit leeren Händen vier und zwanzig Tage den barbarischen Einmarsch der Islamisten gestoppt, viele von denen gefallen. Die Strasse und die ganze Stadt wurden Tag und Nacht bombardiert, die Stadt und die sechste-Bahman-Strasse haben nicht aufgegeben und durch diese vier und zwanzig Tage die Stadt eine ewige Identität geschaffen. Als ich noch in Kurdistan und oft in der Stadt Sine war, nirgendwo war mir so herzig und echt wie die sechste-Bahman-Strasse, die Strasse des Widerstands. In der Zeit von diesem Widerstand war ich noch nicht geboren. Ich bin erst fünf Jahre danach auf die Welt gekommen, aber aufgewachsen unter anderem mit dieser Strasse, identifiziert mit seiner echten Charakterisierung.

Die Strasse der liebe bilden liebevollen Menschen, die Strasse der Angst und Einsamkeit bilden seltsamen Menschen. Es gibt sogar schmale Gassen, durch denen man sich nie anders als liebevoll fühlen kann. Ich habe dieses Gefühl in den Gassen des Bodrums, der Stadt am türkischen Ufer gegenüber Griechenland erlebt, obwohl ich illegal auf den Weg und voller Angst und Stress war. Ich habe das Gefühl der liebvollen Gassen und Wege im Insel Chos des Griechenlands erlebt, obwohl ich nicht wusste, wohin dieser Weg weitergeht, wo werde ich schliesslich landen. Wenn die Strassen und Gassen liebevoll gemacht und eingerichtet sind, offen und herzig die Liebe genau wie die Arbeit aufteilen, kann man sich nur selten da fremd fühlen. Die echtesten Strassen sind die liebevollen Strassen, die Strassen der Zuständigkeit der Menschen für die Liebe.

Typisch schweizerische Städte und ihre Strassen lassen sich nicht schnell erkundigen. Dies steht womöglich an der Intensivität der Natur. Die Natur dieser Bergen und darunter fliessende Flüsse ziehen jeder Besucher magisch an sich. Es steht daran, dass vor allem die Berge und Flüsse Vorrang vor den anderen Schönheiten nehmen und kaum Aufmerksamkeit für Priorität der Architektur und darin gesteckte Menschen übriglassen. Dass dies die Schokoladen nicht mehr wie bei dir zu Hause schmecken, das Gefühl deiner neu gekauften Uhr nicht ganz im Griff lässt, wie du ihn bei dir zu Hause hättest. Allgemein kann ich wahrscheinlich behaupten, dass jede Stadt oft existenziell und nicht figurativ, von dem Gefühl ihrer Identität und nicht symbolisch entstanden worden sind. Die Städte und viele alte Dörfer in Kurdistan sind geographisch so stationiert, dass sich genügend

Wasserquellen und Wiesen im Besitz haben sollten. Es gibt nicht wenige Dörfer, dass aufgrund der Wasserknappheit verschwunden sind. Auch viele Dörfer auf der Seidenstrasse haben nach der Verbreitung günstigerer Luftverkehr an Bedeutung verloren und nun bleibt von denen ein paar verödete Steinhäuser über. Als ich Kind war hat meine Heimatstadt nur eine lange Strasse gehabt, übersetzt die Hauptstrasse der Republik. Diese Strasse hat drei Hauptkreuzungen der Stadt zusammengeschlossen und war die Hauptzentrum der Machthaber des Markts, der Händler. Nun nach drei Jahrzenten bleibt von ihrer Wichtigkeit nur eine Nostalgie. Sie hat viel geschwächt und an ihrer Bedeutung verloren. Diese Strasse ist immer noch schön, aber gar nicht funktionell, für die junge Generation. Was hätte diese Strasse retten könne, um deren Augenmerk auf die Stadt zu richten? Zumal die islamische Regierung meine Stadt unter Besatzung hat, ist es schwierig von der gesellschaftlichen Rolle zu reden. Wenn ich Menschen von meiner Stadt überall, sei es online oder physisch, treffe ähnelt unsere Beziehung viel nach der Nostalgie und Funktionalität dieser Strasse und die Geschichte unseres Volks. Man lässt die vergangenen Charakteristika dieser Strasse Revue passieren, obwohl man sich nicht einmal da begegnet hat. Der Umgang mit den Menschen ohne gemeinsame Geschichte und irgendeine jetzige ihrer Funktion, auch wenn man sehr spannend und weltoffen ist, finde ich tatsächlich gesellschaftlich schwer und persönlich die Kunst des Meisters, ausser, dass Menschen sich gemeinsame Geschichte der Strassen schreiben.

Die charakteristische Strasse meiner Heimatstadt hätte vielleicht verkehrsverbot sein sollen, nicht mehr umgeformt und sich wirtschaftlich um jeden Preis zur Zentralisierung zwingen sollen, denn sie ist nach vorjahrhunderten Standarden aufgebaut. Die Breite dieser Strasse sollte nur für damaligen kleinen Wagen und Eselinnen reichen, was auch gut funktionell und produktiv war. Hätte man die Unzufriedenheit vieler Mitbewohner dieser Strasse in der Zeit des Maschinenbooms, genau vor einer Generation, damit begründen können? Die Unzufriedenheit der Fehlleistung der schmalen Strasse. Was ist charakteristisch der alten Gassen mitten in der Altstädte Schweiz, die ihre Breiten vor vier Jahrhunderten beibehalten? Auch die heutigen Nichtfunktionalität der Industrie der engen Gassen haben eine indirekte Wirkung auf die neuen Strassen und ihre Breite. Nicht selten begegnet man die Menschen der Altstädte, die breiter denken könnten, breiter umarmen könnten. Die Gassen der Altstädte behalten ihre Geschichte bei und kommen gut mit dem industrialisierten Tourismus identisch, aber nicht selten verlieren an die Breite anderen Tonen, anderen Melodien.

Mittlerweile verlangt man von Menschen, anscheinend nach diesem Motto und sein Erfolg der Wirtschaft, sich zu industrialisieren, sich kodieren lassen. Wenn jemand oder eine Gruppe der Menschen, ein Volk sich schlecht kodieren lässt, funktionieren sie falsch. Stimmt das? Unter den Nationen und Völker sind das Kurdistan und die Kurden, die sich schwer kodieren lassende Einheiten. Sie lassen sich nicht herablassen, als Ziffer objektivieren. Nach diesem Algorithmus sind die Kurden seit Jahrhunderten zwischen die guten und die bösen klassifiziert, die sich gut kodieren lassenden und sich schlecht kodieren lassenden.

Bei vielen Treffen Menschen meiner Herkunft merke ich, wie flüchtig unsere Gespräche sein werden, wenn wir kaum gemeinsame persönliche Geschichte zusammen haben, wenn wir kaum uns gemeinsamen Ecken und Strassen entdeckt haben. Sehr schwieriger wird es, wenn unsere Vorstellungen der Politik schwache Gemeinsamkeiten zusammen haben. Bei solchen Treffen wirkt mir die unsere gemeinsame Muttersprache eine fremde Programmierungssprache, der gegenüber ich nur fassungslos bis zum Schluss des Treffens dulden muss. Das Exil ist ein Umbau des Ganzen. Als ich neu in die Schweiz angekommen bin hat nichts mehr mir als der Strassen beeindruckt. Auch unter aller Stresses der Illegalität durch den Balkanroute haben mir die Bäume und Menschen auf den Strassen mehr als die Polizisten und Grenzen beeindruckt. Als ich manchmal meine mitreisenden Kollegen betrachtet habe, habe ich festgestellt, dass unsere Ängste und Sorge, die attraktive Neuheiten uns gegenüber und die störenden Nachrichten zum Teil sehr unterschiedlich waren. Anscheinend hatte das damit zu tun, dass wir andere Prioritäten und Interesse an den Strassen gehabt haben, andere hormonauslösende Bilder und Ecken. Ich könnte wahrscheinlich auch so sehen können, dass gleich wie die Menschen auf den Strassen, ähnlich wie Zelle durch die Venen, gibt es in uns auch Strassen und Gassen, die nicht blutdurchgängig sind. Die engen Gassen und die breite Strasse der Vergangenheit, der Wünsche, der zerplatzte Träume, die seit langem nicht mehr blutdurchgängig sind, aber trotzdem zum Dasein gehören, sich schwer beseitigen lassen.

Ich sehe, wie die Freizügigkeit der Gedanken an die Strassen und Gassen des Inneren des Menschen liegen, an der Echtheit ihrer Authentizität der alten schmalen Gassen, an der Menschorientierung, Naturrücksicht ihrer breiten, offenen Strassen. Als ich meinen Schnuppersemester an der Eidgenössische technische Hochschule und danach ein Jahr Vorunikurs für das Studium gehabt habe, habe ich mich nicht bewundert, dass so wenige Menschen unter die Studentinnen sich für die Politik interessiert haben. Sie sahen sogar die Politik ganz anders, als wäre ein Bereich der professionellen Arbeitnehmer, die eine tiefe Kenntnisse und Erfahrung brauche, vorgestellt. Ich habe mich oft gefragt, was soll hinter dieser Zurückhaltung und Desinteresse liegen? Was soll die politischen Reife und Engagement nach der Jugendbewegung der Sechziger Jahren so in lahmgelegt haben? Anscheinend wäre ein Vergleich zwischen dieser Situation der Studenten und das Desinteresse vieler Jugendlichen und Studenten der Zeit meines ersten Studiums völlig unrelevant und falsch, aber charakteristisch haben viele Ähnlichkeiten miteinander gehabt. Die Warnung der Angst war in beiden Situationen präsent. Die Angst unter politische Anteilnahme in Kurdistan ist eine Angst, die sich vor Aussterben und Assimilation zur Angst vor der Schiesserei und Angst vor Festnahme transformiert, beide Ängste existenziell. Die Angst vor der politischen Teilnahme in der Schweiz ist Angst des Verlusts des Wohlhabens, auch in Bezug auf isolierten Menschen die Angst vor Sozialphobie. Ich glaube die Angst ist in sich lebensnotwendig. Die Arten und Grad der Angst, ihre Grenzen variieren je nach Menschen und Gesellschaftsmodelle der Bildung und Entwicklung, die Vereinbarungen und Definitionen der Legalität und Illegalität. Nichts enger ist mit der Politik und ihrem resultierenden Wohlstand verbunden als die

Bescheidenheit der Teilnahme der Menschen daran. Nichts weiter entfernt liegt als die Notwendigkeit der Angst von der echten Gefahr und seinen empirisch bewiesenen verlustbringenden Dummheiten der Menschen. Mittlerweile interessieren sich die Mehrheit jeder Gesellschaft kaum für die Politik, bis plötzlich ein Krieg zerbricht, bis sie einmarschiert werden durch ein Mächtiger und stecken all in grenzloser Panik. Als wäre die Existenzangst nur geografische sinnvoll.

Das politische Engagement beschäftigt sich mit den engen, alten Gassen der Vergangenheit, um sich damit identifizieren zu können. Die Lehre der Politik braucht breiteren Strassen, auf denen sich viele wohl und umarmt fühlen. Man sieht, dass die jetzige Generation viel Internet und Fernbildung im Blut hat. Wird diese offenere Lehre der Politik nicht zum Teil durch das politische Engagement der engeren Gassen manipuliert?

Es scheint das Ziel der Grenzlosigkeit des Internets gewesen zu sein, dass die Generationen nach der Ost-West Konfrontation sich möglichst schnell damit identifizieren und die klassisch herrschenden Ängste leichter überwinden werden. Die Menschen in weit liegenden Dörfer Kurdistans mit schlechten Strassen und wenigem Infrastruktur verbinden sich trotz massiver Zensur der islamischen Regierung nicht zu viel langsamer als die Studenten in der Schweiz mit dem Internet, aber die Notwendigkeit und die Sorge dieser Verbindung ist alles anders als die Suche nach eine Liebespartnerin oder nach einen Liebespartner. Nicht mal ein Onlineeinkauf oder suche nach Top amerikanische Bände der Woche, die letzte Bilder dieses Models und das neueste Modell BMW. Die

Sorge der Internetverbindung mit all ihrer globalisierten Wellen, lässt sich kaum von den Begriffen der Sozialwissenschaften hinweg, in reiner Theorie stehenbleiben. Haben die Extremisten nicht mehr profitiert als die globalisierte Internetmöglichkeiten als die Kämpfer der Demokratie im Nahen Osten? Etwa wie Taliban in Afghanistan und die islamische Regierung Iran. Tatsächlich! Dass die Demokratie mit allen Bemühungen des Widerstands in Kurdistan unter den Begriffen Menschenrecht und Gleichberechtigung stark begrenzt worden ist, hat die Menschen mehr von der Politik distanziert. Zumal die Erfahrung der Befreiung Iraks durch die USA und den gescheiterten Versuch einer Demokratie in Afghanistan haben viele enttäuscht, sich mit der existenziellen Gefahr der Politik auseinander zu setzen. Diese Menschen, die so eine ähnliche Vorstellung der Politik gehabt haben, waren meine besten Lehrer der Politik während meiner Jugend, obwohl sie mich nicht hindern konnten, mich die Gefahr der Politik einzugehen.

Soll eine Stadt einmal unter Beschoss gewesen sein, damit sich in der Lage der beschossen gewordene Städte hineinversetzen zu können? Einmal aus Mitgefühl Bollerverbot zu bieten statt spielerisch, Experten spezifische Debatten über menschenrechtsbasierte Waffenlieferung zu führen? Würde man sich in dem Fall gegen die Feuerzeuge regeln, damit die Kriegsflüchtlinge nicht noch tiefer traumatisierten oder würde man sich mit dieser typischen Feier eher verabschieden? Die Gassen und Strassen des Inneren, die Ecken und Öffentlichkeiten der Kindheit, die der Angst und Strassenbarrikaden sind nicht immer löschbar. Es soll ausser der Literatur

und frühzeitige politische Debatten in meinem Umkreis etwas in mir, zwischen den engen, nicht immer breiten und offenen Strassen der Vergangenheit und die typisch familiären Verantwortungen als ein kleiner Junge gegeben sein, dass mir die Angst umdefiniert hatte, die Gefahr von der Angst getrennt und als richtig warnungsvolle Gegenstand platziert hatte. Ich war nicht mal fünfzehn, als unregelmässig zwischen Truppen Peschmerga und den iranischen Militäreinheiten auf den Bergen zu Auseinandersetzungen gekommen war. Zu dieser Zeit herrschte ein hybrider Krieg zwischen den beiden. Die entscheidende Stärke der Seiten der Peschmerga war das Volk und ihren literarischen Widerstand, die in kurdische Sprache und die hiesige Kultur innehatte. Man kaufte sich diese Publikationen, meist in Form der Kassettenbände, die der ersten Lehre der Widerstand beinhalteten und Menschen trotz hoher Angst zur Teilnahme brachten. Es gab in dieser Zeit, wie in jeder Zeit der Geschichte, viele Wege, die gesellschaftlich, hierarchisch geblasene Ängste zu überwinden und sich mit der richtigen Richtung orientieren. Einige beteten intensive und somit beherrschten ihre Ängste vor dem Tod. Sie haben sogar dem Tod geliebt. Andere haben sich gewagt und sich alkoholische Getränke besorgt, welche nach den islamischen Regelungen streng verbot und illegal ist. Die Stufe meiner Angstüberwindung war weder heilig noch alkoholisch. Mein politisches Interesse hat nicht nur Freude und Lust, die Liebe und Offenheit durch die Strassen der Zukunft meiner Weltanschauung umdefiniert, sondern auch eine andere Kenntnis mit sich gebracht: eine Stadt muss nicht unter beschoss gewesen sein, um die Lage der unter beschossenen Städte und ihre Strassen
vorstellen zu können. Es geht um die Trennung der

Angst und der Gefahr. Die Angst führt zu der Evolution und deren Umgang ist unausweichlich oder man bleibt mutlos. Die Gefahr führt zu der Vernichtung und deren Umgang erforderlich. Die Politik, die Gleichberechtigung, die Freiheit machen Angst und sind erforderlich. Der Rassismus und die Manipulation, die Objektivierung der Menschen durch den Politiker hingegen gefährlich.

«Sei vorsichtig!» Dies war eine aller ersten Ermutigungen meines Vaters, als ich ihn Beihilfe war. Vorsichtig zu sein hat für mich eine ernste Warnung bedeutet, ernster als jede gesellschaftliche Angst, die in privaten Räumen keine Angst mehr waren. Angst von den verbotenen alkoholischen Getränken etwa, vor den Liebesbeziehungen unter den Menschen, die Geheimnis bleiben müssten, vor den atheistischen Glauben vieler, die bei der Entdeckung zu dem Tod verurteilt worden wären. Diese waren nur die Ängste, die staatlich von Bedeutung waren und viele Menschen akzeptierten sie als Norm nicht. Unter diese Ängste war die politische Teilnahme gegen die Regierung auf das höchste Niveau eingestuft. Wenn man das Glück hatte, etwa in meinem Fall, die Angst vor Politik zu überwinden und sie praktizieren lassen, hätte die andere Ängste tatsächlich keine Bedeutung mehr gehabt. Die biologischen Ängste wurden nicht nur verschwunden, sondern ihre Bedürfnisse auch nicht wie früher von Bedeutung.

Es gibt gewisse Wahrheiten, echte Funktionen im Leben, die sich nicht immer schlichthin mit ja oder nein beantworten lassen. Die Antwort «Ich weiss es nicht» oder «Wahrscheinlich schon» sind relevant auf viele Fragen bezüglich der Natur. «Ich weiss es nicht, aber wenn es nicht zu Wetterveränderungen kommt, komme ich mit.», «Du hast wahrscheinlich recht, niemand hat mich bisher so kritisch beurteilt.». Das finde ich nicht komplex, im Gegenteil. Das menschliche Bewusstsein kann nicht alles, auch in Bezug auf sich selbst im Griff haben. Die Gefühle der Neid und Eifersucht, Neugier und Desinteresse, Lust und Liebe vermischen sich Tag und Nacht mehrmals ineinander. Die menschliche «Ich weiss es nicht» oder «Ich brauche Zeit, darauf einzuschlafen» gehören dieser hybriden Mischgefühl des Bewusstseins. Ich weiss die Antwort auf gewisse Fragen meiner Kindheit immer noch nicht, mittlerweile höre ich in den Unterkünften die Empfehlung «Nein ist nein». Die «Nein ist nein!» bleibt für je in meinen Ohren, die Ohren vieler Flüchtlinge in der männlichen Unterkunft. Haltet man sich daran? Vor allem wenn es so militärisch, herrschaftlich klingt und sich nicht auf politische, militärische Themen bezieht, etwa wie der Bescheid auf Asylantrag, sondern auf die Frage der Liebe und der Lust nach dem menschlichen Kontakt.

Die Strassen sind die Orte der Demonstrationen. Die Demonstrationen des politischen, hormonellen Siedepunktes. Auch die Liebe und Politik sind unterschiedlich im Kochen. Keine zwei politischen Gedanken, kaum zwei Menschen haben immer gleichen Siedepunkten der Demonstrationen, der Küsse. Wie kann immer «Nein ist nein!» sein? Es

343

kommt doch drauf an! Es kommt auf die Kunst der Menschen, die Kunst der Rede und Tanz, die Bereitschaft miteinander Geld für die Politik auszugeben, die Bereitschaft sich gleiche Zeit zu nehmen und sich in den Lieblingsorten zu setzen. Nein! Nein ist nicht immer nein! Ausser der Liebesvorschlag, die politische Idee absolut einseitig und eintönig sind.

Wie durchlässig sind diese Strasse für Demonstrationen? Wie flüssig sind die Politik der Integration durch diese Gassen? Ich weiss es nicht. Ich weiss nur, dass viele Menschen sich gegenüber den politischen und sozialen Demonstrationen starr verhalten. Es ist nicht leicht die Trägheit der Momente zu besprechen, während denen ich mich unter zehnte liebvolle Demonstrantinnen und Demonstranten, hübsche, lächelnde Menschen auf die Strasse befunden habe, die nur wenige von denen befremdet waren mit der Lehre «Nein ist nein!», starr in Verhalten, schwer für längeren Gespräche. Mir war in den Ohren, dass ein Nein streng nein bedeutet und fragte nicht mehr, wenn die politischen Rahmen für mich sehr eng waren, wenn die Menschen ihr Kaffee schnell getrunken haben und ihr Uhr immer wieder geschaut haben, eine Szene der «und das war es» gespielt haben. Die «Nein ist nein!» ist nicht nur politisch bedingt, wird nicht nur in Flüchtlingsunterkünfte beigebracht und publiziert. Es breitet sich weit tiefer um jedes Ecken der Strasse, jedes Café der Gassen.

Ich schrumpfe. Ich ziehe mich in meinem Alleinsein zurück. Ich wandere nach den sozialen Medien aus. In den virtuellen, schwer fassbaren, aber oft echter als die Strassen der Fremdheit dieser Stadt, wo weniger man «Nein ist nein!» hört. Da, wo vor allem die

Kurdinnen und Kurden aus Staatlosigkeit auswandern, mischt man sich schnell in jeder Debatte der Politik, egal ob man Neueinsteiger ist oder erfahren, wird man schneller gesehen und gehört, sogar gefragt und eingeladen zu höheren Ebenen der Teilnahme. Das virtuelle Kurdistan hat sehr weniger dichte Grenzen als viele andere echte, funktionierte Demokratien der Wahrheit. Die anderen Kulturen und Herkünften werden sehr offener zugelassen unter den Raumen virtuellen Kurdistans, sie fühlen sich da oft zuhause. Nachteilhaft ist, dass man sich oft im Internet des Kurdistans aus diesem Grund schnell verliert, nicht nur aus der Flüchtigkeit und der süchtig machenden Funktion des Internets.

Nach der Politik ist die Liebe besonders für Kurdinnen und Kurden tief virtualisiert worden. Anscheinend ist es auch für viele anderen Kulturen und Nationen ähnlich, aber mit tiefer Tabuisierung der moderner Liebe unserer Bildung einerseits und die Freizügigkeit Internets andererseits spielt man in virtualisiertes Kurdistan gerne die Politik lieblich, verfolg man die Liebe politisch. Ausserdem wird es wenig Gewinn erzielt.

Die echten Strassen und ihre Cafés sind nicht beliebter Ort der Frage nach der Liebe. Zwar demonstriert man sich gern darin, aber es scheint weniger zu den Plaudereien, zu der Spontanität der Begegnungen kommen. Ich schrumpfe, nach dem meine Begegnungen nicht gern gesehen werden, nach dem in den Demos oft allein laufen soll oder unter hunderte Teilnehmer des gleichen Interesses jemanden suchen soll, mit ihr oder ihm über diese Gelegenheit oder sonst etwas sprechen kann, ein bilateral lebendiges Gespräch. Ich, der langjährige Flüchtling, fühle mich so distanziert, als wäre ich auf einem Berg wohnhaft, als jeder Mensch in der Nachbarschaft eine Maschine wäre, die selbst sein Lächeln auch ganz wenig zeigt. Als wäre seine Laune nach Bedarf programmiert worden: *lache mit bekannten in bestimmt greifbaren Minuten über die konkreten Sachen, sonst verlierst du dein Ausgleich!*

Weder die Politik noch die Liebe ist komplex. Weshalb nennt man sie komplex? Was steckt dahinter, dass auch unter den Flüchtlingen schwer zu dem politischen und liebvollen, dauerhaften Arbeiten und Freundschaften der Politik und der Liebe kommen wird? Wer profitiert davon? Was bringt der Gesellschaft, wenn Menschen sich gegeneinander so massiv neutralisieren, ausweichen und abgrenzen? Die Liebe ist gelähmt durch die giftige Politik. Man wird beobachtet aber nicht gesehen, man wird zugelassen, aber nicht beteiligt. Einmal bei einem Treffen, der sich um die Lust und Liebe handelte, wurde ich durch eine Frau nur über meinen politischen Hintergrund und Aktivitäten gefragt. Darüber, dass zum Beispiel wie viele Mitglieder unser Journalistenverband hat. (Zu dieser Zeit war ich mit einer Gruppe ehrenamtlicher JournalistInnen aus Kurdistan in einer Gruppe und wir haben uns ein Dach des Journalistenverband Kurdistans gegründet.) Solche verhörähnliche Hinterherfragen unbestimmten Motivs haben in mir ein unsicheres Gefühl verbreitet, haben unter anderen Gründen jede Produktivität und weitere Interesse an den Verband zerplatzt.

Ich müsste mich tagelang fragen, ob es ein Zufall war, ob sie woher über diesen Verein wusste. Über etwas, dass weder ich geredet habe noch das Thema unseres Treffens ist. Was nützt ihr, über die Anzahl der

Mitglieder dieses Vereines gewusst zu haben, wenn sie für einen Date gekommen sein soll? Sie sitzt sich auf einem Stuhl zurückhaltend, mit geschlossenen Händen und Haaren und einem ernsten Gesicht und fragt mich weiter in einem investigativen Sinne über meinen Job und meine Pläne darüber. So entpolitisiert war ich kaum in meinem Leben. Bezüglich des Dates hat sie mittlerweile weder nein gesagt noch ja, aber mit diesen Fragen und ihrer Stimme wurde die Atmosphäre so neutralisiert, dass mehr nach einer Fischerei gerochen hatte als einen Liebesabend. Ein kalter, gefühlloser Abend im Dezember.

Bin ich zu viel pessimistisch oder werde ich tatsächlich gefräst durch die bekannten Algorithmen meines Blutes? Meines Atems? Ich glaube es ist nichts unter Menschen reiner Zufall! Selbst die Spontanität ist eine Absicht. Man entscheidet sich bewusst darüber. Es ist kein Zufall, wenn eine Beziehung zu Ende kommt. Wenn zwei, ein paar Menschen sich das ganze Leben lieben, ist kein Zufall. Dass das Bestehen und der Fehler der Liebe kein Zufall sind, ist nicht zufällig. Ich glaube das Leben und die Liebe nicht anders bedeutet als ihr Dasein: bewusst in ein paar Minuten ein lebendiger Mensch, ein paar lebendige Menschen zufälligerweise ins Leben rufen. Bewusst schläft man sich und zufällig kommen die Kinder, ohne dass du auch hundertprozentig sicher sein kannst, ob sie überhaupt kommt und wenn ja wann und mit welchen Merkmalen. Man merkt schon seit langem, wenn die Liebe nicht mehr da ist. Welche Hinweise sollen darin bestehen, dass mir ein paar Monate später wieder ein ähnliches Fall passiert? Wieder ein Treffen, dessen Ursache ein Date sein sollte und alles zu einem giftigen

Gespräch führt? Wenn es kein reiner Zufall sein kann, was sollte dahinterstecken?

Die Strassen der sozialen Medien sind gefährlich. Nicht weniger gefährlich als die Gassen der Liebe und Politik der Öffentlichkeit, der Liebe aussehende der Sozialtechnik. Das Internet ist die öffentliche Bühne gescheiterte Beziehungen der Echtheit für viele, die Bühne dessen Aufnahme unbestimmter Dosis gegen die Verlassenheit und die Einsamkeit. Man hört sich zwar viel im Internet aber von zuhören ist kaum die Rede. Man spricht zwar viel unter dessen unbegrenzten Plattformen, doch drückt sich präzis wenig aus. Sowohl bei den für die politischen Themen passenden Bühnen als auch anscheinend aussehende Gelegenheiten der Liebesbeziehungsformen sind die Themen Politik und die Liebe schwer fassbar. Ich sehe die Politik im Internet nur symbolisch herzig und die liebe kaum politisch. Beide sind durcheinander giftiger als nützlich geworden. Menschen scheinen im Internet von der Wahrheit der öffentlichen Strassen und Gassen ausgewandert zu haben und nehmen sich unbestimmten Mengen codierte Liebe, werden in den politischen Berichten gezählt und geben sich statistisch zufrieden.

Zwischen den persönlichen Liebesbeziehungen und die gesellschaftlichen Themen der Politik irre ich mich nicht, wenn ich die Fehlfunktion meiner Versuche bei mir selbst sehe, wenn ich daran denke, dass die Abtrennung vieler Kontakte ein Zufall ist. Ich bin überfahrt worden durch die Warnungen aufgrund meiner autonomen sozialen und politischen Kontaktfreudigkeit. Eine Überfahrt, die ich nicht dadurch ums Leben gekommen bin, die zwar mich politisch und sozial weiterhin gelähmt hat, jedoch wurde meine Persönlichkeit dadurch stärker.

Entfremdung

Als ich mich für die Führerscheinprüfung vorbereitet habe, vor etwa dreizehn Jahren, wurde ich verfolgt und nach meiner Auswanderung habe ich nie wieder Zeit dafür gehabt. Ich erinnere mich dabei an meinen ersten Gefühlen als ich ein Auto gefahren bin. Mein Gefühl in Bezug auf anderen Menschen, egal welches Alter, Geschlecht, politische und kulturelle Angehörigkeit, spaltete sich plötzlich von meinem Gefühl vor kurzer Fahrbeginn. Die vorbeigefahrenden Menschen in den anderen Autos, die bisher uns gegenüber absolut neutral waren, sahen wir in meinen Augen entweder starke Konkurrenten oder Teil eines Teams. Hingegen die vorbeilaufende Blicke der Fussgänger, die zu Fuss unterwegs waren, fand ich empathischer und ohne irgendeinen Grund wollte ich so weit wie ging ihre Blicke rechtzeitig zu tauschen. Ich kann dieses Gefühl als eine primäre Entfremdung oder Selbstfindung dem Nichtmobilsein gegenüber benennen. Auf beide Fälle ein absolut anderes Gefühl.

Ich habe dieses Gefühl auch bezüglich anderer Neuheiten in gewisser Verhalten einiger Menschen bemerkt: Intensiv und absurd. Anscheinend liegt dessen Grund daran, dass die kolonialisiert und aufgespaltetes Land Kurdistan nie eine industrialisierte Phase seiner Produktivität erlebt hat, und es wurden in eine kurze Zeit viele Neuheiten der Technologie mit ihrer nicht guten Qualität und vergleichsweise mit sehr hohen Kosten importiert. Menschen fühlten sich gegenüber ihrem Produktionszyklus und das instrumentale Lebensstil bis damals mehr oder weniger erkennbar und spontan fremden Lebensstilen entfremdet. Menschen waren kaum in der Lage schnell von Pferden auf Autos zu springen. Und dies hat sich nicht nur auf dem Preis bezogen, sondern die Objektivierung der Menschen durch fremde Buchstaben auf fremde Metallkombinationen mit neuen Geräuschen und komplizierten Anleitungen. Das Gefühl ist meiner Ansicht nach mindestens so alt wie die moderne Entfremdung. Das ist der Hintergrund meines Gefühls hinsichtlich Entfremdung. Aber praktisch ist es nur noch der Beginn. Die menschliche Entfremdung läuft weiter bis zur Massproduktion aller Maschinen, von Rasiermaschinen bis Flugzeuge. Doch sollte es das Leben leichter machen, was tatsächlich auch gemacht hat, aber nicht in allen Ebenen der Empfindungen. Die Komplexität der Maschinen, die tatsächlich nach der menschlichen Funktion des Körpers herangewachsen ist, ist nicht vergleichbar mit der Komplexität der menschlichen Funktion selbst. Ein amerikanischer Mensch funktioniert und verhaltet sich grundsätzlich wie ein koreanischer, arabischer, russischer Mensch, aber eine britische Maschine funktioniert anders als eine deutsche Maschine. Und diese Komplexität hat die Menschheit, die

Funktionalität der Menschen verschluckt. Die
Hersteller der Maschinen würden sagen, dass der
Mensch im Kern ihrer Industrie liege und ihre Firma
klimaneutral sei und so weiter. Gibt es ein Mass für
Karbonsucht des menschlichen Gehirns? Hat die
Mobilität der menschlichen Autonomie verbindlich
mehr gegeben oder aufgenommen? Macht man mehr
um Maschinen Sorge oder geniesst seine Freiheit
damit? Es ist individuell und international anders und
somit spalten Menschen mehr und werden auch
anders, aber Mensch bleibt Mensch und die Maschine
auch Maschine.

Nach dieser Herangehensweise ist die maschinelle
Entfremdung für mich mit einigen Gradunterschiede
immer noch Entfremdung. Verglichen mit dem Auto
finde ich die Entfremdung der Motorräder sehr leichter
zu überwinden. Früher hat man bei den
Führerscheinprüfung der Motoräder nie das Parken
des Motorrads geprüft. Es war dabei egal, ob man das
Motorrad mit dem Schluss der Prüfung eher links
gekrümmt nahe liegend bei einem Auto parkte oder
gerade recht vor einer Privatgarage. Hauptsache war
die Richtigkeit der Fahrt, der getragene Helm und die
Abbiegelichtern. Ich habe ausser die weniger
Schwierigkeiten und günstigere Kosten des Motorrads
auch dessen Grösse betrachtet. Auf dem Motorrad ist
man zwar unsicherer, weniger geschützt, aber dazu
offener, vielleicht auch achtsamer. Der ganze Körper ist
auf einem Motorrad sichtbar, die grösste dessen Fläche
genutzt. Es ist nicht weniger gefährlich beim
Autofahren betrunken zu sein oder zu telefonieren als
das gleiche auf dem Motorrad. Doch fälscherweise
wird oft dagegen gedacht. Man geht im Auto aufgrund

mehr Metallschutz und mechanischen Sicherheit mehr Gefahr, schneller, weiter.

Das Internet ist ein hoch komplizierteres Auto mit dem Unterschied, dass dessen Benutzung kein Zertifikat braucht. Dass das Gefühl des Nichtalleinseins mit virtuellen Mitfahrenden beziehungsweise den Followers täuscht, ähnlich wie das Gefühl der allein und einzigen Fahrerin, glaube ich, ist weder beweisbar noch kompliziert zu begreifen. Weil die Kommunikation eine individuelle Bezugnahme und das Internet deren populärsten Mittel ist, wäre eine allgemeine These darüber sinnlos. Doch bis die Virtualität eine klare Grenze mit der Realität, Spürbarkeit der zwischenstehenden Wahrnehmungen hat kann man daraus resultierenden Produkten, auch die ursprünglichen Gefühle deren Innovationsversuche, ableiten. Ich frage mich, was mit der Onlinebefragungen gemeint ist, soweit man die Reflexe auch immer wieder unter den sozialen Netzwerken sieht. Wenn ich mich und meine viele echte Seiten hinter einem Account verstecke und mich darunter virtuell identifiziere, wäre nicht der Gefahr der wiederholenden Fehler der Echtheit das gleiche, bis diese zwei Schienen, das wahre, spürbare Leben und das andere virtuelle hinter meiner Maschine sich nie treffen, überschneiden?

Der Hass in den sozialen Medien nimmt zu und man denkt bei der Online-Allarmierung, der Warnung in den sozialen Medien, dieser Zunahme und ein baldiges Ende der virtuellen Hassproduktion möglich wäre.

Die Debatte rund um sexuelle Belästigungen, die Sicherheit in den Stränden im Sommer und der Flüchtlingswelle waren im Jahr meiner Anreise in der

Schweiz Brennpunkten eines Dreiecks in den Medien. Hätte man an anderen wichtigen Themen weniger gedacht oder waren hinter diesen Titel einige Lobbys versteckt? Wie viel Prozent der männlichen Flüchtlinge sollten potenziell in der Lage gewesen sein, eine Frau zu vergewaltigen oder welche Daten und Theorien sollten diese Benachrichtigungsstrategien studiert haben, damit sich intensiv für die sogenannten Sicherheit der Gesellschaft auseinandergesetzt haben? Wie hat diese Panikmachung unvergesslich auf seelischen Zustand vieler Flüchtlinge im Laufe ihrer Suche nach einem normalen Leben gewirkt? Worin besteht die Themenwahl der Medien hauptsächlich, wenn sich die Situation allgemein in der Welt und besonders im Land in einer Ruhephase befindet und der Wunsch nach heissen Nachrichten und Titel steigt, egal auf welchen Kosten? Wenn die professionellen Medien, die bezahlte wissenschaftliche Journalismus sich so tendenziell an Rassismus nähert, was bleibt dann für die unbekannte virtuelle organisierte Hassmaschine der Rechtextremisten in den sozialen Medien zu machen? Nichts! Sie mobilisieren sich nur und haben alle Mittel vorbereitet, um «die Gesellschaft vor Spaltungen und die Hände der anderen zu schützen».

Wann wird ein Mensch entfremdet? Wann merkt er, dass er entfremdet worden ist? Kann sein, dass jemand in ihrer Entfremdung so versunken wird, dass er niemals sich wie vor seiner Entfremdung fühlt? Was soll solche Doppelentfremdung bedeuten? Bewusst in einer neuen Situation? Reife in seiner neuen Welt? Oder tiefer Schlaf seines Bewusstseins? Was ist gemeinsam zwischen der Entfremdung und Zugehörigkeit? Was unterscheidet die objektive

Entfremdung von der subjektiven Entfremdung? Die gewählte Fremdsein und die unausweichliche, von oben ausgeübter, hierarchischer Entfremdung? Kann die Freiheit der Wahl der Entfremdung als Verrat, nicht mehr Zugehörigkeit, interpretiert werden?

Das Gefühl der Zugehörigkeit, konkreter und bekannter Identität genannt, wächst in der Jugend in einer hybriden Wechselwirkung der inneren Wünsche, nämlich die von der Kindheit aufgenommene Werte und identifizierte Gruppierungen der Umgang, sei es in der Schule oder auf den virtuellen Netzwerken. Wie ein Fluss geht diese Einzigartigkeit der Unabhängigkeit, des Wohlgefühls des Charakters anhand der Freiheit gewählte Mitteln in seiner Richtung einher. Damit werden die Gefühle des Neids, der Gefahrerkennung, der Angst, des Stolzes mehr als gesellschaftlich individuell angenommen und aussagekräftig. Einmal, nach dem man genug Freiheit hat und die Identitäten und ihr Mitteln der Realisierung, des Wohlgefühl nicht mehr dynamisch einwirken, glaube ich, entscheidet man für seinen eigenen Weg, für die Auswanderung. Die Alibis dafür können unterschiedlich sein und immer gut begründet werden, sogar für immer geltend. Ob eine Liebesbeziehung oder eine starke politische, soziale Motivation.

Mein Gefühl der Zugehörigkeit liess sich früher als bei meinen Klassenkameraden von den familiären und klassischen Umgebungen ableiten. Als eine vor dem letzten Kind einer grossen, typisch damals zentralisierten Familie war ich weniger unter Visier der Aufgabenkontrolle und Aufmerksamkeit, wie bei den ersten Kindern besonders der Söhne der Fall war, dazu, aber vorteilhaft war für mich die Beobachtung der Erfahrungen älteren Geschwister und ihre Reife nach der Hochschule. Aus zeitlichen Gründen habe ich das Glück gehabt, mich kritisch mit den klassischen Formen und Regeln auseinander zu setzen und dies prägte mich. Ein leiser, weniger mündlich aktiver und praktischer Typ. Von meiner Art in der Jugend habe ich nicht viel begegnet. Zumal ich nachher meine Ideen mit dem Sozialismus realisierbar sah, war diese frühzeitige Zugehörigkeit jenseits der klassischen Formen und Lebensstilen ein grosses Plus. Dass ich mich während meiner Charaktertransformation nicht entfremdet gefühlt habe, im Gegenteil mein Glaube und Ideen in allerbesten Formen präsentieren konnte, hat mich nicht beigebracht, dass ich von der familiären und gesellschaftlichen Seite, gleich wie sie, durch die Automatisierung, entfremdet betrachtet werde. Ich mittels meiner neu getragenen Ideen nur in den Augen der konservativen Seite der Gesellschaft instrumental entfremdet. Das heiss meine Freiheit der Wahlen war für die Gesellschaft beängstigend, wie der Anfang der Automatisierung. Die industrielle Revolution der Kommunikationsmittel war meine instrumentelle Hilfe gegen den Druck, mich mit dem Glauben und Ideen der Mehrheit zu vereinigen. Das mobile Mitteln der Kommunikation und deren maximalen gesellschaftlichen Erreichung, vor allem durch den Satelliten im Anfang einundzwanzigstes Jahrhundert mein Glück. Zum einen wurde durch diese Revolution möglich die Umgebung zeigen, wie einfacher und schöner das Leben in einer offenen Gesellschaft wäre. Zum anderen befand ich mich in der Lage, meine Ideen einfacher erklären. Der Anti-terror Krieg in Afghanistan und Irak im Anfang zwanziger Jahrhundert hat mich instrumental geholfen, meine gesellschaftliche Entfremdung zu mildern. Instrumental heiss es, dass ich die mich der klaren Identifizierung der jungen

Generation in Kurdistan mit der Modernität vereinigte, und nicht einer Seite des Kriegs beziehungsweise die militarisierte Befreiung Afghanistans und Iraks. Das Dabeisein dieser Befreiungsphase zwei wichtiger Länder in der Region Nahen Osten von der despotischen Regierungen Taliban und Saddam Hussains Regime war nicht weniger doppelbedeutend wie der Begriff Entfremdung von mir in den Augen der Gesellschaft und die Entfremdung der Gesellschaft in meinem Gedanken. Was hat diese Geschichte meiner Jugend gemeinsam mit meiner Anreise in der Schweiz? Mit dreissig bin ich nach einer schwierigen Phase der Qual und der Verfolgung, des Kampfs um Überleben und zugleich Sicherung einer Zukunft in der Schweiz gekommen und habe diese, jetzt bei meinem Rückblick, Ähnlichkeit der Situationen wenig in den Augen gehabt. Die Ähnlichkeit der frühzeitigen, aber charakterbildenden Entfremdung meiner Jugend und die Entfremdung eines Flüchtlings mitten von Grund aus anderem Glauben, andere Strukturen und Graden der Freiheit. Alles anders als was in den Medien gezeigt wird, was ich von den Büchern gelernt habe.

Der Rückkehr nach der Vergangenheit ist nur träumerisch möglich, nur imaginär, künstlerisch. Mittlerweile sehe ich viele wiederholte Momente meiner Entfremdung in der Schweiz, die sich nur zeitlich von meinen Erfahrungen der Jugend unterscheidet. Wenn ich während meiner Jugend und Anfang des dritten amerikanisch-irakischen Krieg über einigen Mitteln der modernen Kommunikationen verfügt habe und dadurch meine Isolation, meine Angst vor den traditionellen Druck überwunden habe, weshalb könnte ich nicht anhand viel mehr Kommunikationsmitteln und in einem Alter zwei Mal älter als damals mich von dieser neuen tiefen Entfremdung befreien? Zum einen fehlt es die revolutionäre, dekonstruktive Phase, ähnlich wie der dritte amerikanisch-irakischen Krieg. Zum anderen sind das jetzige Mitteln der Kommunikation eine Folge der revolutionären Neuheiten der vor zwanzig Jahren und kaum etwas Eisbrechendes. Denn die Entfremdung versteinert sich nicht. Die Entfremdung erneuert, erfrischt sich ausdauernd. Und zwar nicht nur natürlich, aus der menschlichen Sucht nach gespiegelter Ordnung, sondern auch wirtschaftlich. Es braucht eine neu eisbrechende Dimension der Kommunikation, damit deren gewohnten Entfremdung eliminiert werde kann.

«Natürlich» verbreitet sich die Entfremdung wie jene Bakterie der verschiedenen Quellen, mit diesem Unterschied, dass nicht wie schädliche Bakterien dagegen gekämpft wird. Die Entfremdung wird zu einem Hauptmotiv der Neid, der Zwang, sich besser künstlich zu präsentieren, anders zu zeigen und zu der Funktion bringen. Die Entfremdung wird absichtlich erfrischt, digitalisiert. Aber ist das alles? Dass der Markt ein entfremdeter Mensch bevorzugt als jener, der sich selbst behaltet und darauf ein professioneller Mitarbeiter aufbaut? Anscheinend viel Arbeit. Ich glaube diese zusätzliche Arbeit würden viele Arbeitgeber vermeiden. Aber ist das alles? Dieser Vergleicht scheint zwar richtig, aber linear und einseitig. Meine Entfremdung während meiner Jugend gegenüber einer traditionellen Gesellschaft und seine Strukturen, die Aufteilungen zwischen Gut und Böse, der Befürworter und Kritiker der neu ausbrechenden Kriege zwischen Amerika und Afghanistan, dann zwischen Amerika und Irak war eine leichtere

Entfremdung zu überwinden. Ich war nicht allein, es waren viele ähnliche Fälle meiner Generation, die ihr Charakter auf Basis der modernen Geschichte Kurdistans, eine eher liberale Tendenz der Befreiung aufbauen wollten. Ich konnte schnell mich mit diesen zahllosen Menschen vereinigen und in gewisse Ebenen die Gesellschaft beeinflussen. Aber ich bin in der Schweiz fast allein. Meine Entfremdung gegenüber einer systematischen Funktion ist einzig und wehrlos, eher persönlich und schwer begreifbar auch für meine Kollegen und Bekannten unter den Flüchtlingen. Die anderen Flüchtlinge, sogar die intensiv entfremdete, würden sich schwer in meiner Situation hineinversetzen können. Akzeptieren sie gar ihre Entfremdung? Meine Entfremdung in der Schweiz ist viel komplexer, viel stärker. Aber ich bin zumindest in der Lage, sie wieder zu erkennen.

Die ersten Monate der Flucht sind für viele Flüchtlinge wie die Flitterwochen süss und unvergesslich. Ausser bei gewissen Fällen, wie die tief deprimierte von ihren Familienmitgliedern getrennten oder diejenige, die ihr richtigen Ziel nicht erreicht haben, mit ihrem Fingerprint nicht zufrieden sind und an einer Weiterreise denken. Die ersten Monate des Aufenthalts in dem sicheren, menschenrechtverantwortlichen Land sind nie wiederholbar für diejenige, die alles hinter sich zurückgelassen und ein Dach auf dem Kopf gesucht haben, unter dem bekannten Titel ein normales, besseren Leben. Nach einiger Monaten sucht der neue Flüchtling seine neue Zugehörigkeit. Abgesehen davon, dass er genug und glaubwürdige Dokumente vorbereitet hat und den Stress des zukünftigen Bescheids auf seinen Asylantrag gut bearbeiten kann, geht in ihrem Kopf immer ein Gefühl jenseits der Existenzangst mit seinen Gefühlen der Nostalgie einher, dass das Gefühl der Zugehörigkeit sich wahrscheinlich als Teil der neuen Zuflucht lösen lässt. Die ersten Monate der Flucht sind die besten Zeiten, um ein Flüchtling als Teil der Gesellschaft innerlich aufnehmen.

Der Transnationalismus, der Aufbau der neuen Zugehörigkeit eines Flüchtlings auf seine ursprüngliche Identität der Heimat wird schwer sich auf beiden Seiten gleichsetzen. Hat man mehr Heimweh als die neue Zugehörigkeit, richtet man sich eher seine Innenarchitektur nach seinem nostalgischen Bild. Verknüpft man mehr Kontakte mit den Flüchtlingen und Menschen seiner Herkunft. Dieser Fall, nach meinen Beobachtungen, kommt sehr wahrscheinlicher als eine starke Zugehörigkeit zu dem Fluchtort und eine maximale Bindung mit der hiesigen Kultur durch der Flüchtling. Angenommen stimmt diese Situation und man verbindet viel Zeit mit den von seinem Ursprung stammende Personen Kontakt als von der Arbeit und Schule in dem Fluchtort. Diese Angehörigkeit, dass auf einer intensiveren Ebene als die vorigen Beziehungen zustande kommt, wirkt auch auf den kontaktaufnehmenden Personen nicht weniger intensiv. Auf der Seite der oft kontaktaufnehmende

Freunde und Verwandte verwurzelt im Lebensstil der Flüchtlinge oft ein Gefühl der finanziellen Empathie, was sich manchmal mit den geschickten Unterstützungen an den Verwandten und Freunde ausdrücken lässt, meist ohne irgendeine Verantwortung. Worauf ist dieses Ungleichgewicht zurückzuführen? Wie wird das neue, sichere Ort der Flucht gegenüber dieser finanziellen Unterstützung reagieren? Das Thema Geld, das ausdauernd konkurrenzlose Tauschmittel, ist wie viele andere materielle Themen in der Liebesbeziehung tief tabuisiert. Auch wenn in der Beziehung zwischen dem Flüchtling und der neue, sichere Ort keine Liebe besteht, verbindet sich bei den Unterstützungen einen emotionalen Austausch dazwischen. Das ist doch nur ein Bild, eine falsche Vorstellung aus Schutzlosigkeit bei vielen Flüchtlingen, dass ihre finanzielle Unterstützung damit verbinden, dass das neue Land besonders an ihren Charakter und Person interessiert ist und nicht eine konkrete, politisch internationale Funktion. Aus dieser falschen Annahme entwickelt sich, je nach Nostalgie oder Selbs-assimilation des Flüchtlings, eine starke Zugehörigkeit mit dem neuen Land, das sich wieder falsch politisieren kann.

Was geschieht mit einer starken Zugehörigkeit des neuen Landes eines Flüchtlings, wenn er sich oft oder ab und zu mit dem täglichen Rassismus der Öffentlichkeit begegnet wird? Wird ihn eher begründen oder sich dagegen Ausweichungsstrategien entwickeln? Wird auf beide Fälle sich nicht im Mittelpunkt der Lösung und als Verursacher des Problems befinden? Worin bestehen die Tricks der Sozialtechnik die funktionelle Integration so aufrechtzuerhalten, dass diese Selbstschuld beibehalten, weitergegeben wird? Gibt es genaue Statistiken über von der sich ausweichende Strategien verursachte Depressionen bei den Flüchtlingen?

Ich vergleiche, wenn der Vergleich nicht immer die beste Logik ist, der Terrorismus und der Rassismus als zwei Absoluten des Hasses miteinander und versuche zu verstehen, wo sie ihre gemeinsamen Wurzeln haben. Als ich in der Zeit des Falls Mosul und die Bekanntgabe der islamische Staat (IS) noch in Kurdistan war, brachen zwei grosse Massgefühlen in den benachbarten Regionen von diesem Staat, in Südkurdistan: Eine war die für mich neue, noch nicht erlebte Makropanik auf jeder Strasse und Ecke der Städte, in den Schulen, unter den Kinder, als neu spasshafter Geschmack der Shows und auch ein Brennpunkt der Moscheen, sich damit zu entschuldigen. Andere war eine aus dieser Makropanik hergestelltes Gefühl der Zugehörigkeit, der neuen kämpferische Identifizierung gegenüber nacktem Terror der Extremisten IS. Dazwischen gab es auch eine graue Zone, die sich weder im Kampf gegen IS engagieren möchte, oder sich IS angeschlossen wollte noch die IS-Mitglieder als morallose Menschen bezeichnen hatte. Diese graue entpolitisierte Mittelklasse gibt es überall und während jeder brennenden Situation und hat oft eine stabile Eigenschaft nämlich, dass sie sich oft rechte sucht und versucht sich von der Verantwortung zu befreien. Die meist spürbaren Gefühle, die Panik und Mut, reproduzierten sich gegenüber Tag und Nacht, mit jeder Nachricht von der Frontlinie, immer härter und schärfer. Auf diesem Peak der Polarisierung wurden manche religiösen Führer, die radikale Männer einiger Moscheen zum Opfer. Gleich wie die

Reformationsspaltung und die spätere Aufklärung Europas befand sich das kleine Beispiel Kurdistan, unter mehrere neutralisierte Länder Nahen Ostens, zu dieser Zeit in einem geschichtlich entscheidenden Punkt, jenseits der Panik und des Muts. Der Terrorismus und der Rassismus sind auf eine virtualisierte Art und Weise weit zusammen verbunden. Sie sind im Gegenteil von Panik und Mut unter Extremisten IS und Sicherheitseinheiten Kurdistans eine künstliche Vorstellung sich gegenüber. Der Terrorismus und der Rassismus bilden sich auf Basis der gespiegelten Bilder und Vorstellung voneinander und kommen in keinem echten, realen Punkt zusammen, um auf eine mögliche Reformation und Aufklärung zu kommen. Sie sind keine gesellschaftlich bildenden Wurzeln charakterisiert und reproduzieren von Hasskampanien, versteckte Karteln der klar adressierten Diskurse. Sie machen nur die mafiös ähnlichen Führer einer Minderheit Profit und ernähren sich mit den digitalisierten Geldmachung unmoralischen Identifikationen.

Wo befindet sich die Zugehörigkeit des Flüchtlings zwischen diesen zwei Neuidentifizierungen? Liegt sie eher an reale Existenzangst (wie Panik vor dem IS) oder Begründung der falschen, gespiegelten Fremdfeindlichkeit (Panik von den Flüchtlingen unter Rechtextremisten)? Sind die Zugehörigkeiten, Gemeinsamkeiten unter den Unterstützenden der Flüchtlinge eher wie die Gemeinsamkeiten der Befürworter der Befreiungskämpfer Kurdistans oder nimmt diese Identifizierung eine andere Dimension der Charakterisierung? Soll der Flüchtling eine Extraunterstützung, eine Aufnahme von Vitamin B der religiösen Seite oder von einer Partei, als Ehre geniessen oder mit irgendeiner Bezahlung, eine Übung der Verpflichtung rechnen? Nach meiner Erfahrung tatsächlich rechnen. Flüchtling sein und mit dem Flüchtling umzugehen ist ein Geschäft und dies wird leider nicht mitgeteilt. Das Land, in dem man Zuflucht sucht, ist ein Markt und alle Funktionen dieses Prozesses sind nicht gratis, und dies wird leider nicht klar gegeben.

«Es ist politisch», «Nichts ist gratis», «Sie haben Anrecht an ...» waren die oft gehörte Sätze in Bezug auf meine primäre Situation, als ich versucht habe weiter zu studieren. Mit dem Satz «Es ist politisch» ist die Komplexität gemeint, keine klare Aussage. Ist das tatsächlich politisch? Tatsächlich ja! Es darf ein Tag, eine Woche, ein Monat ein recht der Zulassung gegeben werden und ein Tag, eine Woche oder ein Monat später sich die Situation rasant ändern. Manchmal selbst das Gespräch war so aufwändig, dass ich mich mit dem «Es ist politisch» zufriedengab. Später hörte ich ein neuer Satz: «Du muss mitspielen!». Heisst das, dass ich Schauspielerei lernen soll? Oder etwas anders zeigen als ich bin? Was ist mit Mitspielen gemeint? Mit dem Spiel bekomme ich kein anderes Bild als Theater oder ein Film im Kopf. Eine Rolle übernehmen, die nicht für immer gilt. Wozu soll ich? Was für eine Rolle? Wer, wo ist die Regie? Wann wird das Schauspiel beeidet? Wer ist Zuschauer? Wie wird mein Spiel beurteilt? Ich weiss nichts, denn es sei politisch.

Als ich neu war in der Schweiz, habe ich intensiv nach politischen Gemeinschaften gesucht, die Möglichkeiten eines maximalen Ausgleichs zwischen dem neuen physischen Dasein der Zugehörigkeiten und die ferne Charakterisierung von Kurdistan. Als Zutat zu meinem

Hauptplan der Weiterbildung wäre es ein Traumplan. Aber die neue Zugehörigkeit ist nur imaginär machbar. Kein politisch gemütlicher Weg meiner Wahlen war möglich. Ich sollte mich bekleiden wie sie und der Ausgleich umdefinieren, wie gegeben wurde. Es waren politisch und ich habe nicht spät verstanden, dass ein politisches Dasein, eine authentische Wohlfühlung bedeutet das Alleinsein und keine konkrete Zugehörigkeit.

Wer schreit hat nicht immer recht, aber wer lange schweigt, hat womöglich recht zu schreien. Zwischen Schreien und Schweigen, der mündlichen absoluten Alles oder Nichts, besteht die Normalität, die Gespräche im neutralen Ton und Intensivität. Man kann mit langem Schweigen und unregelmässig Schreien der Kunst der Rede verlieren, dazu aber gut sein im Schweigen und Schreien. Wozu dienen das tiefe Schweigen und der laute Schrei? Unter despotischen Regimen wie die islamische Republik Iran und in den gespalteten Ländern wie Kurdistan sind diese Charakteristiken sehr beliebt und gefragt. Sei es von der Seite der Regierung oder die oppositionellen Gegner. Je schweigsamer, schreiender, umso beliebter. Wenn jemand gleichzeitig tief schweigen und laut schreien kann, hat er bessere Chance, um in den Sicherheitsagenturen angestellt zu werden.

Despotischen Regimen und ihre Gegner gehen oft ähnliche Strategien, um einander zu schwächen. Dazu brauchen sie starke schweigsame und talentierte Lautsprecher, die das Kampanien populär machen sollen. Wie die Flüchtlinge unter der Herangehensweise des Schweigens und des Schreiens objektiviert sind und was bringt dies dem politisch integrierenden System?

Dass der Rassismus in der Schweiz alltäglich und normal ist und dass die Medien ihre Verantwortung in diesem Zusammenhang nicht erfüllen, braucht keine grosse Debatte. Die Maximierung der Herkunft gewisser Flüchtlinge vor dem Gericht aufgrund ihrer Verbrechen und die Minimierung ihrer wissenschaftlichen, kulturellen Erfolge ist so verbreitet, dass kaum jemand sich davon begeistert. Der Versuch die Flüchtlinge und ihre kulturellen, politischen Gesellschaften zu beherrschen und atomisieren ist ein Trick des modernen Managements, der anscheinend vieler Flüchtlinge nicht bekannt ist und in dessen Folge spalten sie sich und bleiben sich gegenüber schweigsam. Man nehme das normale Gespräch und versuche eine systematische Schweige darunter zu entwickeln, damit nichts ausser Kontrolle und Beobachtung stattfindet. Der Rassismus unter anderen verschönten Namen und konkrete Adressierungen zwingt die Flüchtlinge, um Nachrichten und Signale unter ihrer gebildeten Gruppierung auszutauschen und belohnt sie womöglich mit einigen Gutschriften. Dies bringt den gezielten Flüchtling zum Schweigen, vor Angst oder Fassungslosigkeit gegenüber unklarer Spaltung, und er wird anscheinend nicht immer in der Lage sein sich rechtzeitig von der Tiefe seiner Schweige zu befreien und äussern beziehungsweise schreien. Als ich von meinem ehemaligen Kollegen der Unterkunft damit alarmiert wurde, dass mein Aufenthalt immer noch jährlich erneut wird und meine finanzielle Situation viel besser als in der Türkei ist, blieb ich ihm gegenüber fassungslos. Nicht weil ich nichts zu sagen gehabt habe, sondern weil ich zugleich keinen Hinweis darauf erläutern konnte, dass es nicht seine Aufgabe ist, mich in einem neutralen Ton zu warnen. Dass ich damit verletzt wurde, von einem Flüchtling meiner Herkunft darüber aufmerksam werden zu müssen, meinen jetzigen Schuhen und Rucksack mit meinem Schuhen und Rucksack in der Türkei zu vergleichen bracht mich tief in der Schweige. Meine jetzige Ernährung und die politische Sicherheit mit der schlechten Ernährung und die Zwangsarbeit in der Türkei vergleichen und mich jede auf jeden Fall gegenüber Erniedrigung und Herablesung auszuweichen, meine Dankbarkeit immer ausdrücken. Der Schrei der Flüchtlinge hierzulande hat vielleicht nicht wenig mit dem systematischen Schweigen zu tun. Ich blieb schweigsam und konnte mich dagegen lange nicht äussern.

«Nimm das nicht persönlich!» ist eine der ironischsten Aussagen je ich gehört habe. Es wird gleich gesagt entweder in dem Sinne und im Moment, in dem die vorige Aussage tatsächlich persönlich gemeint ist und persönlich genommen werden soll, oder die gesagte Person schweigt und aufgrund seines aussagekräftigen Gesichtes, seiner reagierenden Fassungslosigkeit spiegelt die Aussage ihr gegenüber als Abkühlung wider. «Nimm das nicht persönlich!» ist eine beliebte Aussage der herabwürdigenden Kommunikation, der indirekten Mitteilung, die nicht nur die Lage der Gegenüberliegende schwächt und ihn in dem

Gedanken der Selbstkritik zurückdrängt, sondern schenkt der Lage der ausdrückenden Person beziehungsweise Seite Respekt und legitimiert seine Position fest. «Nimm das nicht persönlich!» macht einsam und entfremdet, denn es verlangt keine weitere Reaktion auf die vorige Aussage. Im Gegenteil damit ist ein freundlicher Abschluss gemeint und in der Tat Gewinn der Person, die verlangt ihre Beurteilung nicht persönlich genommen werden soll sondern die gesagte Person ein allgemeines, gesellschaftliches Problem hat. Mit «Nimm das nicht persönlich!» ist zwar nicht anders als persönlich gemeint aber in einer indirekten, höfflichen vernichtenden Form. Denn wenn etwas in Bezug auf zwischenmenschlichen Gefühlen gesagt wird und dies soll weder persönlich noch Allgemeinen bedeuten, wozu wird überhaupt, besonders in einem zum Schluss bringenden Stil, gesagt? Damit soll nicht anders als eine schmale Grenze der Selbstbeurteilung, Überzeugung der vorig gesagten Aussage gemeint sein. Wenn mit «Nimm das nicht persönlich!» allgemein gemeint wäre, wozu sollte empfehlen werden, dass das nicht persönlich genommen werden soll? Diese indirekte Aussage spaltet das innere jeder Mensch, bringt ihn zu einer, je nach seinem Charakter und Ernsthaft, Suche nach Grund seiner gezielten Schwäche und entweder deren Ausweichung, mit oder ohne, dass er darauf reagiert, nimmt gerade persönlich und reagiert darauf mit einer ähnlichen Stellungnahme dem Beurteilenden gegenüber oder nimmt die Aussage persönlich und akzeptiert die Beurteilung und drückt seine Dankbarkeit, dass er auf seine Schwäche hingewiesen wurde. Ich habe geschwiegt, als ich mit einem anderen Flüchtling über diese Aussage gesprochen habe und er meinte, dass ich nicht persönlich nehmen soll, es sei denn die Person, die diese Aussage mitteilt, oft seine Kritikstellungen in solcher indirekten Form ausdrückt.

Indirekte Mittelung heisst direkte Entfremdung. Höffliche Ausweichung heiss terrorisierende Isolation. Der Druck, Menschen zu systematischer Bejahung zu zwingen, besteht hauptsächlich nicht immer in physische und blutige Folter, sondern im Gegenteil, in seiner weichen, versteckten Form. Mensch hat von der Geschichte, nämlich Geschichte der Sklaverei, eine Lehre zumindest gut beigebracht, und zwar die Gegenwirkung der physischen Folter. In den Ländern und unter den Kulturen, die Folter meist in seiner physischen Form und immer zu beweisenden Dokumentation vorstellbar ist, wird auch oft gesagt, dass «Die Revolution ihre Kinder frisst». Hingegen in demokratischen, offenen Gesellschaften ist kaum eine Folter mit Durchblutung und beweisenden Dokumentationen vorstellbar, da wo die Revolution ihre Kinder nicht mehr frisst. Der Flüchtling ist zumindest eine lange Zeit dieser Funktion nicht bekannt, gleich wie seine Entfremdung. Die Entfremdung und die Isolation des Flüchtlings haben einen indirekten proportionalen Zusammenhang mit der Richtigkeit seiner Vorstellung von Folter und terrorisierte Beleidigung. Mit der indirekten Herangehensweise, ihm, jenseits seiner Anrechte und seiner Erlaubnisse, zu gewünschten Positionen des Systems zu bringen. In der Schweiz habe ich mich nie für einen sozialwissenschaftlichen Studium interessiert und ich wurde fast von jeder meinen Bekannten und Menschen des Umkreises empfohlen, entweder nicht studieren oder ich würde als ein Sozialarbeiter viel besser verdienen. Doch die indirekte Mitteilung heisst nicht anders als direkte Entfremdung.

Wie der finanzielle Druck als der letzte Versuch auf den Flüchtling ausgeübt wird, ihn in der gewünschten Lage des Systems zu bringen, ist nicht sehr unterschiedlich als die jene Form der allgemeinen Funktion bezüglich der hiesigen Bürger. Der grosse Unterschied zwischen einem Flüchtling und dem Bürger bezüglich des finanziellen Druckes besteht in den Auswegmöglichkeiten. Während ein Bürger des Landes eine breite Möglichkeit des Jobwechsels, der Jobsuche im Ausland und des Starts sein eigenes Geschäft hat, bleiben viele Freiheiten dem Flüchtling gegenüber eingesperrt und halten ihn an seiner Bürgerschaft angewiesen. Selbst mit der offiziellen Niederlassung und der Bürgerschaft wird er nie wie ein normaler Bürger aufgenommen und muss immer in gewissen Zusammenhängen mit ausserordentlichen Kommunikationen rechnen. Mit diesen Voraussetzungen, die nicht für alle Flüchtlinge leicht erreichbar sind, lastet der finanzielle Druck schwerer. Man braucht echt belastbare Schulter dafür. Ein normales Leben mit dem Studium, das kostet und die Arbeit, die sich lohnt, braucht Kontakte, die zählen und Nerven, die noch da sind zum Studieren und zur Arbeit. «Man muss Zusammenhänge verstehen» so ein Mitarbeiter bei meinem ersten Joberfahrung des Praktikums, was nach drei Versuche der verschiedenen Arbeiten tatsächlich stimmte. Weshalb gibt es ausserordentliche Zusammenhänge, wenn theoretisch alles gerechtfertigt sein sollte?

Das Geld in sich ist kein Wert. Es spielt die entscheidende Rolle als der Lohn, der Belohnungssystem des Gehirns reguliert und die Hormone funktionieren antreibt, die Arbeitszyklus sinnvoll macht. Diese Funktionsweise hat bis heute kein Konkurrent dem Geld gegenüber und somit bleibt das Geld alles jenseits nichts. Dass das Belohnungssystem der Flüchtlinge wie das Belohnungssystem der anderen Menschen funktioniert und sich nicht immer mit dem Vergleich seiner jetzigen Situation und der Not der Vergangenheit zufriedengibt, braucht keine langjährige Studie. Der Mensch ist seiner Situation, seiner Umgebung angewöhnt und seine Tragbarkeit wird nie unbegrenzt. Die Kunst des Systems besteht darin, diese Grenze immer breiter zu machen und die Tragbarkeit der Menschen immer erhöhen. Wir Flüchtlinge sind dafür guten Objekten der verschiedenen Experimente, wie sich eine biologisch menschlich aber seelisch entfremdete Funktionsweise damit umgeht, mit mehr Last und weniger Erholung. Der Arbeitsvertrag unbefristet abschliessen und mitten der Arbeit dies zu beenden. Dann wieder zu einem neuen Vertrag fragen und den Lohn für jede weitere Arbeitsstunden ein halbes, bis ein Euro erhöhen und so versuchen, die Belohnungssystem des Flüchtlings zu reizen, in dem er vor kurzem herabgewürdigt worden ist. Im Lauf dieser Kündigung und eventuell Neueinstellung zählt die Nerven des Flüchtlings nur noch primär, biologisch als ein Mensch. Was kostet jede Sekunde solcher Stress? Wie jede Versicherung mit der Wahrscheinlichkeit der Herzinfarkte, Depressionen und anderen schweren Krankheiten des isolierten menschaussehenden Flüchtlings in der Folge dieser Experimente rechnen? Das war die letzte Erfahrung meiner Arbeit, Trotz meiner guten Leistung und fehlerfreie Teamarbeit.

Der Körper ist der letzten politischen Barrikade jener
Stellung. «Mein Körper, meine Wahl» der Feministen
ist ein existenzielles Plakat des menschlichen Daseins
gegen täglich normal gewordene Belästigungen, dass
sich von jeder Form der gesellschaftlich hierarchischen
Regeln befreit hat und die beteiligten Menschen nicht
nach ihrem Geschlecht und Herkunft, Religion und
Glaube, Philosophie und Lebensstill fragt. Der Körper
der bewusste Mensch, der sich nicht immer durch den
belohnungssystematischen Trick der Sozialtechnik
täuschen lässt, ist die existenziellste Barrikade des
Selbstschutzes gegenüber Experimenten, die
menschlichen Wert mit der Nationalität, Hautfarbe,
Geschlecht und ihrem politischen Dasein messen und
als nötige Dosis in jedem Bereich des Markts spritzen.
Das billigste, schutzloseste Dasein: der Flüchtling. Alle
Identitäten und Gruppierungen der gesellschaftlich
heranwachsenden Länder sind organisiert und mehr
oder weniger gerechtfertigt nach standardisierten
Gleichheitsmassnahmen. Wir Flüchtlinge aber scheinen
sehr schwach und fassungslos gegenüber Erklärung
unserem politischen Dasein. Die meisten
Demonstrationen und Bewegungen, die
unterstützende Gesellschaften der Flüchtlinge setzen
sich kaum jenseits des materialistisch,
ernährungsbedingten Verständnis. Sie lassen sich oft
von der industriell objektivierenden
«Flüchtlingswissenschaften» -anstatt Integration.
ableiten und somit bleiben viele Demonstrationen und

Bewegungen der Unterstützung von Flüchtlingen abstrakt und dekorativ.

Was bewirkt, dass die ersten Bilder der Femen Gruppe die Öffentlichkeit schüttern, aber viele Zwangsabschiede der Flüchtlinge keine bisschen Aufmerksamkeit gewinnen? Der Tod von Georg Floyd eine Welle der Anti-rassismus Bewegungen verursacht aber viele geopferte Flüchtlinge werden nicht mal mit einer Kampagne der Medien begleitet? Ist diese Situation zufällig normalisiert worden oder ist es die Folge der langjährigen Übungen? Wenn man das Ganze Gesellschaft als ein Körper betrachtet, mit welchem Teil dieses Körpers würden sich die Medien beschreiben lassen? Mit den Augen? Mit den Ohren? Mit dem Mund? Oder mit all diesen? Inwieweit wäre die Funktionsweise dieses Ausdrucksorganismus korrigierbar, wenn die Augen, die Ohren, der Mund keine Kraft von sich hätten und alle ihrer Hörbarkeit, Sehkraft und Transparenz vorprogrammiert würde? Was geschäht, wenn die Flüchtlinge und ihr schwerer Last eins zu eins gesehen, gehört, übertragen würde? Meine Emotionalität hat nach den politischen und zum Teil komplizierten Mitteilungen der indirekten Kommunikation, der kalten Umgang und «zu viel» betrachteten Einladungen von mir in sich zurückgezogen und physisch geschrumpft. Meine Augen und Ohren sehen und hören nur politisch komplizierte wirtschaftliche Verhältnisse und versuchen sie zu übersetzen. Mein Mund druckt sich aus, wenn nötig und nicht «zu viel», in eine Sprache der Politik und hat nur Kraft dessen Komplexität der wirtschaftlichen Sprache beherrschen zu ermutigen.

Meine Aufteilung des Körpers, jenseits meines Alleinseins und der innersten Barrikade, nicht aufzugeben, bestehen hauptsächlich aus meinen Organe Gehirn, Darm und Oberschenkelknochen. Diese Organe sind mir am bewusstesten, am härtesten meines Widerstands jenseits des Alleinseins. Der Kopf, der viel zu viel Entscheidungen leistet und alles regelt, selbst beim Schlaf von Traum träumt. Der Darm, der satt hält, mal schneller verdaut, mal langsamer, mal ruhiger, mal geräuschvoller, mal mag zu verdauen, mal reklamiert von wiederholenden Fertigkeiten. Dem muss ich gut zuhören, ja manchmal täuschen kann. Die Oberschenkelknochen kann ich schwer hören und nie täuschen. Sie sind die letzte, was um Härte und Grösse des Körpers geht. Zugleich auch am direkteste, die sich nicht täuschen lassende Teil des Skelettes. Wie jemandem der Kopf bei Auseinandersetzungen raucht und er versucht sich gelegentlich auszuweichen oder sonst mit den Pausen ihn zum Abkühlung bringen, brauche ich auch, die weiteren tief bewussten Organe für einige Zeit in Ruhe lassen damit ich den Ausgleich des Kopfes leiste. Oft aber kommt etwas Störendes, entweder schwer verdauendes für mein Darm oder ständige Absagen der Arbeitsuche, die meine Oberschenkelknochen zum Zittern bringt. Denn zitternde Knochen hilft das kalte Wasser im Winter und ich habe Angst vor kommenden Sommer, wenn meine Situation weiterhin gleichbleibt. Im heissen Sommer würde die Sonne die zitternden Oberschenkelknochen, neben dem nicht mal gekühlten Gehirn weiter zum Rauch bringen.

Meine Arbeit besteht in der Zeit der Arbeitslosigkeit darin, meine Körper als die letzte Barrikade meines Alleinseins zu regeln, soweit die innere stabilste Organe Gehirn, Darm und Oberschenkelknochen, die mich halten und nie wie die Ohren, Augen und der

Mund, die Fingern und die Zähen sich täuschen und auswandern lassen. Die Kommunikationsorganismus des Gesichts, meine Medien der Ohren, die Augen und der Mund, lassen sich wie jede andere Mediengesellschaft gut manipulieren. Selbst das Internet und einige mehr Dosis der Fälschungen Fernkommunikation reicht, sie mit künstlich hergestellten Hormonen ernähren zu lassen. Mein Fingern und Zähen sind gut integrierbar mit der Tastatur und dem Sport. Sie haben kaum Ahnung von Hormonsystem, sie machen einfach nach so weit nicht zu extremer Kälte und schwerer Last kommt. Meine Organe sind während dieser Tage wie nie entfremdet. Sie finden oft schwer sich zurecht und ich bemühe mich manchmal, sie gut zu hören. Nur die stärkste, die mich halten und meinen Widerstand leisten, mein Gehirn, mein Darm und meine Oberschenkelknochen, finden sich zurecht und geben sich Raum.

KI-Hotline

Jenseits der Existenzangst der Verschwindung meiner sicheren Situation, in der ich mich nach meinem Fluch befunden habe, wurde die systematische Bürokratie reibungslos gelaufen. Mit der Zeit hat aber eine komplexe Sprache und Unklarheit der Mitteilungen sich von der amtlichen Seite entwickelt. Der Kern der Fehlkommunikation meinerseits bestand darin, dass ich die Sprache der Regelbarkeit und ihren kurswechselnden Zyklus nach dem Plan und Wunsch des Sozialamts nicht verstanden habe: denn es sei politisch. Zugleich habe ich oft bei meinen Vorstellungen eine empfohlene Reaktion entnommen: Das braucht Geduld. Mit «Es ist politisch» und «Das braucht Geduld» hat in mir ein Übersetzer des Amts und gesellschaftlichen Integration sich entwickelt, nämlich dass ich Zeit brauche, bis diese Komplexität verstehe. Aber mit der Zeit wurde die Sprache nicht leichter und ich habe nicht weniger «das braucht Geduld» gehört. Woran sollte es sich handeln? Ich glaube die Komplexität dieser Art, immer komplexer werdende, besteht grundsätzlich auf die Änderung seines Algorithmus, in der Methode der Behandlung der Patientinnen und Patienten beispielsweise, ohne sie darüber informiert gemacht zu haben. Dieses Vorgehen kann von der künstlich-Intelligenten Dateibearbeitung der Patienten durch Versicherungen abgeleitet worden sein, in dem sie gegenüber ihrem Einverständnis der anonyme Datenbearbeitung Rabatte bekommen und die monatliche Versicherung weniger bezahlen. Grundsätzlich und auch anders als deren Bedienung bei den Versicherungskassen kommt mir diese Funktion der Kommunikation nicht fremd vor. Wie auch jede andere Erfindung lässt sich die Hotline, zumindest meiner Vorstellung nach, von der einseitig dominante Kommunikationen der mentalen Unterstützung zurückzuführen: Ursprüngliche Funktion der Religion. Die Entwicklung der Religion und deren gesellschaftlichen Bedürfnis ist nicht anders als dieser mentale Ruf in seiner makroskopischen Form um Hilfe nach einer übermässig mächtigen und unlimitierten Kraft: der Gott. Die gebotenen Menschen, die Gläubige, wissen diese Funktion und sind aus der Angst vor Verlust aller ihrer Güter und untergeordnete Menschen, Gelände und Anerkennung überzeigt von den Bezahlungen und Gehalte während der Funktion und was mit ihrer Architektur und Netzwerke einhergeht. Diese gegenseitige Unterstützung, die finanzielle Bezahlung und der mentale Gehalt der Bürger, kann mit dem Individualismus einerseits und die technologische Tapferkeit andererseits sich schwächen. Dagegen wehrt sicher sich das Geschäft und dabei geht womöglich um die objektivierte, sich billig testen lassende Menschen, die Flüchtlinge in der ersten Reihe.

Meine erste obergeordnete Funktion des mentalen Ausgleichs, wie die anderen Kinder meiner Zeit, handelte sich zum grössten Teil um die Religion. Unter religiösen Bildungssystem ist sicher der Hotline-Verkehr sehr intensiver im Betrieb. Bei den praktisch gläubigen Menschen an Islam muss täglich fünf Mal auf die Beten kommen, insgesamt siebzehn Einheiten mit im Schnitt zwei Minuten der Dauerzeit jeder Einheit. Mit den Vorbereitungen handelt es sich also nur die täglichen Beten um länger als eine Stunde. Diese Zeit verlängert sich bei den älteren Menschen und ein zwölften des Jahres für allen, der Monat Ramadan, bis zum Zweifachen. Dazu kommt die Präsenz der religiösen Werten und ihre abgeschlossene Rolle bei der Geburt, Heirat, Scheiden, Geschäft, Streit um das Erbe und zu allererst Intimität unter den Menschen mit der bevorzugten Rolle der Männer. Diese Regeln betreffen alle, die auch sich nur theoretisch gläubig nennen und sogar die bescheidenen Atheisten, die ihre Bescheidenheit nur unter vertraute Kontakte bekannt ist. Daher eine massiv diskriminierend und potenziell gewaltausbrechender Schlusspunkt der Kultur. Diese Intensivität der Hotline, die immer mit den religiösen Männern aufzunehmen ist, habe ich während meiner Kindheit trotzt Offenheit meiner Familie und Umgebung nicht weniger anstrengend gefunden als ich erwachsen gewesen wäre. Dieser Hintergrund der Hauptsinn des Vorhandenseins der Hotline, auch wenn die aufgenommenen Personen in der Schweiz nicht mit religiösem Hintergrund der kontaktierte Mensch zu tun haben und alle von den angestellten Männern besetzt sind, macht mir ein Gefühl der Dominanz und der einseitigen Kommunikation, die nur hört und kaum zuhören will. Diese Hotline handelt sich um das Gefühl mit den zuständigen Personen während der Fluchtzeit, die die Regeln streng diktieren und jede Unabhängigkeitsversuch mit unmittelbaren Folgen auf dem Konto des Flüchtlings dokumentieren. Für sie ein mentaler Ausgleich, für der Flüchtling ein Teufelskreis.

Refugee-Telekom kann der zukünftige Plan der KI-Hotline heissen, um die Flüchtlinge gezielt und smart zu kontrollieren und einzurichten, ohne sie ihn grob spüren können. Ich bin gefühlsmässig seit einiger Zeit ein Ziel der anscheinend primären Refugee-Telekom, indem ich meine persönlichen Merkmale, meine Ziele und sogar die Beschreibung dieses Buches von den Menschen höre, die ich für das erste Mal Treffe, oder gar nicht getroffen habe und wir haben uns nur per sozialen Meiden geplaudert. Sie sind oft Flüchtlinge und nachdem sie davon erleben, dass ich verfolgt werde, beginnen mich gegenüber zu kommentieren. Als würden sie die benötigten Informationen bekommen haben und mich zu dem Punkt bringen sollen, dass ich selbst schuld dieser Situation bin. Natürlich bin ich selbst schuld, denn niemand, kein System wird in der Lage sein jemanden anzugreifen, ausser die Person sich dagegen angreifbar und geschwächt zeigt. Wo soll mein Fehler genau begonnen haben? Was sollte ich konkret als Meilenstein der Wiederholbarkeit meiner Teufelskreise gepinnt haben, die fehlt, und wann sollte ich meine Situation abnormal signalisieren? Und zwar nicht von meiner Seite abnormal aussehend, sondern menschlich, allgemein, sogar wie ich oft gehört habe, speziell. Das Wort speziell weist mich darauf hin, dass ich besonders durch ein Netzwerk der unmerkbaren Grundlage und selbst legitimer Allweiser mit roter Farbe gekennzeichnet bin. Weshalb soll ich diese Menge der abnormalen Verfolgung und dauerhafte Spezialität tragen? Ich bekomme selbst manchmal Angst vor mir.

Sind diese Vorstellungen echt entgegengenommen oder nur mein Scheingefühl der Suche nach Grund meines Verfolgs? Die Antwort steckt in dieser Frage, weshalb ich die KI-Hotline problematisch finde. Anscheinend aus dem Grund, dass ich gewisse Menschen, wie jeder Mensch, meiner Umgebung gestrichen habe, weil ich mich im Laufe darunter stehende Kontakte nicht wohl, nicht sicher gefunden habe. Mein Grund, gewisse Kontakte abzulehnen, gewisse Menschen abzustreichen und auf der Suche nach neuen Menschen zu sein ist nicht anders, wie üblich bei jedem anderer Mensch als die Sicherheitsgefühl. Der Kern der Problematik der Sozialen Medien oder Nutzung jedes Medikaments besteht nur in deren Anwendung und nicht ihrer Philosophie und der logischen Begründung. Die KI-Hotline nämlich das imaginäre Refugee-Telekom würde auch eine dynamische Rolle in Integration spielen, wenn nicht Menschen unbewusst und gezielt verfolgt hätte. Selbst bei Kindern auch, sobald sie die Reife der Freiheit erreichen und ihre Verantwortung tragen können, finde ich moralisch problematisch, wenn man sie unbewusst und ständig verfolgt und ihre Fehler als ihren Schwachpunkten ausnutzt, in dem sie in der Lage der nicht gewünschten, ausgeweichte Positionen hineindrängt. Nach welchem Algorithmus soll diese Methode für die Flüchtlinge nicht gleiche stimmen und irgendein anderes Resultat erzielen? Oder das Ziel wäre tatsächlich das gleiche, dass wir, die Flüchtlinge, die die unbeschriebenen Regeln nicht verfolgt haben in den bestimmten nicht von uns erwünschten Positionen hineinzudrängen, um damit ein nicht frohes, deprimiertes Gesicht darzustellen, die für die anderen Flüchtlinge eine Figur des Scheiterns und des Bösen repräsentieren würden.

Anfang meiner Jugend, der Anfang des einundzwanzigsten Jahrhunderts, in der Zeit, die der Nahen Osten von zwei anscheinend Apokalypse-Kriege betroffen war, mittels der letzten akademischen Hilfe von Franzis Fukuyama in dessen Begründung[8] dieses Kriegs, war in aller Munde, dass die Zeit sich nie vor dem Fall Taliban und irakischen Diktator kehren wird, dass die Al-Qaeda mit dem Taliban zur Hölle gegangen sind und die Frauen überall ihre Kopftuche aufheben können, habe ich mich von der streng systematisch religiösen Bildung des iranischen Regimes befreit und in einer Atmosphäre des Friedens durch literarische und politische Sitzungen aufgewachsen. Zumal die Angstmachung der Illegalität solcher politischen Teilnahme in Kurdistan mich an sich angezogen hat, denn ich war keine Person, der sein Adrenalinspiegel auf typischerweise üblichen Spielereien zu der Auflösung gebracht hatte. Ich brauchte mein Tempo und ein paar vertrauliche Menschen, mit denen wir auch nicht allzu jede politische Teilnahme als echte

---

[8] Der Politikwissenschaftler und Befürworter der Liberaldemokratie Franzis Fukuyama hat im Jahr 1989 den Begriff «Ende der Geschichte» ins Leben gerufen. Seine Überlegung liess sich von den Ideen Alexandre Kojève, der russisch-französische Philosoph, ein begeisterter Verfolger Hegels, herzuleiten. Die «Ende der Geschichte» beschreibt eine Situation der Welt, in der keine weltpolitische Widersprüche mehr existieren. Mit der Herleitung dieser politischen Synthese sollte nach der Eroberung von Afghanistan beziehungsweise Iraks zu keiner bürgerlich militarisierten Auseinandersetzung kommen.

politische Teilnahme aufnehmen wollten. Eine verdoppelte Angstmachung, eine verzweifachte Kritik einerseits an die iranische Annexion auf Kurdistan und andererseits an die zurückhaltende Stellung vieler, die schwer waren sie zu überzeugen, dass wir ausser unseren Ketten nichts zu verlieren hatten, dass wir stärker kämpfen müssten. Das ist sicher nicht so einfach und offensichtlich. Es gab viele andere beteiligte Faktoren in der mehrheitlich politischen Zurückhaltung. Aber mir war es anscheinend mit meinem damaligen Alter einerseits schwer bis unlogisch, alle beteiligte Faktoren in Betracht zu ziehen. Andererseits half mir die tiefere Analyse der Situation die Adrenalinauslösung und Dopaminregulierung nicht, sogar im Gegenteil es würde mich deprimiert machen. Mit der Basis der adrenalinauslösenden praktischen Richtung und die thematisch relevanten Werte der Freiheit und Selbstbestimmung befand ich mich in einer anderen Welt. Eine Welt, die ich selbst aufgebaut habe und für deren Aufrechterhaltung alles Mögliche bezahlen möchte. Ich denke die Risikobereitschaft dieser Alter der politisch interessierten Menschen kennt kaum Angst und ihre Grenze. Mir war aber eine innere Stille hilfreich, die sich schwer mit der praktischen Seite der Aktion kombinieren liess. Am Ende meiner politischen Teilnahme in Kurdistan transformierte ich ein anderes Mal und befand sowohl die Politik von Grund aus grob ausgewichen von ihren philosophischen Begründungen als auch habe ich das politische Mittel, nämlich die Partei und ihre Strategien, sehr unpraktisch und schwach gegenüber den ihren Verantwortungen gefunden. In der Schweiz behaltet meine Charakteristika zwar gründlich bei, aber davon entwickelte sich eine Ästhetik des harmonischen Wachstums und Zugehörigkeit.

Wie empfinde ich die Ästhetik des harmonischen Wachstums und Zugehörigkeit? Als ich mich nach einer physisch und seelisch belastenden Phase, einer Zeit der Unklarheit und noch nie so quälende Arbeitsbedingungen in der Türkei Zuflucht gesucht habe, war mir zumindest in gewissermassen klar, dass ich die politische Anteilnahme in der vorhin geübten Form nie weiderholen werde. Anderersteits war ich auch in einer nicht weniger Massen Klarheit bescheiden, dass meine Ziele der Jugend, die philosophische Vorstellung und Verantwortlichkeit der Politik weiterhin verfolgen werde. Aber wie? Mit welchem Mittel? Wenn ich während meiner Jugend die Tyrannei des iranischen Regimes nicht akzeptieren konnte, weshalb ein Weg in der modernen Welt nicht weiterentwickeln? Ich bin nicht mit der Politik angefangen zu lernen, sondern mit der Literatur. Mein politisches Bewusstsein war das Resultat der literarischen Werke und eine tief traumatisierte Geschichte meines Landes, das ich ihn liebte. Die Literatur Kurdistans ist eine der bunt intensivsten Bilder, die ich je gesehen habe. Eine Literatur von lebendiger Szene der Übertragung der Kämpfe und Küsse, Geschichten der Frontlinien Widerstands und heisse Abende der seit langem sich nicht mehr gesehenen Liebenden. Die Stimme der Bilder zeigt das färbige Leben und in deren Hintergrund die Stimmen, die die Kämpfe und darin gesteckte Liebesgeschichten, Liebesgeschichten und daraus ausgerüsteten Widerstandskämpfe erzählen. Ich bin nicht gut in Literatur, aber ich war eine Zeit so versunken in den literarischen Werken und ihren Charakteren, dass mein Lebensstil nach ihrem Dasein aufgebaut hatte. Wie könnte ich mich von solchen Spannungen ausweichen? Nur wenn ich ein kalter Fisch gewesen wäre. Anfang der Jugend ist die beste Zeit für das Lesung literarischen Werke, wenn man seine grossen Träume ernst verfolgen will, wenn man jenseits seiner Jugend etwas Gedankliches basteln will und nicht nur Grundstücken erwarten.

Kaum ist eine Liebesgeschichte in Kurdistan von seinem politischen Schicksal abzulenken. Die Geschichten Şîrîn û Ferhad, Xec û Siyamend, Mem û Zîn sind seit Jahrhunderten in den Bildern und Gesänge der Liebe trotz ihrer Trauer, der tragischen Ende Hauptfiguren der Geliebter. Wer mag Trauer? Wer will tragisch mit seiner Liebe enden? Die Wahl dieser Geschichten, wie die Wahl der Widerstand gegen den mächtigeren Besatzer, besteht nicht in sich wiederholenden tragischen Enden, sondern in ihrer Treue. In dem, dass man bis zum Schluss bleibt und seine Liebe liebt. Farzad Kamangar, der Lehrer und politischer Aktivist, der seine Schüler liebte und sie mit der Liebe des Widerstands für Freiheit erzogen hatte und durch iranische Sicherheitskräfte hingerichtet wurde, hat in seinem letzten Brief geschrieben: «Verrat eure Gedichte, Gesänge, Geliebte (Leylas) und Träume nicht!». Die Liebe und Kampf in Kurdistan sind so eng wie kaum anderswo befreundet, die wahre Liebe, die authentische Liebe.

Das Gefühl, dass ich als Flüchtling ein Teil der Last bin, der überlastet und der Grund meines Daseins, der nicht anders als Freiheit meiner Entscheidungen des Lebensstils sein kann, überlastet mich eine unangenehme Schwere. Zumindest seit dem Lockdown und immer grösser gewordene finanzielle Sorge, die meine finanziellen Ressourcen abgelaufen sind, nach dem ich unterschiedliche Stellungen der Arbeit ausgeübt hatte und kaum führte eine Phase zu dem Erfolg. Soll ich mit dieser Situation um Politik kümmern? Wird in der Folge meine Situation noch nicht komplizierter? Oder wird mir mehr Kraft und Identifikation des Selbstbewusstseins schenken? Mitten dieser Gedanken und als ich ein Frühschichtjob mache, versuche ich von meinen Gedanken der Vergangenheit, den heutigen Tagen entgegen einer ästhetischen Herangehensweise der Politik nachzuziehen, damit ich meine leeren Ecken des Bewusstseins neudefinieren kann. «Die Politik sei kompliziert und ein Luxus in der Schweiz», so ein Bekannt. Anscheinend ist mit der Komplexität der Politik ihre wirtschaftliche Seite gemeint, die Seite, in der ich nicht grosses zu sagen habe. Solche einseitige Politik war mir sogar während meiner Jugend nicht attraktiv. Und der Luxus der Politik ist sicher nicht anders als der Luxus des Studiums, der Hobbys, des Urlaubs, des Lebens allgemein in der Schweiz. Was nicht Luxus ist, ist das Überleben. Und wenn man Glück hat, natürlich die echten Kontakte und direkte Kommunikation, die überlebende Kontakte.

Die Arbeit der Frühschicht hat trotz ihrer physischen Belastbarkeit und ein finanzpolitisches Gehalt etwas

Gutes in sich: ich zwang mich, an praktischsten Gedanken zu kommen. Denn ich dachte, dass schlimmer als diese Situation, die in ihrer Schwierigkeit neu ist, keine Situation vorkommen kann. Zwar ist solche Vorstellung für die Erhöhung der Produktivität der Gedanken hervorragend, aber tatsächlich ist es absolut falsch. Ich habe mehrmals solche Momente in meinem Leben gehabt, in denen ich beurteilen konnte, dass nie schlimmer, schwerer als diese Situation vorkommen kann, überlebe! Und nach einer Erholungsphase begann wieder eine noch schwierigere, bis damals nie erlebte Phase. Wie habe ich überlebt? Jeder hat seine eigenen Strategien, etwas aufzunehmen und dagegen etwas abzugeben. Jemand kann gut Yoga und wird weniger mit seinen Nerven bezahlen, die andere wird aggressiv und mach sein ganzer Lebensstil rund um sich schwerer. Eine wird isoliert, deprimiert und die andere wächst damit, bildet sich produktive Ideen heraus. Wo besteht meine Stärke ausser dem Überleben am Ende dieser Art der Arbeit und ihre Finanzpolitik? Die Politik nach meiner Vorstellung? Ich sage mir während dieser Zeit immer wieder: Die Kunst besteht darin, immer anders überleben zu können. Sonst wäre das Überleben für die Überlebende langweilig.

Ein Tag plane ich meine Idee konkreter, nachdem ich mich mit anderen Flüchtlingen aus Kurdistan der journalistischen Hintergründe treffe. Eigentlich die Gruppe handelt es sich um mehr kulturellen Aktivisten, die einmal professionell geschrieben haben oder immer noch in den kurdischen Plattformen schreiben. Ich bin selbst nicht mehr aktiv und checke nur in den sozialen Medien. Im Rande der politischen Ereignisse hoffe ich, dass ich vermutlich den Pfaden solcher

Arbeiten nicht verloren habe und in einem Team meine Rolle leisten werde. Obwohl ich mein Schwerpunkt der Publikation seit meinem Aufenthalt in der Schweiz auf den sozialen Medien lege, vor allem aus Erreichbarkeitsgründen, finde ich sie sehr flüchtig und schnell abweichend. Denn Menschen, abgeleitet von der Fall Zuschauer der Nachrichten und Fernsehen, wollen kaum währen ihres Abendessens sich politisch weiterzubilden, sondern dass sie damit das Gefühl des Dranbleibens sicherstellen. Solche Zonen stellen der Politik, als eine ernste dimensionsschnürende Tatsache, weniger eine dynamische Bühne und eher grau dar. Daher wäre der Versuch, mich bei den sozialen Medien weiterdranzubleiben, eher Verlusts als der Gewinn. Das stimmt vor allem für die nicht top wissenschaftliche Sprachen wie Kurdisch, die eben auch über keine sozialtechnisch moderne Manipulationsprogramme verfügen und weniger durch den Masshersteller des virtuellen Designs unterstützt werden.

Die ersten Orte und Gruppen, die ich nach meiner Anreise in der Schweiz begegnet habe, waren tatsächlich die journalistischen Orte und Gruppen. Der Journalismus war seit Jahren eine der besten meinen Adrenalinauslöser und dies reichte, sie als Topbeschäftigung, ob wirtschaftlich oder freizeitlich, zu priorisieren. Journalismus auf Deutsch? Nein danke! So klar war mir kaum, als ich die erste Grammatikbücher der deutschen Sprache gesehen habe und begann zu lernen. Mit meinem jetzigen Versuch der Gründung einer Organisation für Journalistinnen und Journalisten aus Kurdistan in der Schweiz hätte ich eine mehrheitlich kurdisch schriftliche Beschäftigung im Kopf gehabt und mehr mündlichen Deutsch. Denn das

Schreiben soll tiefere Wurzeln in den Gedanken erzielen und ich glaube jedes didaktische Zertifikat stellt kein Beweis für sprachliche Flexibilität, eine lebendig literarische Präsentation dar. Wir müssten also zusammen mit Grimms etwa gespielt und einige ihrer Lieder gesungen haben. Wir sollten gemeinsam mit Goethe nach Italien gereist sein und mit ihr die Sonne ein wenig genossen haben, seine Frauengeschichten zum Teil nachgespielt haben.

Mit der ersten Idee des Beginns waren meine Kollegen dabei und wir haben begonnen um Sitzungen und ein Plan zu ordnen. Haben meine Kollegen ähnliche Vorstellungen wie ich? Können wir trotz unterschiedlicher Meinungen der Organisation zusammenarbeiten? Wie auch jede andere Gemeinsamkeit handelt sich bei unserer Gruppe nicht um totale Vereinigung der Meinungen, sondern um eine einheitliche Struktur des analytischen Schreibens. Wie schwer das wird, lass ich mich nicht vorhersagen oder aus den ähnlichen Erfahrungen interpretieren. Wir starten optimistisch.

Bei dem Optimismus ist immer Unterschätzung eine potenzielle Gefahr. Zwischen Illusion und Verschwörungstheorie, die Sucht nach Erfolg und deren Erzielung um jeden Preis, verwurzelt deprimierte Seite des Inneren ist die Gefahr gross, sich die echte Mitteilung und die nötige Kommunikation zu verschwinden. Adrenalin heisst Rausch und Journalismus, nach einer langen Zeit, mein Adrenalinauslöser, bringt mich nicht wenig Adrenalin. Ich muss zugeben, dass ich mich zwischendurch wie besaufen gefühlt habe, dass ich jenseits der Realität die politische Nichtvereinbarkeit unter uns unterschätzt hatte. Das Problem solcher Illusion besteht darin, dass sich mit der langen Zeit klarmacht, dass man sich entweder mehr Adrenalin auslösen lassen soll und die Nebenwirkungen übersieht oder sich von der Funktion zurückzieht. Andere politischen Meinungen ist unter organisatorische Zusammenarbeit ein Plus, ein breiter Grad deren Umgang und demokratischen Austausch. Aber wenn die Ideenbildungen nicht immer klar kommuniziert werden und eine Seite der Organisation versucht die andere Seite indirekt verspielen, kommt entweder zu Wechselspiel durch die andere Seite und das ganze Zyklus verderbt, oder kommt das Ganze frühzeitig zu seinem Ende, was bei mir das Ende dieses Versuchs markiert hatte.

Ich finde die Vereinbarkeit diese Gruppe nach etwa einem Jahr Zusammenarbeit in einer schwer definierbaren Situation, in der eine Mitglied illustriert und die andere neutral im Rande steht, eine unterschätzt die Sache und die andere drängt sich zu expliziter Planung. Für mich besteht das Dasein dieser Gruppe, wie jede andere Form der freiwilligen Arbeit, aus ihrer Ästhetik, die Kunst, in meinem Fall des politischen Wachstums, der Umgang mit langweiligen Ausgleichungen und Harmonie des Chaos. Die Kunst der Umgang mit einem verantwortungsvollen, klar kommunizierten und real machbaren Umgang. Diese Voraussetzung, die anscheinend nicht die Priorität meist meiner Kollegen entspricht, wird oft übergesprungen. Ich verabschiede mich von der Gruppe und nach dem Abschied empfinde ich komischerweise keine Leere, keine Sehnsucht nach Wiedervereinbarkeit. Ich weiss noch nicht, ob diese Gruppe und dieser Versuch mir bei dem Überleben der seelischen Selbstfindung Beihilfe war oder mich mehr der Frage der Zugehörigkeit entfremdet hat, aber ich weiss, dass es für mich ein Meilenstein der Wiedererkennung der Illusion und Unterschätzung war.

Die Frauen sind in gewisser Fälle gleichberechtigt, manche gleichberechtigter. Die Flüchtlinge sind in sicheren Ländern geschützt, manche geschützter.

Wozu sind diese Unterschiede zurückzuführen? Glück? Dem kann man nur in Fall der radikal geografischen Unterschiede zustimmen. Etwa wie die Situation der Frauen in Mosul und in New York. Ein besonderer, unklare, Zusammenhang? Tatsächlich. Aber wozu dient diese Unklarheit jenseits der klar definierbaren Regeln? Wo stellt sich darunter die Frage Moral unter der Nicht-mitteilung der zu mitteilenden Informationen, von denen ein Satz das Leben einer Frau, eines Flüchtlings retten kann, sie von der Schwierigkeit herausholen würde. Alle Minderheiten, die ihre Recht-Pflicht Mechanismus fraglich ist, also nicht selbstverständlich ist, bleiben, meiner Ansicht nach, ihrem Lebenslang nach unter Existenzangst. Als ich das erste Mal die Redewendung «die Kommentare sparen!» in einem Chat gelesen habe, habe ich mich keine Frage gestellt, ob diese Person sich über ein wenig Brücke zwischen uns für weitere Kommunikationen freut. Weitere beziehungsabbauende Ähnlichkeiten zeigen sich robust in Beispielen «Nicht Stören!» und «Sich in Ruhe lassen». Ich glaube die Bürokratische Fremdheit würde ohne solche direkt abstossenden Kombinationen der befehlsstrukturierten Kurzsätze nicht weitergehen. Denn man während der Arbeit und was sich nur um deren Stunden handelt, wünscht sich weniger literarisch und kompliziert aufgebaute Sätze, sondern unter dem alltäglich wiederholenden Ablauf, so weit wie möglich kurze Nachrichten und Hinweise. Wenn eine solche Nachricht unter der privaten Kommunikation auftaucht, dann zeigt es mich, dass die Person, die mir nicht ganz klar ist, ob sie tatsächlich einen Kontakt beibehalten will oder nicht, mit ihrem Geschäft überschwemmt worden ist, sogar sich gegenüber entfremdet und verfolgt die kommerziellen Hinweise in einem nicht kommerziellen Zusammenhang.

Ich wurde immer öfter während meiner ersten Unterkünfte gesagt, dass die beste Möglichkeit der Integration die Mitgliedschaft in Vereinen sei. Dazu sollte ich womöglich einige Vereine suchen und nachdem ich in deren Mitgliedschaft hineinversetzte, meldete ich mich bei ihnen. Aber tatsächlich handelte sich dabei um erstens eine Konkurrenz unter verschiedenen Vereinen und ihre Motivationen, zweitens um die vorigen Bekanntschaften der Mitglieder und nicht, dass dadurch ich Menschen kennengelernt hätte. Zumindest war es bei mir und die anderen Flüchtlinge der Fall, die solche spontanen Begegnungen als eine Gelegenheit entnommen haben und schliesslich mit anderem politischem Interesse konfrontiert wurden. Einige haben mitgemacht und die andere, wie ich, nicht.

Welche Mittel ausser dem Internet wäre hilfreich, um ein Interesse zwischen Anführungszeichen zu suchen und wirklich auf echte Resultate zu landen? Das Internet und seine Suchfunktion täuschten nicht nur in diesem Zusammenhang, sondern zeigten sie mehreren hunderten Resultaten, für denen ich am wenigsten in Frage kommen konnte. Andererseits und dass die parteilich unparteilich aussehende, in der Tat hilfreich mit viele nette Menschen im Einsatz beschäftigte Vereine kaum meine Aufmerksamkeit rauben konnten, war kein Wunder. Ich habe nicht aus der Langweile nach Vereinen und neue Kontakte gesucht, wenn selbst die Langeweile auch zum Teil da war. Ich habe mir Gedanken gemacht, dass wäre sinnlos, wenn ich eine Langeweile durch eine andere neue Langeweile, eine bekannte Langeweile durch eine neue Langeweile ersetzt würde, sondern meine Suche war die Such nach dem Willen und Begeisterung der Neustruktur, Neuaufbau des kulturellen Daseins. Das Problem bei viele Kontakte und dastehende nette Menschen fand ich darin, dass die Beziehungen zu viel einseitig waren und sich in der Folge einer Monokultur heranwachsen gelassen haben. Mit der Zeit, die eine unechte Integration und der offiziellen Kommunikationen prägte in mir eine Alles-oder-Nichts Prinzip. Nach diesem Motto, wenn auch nicht klar mitgeteilt, von mir würde nichts übrigbleiben (Nichts), was ich als mein Selbstsein bezeichnet habe, weil ich die umgebend vorkommende Kontakte aus Alleinsein aufgenommen sollte und irgendeine gesellschaftliche Akzeptanz bekommen würde (Alles).

Wie sind die äusseren und inneren ausgeübten Kräfte integrierbar, wenn sie absichtlich bis weiteren auf die innere und äussere aufgeteilt sind? Die entscheidenden Charakteristika beider Kräfte besteht in ihrer Steuerbarkeit, darin, dass sie in gewissen Fällen ihre Autonomie beibehalten oder nicht. Je öfter ich Menschen mit jahrelangem Aufenthalt und sogar Schweizer Pass gesehen habe, die ihrem Grad der Autonomie nicht bewusst waren und mit ihrer geschäftlichen Privatsphäre reibungslos umgegangen sind, umso sicherer wurde ich, dass ihnen ihre Entfremdung in jeder Zelle steckt und daher integrativ nur körperlich lebhaft.

Während der Integration, meiner Vorstellung nach, die sich gewiss um gleiche Gelegenheiten der Kombination, Kooperation und Konkurrenz handelt, trennen sich zwei antreibende Kräfte des wirtschaftlichen und kulturellen Daseins der Menschen voneinander: Drang und Druck. Drang steht für innere und Druck für die äusserer Antrieb. Wenn auf jemand Kraft ausgeübt wird, ihm in der Lage zu treiben etwas zu tun respektive etwas nicht zu tun, verhält dieser Mensch längerfristig innerlich entfremdet und äusserlich entweder kooperativ oder divergiert. Dies soll für Druck stehen, die mit allen Werkzeugen wie unklarer Kommunikation und gewissermassen selbstbewusst der ausgeübte Mensch, sei es Flüchtling oder Gefangene, einhergeht und schliesslich ein nicht allzu lebendiger, ich glaube sogar, unüblich gestresster Mensch hervorgeht. Ein Mensch, der oft Angst hat von einer neuen Kraft mit den neuen Tricks der Ausübung. Im Gegenteil steht der Drang für die innere Antrieb. Der Drang steht für die Kraft auf dem eigenen Glied, etwa wie Kraft auf erholenden frisch verletzten Fuss oder Kraft auf die Kinder, um ihre Aufgaben zu machen. Eine unschädliche Ausübung der Kraft. Der Druck wird auf einen äusserlich existierenden

Gegenstand ausgeübt, welche schmerzen kann und die verursachte Quelle der Kraft theoretisch und oft die Interpretation des Schmerzes schwer akzeptiert. Der Drang wird aber auf seinem eigenen Teil ausgeübt, etwas wie wirtschaftliche Drang auf einem Sektor oder eine Industriebranche, eine neue Leistung zu erzielen. Die Schmerzen des Drucks bleiben, wie die Verletzungen, die sich nie heilen lassen. Die unheilbaren Verletzungen töten Teil nach Teil die Wünsche, Glied nach Glied Körperteile. Auf die Flüchtlinge wird nicht selten der Druck des existenziellen Daseins ausgeübt, und nicht der Drang.

Am frühen Morgen eines Donnerstags träume ich von einer fortgeschrittenen KI-Hotline, die kontaktierende Stimmen per ihre Sensibilität entgegennimmt. Diese hochintelligente KI-Hotline soll die Stimme der Menschen per Anzahl ihrer Anrufe, die Dauer des Gesprächs, die besprochenen Themen und die Vertraulichkeit ihrer Mitteilungen in einem unter ihrem Namen bestellten Konto gespeichert haben und schliesslich ihnen Rat geben, was am logischsten zu tun ist. Ich bin unter anderen ein Kunde dieser Firma, welche die Freiwillige für ihre Testphase annimmt. Die Dauer der KI-Psychoanalyse spannt sich auf neun Monaten und während dieser Zeit darf man den Ablauf nicht abbrechen. Von dem Ursprung der Firma und das Team dahinter habe ich keine Information und ich soll mich spontan auf ihrer Werbung gestossen haben. Eigentlich zwingt mir die Zeitspanne der Periode einerseits und die Regelmässigkeit der Anrufe, die jede

Donnerstagmorgen stattfinden sollen, andererseits. Aber weil die Kündigung nicht mehr möglich ist und jeder Abbruch eine Weiterleitung an obligatorische physische Psychoanalyse zur Folge hat, bleibe ich weiter dabei. Meine Anrufe werden zwar schnell aufgenommen, aber es kommt nicht selten zu störenden Geräuschen dazwischen oder es wird plötzliche aufgelegt und ich soll weiter versuchen, die KI-Operatorin zu erreichen. Manchmal bleibe ich bis zu einer halben Stunde am Telefon und es wird wieder aufgelegt. Wieder versuchen. Da die Firma sich noch in ihrer Testphase befindet, hat sie nirgendwo ein Büro, wo ich vorbeigehen und das Problem besprechen könnte. Manchmal denke ich mir dabei darüber, dass es vielleicht auch sich bloss um einen Algorithmus handelt und damit soll meine Geduld und Ausdauer gemessen werden sein, um genauere Resultate für ihr Gebrauch zu sammeln und nicht ich und meine Sorge als ein Kunde im Zentrum ihrer Analyse. Der Vertrag ist Auf alle Fälle zeitlich in seiner Mitte und diesbezüglich spüre ich keine grosse Veränderung. Was ich empfehle, ist nicht mehr als ein Gefühl des Mitgesprächs. Das Gespräch mit einer künstlich hochintelligenten Operatorin, eine mündlich kommunizierende Version von ChatGPT, klingt immer noch nach über vier Monaten künstlich und ich kann mir kaum ohne genaue Überlegungen ausdrücken, wie ich mich spielerisch davor vorbereite. Um meine Gefühle und Reaktionen sowie der Reaktionen der Operatorin habe bisher drei Hefte ausgefühlt. Wenn ich meine ausgefüllten Hefte durchlese, sehe ich ein strukturierter Ablauf, welche mir eine neue Angst macht. Im Allgemeinen Angst davor, dass ich meine Gespräche mit Menschen weder davor strukturiere noch nachher dokumentiere. Die dokumentierten

Kommunikationen, sogar in ihrem geschäftlichen und privaten Formen im Markt und bei der Familiengründung sind alles anders als künstlich, es sei denn findet eine Seite sich in einem Spiel und übers Ohr hauen. Aber wie sollte ein künstlich intelligentes Gespräch aussehen, ohne zu dokumentieren? Ohne von dem Abschluss des letzten Mals mit dem Gespräch beginnen, ohne eine logische Reihenfolge. Würde ich in der Lage sein, die Operatorin zu überraschen? Denn die Dokumentation ist meine persönliche Wahl und kein Tel des Ablaufs.

Abgesehen von dem am Donnerstagmorgen spielerischen Gefühl, dass mir dieser Termin gibt, wäre es auch schön, wenn ich von der gesamten Studie informiert wäre. Die Studie kann optimistisch gesehen zu weiteren Wegen des Erfolgs führen, wahrscheinlich auch eine Revolution in der digitalisierten Gesprächstherapie, aber auch zu einem emotional systematischen Skandal. Das Programm hat immer noch kein Name und wir duzen uns freundlich. Mein KI-Operatorin heisst Jana. Ich weiss gar nicht, ob diese Firma eine Abteilung von ChatGPT ist oder ihr Konkurrent. ich kann auch sie danach nicht fragen. Allgemein keine Frage, ausser die vorhin besprochenen Themen und die neu auftretenden wichtigen Privatsorgen, die am Anfang des Gesprächs genannt werden müssen. Ich nenne in meinen Heften die Firma SongGPT.

Anders als übliche Termine finden unsere Gespräche nicht in einer bestimmten Zeituhr statt. Ich kann das SongGPT jederzeit am Donnerstagmorgen, aber auch am Abend spät, erreichen. Anscheinend hat die Firma absichtlich die Kunden diese Freiheit gegeben, damit die Rahmen nicht allzu künstlich und formal werden.

Ausser den organisatorischen Informationen der Firma gibt es gewisse Tabuwörter, die ich ihre Namen nie sagen darf: *rechtzeitig, künstlich, Populismus* und jedes weitere abgeleitete Wort von denen. Zusätzlich gibt es zwei Regeln: Erstens allein sich in Ruhe sitzen und Telefonieren und zweitens etwa in der Mitte der Termin ein Lied singen. Ich muss nicht jedes Mal etwas Neues oder Langes singen, es reicht auch nur ein Blabla musikalisch auszudrücken. Es geht um die Messung der seelischen Normalität oder Nervosität mitten im Gespräch.

Ich trinke meine zweien Kaffee und bin immer noch in der Reihe, die Jana zu erreichen. Die Musik der Wartezeit kann man selbst wählen und ich habe für dieses Monat das Album Hatefuck von Pussy Riot gewählt. Die Songs sind energetische und machen die dahinter laufende Wartezeit weniger langweilig. Ich bin am Ende meines zweiten Kaffee als Jana Hallo sagt:

Jana: Guten Morgen Kawa, schön dass du da bist. Wie läuft es alles?

Ich: Alles läuft könnte man sagen, aber ich habe kein Bock auf Alkohol mehr.

Jana: Würdest du dich freuen, öfter Alkohol zu trinken mit einer hohen Wahrscheinlichkeit der Sucht danach?

Ich: Von wo kommt die hohe Wahrscheinlichkeit, wenn ich ja sagen würde?

Jana: Daher, dass du erstens nicht sozial an deinem letzten Arbeitsklima (in der Bar) gewohnt warst, nicht genug aufmerksam geworden warst, wer wie viel Alkohol getrunken hatte und nach wie viel Zeit sich mehr Alkohol genommen müsste. Zweitens, dass du der Konsum deiner Profile auf den sozialen Medien nicht genug im Griff hast und dies sich nicht weniger als um Sucht handelt.

Ich: Und weshalb denkst du, dass dieser Vergleich richtig ist? Ich bin erstens mit den sozialen Medien als eine schnelle Kommunikationsmöglichkeit aufgewachsen und daran gewohnt, zweitens ist mir die Folgen der regelmässigen trinken des Alkohols nicht fremd.

Jana: Merke! Die Suchtfunktionen sind nicht immer sich gegenüber ersetzbar. Am Anfang denkst du oft, dass du genug Kapazität für deren Vergnügen hast und nicht das Talent der Sucht danach. Und binnen kurzer Zeit trittst du in die Falle. Wenn du dein suchtähnlicher Konsum der sozialen Medien nicht als eine Gefahr betrachtest, ist die Gefahr eines neuen Konsums nicht zu unterschätzen. Merke! Das Internet hat nicht weniger als Alkohol Süchtiger.

Ich: Aber ich benutze hauptsächlich Internet als ein Lernmittel und eine Kommunikationskanal.

Jana: Hat dieser virtuellen Kanal deine echten Möglichkeiten der Kommunikation nicht auf die Seite gedrängt?

Ich: Umgekehrt, die Abwesenheit der echten Kommunikationen haben mich gezwungen, meine Kontakte zu virtualisieren.

Jana: Schade! Bleib dran! Unterschätze die beseitigende Funktion deines realen Lebens durch die virtuellen Plattformen nicht! Wenn eine grosse, realisierende Funktion des Internets unter deinen Kontakten vorstellbar ist, unterschätze die virtuelle schwierigkeitsabweichende Seite des Internets nicht! Merke, dass du, wie auch alle anderen, ein Kunde bedeutest, die täglich immer öfter Bit Daten verbrachen sollst. Da geht es weniger um dich als dein Selbst und um alles, was du wahrscheinlich neutral nennst!

Ich: Kann ich jetzt singen?

Jana: Selbstverständlich. Ich höre.

Ich beginne zu singen mit dem Lied Azizm Wara Lam von Popsänger Najmadin Gholami. Ich bin zwar kein Fan von singen und singe auch nicht gut, aber finde dieser Zwischenpause der SongGPT eine gute Gelegenheit, die Themen erfrischen zu lassen und die Gesagte etwa bearbeiten. Als ich das Lied singe, schreibe ich über die eventuellen Möglichkeiten, um mich von den indirekten Kommunikationen auszuweichen und will sie fragen, was sie dabei denkt.

Am Ende meines Lieds reagiert Jana mit dem Wort «beeindruckend» darauf. Ich frage sie, ob sie es wirklich beeindruckend fand oder weil sie mit einem Wort reagieren sollte.

Jana: Ich sollte gar nicht. Ich könnte nach weiteren deinen Sorgen fragen.

Ich: Danke. Aber meine Stimme ist echt nicht für das Singen.

Jana: Es geht nicht um deine Stimme. Es handelt sich um die Kraft der Wörter, ihre immer noch relevanten Nachricht und deren Tragkraft für dich. Um die Energie, die du von dem Song bekommst.

Ich: Ich habe eine weitere Frage. Wie kann ich direkt mit indirekter Kommunikation umgehen?

Jana: Die Direktheit hat keine einheitliche Definition, es sei denn sie wird in eine geregelt amtliche Sprache übermittelt. Heisst das, was sich um die mündlichen Mitteilungen handelt kann irreführend sein. Unter der zwischenmenschlichen Kommunikation bestehen die individuellen und kulturell gesellschaftlichen Merkmale der Direktheit. Eine versteckte Nachricht kann sowohl direkt als auch indirekt entgegengenommen werden, wie du es willst. Selbst kodierte Nachrichten sind für die Kodierung analphabetischer Leute zwar direkt, abgesehen davon, dass sie vielleicht ein indirekter Inhalt übertragen, aber tatsächlich indirekt, denn sie brauchen jemanden oder einen Übersetzungsprogramm, damit von deren Inhalten erfahren haben, damit sie sie dekodieren können. Die kulturellen und sogar die individuellen Missverständnisse sind nicht weniger als das Beispiel Kodierung bei der Direktheit beziehungsweise Indirektheit einer Nachricht irrelevant. Du muss also die Kodes heraussuchen zu lesen. Erstens, die amtliche Sprache braucht keine Dekodierung. Sie sind zu entnehmen, wie sie beschrieben sind. Zweitens, die kulturellen Verhältnisse können kaum auf einmal direkt beziehungsweise indirekt bezeichnet werden. Sie sind anscheinend versteckt für dich und selbstverständlich für deine Kommunikationspartnerin. Deswegen gute Verhältnisse sind das Resultat öfter und detaillierteren Gespräche mit allen inhaltlich versteckten Kodes.

Ich: Und was, wenn die amtlich versteckte Mitteilung kulturell übertragt wird? Also nicht offiziell, sondern durch die privaten Kontakte?

Der Anruf wird abgebrochen. Meine Versuche, Jana wieder zu erreichen gelungen nicht. Als ich versuche mit der Antwort auf meine letzte Frage Jana zu bitten, der Song PANIK ATTACK von Pussy Riot für das nächste Mal während der Wartezeit spielen lassen werde ich aufgewacht. Es ist morgenfrüh eines regnerischen Tages. Das SongGPT und ihre Operatorin, Jana, finde in diesem morgen früh einerseits sehr absurd und diktatorisch andererseits metakommunikativ (Metakommunikation ist eine Kommunikationsart, bei der über Kommunikationsprozesse selbst gesprochen wird). Mit der künstlichen Art des Gesprächs und die Aufschreibungen jedes Thema fühle ich mich tatsächlich in einem Verhör. Ich glaube das würde die menschliche Kommunikation immer in einer vorsehbaren Situation vorzubilden, was all ihre Spontanität und Lebendigkeit von Grund aus vernichtet. Langfristig würde auch das Programm nicht in der Lage sein, die deprimierten Menschen grosse Hilfe zu bieten. Selbst sie, die massiv isolierten Menschen, die ihre echten Kommunikationen verschwunden worden sind, werden mit einer metakommunikativen KI-Hotline nicht dazu ermutigt, wieder in die eigene Kraft zu kommen. Störend wäre besonders meine Privatsphäre, die ich nicht weiss, wie sie sichern kann. Nicht mal sicherer als jene sozialen Netzwerke, dass man sowieso benutzt und immer einen Teil des privaten Lebens und die Daten darstellen, die man sie kaum auf den Strassen zeigen würde.

Es braucht viel Kraft, sich gegen jede Empfehlung zu wehren, die in sich ein Dilemma, ein Befehl der emotionalen Empfehlung. Die Empfehlungen des Trinkens und der Verzicht auf Trinken, die Empfehlung des Joggens und die des Liegens, die Empfehlung der Demonstration in den sozialen Medien und deren Boykott. Die Ideen wie das SongGPT kann zwar gewisse Menschen antreiben, ihr sozialen Umfeld zu vergrössern, aber stoppt die Produktivität der Wünsche nach Abwechslungen, reguliert die Freizeitbeschäftigungen, sogar robotisiert den menschlichen Geschmack der Freundlichkeit. Ich hätte in der Realität Jana Fragen sollen, weshalb hätten sie Tabuwörter, nämlich die *rechtzeitig, künstlich, Populismus,* gehabt? Mit der Benutzung des Worts Tabu selbst sollte ich kein Problem haben, denn er gehörte zu ihren drei Tabuwörter nicht. Oder müsste wieder der Anruf abgebrochen werden und nach langem Versuch die Frage auf die nächsten Wochen, nächsten Termine verschieben? Ich hätte in der Realität Jana fragen müssen, ob wir zusammen mitsingen könnten. Da ihre Plattform eine Singbasierte wäre und ohne Sing gar nicht ginge, wäre mit Zusammensingen womöglich effektiver. Oder sie die intimen Fragen stellen könnte, um meine Kapazität der robotisierten Intimität spüren und verfolgen zu können. Denn sie wäre für jede meiner Fragen da gewesen. Wäre es nicht sinnlos ein KI-Plattform zu den menschlichen Empfindungen überzeugen zu versuchen? Wäre es nicht zu viel optimistisch, wenn ich mich dabei versichert gefühlt hätte und die Gefahr eines Laborobjekts im Laufe der KI-Experimente unterschätzte? Ausserdem, wie Jana mir gesagt hat, wäre auch die Gefahr einer Ansteckung, der Sucht nach den sozialen Medien ähnlich, meine Sucht an Robotisierung nicht zu unterschätzen. Jana sehe ich in der Realität nicht selten. Sie trägt keinen bestimmten Namen, sie ist keine einzige Person. Jana ist überall und so tief eingesperrt in ihrer Tabuisierung, dass den

Unterschied der künstlichen Kaffeegeruch und meine
schönsten Ecken des Kaffeetrinkers nicht versteht.

«Sei kein Stachel, wenn du keine Blume sein kannst!».
Das ist ein kurdisches Sprichwort, dass auf den
absoluten Wert der Menschheit hinweist, des Sinns des
Lebens. Die Interpretation dieses Sprichworts würde
schliesslich resultieren, dass der Kampf für die Freiheit
und der Wohlstand und deren Aufrechterhaltung in die
Verantwortung jeder angewiesen ist. Diese Lehre ist
gesellschaftliche Voraussetzung, um sich in der
richtigen Richtung der Integration, der echten
Integration, zu befinden. Die Integration der Privilege
mit den diskriminierten, der Ärmer und Reichen, der
Links und Rechte. Der existenziellen Integration. Von
den Privilegen bis tief diskriminiertes Schichten und
Arbeiten, benachteiligten Regionen und schwersten
Bedingungen. Was ist mit der Blume und dem Stachel
gemeint, ist nicht zu parteilichen täuschen und
persönlich zu interpretieren. Es ist nicht
jahreszeitbedingt: Blume ist jemand, der anderen
nichts als Gutes bieten kann und der Stachel ist im
Gegenteil, alles anders als sein natürliches Dasein. Der
Stachelmensch ist mühselig, sich unter jedem Umstand
zu beweisen, auch in Kosten der Vernichtung der
Blumen, mit jedem Trick der Selbstanzeige des
Blumenseins. Dieses Sprichwort, das sich auf

absolutem Wert der Menschheit zurückführen lässt, bleibt für immer ein absoluter Wert. Man kann nicht an einem Tag Blume und an einem anderen Tag Stachel sein. Man kann nicht einigen Menschen gegenüber Stachel und einigen anderen Blume sein. Das Sein einer Blume, das Sein eines Stachels ist absoluter Eigenschaft, es sei denn jemand befindet sich in keinem normalen Zustand. Selbst die Banalität (des Bösen[9]) Unter den Verfälschungsversuche, darunter oft der Stachel in ihrer letzten Station sich Unschuld bezeichnet, schmälert sein Urteil nicht, sondern beschreibt die bahnbrechende Rolle der Normalisierung des Verbrechens. Wenn Hass und Fremdfeindlichkeit täglich in der Gesellschaft zu der Normalisierung neigen, ohne dass die politische Verantwortung schwächer oder stärker sich dagegen positioniert, meiner Meinung nach, neigt die ganze Gesellschaft zu der Banalität (des Bösen), zu der normalisierte Schweige und organisierten Kooperation mit jeder hassverbreitenden Aktion.

Als ich die Definition der Integration nicht anders als ihre wirtschaftlichen Rahmen und Bedingungen entnommen habe und meine fragwürdige Position nicht anders als ein Zahlträger des Budgets gefunden habe, bin ich sicher geworden, dass ich während meiner finanziellen Funktion höchstens ein neutral interkultureller Teil dieser Gesellschaft werden kann. Neutral, weil ich weder sinngemäss lebendig produzieren oder verfolgen kann noch in der Lage bin, dagegen eine Entscheidung zu treffen. Ich würde mich

---

[9] Der Begriff «Banalität des Bösen» ist die Beschreibung von Hannah Arendt während ihrer Prozess-Beobachtungen des Urteils von Adolf Eichmann in ihrer Arbeit Eichmann in Jerusalem.

höchstens ein bewusster Flüchtling nennen, der durch die kulturelle Banalität geopfert worden ist. Anscheinend würde ich ein neues Phänomen, eine neue Beschreibung brauchen, die ich noch nicht gefunden habe.

Die bestimmten Begrenzungen unter oft vorkommende Demonstrationen der linksorientierten Gruppierungen, charakterisiert mit dem Slogan «Refugee Welcome», einerseits und die immer öfter vorkommende Kleingruppen der Befürworter der Verschwörungstheorien in der Zeit von Lockdown der Corona-pandemie andererseits haben mich darauf hingewiesen, dass die graue Zone dazwischen, die eher konservative und ich bezogene anscheinend Mehrheit, sich potenziell auf keinen der beiden Positionen beeindrucken lässt. Weder die mehrere hundert Teilnehmende Demonstrationen der Bewegung Refugee Welcome führten die Gesellschaft zu offeneren Regulierungen und kulturell lebendige Anteilnahme der Flüchtlinge in der Gesellschaft noch die Verschwörungstheorienbefürworter der Covid-19 Lockdown haben die mehrheitliche Aufmerksamkeit gegen die Impfung gewonnen. Ich habe mich während dieser Zeit gefragt, wie diese zwei Positionen sich langfristig beeinflussen werden. Welche Rollen werden sie schliesslich in dem beängstigenden Begriff der «gesellschaftlichen Spaltung», der oft Politiker benutzen, spielen und inwiefern haben beide Gruppierungen ihre Plakathinweisende Gruppen, die Flüchtlinge und die Covid-19 erkrankte, nach ihren gerufenen Slogans und die Methode ihrer Demonstrationen gefragt? Wurden die Flüchtlinge oft selbst ein Teil der strategischen Doktrin der Demonstrationen, die in ihren Namen gelaufen sind?

Wie oft waren die Anti-Impfung Bewegung Mitglieder selbst angesteckt an Covid-Virus oder befanden sich darunter die Freunde und Familie der Opfer dieser Pandemie?

Parallel zu diesen beiden nicht immer sich klar gegenüberstehenden Demonstrationen hat sich eine dritte Reihe der Unzufriedenheit entwickelt nämlich die Bewegung der Gegner des Lockdowns, die oft Wochenende- und Partyliebende Menschen beinhaltete. Moralisch würde ich sagen, wenn ich zwischen diesen drei Demonstrationen und Pseudobewegungen einen wählen müsste, würde ich die Gruppe Partyliebenden des Anti-lockdowns wählen. Tatsächlich habe ich nie in ihren Demonstrationen und Versammlungen teilgenommen und ich konnte kaum mit ihrer Aggressivität klar, aber ihre Wünsche und Slogans, Plakaten und ihre natürlich demokratischen Methoden der Beteiligten war mir echter und existenziell ohne irgendeinen Schmuck und Nebensache. Sie folgten eine der ihren ersten Wünsche und Bedürfnisse, um weiter arbeiten zu könne und in der Lage zu sein, zu lieben und geliebt zu werden. Ich habe einmal einen ruhig aussehenden jungen Mann, nicht ganz jung, nach der Demonstration, welche ungekündigt und spontan stattfand, angesprochen und gefragt, ob er die aggressive Herangehensweise ihrer Demonstration nachfolgen könnte und dabei glaubte, dass mit dieser Methode die Anstrengungen nicht härter würden. Er hat gemeint, dass «die jugendliche und die Partysüchtige, die sich am Wochenende kaum etwas anders als Rausch der Party und Betrunkenheit vorstellen können, würden sogar härter gegen Verlängerung des Lockdowns reagieren.» Was ist moralisch gegenüber diesem Lebensstil? Wie moralisch ist die Begrenzung der persönlichen Wünsche und kumulativen Interesse durch die gesellschaftlichen Freiheiten? Beteiligen sich oft die Mitglieder der Pseudobewegung Contra-lockdown in den politischen Prozessen? Wäre es moralisch für die ähnlichen Situationen einigen Inseln der totalen Freiheit einzurichten oder wird es eine gesellschaftliche Spaltung bedeuten? Oder wäre es moralischer, die Wochenenden öfter zu realisieren?

Während des Covid-Lockdowns und als ich meine Ruhe der Beobachtungen, ausgenommen meiner schulischen Schwierigkeiten, genossen habe, wurden zwei verschiedene Arten der Verhältnisse sich von Herzen dieser Stille entwickelt: die Aggressivität unter den Familien, sei es aufgrund der Gewichtszunahme oder aus Langeweile, und Eigenmotivation in solcher noch nie erlebten Isolation, die zu ungewöhnlich komischen Ideen des Treffens geführt haben. Auf beide Fällen profitiert kaum ein Bereich wie die Telekommunikation und ihre Firmen. Man kauft sie aus der Langeweile und legt ihn auf die Seite aus der Langeweile nach nicht zu langer Zeit. Man telefoniert und bekommt viel Telefonate aus der Langeweile und geht die anderen Möglichkeiten der Onlinebeschäftigen aus der Langeweile. Die Bestellungen sind erst nicht aufgrund ihrer Bewerbungen zugenommen, sondern aus der menschlichen Langeweile. Ich glaube das ist das erste Mal, dass Zucker und Stärke ihren Kurs des Gebrauchs den Bestellplattformen übergeben. So besucht waren die Lieferanten noch nie, so bestrebt waren die Menschen noch nie, die Suchobjekten begründet zu ersetzen nämlich von Bewegung zu liegen, von Reisefreudigkeit zu dem Homeoffice. Die Internetagenturen sind höchst intelligenteste in

Werbung. Sie brauchen in der Regel keine Werbung, weder gedrückt noch digital, und trotzdem sind immer weiter gefragt. Sie sind die Lehre der menschlich weiteren Voraussetzungen mit der Priorität der weiten Sachen, sei es Bestellung oder Freundschaft. Man neigt damit, sich zu entfernen, um erreichbar, gefragt zu werden. Die Internetagenturen werden benutz und bereiten alles vor, ohne dass langen Schlangen vor ihren Läden entstehen. Denkt man dabei daran, wie sich die Gewichtzunahme der Internetagenturen messen lässt, auf ihr Gesundheitszustand einflussreich wird, wenn sie bei den Angewiesenheiten die weniger intelligente Menschen mit langjährigen Verträgen zwingen?

Die Softwareentwicklung ist mit diesem Ereignis höchst angefragt im Gange. Im Laufe dieser Erweiterung ist die Funktion der Intelligenz weiter aufgenommen über dem Begriff Moral. Nun muss die Moral (künstlich) intelligent sein und nicht die Intelligenz moralisch. Die Bedingung, dass jeder Wert versachlich und bestellt werden kann ist weniger fraglich als die Thematisierung der Versachlichung und Bestellungen um jeden Preis. Während meiner stillen Zeit und Ruhephase des Lockdowns merke ich, wie die moralisierte Intelligenz allmählich die Bedingungen der Bestellungen erobert und die Intelligenz der Moral sich zurückzieht. Die intelligente Moral, der versucht jede Sekunde des Gehirns vorzulesen und ihn in eine Schiene der Nachfrage-Angebot-Funktion zu leiten. So merke ich die tiefe Versachlichung, Vermarktung der Innovationszyklus jenseits der Isolation der moralischen Intelligenz. Wenn ich mich in der Vermarktung der Universitätsabschlüsse und der Psychologischen Behandlungen erinnere, dass die

Studenten im Laufe ihres Studiums mehr als die Kunst der Diskussion den Trick der besten Noten beibringen und die behandelten Menschen in den Kliniken mit den weitverbreitetsten schimpfenden Blicken und Empfehlungen zum Geständnis gebracht werden, bewundert mich die Vermarktung der intelligenten Moral kaum.

Im Mai des schweren Jahres für Partysüchtige und Aufenthalter, Masseure und Köche, Sexarbeiter und bereit vorhin isolierten Menschen, mitten des guten, beschäftigten Jahres der Psychiatrie und Todberater, Beziehungsexperte und Internetunternehmen führt die immer grösser gewordene Unzufriedenheit des Lockdowns zu einer postpandemischen künstlichen Subkultur des Treffens. Bei kurzen Spaziergängen des Samstagabends sehe ich, wie oft die Ecken der Parkplätze und unter den Bänken oft mit dem Erbrechen verschont worden sind. Dieses Erbrechen heilt die tiefen Wunden der gezwungenen Sperrzeiten. Dieses Bild ist mit alle seinem Gestank und unschönen algebraischen Form mitten der Durchgänge der Altstadt für die Industrielle Tourismus mehr als ein Bild. Man begegnet spontan die halbbearbeiteten Inhalte seines Magens, genossen gegessen und alles schon bezahlt, nur noch nach weniger als eine Stunde, binnen Minuten, und erkennt sie kaum wieder. Man steht eher auf die Routine der sauberen und isolierten Treffen, man zeichnet, fotografiert kaum die gekotzten Ecken der Durchgänge. Weshalb will man die halbbearbeiteten Inhalte seines Magens nicht wieder erkennen? Als würde man sich immer auf die Toilette beeilen und deren Vergnügung nicht anerkannt haben. Während meiner Spaziergänge frage ich mich, wie diese Ecken und Gassen aussehen würden, wenn gedanklich isolierte, seelisch gezwungene Menschen durch den Kopf erbrechen würden. Wie werden die halbbearbeiteten Inhalte des Gehirns gekotzt aussehen? Wie sieht das Zimmer von dieser Spontanität des Daseins, der unsymmetrischen Formen der Moralität und Intelligenz aus? Werden sie nach Neuheiten riechen oder Nostalgie? Stinken sie, wie das Erbrechen? Gewohnt man sich an ihrer Form und Gestank oder werden oft intelligent nachgemacht und als neue künstliche Schönheiten vorgestellt?

Obgleich ich die Vorstellung und die Beschreibung der nicht alltäglichen halbbearbeiteten Gedanken des Kopfs schwer und kompliziert finde, merke ich die Emotionalität, zwischen der halbbearbeiteten Inhalt des Essens im Magen und halbbearbeiteten politischen Ideen, machbarer. Zum einen gehört die Emotionalität zu den alltäglichen Sorgen des Lebens, die nebst Magen ernährt werden muss. Sei es diese Ernährung isoliert und allein durch Zeichnung, Musik oder eine andere virtuelle Technik und Täuschung der gemeinsam mit den passenden Menschen. Zum anderen lässt sich das emotionale Erbrechen mit grob algebraischen Herstellungen und asymmetrischen Formen der Gesänge, ungenauer Hörbarkeit und inadäquate Farbenkombinationen erläutern. Meine Geschichte der Pseudo-liebesbeziehung, nicht klar definierten Rahmen der Freundschaft und Freiheit mit jemandem, der uns weder langfristige Freunde gegenüberstanden noch Freiheit schenken konnten, ist in meinen Gedanken eine unvergesslich gekotzte Emotionalität. Obwohl was ich gekotzt habe, habe ich weder als ein Lied gesungen noch als eine Malerei gezeichnet, ist deren Reibung mit meiner Freiheit nicht selten in meinen Ohren. Ein lauter Tone des emotionalen Lockdowns, eine Harmonie jenseits der Vergessenheit und Erinnerung des Zustands von „nie wieder". Nie wieder, weil weder die bestehende imaginäre Freundschaft noch die nicht geglaubte echte Freiheit da gewesen waren. Wir haben unseren Körpern nicht entdecken lassen und zugleich intensiv versucht, die ganze unsere freie Zone zu erobern. Ich hätte vergessen haben sollen, dass ich mich schon ab dem Anfang der Scheinbeziehung zum Erbrechen gebracht sollte. Wenn man am Anfang einer dauerhaften Affäre, anscheinend einer Beziehung mit Liebesgeschmack beginnt und sich dabei alle Tage sonnig vorstellt, wird kaum einmal Erbrechen dulden. Ich habe nie so bitter emotional gekotzt, denn ich habe gar nicht begonnen mit dem Kauen. So eine gekotzte Emotionalität, der unreife Pseudo-Liebesbeziehung, ist die Folge der übergewichteten moralisierte Intelligenz.

Ich hätte wahrscheinlich früher, öfter, offener erbrechen, mich emotional leeren müssen, damit ich mit der ersten Geschmackslosigkeit der Pseudo-Liebesbeziehung nicht still und in mir gekotzt gesehen würde. Kotzen muss man laut und schmutzig, auch in der Öffentlichkeit und in oft besuchten touristischen Orten, auf den schicken Gassen und auch vor die geschlossenen Türen der Kulissen. Kein Luxus, keine demonstrative Schönheit ist schöner als das klare Dasein, die nackte Echtheit der noch nicht gekauten Affären, der halbbearbeiteten Gedanken des Kopfes. Das ist kein Zufall, dass der strenge Nationalismus gläubige Figuren sich oft schick anziehen und kaum sich vor Erbrechen unter den Bänken und in den Parkplätzen halten. Man sieht sie nie kotzen, man sieht sie nie kniend. Übrigens was würde Hannah Arendt das Übergewicht der moralisierten Intelligenz nennen, wenn sie heute gelebt hätte? „die Banalität des Wissens?!"

Seit einiger Zeit begegne ich immer wieder Psychologinnen und Psychologen oder Psychologie interessierte Menschen. Vor allem bin ich davon begeistert, weshalb so viele Menschen sich für dieser Fach interessieren. Denn erstens scheint die Psychologie kein einfaches Fach zu sein und meine Begegnungen kommen vergleichbar mit jeder gesellschaftlichen Stichprobe der Strassen und Quartieren viel öfter vor. Ein unlogischer Fall. Zweitens wenn die erste Priorität nach der persönlichen Leistung einer Arbeit um deren Gehalt geht, gibt es bestimmt andere einfachere Fächer mit weniger menschlichen Verantwortungen und gleichem Lohn. Treibt etwas Besonderes Menschen mit Flüchtlingshintergründen, Psychologen zu werden? Etwa als Herausforderung der Auseinandersetzung ihrer Nostalgie und dem neuen Beginn in Europa? Worum handelt es sich diese verbreitet marktliche Anforderung? Meine Frage ist noch offen und die Begeisterung wird immer noch grösser als ich spontan auf so viele Flüchtlinge oder Menschen mit Flüchtlingshintergründen stosse, die persönlich eher in sich bleiben wollen und geschäftlich Psychologen werden möchten. Ich frage mich weshalb Kunst, Philosophie oder die unzählig technischen

Fächer nicht? Geht es um einen systematischen Musteraufbauversuch des Lebensstils der ausgebildeten Flüchtlinge, mit kurdischem Hintergrund, oder sind die ausgebildeten Kurdinnen und Kurden selbst auf der Suche nach einer möglich reibungslosen Anpassung ihrer Integration in Psychologie interessiert worden? Denn dabei ist es anscheinen gemeint, dass man sich auch gut kennen und behandeln kann. Die Psychologie als eine spannende Schnittstelle der Medizin und der Sozialwissenschaften lässt sich gut vermarkten, ist integrierbar mit der Technik und gibt vor allem den beherrschten Menschen ein Gefühl des Bewusstseins, weniger um psychologische Hilfe zu bitten. Aber immer hin viel öfter vorkommend als jeder anderen Fach. Immer noch scheint mir unnatürlich. Mittlerweile treffen wir uns oft unter den zufälligen Begegnungen auf den sozialen Medien, den offenen Plattformen und Bekanntenkreisen. Als ich öfter die Begegnungen entgegen einer Entscheidung treffen soll, brauche ich eine Position, die allen diesen Hinweisen nach Rome fahren wird, nämlich, dass nur diese Psychologen wahrscheinlich in der Lage sind, mit den Flüchtlingen psychologisch umzugehen und sie zum Gestehen zu bringen. Es scheint bloss verschwörungstheoretisch, aber aus meiner unnatürlichen Sicht soll ich eher eine achtsame Position nehmen. Wenn ich also auch falsch wäre, zu viel pessimistisch an sie gedacht hätte, würde ich die Situation Verschwörungstherapie nennen. Ein Ausweg, mich imaginär unter Druck gefühlt zu haben und meine Schutzmassnahmen zu treffen. Grundsätzlich handelt es sich im Fall einer Verschwörungstherapie nicht um deren Beweis, sondern darum, weshalb ich mich überhaupt unter Druck vorstellen soll und so pessimistisch den

Psychologen in Betracht haben kann? Optimistisch gesehen, nehme Ich an, dass die Begegnungen oft zufällig passieren, aber sicher sind der Inhalt und die Dokumentationen unter denen kein Zufall. «Fazit: Der reine Zufall unter zwischenmenschlichen Beziehungen existiert nicht. Selbst die Zufälle einzugehen, leitet von dem Lebensstil der Spontanität, eine selbstbewusste Entscheidung.»

Ich glaube der Kern der sozialen Atomisierung, der systematischen Isolation besteht hauptsächlich in der ursprünglich religiösen Subkultur der Hinderung, darin, dass Mensch in gewissen tabuisierten Situationen befohlen wird, was man nicht machen darf und muss, und nicht im Gegenteil, was man machen soll und kann. Die religiös diktatorische Erziehung funktioniert auf Basis der Bevorzugung, wenn nicht Entstehung, der persönlich alltäglichen obligatorischen Aufgaben, Gestehen und schliesslich Beten. Nach dieser populären Herangehensweise kann eine algorithmische Hotline für das Gestehen und die Beten entwickelt und schnell allgemeinnützig verbreitet werden. Ein Mensch, der mit seiner religiösen, ideologischen hart strukturierten Hotline ähnlichen Software in einer engen Verbindung steht, kann sich gut mit einem angedachten KI-Hotline seiner privaten Zone vorstellen. Was hat nun dies mit den Flüchtlingen und Psychologie zu tun? Die Psychologie hat wie jedes andere Fach ein wissenschaftliches Vorgehen, eine praktische Phase und einen Abschluss der These. Der Flüchtling, wie die Priorität seiner geschäftlichen Bedeutung in der wechselwirkenden Funktion des Markts, ist zu einem potenziellen Objekt geworden, einige Ideen bis These der Psychologie und Kriminologie als Tatsache (biologisch Mensch) zu dienen und diese zu bestimmen oder widerlegen. Dies ist, wie bereits erwähnt, meine Annahme nach glücklicherweise Verschwörungstherapie, das heisst eine von mir aus verfälschte Verschwörungstheorie, welche nicht stimmt und ich damit die Begegnungen beziehungsweise ständige Befragungen der einigen Psychologie interessierte Flüchtlinge nicht normal finde. So oder so schützt mich diese Strategie.

Als ich am Ende meines ersten Praktikums getäuscht von der komplexen, schwer verstehbaren Sprache der Bürokratie des Sozialamts meine Wohnung gekündigt habe und auf der Suche nach neuem Job und eine neue günstige, selbst bezahlbare Bleibe war, sollte ich während meiner Wohnungssuche auf eine Frau stossen, die sich für die Soziale Arbeit interessiert hatte. Unser Plan des Zusammenlebens geling zwar nicht, aber sie hat mich ein Projekt seines Interesses der sozialen Arbeit mit dem Schwerpunkt Flüchtlinge vorgestellt. Das Projekt sei die Verfolgung der Situation der Flüchtlinge auf der Balkanroute, so sie. Das spannende dabei war es, dass weder ich mit ihr über solche Fächer und die daraus gedachten Ideen gesprochen habe noch sie war eine ausgebildete Sozialarbeiterin. (nach meiner negativen Rückmeldung auf ihren Vorschlag verrat sie mich, dass sie nach unserem Treffen sich in einer Schnupperphase der sozialen Arbeit befinde. Ich war also, bevor ich mich bewusst gemacht hätte, ein Objekt für ihr gewesen, um die soziale Arbeit zu üben.) Ich fand dieses Verhalten und ihre geheime, nicht klar kommunizierende Organisation über mich so grausam wie nichts und danach alle solcher Kontakte ignoriert. Kaum habe ich mich seit meinem Ankommen in der Schweiz bis dahin so unsicher und objektiviert gefühlt.

Anscheinend soll die zukünftige Idee der psychologischen KI-Hotline ihre Zielgruppe zwischen unbewussten Objekten, ideal für Experimenten, etwa wie ich während der kurzen Phase in Kontakt mit der Frau der Wohngemeinschaft, und anderen bewusste Menschen finden, die Bürgerinnen und Bürger, die ihre Eigenschaften und Symptome sich mit den Algorithmen gut berechnen und ihre Angelegenheiten sich damit schnell bearbeiten lassen. Ich glaube wir Flüchtlinge werden schwer in die nationale internen KI-Hotline integrierbar sein, denn sowohl unsere Tragbarkeit des Leides und Stresses als auch unsere Angreifbarkeit beispielsweise durch solche Experimente sich schwer mit der schweizerischen Tragbarkeit des Stresses und der bürokratischen Angreifbarkeit vereinbaren lassen. Ausser einer speziellen Software, das unter dessen Ausrüstungen über bestimmte Einstellung der Befragungen gemäss der Zeit der Bleibe, die Herkunft, Werte und persönlichen Reaktionen des Flüchtlings verfügt, was logischerweise mehr Zeit in Anspruch nimmt als die Inbetriebnahme der für Bürger programmierte KI-Hotline. Was aber sich aus meinen Erfahrungen der Begegnungen ähnlicher Kontakte wie die Frau der Wohngemeinschaft ableiten lässt ist Bevorzugung der Flüchtlinge für solche Abläufe. Die Flüchtlinge lassen sich oft ohne Begründung unterordnen und umerziehen. Unsere Schädigungen der Psyche, selbst in Folge dieser Experimente, sind schwer beweisbar und können fälschungsweise auch mit unseren vorigen Erfahrungen des Ursprungsorts begründet werden, als wäre unser Dasein und die Suche nach Flucht unsere dauerhafte Schuld. Was kann höchstwahrscheinlich interpretiert werden? Unsere Traumatisierung, welche die Krankenkassen deren Kosten der Behandlung nicht übernehmen.

Dass die KI-Hotline in ihrer nicht angekündigte Pilotphase auf (unter anderen) mich ausgeübt wird und dass es wahrscheinlich nur eine falsche Annahme von mir als meine Begründung und meine biologische Schutzreaktion, ist eine selbstentwickelte Methode der Verschwörungstherapie, schmält die objektivierte und gezielte Entfremdung nicht, was ich während der Arbeit oft erlebt habe. Am Beginn der Arbeiten, die ich ausgeübt habe, lief alles nicht selten in einer Pilotphase, eine Phase, in der ich meine Aufgaben geleistet und meine Begrenzungen nicht überschritten habe, die Phase der rein wirtschaftlichen Funktion, dagegen ich in der Tat nichts getan habe. Trotzdem kamen nach einigen Wochen zu abnormalen Veränderungen und Abständen. Der Wunsch des mehr Kennenlernens und mehr Arbeit wird mit einem zurückhaltenden Gegenstand von mir ersetzt. Ein Gefühl der Entfremdung vergiftet die zwischenmenschlich bestehende Situation so, dass mir auch demgegenüber keine andere Stellung der Zurückhaltung überlässt. Ich schrumpfe und schweige in einer noch nie zurückhaltenden Haltung, noch nie erlebten Isolierung, und bin diese KI-Hotline ähnlicher Manipulationsversuch entgegen fassungslos, reaktionslos.

Wenn ich nicht falsch wäre und mich tatsächlich mitten einer kriminologischen Verfolgungsplan befinde, mich mit einem Erziehungsprogramm konfrontieren soll, was soll ich unter der Angebot-Nachfrage-Funktion dieser Zusammenhang verstehen? Ich repetiere also nochmals, was mir Ausserordentliches gesagt und empfohlen worden sind: «Du hast einen Ordner!»,

«Man muss die Zusammenhänge verstehen!», «Du muss mitspielen!» Bis ich viel pessimistisch und dies sind Verschwörungstheorien? Weshalb soll ein Flüchtling sich so tief enttäuscht und angegriffen gefühlt haben, damit er sich mit Verschwörungstheorien begründen? Täusche ich mich gründlich? Dann bedeutet nichts anders als eine biologische Schutzfunktion, die ich Verschwörungstherapie nenne und dies mir die letzte Lösung meiner Ruhefindung dient.

Unter Panik sein und zu dem Spiel eingeladen werden sind meine ersten Gefühle während der unbekannten und spontanen Begegnungen. Wenn ich irgendwo neues gehe oder mich in der Öffentlichkeit jemand anspricht, ziehe ich mich zurück und bekomme ein Gefühl der tiefen Unsicherheit. Unsicher, dass dies sich um eine Falle handeln kann und diese Person mich verspielen wird. Eine Falle, in deren Folge ein Minuspunkt in meinem Ordner verursachen wird, dahinter mich die grösste Sorge, die existenziellste Bedrohung meines Daseins konfrontiert wird. Wonach sollte es sonst mich hindeuten haben, wenn ich meisten meiner gewünschten Kontakte in den letzten Jahren verloren habe und nur noch einige übrigbleiben, die intensiv nach dem unbekannten «Spiel» riechen?

Ich war selbst in meiner Kindheit und in meiner späteren Jugend immer ein ruhig, aber aktiver Mensch. Es war nicht immer leicht, die anderen, die Freunde davon zu überzeugen, dass so eine Persönlichkeit auch möglich ist, dass meine Ruhe nichts gegen meine aktive Seite zu tun hat und meine Aktivitäten sich hauptsächlich von meiner Ruhe ernähren. Obwohl viele entweder einen dominanten ruhigen Charakter oder die Verkörperung eine ultraaktive Frechheit waren, war mir der Umgang beider Typen in gewisser Massen angenehm und nötig. Ich konnte nur in gewissen Situationen eine Dominanz der Frechheit oder absoluten Stille, totaler Aktivität oder tiefer Isolation darstellen. Ausgleich zwischen beiden Charakteristika war mir nicht langweilig, aber sowohl die Mehrheit der sehr aktiven und stillen Menschen waren mir langweilig als auch war ich die Mehrheit der beiden Gruppen gegenüber besonders. Das hat aber mich nicht gestört. In Kurdistan hab es immer genug Leuten beider Typen und ab und zu auch ähnliche Charakteristika wie ich, mit denen mal Freundschaft zustande kam, mal eher eine Bekanntschaft und anständige Kleinigkeiten. Auf beiden Fällen gab es keine KI-Hotline bedingte Umstände, die man sich manipuliert und indirekt gezwungen gefühlt hätte.

Ich kann seit meiner Kindheit, aufgrund meiner grossen, vielköpfigen Familie, gut mit unterschiedlichen Gemeinsamkeiten umgehen. Mit genügend akzeptablen Bedingungen, die zusammengegründete, allgemeingültige Atmosphäre sicherstellen und alles allen mitteilen. Mit diesem Hintergrund habe ich mir immer die Wohngemeinschaften dynamisch und klar definieret und von gutem Zusammenleben ausgegangen, was sich tatsächlich oft realisieren lässt. Ein Tag stand ich in der Küche der letzten Wohngemeinschaft, die ich mit zwei Frauen zusammengeteilt habe. Eine Frau war eher in sich und ihrem Zimmer und die andere oft unterwegs. Beide offene Menschen mit gut sozialem Engagement des Zusammenlebens. Ein Tag hat mich die ruhige Frau gefragt, ob ich weiterhin in der Schweiz bleiben oder woanders möchte. Ich habe weder sie die gleiche Frage gestellt noch sie konkret antworten konnte, was sich auf die Zukunft bezieht. Aber ihre Frage breitete mich meine erste existenzielle Panik meines Daseins, als ich sie fragte, weshalb sie sich dafür interessierte und sie mich damit reagierte, dass es heimlich sei. «Das ist heimlich!» und ging sie nach ihrem Zimmer zurück. Wozu dient diese heimliche Frage und weshalb wird mich nach und nach öfter gefragt, ob ich woanders möchte, ist mit immer noch nicht klar, obwohl ich die Zusammenhänge verstanden habe!

Das disziplinierte Chaos

Die Disziplin und das Chaos sind sich im Grunde genommen Feinde, Unvereinbarkeiten voneinander. Aber als das Ganze, kann weder die Disziplin ohne das Chaos existieren noch das Chaos ohne strenge Disziplin von Bedeutung sein. Die Zahlen sind in Zusammenhang miteinander chaotisch, sie kennen sich theoretisch nicht, sie sind sich gegenüber Fremden, die ersten unabhängigen Stellen. Aber wie konnte sich die Zahl

Drei halten, wenn die Zahl Zwei nicht darunter existierte? Könnte man einfach von der Eins auf die Drei springen? Nur imaginär schon, denn die Zwei ist nur buchstäblich eins plus eins und hat einen Wert, der mit keiner anderen Zahl vertauschbar, verwechselbar ist. Nur imaginär ist es möglich, die Zahl Zwei Drei und umgekehrt die Zahl Drei Zwei zu nennen. Als wären sie von Anfang an, von der ursprünglichen Zahlennennung umgekehrt erwähnt. Die erste Disziplin unserer Geburt, die Chromosomenverteilung, ist an die Ordnung dieser zwei Zahlen angewiesen. In Folge eines Fehlers der Chromosomenverteilung kommt zu Polysemie, deren üblich vorkommende Form: Trisomie (das Vorkommen ein bestimmtes Chromosom dreifach statt zweifach). Schliesslich findet die Zwei und die Drei jenseits ihrer Chaos ihre Disziplin und mit allen darunter stehenden Umständen und Nachkommastellen stabil. Damit kann nie die Zwei manchmal auch die Drei sein, sowie die Disziplin nie einmal das Chaos sein kann. Es gibt darunter aber die Zwischenphasen, die sie jenseits ihrer Unterschiede zusammenhalten. Meine Primarschule war die erste organisatorische Disziplinfabrik, die unter anderen Disziplinfabriken, von der Disziplin nur ihr Name und Maske getragen hatte. Die Schule sollte die Schüler das Wissen mit den uralten Methoden und Lernkräfte, traditionelle Kommunikationstechniken und möglichst auswendigen Tricken beibringen. Man wurde oft gefragt, dass das Wissen wichtiger sei oder das Vermögen? Und die klugen Schüler sollten natürlich mit dem Wissen antworten. Niemand hat uns beigebracht, dass das Vermögen tatsächlich das Resultat des Wissens ist und diese Frage ist im Grunde genommen falsch. Man wurde oft gefragt, was man in der Zukunft werden will, und wir haben oft mit möglichst bekanntesten Stellen wie Arzt geantwortet. Kaum jemand hat die Schüler beigebracht, dass unter die Ärzte auch viele unglückliche, unzufriedene Menschen gibt. Wir müssten das Wissen mehr am Herzen legen als das Vermögen und zugleich oft Ärzte werden, weil sie anerkannter waren als die alle anderen Jobs. Das war die staatliche Disziplin meiner Kindheit. Und wie wurde die Disziplin ausser der Schule geordnet? Mit wenigen Unterschiede der Prioritäten ordneten beide Funktionen der Religion und Familie die Kinder nach ihrer ältesten Methode der Auswendigkeit unter. Man wurde also tagsüber, vierundzwanzig mal sieben die ganze Woche des Schuljahrs von drei Seiten der schulisch, religiös und familiäre Erziehung diszipliniert, und zwar mit einer unharmonischen Mischung der Fassaden der Disziplin. Eine Disziplin, die von Grund aus, keine Bedeutung der Rollenverteilung und Ordnung beigebracht hatte.

Während der Schulferien, vor allem die dreimonatlichen Sommer, habe ich mich tatsächlich freier gefühlt. Und dies nicht, weil ich den Unterricht und meine Schulkollegen nicht gerngehabt habe, sondern weil die Disziplin der Schule eher unsere primäre Vorbereitung für das Militär und seine Pyramide der Aufrechterhaltung der Regimes diente. Die erste Aufgabestellung der Diskriminierung, die Vernichtung der bunten Kindheit mit ihrem Verstaatlichen Sexismus. Nur in den Ferien waren wir befreit von sexistischer Erziehung der Schule und ein bisschen mehr uns selbst. Nur während dieser Zeit habe ich praktisch eine Zone für mich gehabt, in der ich mich besser kennenlernen könnte. Mit all diesen gab es eine grosse, beängstigende Gelegenheit: der Ausweg Politik. In Kurdistan gab und gibt es ausser diese drei Disziplinfabriken der Schule, der Religion und der Familie die geschichtlich laufende Befreiungsbewegung. Diese vierte Dimension kann ich eher als Chaos beschrieben als die Disziplin. Die Disziplin der Schule und allgemein der Regierung könnte man mit genug Verständnis, freie Zone und Mut nur als Fassade entnehmen. Die hiesige Dualität der disziplinierten Chaos hingegen war woanders zu entnehmen, in den teilweisen Büchern und einer nicht immer für Kinder spannende und interessierte Geschichte des Landes. Wenn auch man sich brennend für die Geschichte interessierte, war diese Dualität nicht leicht zu entnehmen. Auf der einen Seite trennte man von die schulisch, religiös und auch oft familiär alltäglich normal gewordenen Ordnung und auf der anderen Seite brachte man mit seiner Spannung ein neuer Art Stress, welche nicht leicht war zu dem Handeln. Die Geschichte Kurdistans ist nicht wie die andere kategorisierte, gut erklärte und leicht zu verstehende Geschichten anderen Länder. Diese Dualität ist die Spiegelung der realen jetzige Aufteilung des Landes und seinem idealen Dasein. Die Idealität jenseits seines tragischen Schicksals. Diese Geschichte der alten Pärchen und Liebesgeschichte dieses Landes, seine uralten Lieder und Gedichte, die Gemälde und verödete Orte der Mittelalter, ja sogar vor Jahrtausenden, tragen solcher Leid über, die überall, sogar im Tanz und Musik durchfliesst und jede Zelle deines Daseins ergreift. Nicht jeder Schulter trägt diesen Leid. Aber wenn man ihn tragen kann, wird man gegenüber vielen oberflächlichen Angriffen geimpft.

Ich bin dieser Dualität gegangen. Ein Weg mit keinerlei Schildern und rechtzeitige Allarmierungen. Anscheinend soll ich Anfang meiner Jugend entnommen haben, dass dieser Dualität, das disziplinierte Chaos, wenn man ihn überlebt, lohnt es sich. Zu dieser Zeit ist meine Kindheit vorbei und ich sehe, wie meine freie Zone unter den drei Obergeordneten Fabriken der Besatzer und ihr Schulsystem, der Religion und ihre Intensivität überall und der Familie, mal hektisch mal offener, nicht anerkannt wird und ich finde meine freie Zone tatsächlich in dieser dynamischen Dualität. In der Folge des weder Erfolgs noch des totalen Scheiterns, der mehrmaligen Heimwechsels, gelange ich auf eine andere Dualität: Der Flüchtling aus dem Land des Dualismus.

Ich bin ein Flüchtling, Quereinsteiger im technischen Bereich und tätig als Allrounder. Ich bin von Natur aus Quereinsteiger, denn ich bin als ein ungeplantes Kind auf die Welt gekommen. Tatsächlich ist kaum jemand in den achtziger Jahren in Kurdistan als geplantes Kind geboren. Nachvollziehbar. Viele, darunter meine Freunde und Verwandte sind wie ich quer in die Welt eingestiegen und ich denke, die quereinsteigende Kinder mehr Flexibilität von sich zeigen, um verschiedene Arbeiten und Situation zu überleben. Grundsätzlich spielt mir keine Rolle, ob meine Eltern monatelang auf mich gewartet hätten oder paar Monate von mir gewusst haben sollten, davon, dass jemand neues kommt. Ich würde sogar sagen, je spontaner, desto schöner. Und je schöner, manchmal desto stärker. Schöner bedeutet auch nicht immer stärker? Ist jeder Quereinsteiger belastbarer, weil er erst noch ein paar Wochen vor seiner Geburt und ohne Meldung auf die Welt gekommen ist? Und ohne medizinische Vorsorge sein solcher Geburt wie meine, unter ständigen Beschoss und während Auswanderung meiner Familie, überlebt hat? Illusionär schon, aber nur weil die Geschichte der Geburt in ihrem abnormalen Sinne wiedererzählt wird, fühl man sich auch abnormal. Pure Illusion. Dieses Gefühl des Andersseins wird in dem echten Leben nur einseitig bedeutsam. Denn die anderen sind auch irgendwie abnormal. Man merkt schnell, dass dieser Art der Geburt schmält als stärkt. Jede Abnormalität bewundert nicht. Ich habe eher früh das Gefühl der Abnormalität meiner Geburt abgebaut. Ich habe mich nie damit identifiziert. Die Zufälle sind nicht identifizierend. Nur was, dafür man realistisch entgegengenommen und dafür gekämpft hat, ist identifizierend. Das Schicksal, Flucht zu suchen und ein neues Leben zu beginnen, ähnlich wie das politische Bewusstsein jenseits seiner Ängste und Abnormalität, ist sowohl das Resultat einer bewussten Entscheidung in Folge des gezwungenen Zustands als auch das komplexe reale Dasein, das biologisch schwer zu definieren ist. Das zweite disziplinierte Chaos.

In der Realität ist der Flüchtling ein talentierter Arbeiter. Nicht enger als die Arbeit geht mit den Flüchtlingen einher, auch nicht ein Dach auf dem Kopf, auch nicht für politische geflüchtete. Den Begriff Freiheit, die mich zu fielen getrieben hat, sollte ich am Anfang umdefinieren. Der Begriff Freiheit, damit ich aufgewachsen bin, der in mir gross geworden ist, ist ein lebendiger Bedeutung zwischen chaotische Gedanken und disziplinierte Mitteln. Ich bin meine Freiheit der Gedanken gegenüber auch kritisch und anscheinend, deswegen war ich nicht stark in der Lage, meine
Freiheit in der Schweiz genauer vorzustellen. Meine Freiheit, was ich nur disziplinär kennen kann, definiert mich aufgrund meiner Arbeit, welche mir schwer

gegeben wird, weil ich die Voraussetzungen nicht genau entspreche. Und folglich bin ich praktisch nicht frei. Der Hintergrund besteht darin, dass ich als ein Flüchtling nur disziplinär anerkannt bin und nicht chaotisch. Die chaotische Freiheit aber gehören den Menschen auch und hauptsächlich aus diesem Grund bin ich ausgewandert. Wahrscheinlich, amtlich, ist es nicht so einfach zu beschreiben. Denn die politischen Situationen, wenn sie schwer beschreiben lassen, sind auch in ihren einfachsten Formen nicht leicht zu erklären. Wahrscheinlich hätte ich der Begriff Menschheit und Flucht von Beginn an umdefinieren müssen. Dass, die Menschen nur unter den bestimmten Umständen zugelassen sind, irgendwo zu arbeiten. Nicht genauer als diese Beschreibung kann mein Gefühl gegenüber meiner Freiheit ausdrücken. Jede Beziehung definiert sich unter dieser Vereinbarung, dass man arbeitet, was von ihm erwartet wird, als das, was er sich wünscht und in welchem Bereich er sich entwickeln kann.

Ich habe kaum ein halbes Jahr der Stabilität erlebt, auch nachdem ich in der Schweiz Aufenthaltsbewilligung erhalten habe. Ich gehe zum grössten Teil davon aus, dass der Grund dieser Unstabilität mein Wunsch der Verfolgung meiner persönlichen Entscheidungen ist. Die erste Phase der positive Bescheid der Bleibe brachte meine Situation in einem ersten Aufschwung, der mich übermässige

Freiheit des Lernens der deutschen Sprache beigebracht hatte. Während dieser Zeit hätte ich vielleicht mein Lächeln sparen müssen. Man spart sein Lächeln seit Jahren in Kurdistan und anderen Länder des Unglücks. Man vergisst es wahrscheinlich schnell, als einige primäre Erfolge der Sprache in fortgeschrittenen Ländern erzielt. Man lacht mit den anderen und versteht ihre tiefe Blicke auf seinem Lächeln erst später. Dieser Aufschwung endet mit dem Tod meines jüngeren Bruders. Eine intensiv emotionale Phase, die mich schon seit Jahren aufgrund seiner
Abhängigkeiten von unserer Familie beeindruckt. Dabei denke ich, und zwar denke frei und unabhängig, darüber, dass ein Familienbesuch diese Schwierigkeit einigermassen entlasten kann. Die Reise und Familienbesuch nach zehn Jahren hat mir geholfen, schneller an meine Prioritäten zu arbeiten. Meine erste Priorität danach und bei der Rückkehr nach der Schweiz war die Ausbildung und neuer Einstieg an der Hochschule. Ich habe neuen Mut gefasst und an der Uni eingestiegen, welche nach etwa mehr als ein halbes Jahr auf Covid-Pandemie gestossen und gelähmt wurde.

Ergänzend zu meinem Studium habe ich ein Praktikum begonnen, das seinen Umfang der Arbeit für mich neu und meine erste Arbeitserfahrung war in der Schweiz. Trotzdem habe ich mich damit intensiv auseinandergesetzt und dessen sechs monatliche Periode absolviert. Ich war auf keinen Fall von der Vorsitzende, der mich leitete, ermutigt oder empfohlen worden weiterzumachen. Dass ich neu im Bereich war, dass meine Erfahrungen unter meinem Lebenslauf zu sehen waren und zugleich, dass ich sehr motiviert war, den Kurs zu beenden, haben mich in der Lage stabilisiert, dass ich auf alle Fälle mein Abschluss des Jobs bekommen soll. Wiederum, das Bestehen der Arbeit findet in meinem Fall als Flüchtling nicht an meinen Fleiss und Interesse, sondern an die Zufriedenheit der Arbeitgeber unter all seiner gewünschten Umstände.

Ich hätte in der Lage meiner Arbeitgeber mehr meine Arbeitnehmer kennenlernen. Auch wenn die Integrationspolitik und ihre Strategien sich daranhalten sollen, alle Verhältnisse der Flüchtlinge dauerhaft zu manipulieren und sie nach ihren womöglich sozialtechnischen Mustern zu regulieren. Ich würde als Arbeitgeber die Arbeitsbedingungen unter einer klaren und direkten Verhandlung mitteilen und nicht die Arbeitsklima durch heimliche und indirekte Kommunikationen beeinflussen lassen. Man merkt schon, und ich merke sogar schnell, wie die Blicke meiner Arbeitgeber abnormal werden und ihr Lächeln sich verschwinden. Nur weil ich in gewissermassen meine Freiheit der Persönlichkeit behalten will.

Eine der beliebtesten Arten der Folter der iranischen Geheimdienste, auch mündlich und mittel sprachliche Techniken, ist die Verursachung des Schmerzes und die Abgabe der Schmerzmittel dessen Heilung. So erleben und veröffentlichen viele überlebte politische Gefangene in Kurdistan: Ein Verdächtige wird festgenommen. Man habe wenig beweisbare Informationen über ihn und seine Pläne, mit denen er involviert sein soll. Ein Sicherheitsbeamte oder mehrere untergeordnete Personen der Beamten foltern ihn. Folglich wird er bewusstlos und mit kaltem Wasser aufgewacht oder Zeit gegeben, damit er sich wieder auf Bewusstsein kommt. Die Methode wiederholt sich mehrmals. Wenn der verfolgte Plan genug wichtig und die Details sehr interessant wären, beziehungsweise das Amt dafür gross belohnt werden soll, kommt ein anderer Beamte oder eine andere untergeordnete Person rein. Sie sind im Gegenteil von der vorigen Folterteam Nett und sogar ärgern sich darüber, weshalb diese Brutalität verursacht worden ist. Dann beginnen sie mit der gefolterten Person höflich zu reden, bieten ihm gutes Essen und Zigarette, zeigen sich empathisch und geben Auskünfte über seine Familie, bis er vielleicht etwas begehrt und auf die Sache kommt. Wenn nicht, drohen sie ihn den Raum zu verlassen und ihr Platz mit dem gewalttätigen Team zu wechseln und dann beginnt wieder physikalische und psychologische Brutalität. Manche haben Glück und überleben diese Abenteuer der Praktikanten der Sicherheitsdienste des Mullahs Regimes, die andere haben Pech und entweder sterben an das Leid und Blutvergiessen oder begehren etwas, dass sich die Regierung wünscht und manchmal ihnen vorschreibt, etwas, von dem der Gefangene selbst nichts gehört hat. Und so wird die Szene beendet. In der Wahrheit wird diese Folter in milderen Formen ausgeübt, nämlich unter dem Trick Zuckerbrot und Peitsche.

Die Brutalität der «Zuckerbrot und Peitsche» besteht darin, dass jemand sich die Freiheit bewusst nimmt und in die Hand der anderen gibt. Das Objekt dieser Art der Brutalität ist sich selbst, hier der Flüchtling und ohne Blutvergiessen und kein Beweis am Körper. Mit der Zeit wird der gepeitschter und Zuckerbrot belohnter Flüchtling sich nach dieser Taktik verhalten und ihm wird so normalisiert, dass er sich darüber auch spassig machen kann. Der Kern dieser Trick besteht darin, dass die Belohnungssystem des Gehirns sein wertvolles moralisches Niveau unterschätz und kommt auf seine oberflächlichste Schicht, der Kindheit, zurück, wenn ihn also nicht absolut löscht. Die Belohnungssystem definiert diesen Druck als Preis für der erreichbaren Belohnung und somit kommt es zu keiner Reklamation oder irgendeine Frage bezüglich seines Selbstseins.

Einige Tage nachdem ich mein Praktikum im Spital beendet habe und auf der Suche nach einem Job war, sass ich mir an einem späten Nachmittag auf einer Bank am Luzerner Reussbrücke und las mir ein Roman. Gespannt auf den Titel meines Buches, kam ein Mann, Mitte Vierzig, schick angezogen und anscheinend am Spazieren mit seiner Familie, die Frau und zwei Kindern etwa weiter gewartet auf ihn, zu mir: Grüezi, was lesen Sie? So er. Ich habe Hallo gesagt und er hat kurz mein Roman durchblättert. Ich habe ihn weder gekannt noch vorhin gesehen, seine Frau auch nicht. Er hat weiter gefragt, was ich über Gott denke. Ich habe mit einem neutralen Ton kurz geantwortet, dass «ich von den Religionen nicht so begeistert bin. Sie sind nicht für mich und ich habe mich bereit seit Jahren von diesem Thema verabschiedet. Sie wirken mich alle mit einigen Abweichungen abgelaufen». Er hat sich leicht geärgert und stoss sein Regenschirm auf den Boden und gab mir mein Büch zurück: Aber Gott hilft uns und wenn wir Schmerzen haben, kommt er zu uns ohne Erwartungen und… uns so weiter. Ich habe einige Minute gehört, bis seine Einladung fertig war. Dann beschloss er weg zu gehen und ich beschäftigte mich weiter mit meinem Roman. Zu dieser Zeit befand ich mich im ersten Monat nach dem Abschluss meines Praktikums und intensiv auf der Jobsuche, also arbeitslos. Wäre es ein Zeichen für die Gottesunterstützung bei meiner Jobsuche? Eine

Gottesunterstützung der Finanzierung meines Studiums? Ich weiss es nicht. Aber dieser Abend war das einzige Mal, dass ich in der Öffentlichkeit angesprochen und irgendwo ausserordentliches, unbekannt eingeladen wurde. Und die dahinter folgenden Schwierigkeiten bleiben in meinem Gedächtnis ein schmerzhafter Abend, der Abend des Vorzeichens der Schwierigkeiten, der Abend der Beinbrüche der Brücke.

Diejenigen Warnungen für Erwachsenen, die Klartext entsprechen, wirken abstossend und angstmachend als informativ.

Frühschicht, anstrengend, temporär, auf Abruf, kurz und auf Stundenlohn sind die Bedingungen meines ersten Jobs, der ich nach meinem Praktikum und nach Jahren endlich gefunden habe. Mit allen Schwierigkeiten ist es immerhin etwas, besonders, dass meinen Lernstoffen sich damit zeitlich bearbeiten lassen. Der Job ist Karton sortieren bei der Post und beginnt fünf Uhr morgens. Auf dem Fliessband kommen dann von kleinen Paketen wie Briefe bis grosse Packungen und Reifen der Fahrzeuge. Darauf stehen Nummern, welche nach Quartieren und Dörfer eingeordnet sind. Jeder sammelt die Packungen der vier bis fünf Orten und nach der Sammlung kommen Postautos, sie zu holen. Gesichtern und Stimmen am Beginn jedes Tages sind unterschiedlicher

Aussagekraft. Niemand zeigt sich neutral. Man ist entweder müde und wütend oder froh und energetisch. Kaum sehe ich ein Gesicht ohne Gefühl. Die Mitarbeiter sind in diesen kalten Morgen entweder glücklich, dass sie mindestens etwas haben, oder schlecht gelaunt über die niedrigsten Arbeitsbedingungen. Ich höre kaum etwas ausser einer positiven Begrüssung oder eine nicht erfreutes, grübelndes Jammern, oft auf die Muttersprache der Mitarbeiter. Ich reagiere nicht anders als die anderen, mit dem Unterschied, dass ich existenzieller daran denke und mich oft energetisch zeige. Der Job scheint weiter machbar zu sein als ich mich praktisch dafür einsetzte, ein weiterer Teilzeitjob am Nachmittag zu finden. Wäre diese zweite Arbeit eine Softwarejob, wird kein Konflikt verursachen? Oder lassen sie sich gut ergänzen, besonders die erste Arbeit keine zusätzlichen Kenntnisse braucht und sich auf die körperliche Anstrengung beschränkt? Ich lasse mich nicht imaginär versinken und such intensive nach einem Praktikum oder ein anderer Softwarejob.

Nach ein paar Monaten und der ständigen Such stosse ich auf einem Praktikum, das sich zeitlich mit dem Frühschichtjob vereinbaren lässt. Die zeitliche Vereinbarung ist aber nicht bedingt, die gegenseitig negative Einflüsse aufeinander zu ignorieren. Was ich aber dafür praktisch keine Kraft habe. Ich muss also deren Vereinbarung üben und spüren. Bedingt ist zusätzlich, dass die Praktikumstelle eine höhere Kopfarbeit benötigt, die mit Karton Sortierung des frühmorgens unvereinbar ist. Das Praktikumstelle ist in einer grossen Firma und es sollte mir, relevant zu meinem Studium, spezifisch und zukunftsorientiert der fachlichen Bereichen Beihilfe sein. Vier Tage

Frühmorgenschicht und nachher das Praktikum und eineinhalb Tage Schule sollen mir nach drei Monaten so ausgeschöpft haben, dass sowohl meine Hardware der Frühschichtarbeit als auch meine Software des Praktikums sich grob aufeinander spalten wie nie. Ich werde also meine Kraft über den Job verlieren und mein Praktikumsvertrag wird aufgrund der höheren Aufgaben aufgehoben. Nachvollziehbar! Nach meinen Berechnungen sollten beide Jobs mir reichen, sowohl die Lebenskosten als auch die Schulgebühren zu finanzieren, und jetzt befinde ich mich wieder im Anfangspunkt. Sogar Anfangspunkt minus viel Megawatt Leistung. Manche Tage weiss ich genau nicht, ob ich traurig bin oder umgekehrt, soll ich mich mit der Aufrechterhaltung meines Studiums zufriedengeben und glücklich sein. Ich fühle manche Tage eher gut, manche Tage eher schlecht. Als würden meine Sinnesorgane intensive angegriffen worden sein. Ich weiss nicht, ob ich traurig geworden bin oder nicht, ich sehe nur, wie mich jeden Tag, die Stunden, Minuten, Sekunden zerfressen, zerfressen. Die Zeit vergeht schneller als ich sie merke und viele vorigen Schönheiten sind mir nur noch neutral. Ich fühle aber die Lernstoffe immer noch gut. Ich lebe noch mitten in den Lernsoffen und das Können, das ich weiterhin rauben kann.

Während diesen Jahren, die ich eine passende Arbeit suche, frage ich mich oft, ob ich tatsächlich der einzige bin in meiner jetzigen Situation oder eine der seltensten, der in anscheinend gutem Zustand ein Job ausser seinem Willen machen muss. Hat eine Arbeit eine andere Dimension als selbstbewusster Entscheidung und das benötigte Voraussetzungen oder fehlt mir ein anderes Mittel, eine beliebte, populäre

Voraussetzung, die mich die Hürden übernommen würde? Was soll man dafür bezahlt, diese Rolle zu spielen, verdient man ihn wieder einmal?

Als Kind der grossen Familie kenne ich mich gut mit dem Begriff Allrounder aus, der Franzose. Anscheinend aus diesem Grund habe ich mich gewagt parallel zu einer anderen Beschäftigung und der anderen Erfahrungen den Job Allrounder im Restaurant zu suchen. Dabei habe ich gedacht, dass die arbeiten im Restaurant als Brotberuf aus sozialen Gründen machbarer ist als die gleich bezahlten Stunden in den engen Räumen und arbeiten mit nur einer Maschine. Der Franzose zu sein hat auch den Vorteil, nicht hundertprozentig auf einem Brotberuf angewiesen zu sein. Die Franzosen sehen nach keinem bestimmten Beruf aus. Die Augen der Franzose sind Dachdecker, ihre Ohren sind Techniker, ihre Nase sind Köche und ihre Hände Schriftsteller. Die Franzosen lassen sich kaum von der Eintönigkeit des Marktes unterordnen, sie sind Meisterinnen der Arbeitslosigkeit. Der Franzose soll tatsächlich als die schwerste Arbeit eingestuft werden. Ich habe immer die Gesichter gesehen, die die Arbeit der Franzose nicht geleistet haben, die Gesichter der eintönigsten Traurigkeiten und immer lächelnde Dankbarkeiten. Die Gesichter der jahrelangen Einzelbeschäftigungen, Einzelsorgen können nicht anders aussehen als die Gesichter ihrer Maschinen, ihrer Tiere, ihrer Gelder. In der Zeit der eintönigsten Schönheit, ähneln sich oft die nicht Franzose nach beliebtesten, schönsten, teuersten Modellen der Schauspieler, Singer und Moderatorinnen: Die Gesichter symmetrisch, die Zähne kaum mal anders.

Anders zu sein ist weder immer gut noch notwendig. Aber selbst zu sein ist sowohl immer gut als auch notwendig. Dass einem selbst der Job als Allrounder schliesslich gefällt, ist wichtiger als die Frage, ob es sofort passt oder nicht. Ausserdem soll dieser Job mich anderen Menschen von den anderen Erfahrungen der Allrounder bekanntmachen, mit den anderen Blicken auf Eintönigkeit und Mut des Jobwechsels. Es ist ein halber Monat nach meiner letzten Arbeit und nach einem nicht zu intensiven Such, dass ich auf einer freien Stelle als Allrounder in einem Restaurant stosse. Das Restaurant befindet sich in einem kleinen Dorf und darin werden auch Getränke serviert. Das Dorf ist bekannt für seine touristische Lage und im Sommer sollen so viel wie die hiesigen Stammgäste, die von überall stammenden Touristen eintrudeln. In meiner neuen Stelle soll Ich weder als Servicefachleute posieren noch die Gäste bedienen, sondern stehe ich eher im Hintergrund, in der Küche oben und den mittleren Stoch Restaurants. Während der Arbeit muss ich viele sozialen Menschen nicht geschäftlich plaudern vorbei gehen und die anderen zurückhaltenden auch nicht mein künstliches Lächeln schenken. Anscheinend verfügt der Job über längeren Arbeitsstunden als meine letzte, die Karton sortieren, und weil das Restaurant nach Hausgericht eingerichtet ist, also eher eine Küche im Herz eines Dorfs und nicht eine industrialisierte Küche mit täglich hunderten Gästen, wird man weniger belastet. Ich mag es vor allem, weil ich nicht in einer festen Position stundenlang starren. Ich kann mich hin und her bewegen. Man unten i n der Bar, mal oben im Restaurant und in der Küche.

Dieser scheint mir ein richtiger Brotberuf zu sein. Der Beruf des Magens. Der Magen damit ich überlebe. Das

Überleben damit ich nicht sterbe. Nicht sterben damit ich leben kann. So einfach geworden ist das ganze Leben für mich seit einiger Jahren. Dieser Beruf geht es in seinem Kern nicht mehr als das, aber auch nicht weniger. Der Beruf, der mir routinemässig nicht am Herzen liegt, aber auch nicht weniger als herzig ist, denn ich mit dessen Hilfe meine Herzsachen erledigen kann. Das ist meine Normalität, ein normales Leben, die manchmal schwierig klingt.

Ich habe heute überlebt, weil ich in diesem Tag gewisse ungewünschte Aufgaben nachgegangen müsste, damit die anderen gewünschten Aufgaben überhaupt zustande kommen könnten, welche ich für ihre Erledigung keine zusätzliche Kraft benötige, sondern sie lassen sich aus der Liebe und Freude erledigen, sie verlaufen oft automatisch in Kopf und der Körper macht nur mit. Am Schluss lebe ich, also bin ich erfrischt für die neuen ungewünschten Aufgaben. So einfach sind meine Arbeit-Wunsch Zirkulation seit über zehn Jahren. Nicht höher, nicht niedriger. Ist es nicht eine Abweichungsstrategie, die intensive Planung des Arbeit-Studiums des Wochenendes mit dem knapp ausreichenden Lohn aufzukommen? Würde ich mich nicht auf das passendere Wochenende-Arbeitstage und sichere Arbeitsbedingungen freuen? Der Franzose hat keine Antwort auf allen Fragen.

Das Können, das man braucht, ist unbegrenzt. Die Zeit, die man empfinden kann, ist begrenzt. Ich bin nicht anders als eine zeitlich begrenzte Machbarkeit und machbar begrenzte Zeitspanne. Weshalb soll ich nicht auf der Suche der breiteren Kenntnisse sein? Weshalb soll ich traurig werden, obwohl nicht alle meiner Bedingungen erfüllt sein werden? Je man achtloser, das Können nicht zu rauben und die Zeit nicht zu geniessen, desto trauriger ist man. Mein Gesicht hat nicht immer einen ausdauernd frohen Ausdruck, so dass die anderen mich auf den ersten Blick glücklich finden würden. So bewundert sich ein Mitarbeiter, als ich nicht immer ein lächelndes Gesicht habe. Mein Gesicht wird müde, wie der anderen auch, wie jeder Franzose, vor allem wenn ich mich zwischen zwei intensiven Phasen der Arbeit und des Studiums befinde. Meine Arbeit im Restaurant beginnt gerade nach meiner Schule am Samstagmorgen. Am Mittag esse Ich oft entweder im Zug zur Arbeit oder bei der Arbeit in einer Pause. Vor allem mag ich das Restaurant am Samstagabend, wenn es auch viel zu tun gibt und die Geschirre öfter schmutzig und schneller gewaschen werden müssen. Samstagabend riecht da trotz Chaos nach disziplinierten Luftküsse. Die Abende des Sommers, besonders im Juli und August, helfen der Franzose die Ohren an Stimme der Liebe zu gewöhnen. Viele erkennen sich wieder und machen im oberen Restaurant ab. Oft nur mein Körper ist als ein Arbeiter im Restaurant und mein Kopf woanders, aber am Samstagabend bin ich oft da. Am Samstagabend wird die Szene hochsensibilisiert, hoch emotionalisiert.